史料与场域

辽宋金元史的
文献拓展与空间体验

［日］平田茂树　余　蔚　主编

上海人民出版社

序

　　本书是余蔚、平田茂树、温海清主编《十至十三世纪东亚史的新可能性——首届中日青年学者辽宋西夏金元史研讨会论文集》的续集。在 2018 年出版的第一集的序文中，交待了论文集出版的来龙去脉，因此，本文也将简要地说明这个第二集出版的过程与目的。

　　2015 年，笔者受聘为复旦大学客座教授之时，曾与余蔚教授就召开日本、中国"辽宋西夏金元史"青年学者的交流会交换了意见，第二年，即 2016 年 9 月，我们在复旦大学实现了第一轮交流会的召集。当时我们并没有特别明确地规定交流的共同课题，仅大致标注了以"新可能性"作为研讨的目标。然而，在交流会最后的总结讨论时，总评人姚大力、虞云国、包伟民诸位都指出了由于共同课题不明确导致的议论散漫的问题。有鉴于此，从第二轮开始我们改为设定"共同课题"进行报告和讨论的形式。

　　这一次出版的论文集，是第二、三轮交流会集结的成果。以下，笔者将简单地介绍这两次会议的概要和论点。

　　2017 年 9 月 2 日、3 日，在日本大阪市立大学，我们召开了"史料的新可能性：第二届宋辽西夏金元史日中青年学者交流会"。这次交流会，我们设立了"史料的新可能性"这一共同课题。具体而言，即将"新史料"的开拓、史料分析与解读的新方法的探讨，作为共同课题展开研究。参加交流会的，中国方面有 9 名报告者（郭畑、李春圆、苗润博、王龙、邱靖嘉、邱轶皓、于磊、温海清、刘江）、1 名总评人（余蔚）；日本方面有 11 名报告者（山口智哉、藤本猛、盐卓悟、毛利英介马、伊藤一马、吉野正史、梅村尚树、渡边健哉、山根直生、小林晃、小林隆道）、3 名总评人（平田茂树、远藤隆俊、久保田和男），总计 24 人。

笔者将会议报告根据论点整理为以下 4 组：

一、史料学的新方向。苗润博、邱靖嘉、渡边健哉等三位研究者的报告是基于追踪原始史料的"史源学"立场进行的研究；伊藤一马、刘江、小林隆道等三人的报告则是由"史料"的制作、流程、保管的动态视角出发进行的分析；梅村尚树的报告是文集的统计分析，从文集数量的变化捕捉地域社会的动向：

二、投向新史料的视野。于磊的报告利用徽州文书重新审视了"儒户"的问题；盐卓悟的报告运用日本入宋僧人成寻的《参天台五台山记》分析了成寻所受到的接待；邱轶皓的报告则将一直以来使用的西方史料结合汉文文献，尝试重新探讨蒙古、金、元诸朝之间的关系；毛利英介的报告通过分析《绍兴讲和录》，对宋、金关系的确立进行了崭新的解读。

三、其他研究领域方法论的借用。山根直生的报告尝试运用地理学的研究方法，探讨国家地域统合的原理；温海清的报告则尝试从人类学的角度，研究在内亚地域中绵延不绝、之后又为蒙古所继承发展的、崇拜数字"7"的传统文化。

四、通行学说的重新审视。李春圆报告的关于"大元"的国号、郭畑报告的关于"扬雄"评价所反映的忠节概念的变化、小林晃报告的"史弥远专权体制"、藤本猛报告的"徽宗的道教崇拜"、吉野正史报告的"金朝之下辽的耶律、萧二族的改姓问题"、山口智哉报告的"坊巷"问题，等等，都对以往的通行说法提出了新的思考或见解。

历史学是以"史料"为基础进行研究的，直至现在，中国史学界仍然在不断地围绕新史料的开拓以及史料解析的新方法二者展开讨论。学习历史学的研究，在最初的阶段，作为入门课程的"史学概论"中，一定需要学习"史料批判"的方法。史料批判具体可以分为内外两种，外部批判是指考证史料是否原始史料、是真作还是赝品，以及考证史料的来源；内部批判则是考证史料的内容是否有据可依，是否具有可信性。上文第一点中提到的"史源学"是中国学界的惯用称呼。史源学可以直接追溯到以赵翼《廿二史札记》、顾炎武《日知录》、钱大昕《廿二史考异》为代表的清朝考据学，其流传至陈垣，开始使用了"史源学"的名称，直到现在，该领域依然有不少研究者在不断地产出成果。它与笔者所学的史料批判在方向上如出一辙。而辽宋西夏金元史学界也有不少成果运用了史源学的方法，对《宋史》《辽史》《金史》《元史》等四部正史进行原始史料的追溯，从而逐渐修正一些通行说法的错误。它们与第二点的新史料开拓以及第三点史料解读新方法的开辟密切相关，而随之作为结果诞生的就是第四点的成果。

2018年9月22日、23日，"秩序、运动、场域与景观——历史的空间维度"，即第三届中日青年学者辽宋西夏金元史研讨会，在复旦大学召开。第三轮的交流会，日本方面有6名报告者（平田茂树、久保田和男、渡边健哉、梅村尚树、山口智哉、森本创，其中，平田和久保田担任总评人），中国台湾方面有5名报告者（洪丽珠、李宗翰、吴雅婷、吴修安、童永昌），中国大陆方面有8名报告者（马晓林、殷守甫、陈晓伟、姜鹏、王龙、周曲洋、张晨光、邱轶皓）以及3名总评人（余蔚、戴建国、顾宏义），总计22名研究者参与了讨论。

会议先由平田茂树和久保田和男分别作了名为《南宋社会士大夫的多重网络空间——以书信材料为线索》《金朝自上京会宁至中都大兴府的迁都及其都城空间的变化》的两篇主题报告，再划分了"仪礼空间与文化传统"、"地域空间与历史书写"、"景观与空间"、"政治空间与制度运作"、"其他主题"等五个小组分别开展研讨。

笔者将第三次交流会的报告根据论点整理如下：

一、投向多样化空间的研究视野。五组分论坛的题目包含了"礼仪空间"、"地域空间"、"景观"、"政治空间"等，展现了相当宽广的"空间"研究视角。例如，渡边健哉的报告研究了元代皇帝的两都巡行，梅村尚树的报告留意的是以学校为中心进行的先贤祭祀，马晓林的报告则着眼于元代郊祀制度中各种的"礼仪空间"。周曲洋从海防的角度观察明州的地方社会，李宗翰通过《澉水志》的材料关注了澉浦镇这一市镇的"地域空间"，吴雅婷讨论了宋代人的空间认识，山口智哉的报告聚焦于天台县城空间的复原及其"景观"。森本创的报告通过四川茶马司考察了四川统治的实态，邱轶皓的报告尝试通过"疆域"和"边界"思考察合台汗国的"政治空间"的问题。

二、注目于史料研究。通过深入考察"文本"，解读其内在的政治、地域、集团，是既传统又具有创新方法论的史料研究。例如，殷守甫的报告以"异梦书写"为线索探讨了十世纪缘边社会士人的认识，陈晓伟研究了山西的洪洞大槐树传说，姜鹏则通过《资治通鉴》分析了司马光对礼之秩序的认识。

三、投向"信息沟通"、"网络"的视野。童永昌根据南宋晚期的三种笔记，呈现出以不同地域为据点的士人的情报网络的多种形态。此外，平田茂树的主题报告，尝试以书信为线索剖析士大夫多重网络的构造，展现了在空间研究中，进一步将目光投向把空间连接起来的"信息沟通"、"网络"等主体的研究取向。

四、投向空间与秩序的视野。洪丽珠的报告以婚俗、婚姻法为例，讨论了法制空间改变礼仪空间的问题。久保田的主题报告以金朝都城空间的变迁为例，探讨了其国家体制的变化，表明了空间从来都与国家、社会的秩序密切相关。

尽管未能涵盖全部的报告，但我们依然能够看到，在本次交流会中，"空间"作为一个切入口，催生出了各种各样的研究对象，而关于空间的研究又与"史料"的问题挂钩。笔者认为"空间"的概念应该有两方面的内容。一方面是地理的空间、物理的空间，以都城、都市的构造和配置等作为研究对象，这是所谓的可见的空间（space）。而另一方面是"space"内在的秩序、文化、网络等目不可视的、具有象征性意义或功能的、具有某种意涵的空间（place）。这个 space/place 论在地理学中比较流行。第三次交流会的内容，或许可以概括为：围绕 space/place 两种"空间"的特征和方法论展开的讨论。

本书集结了上述连续两轮的交流会的成果。通过青年学者之间的交流，我们不但提出了新的"研究视角"，也展示了新史料开拓的实际推进。

此前在 2019 年，我们在中国台湾的台北大学召开了第四次的交流会。第四次交流会冠以"东亚"之名，代表着我们走出了日本、中国的范围，寻求着更加广阔的学术交流。本交流会的计划预定在以后仍然继续实施，希望通过东亚的辽宋西夏金元史的国际交流，推动超越"时代"、"领域"的学术研究更上一层楼。

平田茂树

2020 年 6 月 30 日

目录 ↘

CONTENTS

在史料与研究视角之间
——宋代社会网络研究现状的回顾

平田茂树

胡劲茵　译

笔者在进行中国史研究的时候，时常会对"研究视角"和"史料"二者抱有敏感性。一般而言，研究者会根据自己的研究视角设定课题，然后为了完成该课题，按照自行定立的某种研究方法，进行史料的搜集以及分析。在这样的工作中，研究视角与史料之间的关联性常常被忽略。本文将以笔者近年集中精力研究的宋代社会网络为例，就研究视角与史料的关系谈谈自己的看法。

一、宋代网络研究的现状

目前为止，宋代网络研究的主要视角可以整理为以下四种：（1）政治的网络；（2）家族/宗族的网络；（3）思想/文学的网络；（4）交游圈。而这些视角与使用的史料之间存在密切的关联。

例如第（1）种是在北宋的新法党与旧法党、南宋的主战派和讲和派之争中，有关所谓"朋党"的社会网络，它可以由《宋史》、《续资治通鉴长编》、《建炎以来系年要录》等正史、实录类史料作为主要材料，再结合其他相关史料进行分析。

第（2）种网络，在明清以后可以利用"族谱"、"家谱"，而宋代史则主要利用"墓志铭"、"神道碑"、"行状"等史料进行分析，还可以进一步延伸至关于士大夫的婚姻圈、地域社会等问题的讨论。

第（3）种是一般思想史研究者、文学研究者倾向的研究方向。

前者为了分析学派和思想形成的过程，以往利用的是《宋元学案》、《宋元学案补遗》等材料，近年转向以朱熹和他的弟子以及其他思想家之间往来信件为代表的书信材料。后者以辨明文人之间的交流与相互影响为目的，一般都以诗歌和书信为中心进行分析。

第（4）种则是相对新的研究视角。除了围绕交游的各种面相展开的一系列研究成果以外①，2015 年台湾长庚大学举办了"游于艺：十一至十四世纪士人的文化活动与人际网络"学术研讨会，会中几位研究者还向大家展示了利用《文集》所载序、题跋、记、日记、书信等材料考证宋元之际士大夫各种文化活动和交游圈的研究方向。

从（1）到（4）原本并非可以单独割裂开来讨论的课题，然而实际上却是不同的研究者选择了各种不同的网络作为研究对象，同时又选择了特定的史料去支持自己的研究。例如，20 世纪 80 年代，美国学者韩明士提出了宋代士人地方化②的假说，即认为与北宋的中央志向型精英不同，南宋的士人精英更加倾向于在以自己乡里为中心的地域社会内缔结婚姻关系，并且通过参与地域社会内部的各种社会事务，获得自身的社会地位。这一假说对学界产生了很大影响。当时，韩明士主要利用的史料是墓志铭，与上述第（2）种研究视角关系密切。大致上那个年代的研究者都会通过研究墓志铭，分析地方社会的构造。不过，到了现在，韩明士的研究成果除了史料误读的问题之外，其婚姻圈模型的普遍性也受到了质疑。③ 近年来，第（1）（3）（4）种网络的形态进入研究视野中，明确体现出与第

---

① 研究宋代"交游"的代表性成果：方健：《北宋士人交游录》，上海：上海书店出版社，2013 年；梁建国：《朝堂之外：北宋东京士人交游》，北京：中国社会科学出版社，2016 年。

② 参见 Robert Hymes, *Statesmen and Gentlemen*: *The Elite of Fu-chou*, *Chiang-hsi*, *in Northern and Southern Sung*, Cambridge University Press, 1986。

③ 参见包伟民《精英们"地方化"了吗？——试论韩明士〈政治家绅士〉与"地方史"研究方法》，《唐研究》第十一卷，北京：北京大学出版社，2005 年。还有梅村尚樹『宋代の学校　祭祀空間の変容と地域意識』「終章　変容する学校と地域意識」，山川出版社，2018 年。

（2）种的差异，这样的研究方向也逐渐成为了学术的潮流。

　　利用南宋的墓志铭对婚姻圈进行分析，的确正如韩明士所示，很多的事例表明，士人在以自己的故乡为中心的、相对比较狭窄的范围内形成了婚姻圈，并且参与到乡里各种各样的社会事务当中。然而，将视线转移到书信、记、题跋、序、日记等史料的话，我们可以看到，那些成为了著名的文人、思想家的人，还存在着广域的文化性质的网络和交游圈。近年来，运用CBDB（中国历代人物资料库）等大数据的分析方法，越来越可能在短时间内进行多种类型的史料检索，而这种分析方法带来的结果，就是士大夫之间广域的交游圈的实态被逐渐刻画了出来。

　　再一次回到最初的问题，这些网络都并非单独存在，而是相互

① 日常性人际网络的空间

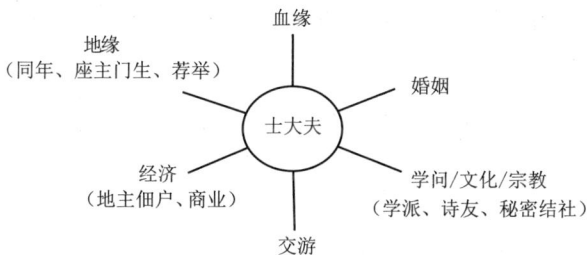

② 朋党的人际网络的空间

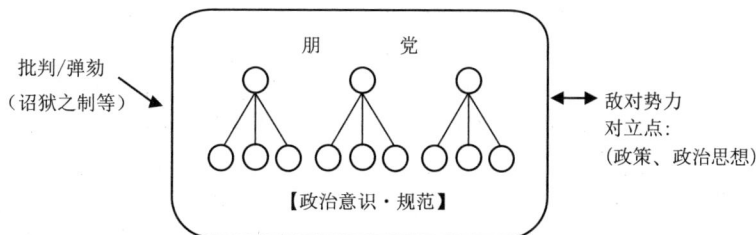

宋代朋党形成模式图

关联对应、共同产生作用的。试举一例。上页图是笔者所作的"宋代朋党形成模式图"。目前为止的朋党研究，在朋党形成之后，具体如新法党对旧法党、主战派对主和派那样，都以已经结成集团作为前提展开讨论。然而，通过深入解读史料，我们可以看到，朋党的内部是由血缘、地缘、学缘、业缘等各种各样的关系交织而成的。

而且不同类型的网络也构成了朋党的促成装置——科举和官僚制的实态。例如，我们可以看到，作为宋代官场的结构之一，在各个阶段的晋升中都必须具有来自上司或高级官员的推荐，这种称为"荐举"的制度十分发达。① 在科举中，还可以看到资助科举考生的宗族式"义庄"、"义学"，地域社会援助考生旅费的"贡士庄"、"兴贤庄"，以及同年及第的考生之间的强力纽带形成的所谓"同年"关系、考生与考官之间结成的关系，等等。② 基于这些认识，我们的研究值得留意的是，日常网络通过官僚制"装置"转换成为政治网络的"过程"。

再举另一个例子。下面制作的是重层／复合型社会进行结合的形象图。③

---

① 参见梅原郁『宋代官僚制度研究』，同朋舍，1985 年。还有邓小南《宋代文官选任制度诸层面》，石家庄：河北教育出版社，1993 年。

② 拙著『宋代政治構造研究』「第二部　宋代の朋党」「第二章　宋代の朋党形成の契機」，汲古書院，2012 年。

③ 宋代地域社会的士大夫研究，以婚姻网络为中心进行的虽然很多，但也通过重新考察他们的政治、社会、学问、文化等活动或者网络，逐渐将研究视角从 local history 转变为 regional history（"广域"的地域社会）。意思是，以往的地域社会史研究大多是以一个"州"为对象的，而近年的不少成果却以横跨数州的地域或者"路"作为研究对象，体现了朝向广域研究的变化趋势。另外，道学的网络分为两种类型，一是面向全国的学术网络"广域讲学"，一是面向特定地域的学术网络"地域讲学"。上述观点可参考陈松著，津坂貢政译「分権統治下における在地社会と広域地方——宋代四川を中心として——」，伊原弘、市来津由彦、須江隆編『中国宋代の地域像——比較史からみた専制国家と地域——』，岩田書店，2013 年。还有市来津由彦『朱熹門人集団形成の研究』，創文社，2002 年。需要稍微补充的是，"重层"是指"家族"、乡村／县／州／路等各层"地方社会"，（转下页）

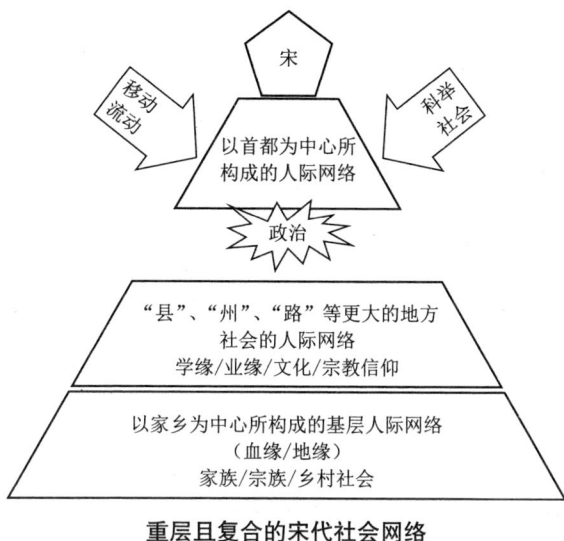

重层且复合的宋代社会网络

　　我们需要从结构的视角去把握中国社会，可以参考近年日本近世社会史研究中经常使用的"重层与复合"的理论。关于这一理论，吉田伸之曾有以下介绍："近世社会是通过社会集团＝共同组织的重层、复合而构成全体社会的。这里所谓的社会集团，其基础单位是百姓之村、町人之町、职人与贱民的共同组织等。冢田指出：所谓'重层'，就是村、町等'基础的社会集团不断结成二次、三次集团的社会关系'，这是同种的社会集团之间具有的关系；而'复合'则是'异种的社会集团之间的交流、联系'。"① 诚然，日本的近世社会是"村落共同体"、"町共同体"、"股份伙伴"等所谓"中间团体"蓬勃发展的时代。与西欧、日本相比，前近代的中国社会具有组织性和法规制的中间团体发展较弱。② 但不如认为，尽管前近代中国

　　（接上页）和以首都为中心的"中央社会"，除了空间层次的认识以外，它们的政治网络、家族／宗族网络、文学／思想网络、交游圈等都不是独立存在，而是"复合地"构成网络的。

① 参见吉田伸之、伊藤毅编『伝統都市④　分節構造』「序　ソシアビリテと分節構造」，東京大学出版会，2010 年，第Ⅵ～Ⅶ页。

② 参见伊藤正彦『宋元郷村社会史論——明初里甲制体制の形成過程——』，汲古書院，2010 年。

很大程度上可以看作是一个多种多样网络发达的社会，却不能简单地与西欧、日本同质而论。通过观察宋代士大夫网络的形态，我们可以发现，由乡村社会以及之上的县、州、路等地方社会，乃至以首都为中心的中央社会，网络都是"重层"而且"复合"地展开的。这里的"复合"是指血缘、地缘、学缘、业缘等网络呈现为彼此混合、共同作用的形态。上图标注出"流动/移动"、"科举社会"两则影响要因。以吴松弟《北方移民与南宋社会变迁》（台北：文津出版社，1993年）为代表，宋代社会由于战争、灾害、开发等因素，形成了一个人口移动相当活化的时代。同时，科举也促进了社会阶层和身份的流动性，带来了人口移动的活化。[①] 笔者认为，这样"构造"式的网络分析，在今后的研究中是十分必要的。

二、交游研究的视角

接下来，我们讨论的是交游研究的视角。关于宋代交游的研究，有三方面的问题是值得留意的：第一是交游的形态。梁建国《朝堂之外：北宋东京士人交游》一书着眼的有拜谒、走访、宴饮、雅集、送别等五种形态。其次，研究者还留意到"赠"这个行为。合山究「贈答品に関する詩にあらわれた宋代文人の趣味の交遊生活」（『中国文学論集』2，1971年）一文中提到了宋代盛行赠答品的应酬网络，有言："伴随着文人趣味的勃兴，士大夫之间的交游形态也由前代摇身一变，展开了崭新的独特的画卷。如此实例有若干可举，赠送风雅的趣味品作为与人送别的饯（赆行）或者生日礼物的习惯在士人中推广，就是其中之一例。"该文还列举了文房四宝、茶、酒肴、果实等各种各样的赠答品，更指出苏轼在流放地正是因为接受了多种多样的赠答品而生活得颇为丰裕。一般而言，诗歌和书信都是与"赠"的行为有关的史料。2017年莱顿大学的会议报告里陈

---

① 参见拙稿《宋代政治史研究的新视野——以科举社会的"人际网络"为线索》，《史学月刊》2014年第3期。

雯怡 的 论 文 "When Confucian Scholars Beg: Informal, Voluntary, Collective Support in Song and Yuan Literati 'Prefaces'" 还介绍了一批 "序"，也是士人为了求取旅费或者置办房产所需金钱以及其他物品而写作。[1]

第二点需要留意的是朝向交游空间的研究视野。前揭梁建国书中已经提到，在朝堂以外，士人的交游有着衙署、寺观、酒肆、茶坊等公共空间，以及住宅、庭园等私人空间。例如梁建国书中指出：北宋首都开封的宅园，是士大夫一边鉴赏文学作品、古董、美术品，一边进行交游的空间。而城门、园林、寺观、朝廷以及衙门等地，处处可见士人们进行 "送别" 的情景。并且，这种送别的地方，一般也会成为赠予送别诗或 "赠序" 的场合。也就是说，研究交游空间，需要着眼于具体的场所，以及在该处参与 "演绎" 交游的各种人和物。

第三点需要留意的是史料的特征和功能。拙稿「南宋周辺社会における士大夫の「知」の構築——魏了翁、吴泳、洪咨夔の事例を手がかりとして——」(『大阪市立大学東洋史論叢』18，2017 年)论证了书信存在不同系统的三种类型。也就是说，书信可以大致区分作三大类：第一种是与公文书具有相似功能的书信。在魏了翁留存的一批书信之中，他一方面向官府递送上奏或下达命令的文书，另一方面，为了使公文书更好地实效化，他也向官员个人寄去表达请愿或者指示的书信。[2] 第二种是被称为 "启" 的书信，主要是以问候（某人）的方式告知赴任或者升迁之事的书信，从内容上看属于私人性质，但又在公的方面，即官僚世界的交际中，起到了润滑

---

[1] 曾枣庄主编：《宋代序跋全编》(济南：齐鲁书社，2015 年) "前言" 的 "三、赠序文"（第 9 页）有言："赠序一般以叙友谊、道惜别、致勉励、陈忠告为主要内容。"

[2] 在莱顿大学的会议中，Zoe Lin 的论文 "Using Networks: Exchange of Letters and Negotiation over Local Governance in Southern Song China, 1127—1279" 也讨论了官员和士大夫之间进行政治交涉所使用 "书信" 的功能。

油的作用。第三种是真正的"私的圈域"① 的书信，其中交流的是各种各样关于政治、学术、文学乃至个人隐私方面的问题。魏了翁、吴泳、洪咨夔等人的文集将这一类命名为"书"，是比较恰当的。

从目前考察过的南宋中期的士人交游来看，需要留意以下问题：以南宋首都临安为代表的所谓"政治中心"的交游、处在周边或边缘社会的交游，两者之间存在着类型的差异。这是笔者以往整理吴泳书信的时候注意到的问题，因为他留下了数量较多的展现其在首都与官员、士大夫之间进行交游的具体情况的书信。当时他身边有很多朋友，他生活在可以直接拜访友人、开展交游的环境中。这一时期吴泳的书信一封接着一封寄出，上奏文的副本、文学作品、哲学作品，他都寄与友人们一同参详，并进行意见的交换。我们可以明确看到，这些书信的背后存在着一个圈子，在这个圈子中，士人们可以公开书信、阅读书信、交换意见。与今天的 SNS（社交网络服务）的流行，在氛围上具有某种程度的近似。书信一方面是秘密性、个人性较高的东西，然而另一方面，它又可以在朋友、熟人的集团内具有较高的公开性和公共性。

在考察魏了翁、洪咨夔书信的时候，笔者又发现了另一类的事例，即他们之间往来的书信中存留数量最多的，是在受到处罚、离开官职的闲居生活时期。那时，他们处于远离"中心"的周边、缘

---

① 浅见洋二「言論統制下の文学テキスト——蘇軾の創作活動に即して——」（『大阪大学大学院文学研究科紀要』57，2017 年）一文，以受到政治弹劾之后的苏轼的事例为中心，指出："在对公层面的社会，即以朝廷为中心的官僚社会，苏轼公开的行为是'避言'，但另一方面，在更加私密的形式下，他数量众多的作品仍被创作、阅读、流传。苏轼的这种形式的作诗活动为我们揭示出，在文本制作、接受、流通的过程中'私的圈域'的存在。"并由此提出宋代士大夫拥有两个世界：一个是以朝廷为中心的官僚世界，即所谓"公的社会"；另一个是由书信所代表的"私的圈域"。此外，浅见该文把苏轼的书信整理为"书"和"尺牍"两类，认为"书"代表了"公的世界"，而"尺牍"代表了"私的圈域"。考虑到北南宋不同时代对书信称呼的变化，今后仍有重新整理并建立统一解释的必要。

边地域，直接的交游很少，于是只能以书信为媒介频繁往来。这一时期的书信大多附带有彼此的文学、哲学作品，信件内容也包含了就这些作品进行的意见交换。在宋代思想史的研究中，朱熹和弟子之间的书信就是这一类中非常有名的例子，以至于部分研究者会认为书信与书院等"讲学"的场所具有相同的功能。我们可以看到，书信既成为了信息收集的重要手段，又是周边、缘边地域相当常用的信息传达工具，以此为媒，广域的网络得到了铺展。

通过书信进行的交游还需要留意"速度"和"距离"的问题。魏了翁、吴泳的书信提到考虑使用"递铺"的说法。可见，若是官员的话，就可以利用"递铺"更为快捷地传达书信。另外，时而也会出现托付友人或熟人送信的例子。正是这种居住在周边、缘边社会的特殊情况，才更加需要关注"速度""距离"以及作为送信中介存在的"媒介人"等问题。

最后，书信也与士人的知识构建关系也十分密切，我们需要注意在书信中登场的"藏书楼"、"书院"等空间。特别是对于居住在周边、缘边社会的士人来说，往来的书信在知识的构建上具有重要意义，除此以外，上述空间的作用也需要列入考察的范围。

三、由"书信"的具体实例出发进行考察

笔者近年发表了以崔与之 ① 的书信史料为线索研究围绕他的社会网络问题的文章。本节介绍的是当时尚未充分讨论的几封书信，并借此谈谈书信史料在运用上更多的可能性。前文已经介绍了三种

---

① 崔与之（1158 ~ 1239），字正子，广州人，是南宋具有代表性的政治家、军事家，曾在抗金前线的淮东安抚使、四川制置使任上，留下了卓越的政绩。他广为人知的还有《宋元学案》卷七九《丘刘诸儒学案》"攻媿讲友"一条中记载的，是开创了"菊坡学派"的学者。关于崔与之的网络与交游，笔者在 2019 年 12 月台湾大学召开的"宋代文献新视野：研究课题及方法的反省与前瞻"学术研讨会上，以"南宋士大夫'重层'且'复合'的网络与交流——以崔与之所谓'书信'的材料为线索"为题作了汇报。

书信类型，但是实际上有一些书信是被保存在家里，或者用于鉴赏，甚至还会转移到其他人的手中。以下将通过具体实例，介绍附着在"书信"上的"题跋"可以解读出怎样的信息。使用的史料是崔与之撰，张其凡、孙志章整理的《宋丞相崔清献公全录》（广东人民出版社，2008 年，以下简称"全录"）。

（事例 1）《全录》附集卷二《跋菊坡太学生书稿　李昴英》（第207 页）

> 此清献公初入太学寄其友林介仲书也。吾州去在所四千里，水浮陆驰，大约七十程。士以补试，虽登名，犹未脱韦布也。故稍有事力者，犹劳且费之，惮而尼其行，寒士又可知矣。公奋然间关独往，一试预选，随取高第。平生勋业名节实贤关基之。长短句有人世易老之叹，必期三年成名而归。①书所云云，立志已卓然不凡。至于述斋舍之费颇悉，闻其入京参斋时，皆朋友相资助，故书报之详。贫者，士之常，公之贫，有人不堪其忧者，处之甚安，所以富贵不能淫，而清白照一世也。②林介仲，名介，增江老儒者，生没在公之前。后人不能宝有此纸，转落士人之家，某近始得之。公以岁庚戌入在胶庠，庚戌而此书出，若有数然。外侄陈某往试桥门，持此授儿子守道，守道亦就试，且婿菊坡之门，公手泽宜归之。淳祐十年二月朔。

正如开头下画线处所示，这是崔与之的门人李昴英在崔到往太学学习之时写给友人林介（字介仲）的一封书信之后所作的"跋"。书信内容如①的下画线部分所示，不但谈到了自己将来的志向，还详细记录了太学的宿舍"斋舍"的相关费用。从这里的内容来看，崔与之的家境似乎并不富裕，他入住太学斋舍的费用是故乡的友人们合资捐赠的，为了对此表达感谢之意，他才在信中详细地记录了宿斋的费用。其中提到的友人之一应该就是林介。崔与之在绍熙元年（1190）进入太学，第二年科考及第。作为一名广州人从太学获得了科举及第，这是崔与之最早见于史籍的事迹。我们再来留意下画线②的部分。这个部分记载了林介是崔与之家乡增城的一名老儒，生卒都在崔与之之前，由于林家的子孙没有很好地保管这封书信，以至于它在士人家中流传，最后才辗转落到了李昂英的手上。崔与之是"庚戌"年（绍熙元年，1190）入读太学的，直到 60 年后的又一个庚戌年（淳祐十年，1250）这封书信才再次出现，仿佛冥冥之中自有命数。跋文还记载了外侄陈某（林家的外侄？）去往太学考试的时候，把这封书信传给了林介的儿子林守道①，之后林守道也参加了科考，并且成为了崔与之家的女婿，这封书信才又回到了崔的家中。经过了 60 年的岁月，崔与之的书信终于完璧归赵。而通过这一段被记录下来的过程，我们应该注意到的是，书信成为了被鉴赏的对象并且在众人手中流传的历史事实。

（事例 2）《全录》附集卷二《跋崔菊坡洪平斋与高守帖　方岳》（第 209 页）

> 崔丞相所至，幕府极天下选，观此诸帖，亦可想一时宾主之际矣。天目之老，犹及以鸿文大笔，行端平元、二间。而临邛史君，特麾麾不一麾而殁，则天也。自我得二士，意气横九州，菊坡于此，信不凡主家十二楼，一身当三千之二客者，抑岂今世之周旋，获笑颠倒逢嘻云尔哉。三复感叹。淳祐第九重阳，歙人方岳观于江东道院，则史君令子为修水尹云。

请留意下画线部分的表述。崔与之在他所任之处广开幕府，拔擢优秀的幕僚。从这里的"诸帖"（即崔菊坡、洪平斋与高守）可以看到当时的幕主和幕僚之间的关系。这些帖，也就是书信，应该是崔与之、洪咨夔写给高守（魏了翁的哥哥高稼）的信。跋文中提到

---

① 《闽中理学渊源考》卷二十四《林守一先生守道》，文渊阁《四库全书》电子版。其中收录有朱熹门人林守道者。

了天目之老（洪咨夔）在端平元年、二年间（史弥远死后，理宗开始亲政，也就是端平更化时期）的文才挥洒，以及与之相对的，临邛史君（高稼是邛州蒲江人）在端平二年蒙古入侵四川之际，担任沔州防备，战死任上。两人情况的差异实属于"天"（天命）。后半段下画线，方岳高度评价了崔与之对两名优秀人才的发掘。洪咨夔、高稼二人正是崔与之在任四川制置使时期的麾下幕僚。此"跋"的对象是崔与之和洪咨夔二人的书信，《全录》卷九《跋崔清献公、洪文忠公帖 牟巘》（第 123—124 页）还有以下一条记载：

> 宋嘉定中，清献崔公以次对帅蜀，其后遂制置西事。宾客从者忠文洪公，实颛笺翰。崔公清规重德，洪公雄文直道，参会一时，蜀人纪之，以为殆过石湖放翁也。崔公出蜀，归卧五羊，杜门谢病，而洪公以考功郎论巴陵事得罪，摈天目山下。端平改纪，崔公遂相，白麻一出，天下倾想风采，公力辞不拜。御笔手诏，旁午于道，朝臣中使，守门趣发，公汔不起，以至谢事。是时亦起洪公为台谏、给舍，为两制论驳不少贬。顾以病不大用，宾主相为终始盖如此。至是丙申，得观两帖于唐师善家，为之感叹。崔帖后有中书省印，乃程沧洲家旧物，而洪号平斋，又号蒙斋云。

该跋的对象是崔与之和洪咨夔两人的书信，并且评价崔洪二人的幕主—幕僚关系更胜于同为四川制置使的范成大和他的部下陆游。这里值得留意的是下画线部分。牟巘在元朝的元贞二年（1296）于唐师善的家中看到了崔、洪的信件。其中，崔与之的帖上有"中书省印"，据说是程沧洲（程公许）的家藏之物。程公许也是四川制置使崔与之曾经推荐的人物，崔的书信被程收藏，然后辗转落于唐师善的手中。

（事例 3）《全录》附集卷三《崔菊坡与刘制置书 刘克庄》（第

213—214 页 ）①

　　①清献与文肃书如此，可见当时路帅事阃帅之礼，时嘉定甲戌也。③后四年戊寅，余从制帅尚书李公行边，清献犹在扬，李公盛陈兵卫入境，清献以素对数十人过扬子桥，来谒李公，寓维扬馆月余。清献每白事，必减驺从，屏呵导，先至幕府见余辈。或问清献："公方岳重臣，奈何执礼如小侯？"清献曰："某昔为郎官，李公上某自代，今体统当然，况情谊乎？"②文肃亦荐清献者，前辈于知己礼敬终身不衰，今人不复能然矣。然此特礼文之见于外者耳，至于持论临事，则各行其志，有毅然不苟同者。嘉定惩创丙寅丁卯轻举，中外以再和为幸，而清献告文肃，谓聘使往来，人情懈弛，必至之忧，在于旦夕，宜急修守备以待。不旋踵其言皆验。虏先犯浮光，清献又劝李公持重。俄而我出泗上师失利，虏大入，庙谟以咎李公，议擢清献代之，俾续和议。先以贻书谕上意，清献力言："虏垂亡，不可和，李公不可去。"后李公闻而叹曰："若他人必挤而夺之矣。"明年，余出幕，清献自扬召归，遂入蜀。余晚使粤，庶复见清献道旧，至则已薨。嗟夫，功名之际，人各着鞭。虽士稚、越石，亦未能免。而清献处心无竞若此。盖世之所未知也。④昔者闻之西山先生，可为制帅者，可为宰相，谓其度量能容受，气力能负荷而已。上顷以相印起清献，岂此意欤？⑤今大使秋壑贾公跋语，称清献制边事如烛照数计。⑥壑公建淮阃十年，忠劳百倍于清献之时，而怀贤服善，了无毫发矜功伐能之意。西山可以相之语，清献未及为之事，不在斯人者乎？⑦曩余得清献翰墨甚多，懒惰不能收拾，今箧中尚有数纸。而文肃之孙应雷，能宝藏此书，因以畴昔身履目击者题之卷末。应雷

①　这则史料参见《中国古典文学基本丛书：刘克庄集笺校》卷一〇八，北京：中华书局，2011 年，第 4475 ~ 4479 页。

　　<u>方为鋈公辟客，兵间旧事，不可不知也。</u>

　　这是刘克庄在淮东安抚使崔与之嘉定七年（1214）写给江淮制置使刘鋈的书信之后作的跋文。该跋讲述了好几个富含深意的事实。下画线①推测了制置使和安抚使之间的关系，掌管广域的路级军政的制置使，对于掌管一路军政的安抚使，采取的是上司—下属的相处态度。他们之间关系还不止如此，由下画线②的部分可见，刘与崔之间是有推荐、被推荐的一层关系在的，所以崔与之一生都对刘鋈保持礼敬。在下画线③中，江淮制置使李珏和淮东安抚使崔与之之间也展现了相同的关系。崔与之每次向李珏奏事的时候，都会削减、呵退随从，提前到幕府会见刘克庄等人。对于崔与之的这种态度，有人质疑道："您也是管理地方重要据点的官员，为何要对他行小侯（小国之君）侍奉大国之礼呢？"崔的回答是："当我还是郎官的时候，李公就对我'举官自代'（推荐继任者的制度），推荐我代替他的职位。如今就'制置使'—'安抚使'的体系而言，当然更需执行此礼。更何况，在此之上我们还有推荐—被推荐的情谊。"

　　下画线④说的是，曾经听闻西山先生真德秀认为崔与之是可以当"制帅"也可以当"宰相"的人，因为"崔与之从度量、气力而言，也是可以胜任以上两职的"。下画线⑤则引用了两淮制置大使贾似道的跋语，称赞"崔与之将边境治理得如同烛照般明亮"。不过，刘克庄自己在下画线⑥的部分却提出，任职两淮制置大使十年、实绩累累的贾似道，已经超越了被真德秀认为可以担任宰相、但没有来得及实现治理目标的崔与之。

　　最后的下画线⑦说明了写作这篇题跋的原因。刘克庄自己收藏了不少崔与之的文章，但都没有怎么整理，如今在箱子里面仍存有几件。刘鋈的孙子应雷能够收藏这封书信，并且把当年目击的事情附于卷末。因为刘应雷曾经当过贾似道的幕僚，对当时军中之事不可能不知晓。

　　而刘克庄本人，即便没有当过崔与之的幕僚，也是崔与之在任淮东安抚使时高度评价的一位人物。这则题跋描绘了"制置使"—"安抚使"之间应有的姿态，又把崔与之、贾似道作为体现其理想的人物列举出来。我们可以发现，理想的地方官像、宰相像在当时士大夫和官僚之中是经常被讨论的。①

　　从以上三则"题跋"来看，书信不但是当事人之间的交流，还可以在亲密的同伴之中传阅，甚至在特定场合还可以进行讨论。于是，这些书信的保存、鉴赏，就会因应场合的变化，辗转流传于不同人之手。把这样一个流传的过程记录下来的就是"题跋"，它除了介绍"书信"本身的内容以外，还附加了不少与书信有关的轶事以及对书信中人物的评价等。

四、小　结

　　本文重点讨论了"题跋"的材料是有原因的。笔者在分析"书信"的过程中，注意到与"书信"密切关联的还有其他各种各样的史料。例如，在"书信"的三种类型中，与公文书性质相近的那一种，对其进行分析的时候，就必须同时调查它所涉及的上奏文书或命令文书等。就像以前研究过的魏了翁的事例那样，可以确证的是，"书信"与上奏文或命令文内容是基本相同的，只是官员在向官司递送公文书的同时，还会把具体内容更加详细地写到"书信"中寄送给上司或者下属。第三种类型，即在"私的圈域"中进行交换的"书"也是一样。在很多情况下，它都伴随着赠答品的交换，而这些赠答品中有的是"墓志铭"、"记"、"序"、"题跋"、"诗"等文学或思想性的作品。在"书信"中附加这些作品，除了可以进行非常具体的细节交流以外，思想家们还可以通过书信的交换对弟子们进行讲学。因此，研究者有必要详细调查与"书信"密切关联的其他史

---

① 　这类研究成果的其中一例，可参见小林隆道『宋代中国の統治と文書』「Ⅲ部宋代の地方行政文書管理と三級制地方統治」「第十三章　宋代転運使の「模範」」，汲古書院，2014 年。

料，仔细比照它们之间的关系，从而正确地解读"书信"的内容和内涵。

上文研究的"题跋"，是了解"书信"的移动以及人物的评价方面最适合的史料之一。我们从中发现仅仅从"书信"上还不能看到的交游以及网络拓展的具体情况。

不过，最后笔者想提醒注意的是，以上这些事例不过是广之又广的史料群中的一部分。黄宽重提出了在南宋史研究中使用文集材料的重要性，而且强调要尽己所能地去利用它，全面地利用它。①从本文提供的事例中，我们也可以知道，史料和史料之间存在着关联性，而网络的问题也是"重层"、"复合"地存在着的，因此，我们必须时刻保持着对"研究视角"和"史料"之间关系的敏感性，来开展分析以及推进研究。

---

① 参见黄宽重《孙应时的学宦生涯：道学追随者对南宋中期政局变动的因应》，台北：台湾大学出版中心，2018 年。

金朝自上京会宁府至中都大兴府的迁都及其都城空间的变化

久保田和男

郭万平　译

引　言

　　金朝是由北方民族女真族建立的王朝。女真族原为辽（契丹）的臣属，完颜阿骨打建金称帝（太祖）后，几乎消灭了辽国。阿骨打死后，其弟吴乞买继位（太宗），并俘虏辽的末代皇帝天祚帝（1125）。其间，金与北宋展开外交活动，北宋为收复燕云十六州多次与金进行交涉。辽灭亡后，宋金盟约破裂，金屡次攻打北宋，由此发展为"靖康之变"（1127）。

　　在这一背景下，金的国家体制由女真族部落国家开始发生巨变，其中之一便是修筑都城。虽然金朝最初于今哈尔滨市郊外（阿城县）建立了上京会宁府，但由于华北领土广阔，都城过于偏北，到第四代君主海陵王时，以今北京为中都大兴府，并迁都于此（1151～1153年）。

　　本文旨在探讨从上京会宁府迁都至中都大兴府期间金朝都城空间所发生的巨大变化。虽然已有不少关于这两座都城的专著和论文，但本文拟从比较都城史的视角对都城空间进行研究，凸显新的问题点。尤其是通过与辽的上京临潢府、中京大定府以及北宋的东京开封府等的比较研究，考察金自上京会宁府迁都至中都大兴府过程中都城空间的变化，这是笔者从东亚都城的历史中探讨都城地位的系列研究之一。

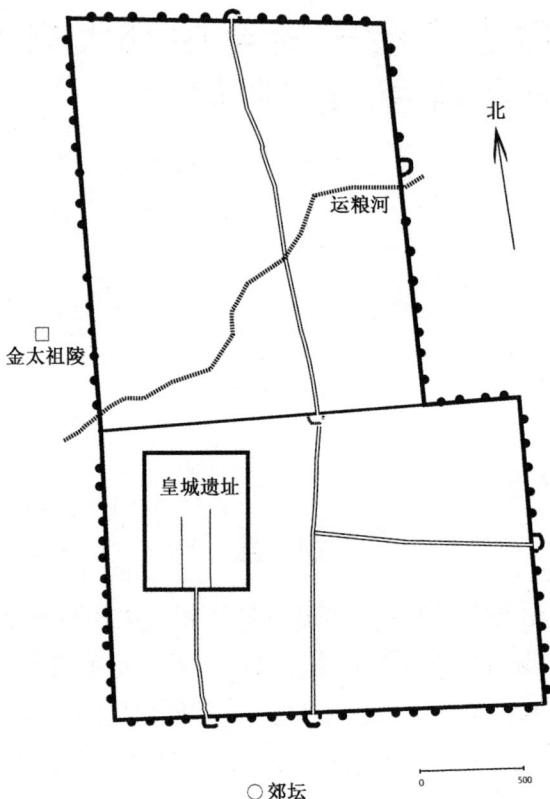

图 1　上京会宁府图（据 1964 年阿城县博物馆所制之图改绘）

一、上京会宁府的建设：南北连郭式都城

上京会宁府广阔的城郭遗址位于今哈尔滨市阿城县郊外。从平面图可以看出，其城郭呈南北相连的连郭式（见图 1），与辽上京临潢府的设计十分相似（图 2），关于这一点在后文中将有所论及。目前城郭中有若干村落，大部分为玉米地，已经失去了古城氛围。南端城郭的西北部发现有宫城遗迹，且从被认为一门三道的端门遗迹中，可以看出宫殿或城门基坛是南北相连的。南北城郭总周长约 11 公里 [1]，21 华里左右，其规模相当于宋代开封的内城。本节拟初步探讨金朝初期上京会宁府在何种情况下形成为都城以及这座都市空间

---

[1]　景爱：《金上京》，北京：生活·读书·新知三联书店，1991 年，第 41 页。

具有何种特征等，确立第二节上京与中
都比较史考察的基础。

　　女真族原本为没有城郭城市的民
族，以农耕和狩猎为生。金太祖时期，
在其后称作上京的地方，分散着被称为
"皇帝寨""国相寨""太子庄"等的设
施，它们承担着作为国家中心的职能。
金初史料生动地描绘了建都初期的朴素
景象，"皇帝寨"的规模仅相当于中原
地区的州县官署，而且女真平民可以在
其周围比较自由地活动。①

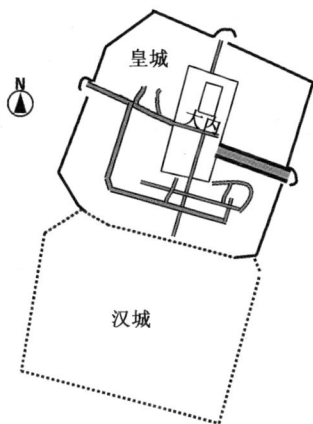

图 2　辽上京临潢府

　　1122 年 12 月，完颜阿骨打攻占辽南京（燕京）。根据"海上
之盟"，金应将燕京移交宋朝，然而金朝却席卷"金帛、子女、职
官、民户"而去，只留给入城的宋军一座"空城"。② 金认为，尽管
"海上之盟"商定宋朝收复燕京地区，但居民是属于金朝的。③《金
史·太祖本纪》"天辅七年（1123）四月"有"燕京豪族工匠，由松
亭关徙民内地"④ 的记载，表明燕京的居民被移居至"内地"。所谓
"内地"，即指上京会宁府。⑤

---

① 《三朝北盟会编》卷二四四（上海：上海古籍出版社，1987 年，第 1750
　　页）："张棣《金虏图经》曰，一京邑。金虏有国之初，都上京，府曰会宁，
　　地名金源，其城邑、宫室类中原之州县廨宇，制度极草创。居民往来，或车马
　　杂遝，皆自前朝门为出入之路，略无禁限。每春正击土牛，父老士庶，无长无
　　幼，皆观看于殿之侧。主之出朝也，威仪体貌，止肖乎守令。民之讼未决者，
　　多拦驾以诉之。其朴野如此。至亶，始有内庭之禁，大率亦阔略。"

② 《皇朝编年纲目备要》卷二九"童贯、蔡攸入燕"（宣和五年（1123）四月）
　　（北京：中华书局，2006 年，第 749 页）："燕之金帛子女、职官、民户，
　　为金人席卷而东。朝廷捐岁币数百万，所得空城而已。"

③ 《大金国志》卷三《太宗文烈皇帝一》"天会三年十二月"，北京：中华书
　　局，1986 年，第 43~44 页。

④ 《金史》卷二《太祖本纪》"天辅七年四月癸巳"，北京：中华书局，1975
　　年，第 41 页。

⑤ 《金史》卷二十四《地理志·上京路》，第 550 页。

此前一年即天辅六年（1122），"皇帝寨"升为会宁府，建为上京。这可能是金为了接纳从燕京迁徙而来的大批移民而制定了都城制度。《大金国志》记载道：

> 天辅六年春，升皇帝寨曰会宁府，建为上京，其辽之上京改作北京。先是，<u>女真之初无城郭</u>，止呼曰皇帝寨、国相寨、太子庄，<u>至是改焉</u>。①

由此可以理解为金建造了城郭城市。其下文"大宴番汉群臣于乾元殿"表明汉人官僚也加入政府，已进入建设都城的成熟期。

关于在金上京首先建造的是南城还是北城，前人观点不一。②笔者以为，也有可能二者是同时建造的。首先，据《金史·卢彦伦传》可知，卢彦伦于翌年天会二年（1124）就任"知新城事"。③从下文"城邑初建，彦伦为经画，民居、公宇皆有法"可以看出，这是首次建造"城邑"（城郭都市）。卢彦伦乃汉人，原为辽旧臣，他作为辽上京临潢府人，负责维持治安。④若这样，卢彦伦"经画"的"城邑"设计，可能是模仿辽上京临潢府的"日"字形设计。因此，笔者认为，金上京的南城、北城是同时建造的。

---

① 《大金国志》卷二《太祖武元皇帝下》"天辅六年"，第 28 页。
② 鳥居龍蔵「金の上京城及びその文化」，『鳥居龍蔵全集』第 6 卷，朝日新闻社，1976 年，第 221 页；景爱：《金上京》，第 22 页；朱国忱：《金源故都》，哈尔滨：《北方文物》杂志社，1991 年，第 117 页。
③ 《金史》卷七五《卢彦伦传》（第 1716 页）：天会二年，<u>知新城事。城邑初建，彦伦为经画，民居、公宇皆有法</u>。改静江军节度留后，知咸州烟火事。未几，迁静江军节度使。天眷初（1138），行少府监兼都水使者，<u>充提点京城大内所</u>，改利涉军节度使，未阅月还，复为<u>提点大内所</u>……明年（1151），诏彦伦营造燕京宫室，以疾卒，年六十九。
④ 《金史》卷七五《卢彦伦传》（第 1715 页）："临潢人。辽天庆初，萧贞一留守上京，置为吏，以材干称。是时，临潢之境多盗，而城中兵无统属者，府以彦伦为材，荐之于朝，即授殿直、勾当兵马公事。"

　　这一观点还有另外一个理由。虽然上京城墙上建造有相当数量的马面，但在隔开南城、北城的中间城墙上（以下称"中城"）却没有马面。中城有一座城门，瓮城向南城突出，至今尚存，景爱氏从遗物的混合成分推断，该建筑为元代所建 ①。可见，中城并非为防御外敌而建，而是为了将南城与北城分隔。因此，可以认为中城是与南城、北城同时建造的。

　　那么，为什么金要建造中城呢？可以参考辽上京的实例来探讨这一问题。辽上京临潢府北侧称作"皇城"，南侧称作"汉城"，北城建有宫殿。据说还设置了游牧民族毡房的空间 ②，这是统治阶级、游牧民族的空间。另一方面，南侧正如被称作"汉城"一样，它是被统治者汉人居住的空间。金上京的大内建在南城，这一点不同于辽上京。据《金史·卢彦伦传》可知，通过卢彦伦的"经画"，金上京的"民居、公宇皆有法"。金朝创建初期，官方机构、建筑与女真部落集团相重合。所谓民居，是指移民而来被统治民族的居所。也就是说，南城是以大内为中心的女真人的空间，北城（旧城）是管理那些被强制移民而来的居民的空间。

　　《金史·太宗本纪》有天会二年（1124）"建乾元殿"的记载，这可能也是卢彦伦参与设计建设的，乾元殿建造于南城 ③。在建造期间的 1125 年，宋使许亢宗曾访问上京。许亢宗的行纪真实地描绘了乾元殿尚未完成、数千人正在从事建设的场景。在另一份史料中，则记载为驱使"万人"建设。④ 虽然上京近郊尚未出现"无城郭"的城郭都市景象，但关于民居则有"间有民居千余家，星罗棋

---

① 景爱：《金上京》，第 39 页。

② 武田和哉「契丹國（遼朝）における宮都の基礎的考察」，『條里制・古代都市研究』通卷 21 號，2005 年，第 90 ～ 91 页。

③ 据景爱《金上京》第 38 页可知，通过遗物可以确认，包括乾元殿在内的"皇城"（南城中的宫殿区）建于太宗天会二年（1124）。

④ 《大金国志》卷三《太宗文烈皇帝一》（第 40 页）："其国初无城郭，四顾茫然，皆茅舍以居。至是，方营大屋数千间，日役万人，规模亦宏侈矣。"

布"①，家家散居于广阔范围的景象。此时城郭应该正在建设中。至于皇城，有言曰："阜宿围绕三数顷，并高丈余，云皇城也。"② 由此可见，皇城为高度 3 米左右的城墙所环绕。

北城是以汉人、契丹人等移民为中心的空间，他们是"燕京之豪族、工匠"，由此形成了工商业区域。北城发现了三处作坊遗迹。③ 此外，也有宋钱等的出土报告。④ 贯穿北城的松花江支流发挥了运河的作用。⑤ 此后，北宋灭亡时，大量宋人从开封被俘虏至金，其中以宋徽宗、钦宗为首的皇族为中心，包括技术人员等达 10 万人。⑥ 笔者认为，与燕京陷落后的移民政策十分相似，许多宋人也被迫迁徙至上京。例如，在上京民间，也发生了以八十钱当"陌"的短陌现象。⑦ 同样的民间习惯，在北宋开封也非常盛行⑧，这也暗示了原开封都人的存在。宋徽宗、钦宗在参拜上京的太祖陵后，被幽禁于五国城，这期间允许与二人同行的仅有 6 人⑨，其余大多数人滞留在上京⑩。其中，宋朝宗室女性、女官等 300 人，被迫生活在上京洗衣院（官设妓楼）。⑪

---

① 《宣和乙巳奉使行程录》(《五代宋金元人边境行记十三种疏证稿》，北京：中华书局，2004 年，第 252 页）作"居民十余家"，但根据文意，本文采纳《大金国志》卷四〇所收同书（第 569 页）中"千余家"的记载。

② 《宣和乙巳奉使行程录》(《五代宋金元人边境行记十三种疏证稿》，第 252 页），作"有阜宿围绕三四顷，北高丈余"，但根据文意，本文采纳《大金国志》卷四〇所收同书（第 569 页）之文。

③ 景爱：《金上京》，第 64、65 页。此外，该书 65 页还提到，当地居民现在称北城为"买卖城"。

④ 景爱《金上京》第九章"金上京的经济状况"，第 151 页。

⑤ 景爱《金上京》第 63 页收录有运河现状的图片。

⑥ 久保田和男「開封廃都と臨安定都をめぐって」，新宮学編『近世東アジア比較都城史の諸相』，白帝社，2014 年，第 117 页。

⑦ 《金史》卷二九《食货志·钱币》，第 1071 页。

⑧ 《东京梦华录》卷三《都市钱陌》，台北：世界书局，1973 年，第 119 页。

⑨ 《靖康稗史笺证·呻吟语笺证》，北京：中华书局，1988 年，第 216 页。

⑩ 《金史》卷三《太宗本纪》"天会九年（1131）十一月己未"，第 63 页。

⑪ 《靖康稗史笺证·呻吟语笺证》，第 279 页。

　　另一方面，在城墙（中城）隔开的南城中建立了大内。南城的大内周边可能建立有皇族居所。例如，《金史》中有"上京王业所起，风俗日向诡薄，宗室聚居，号为难治"①，"世宗昭德皇后，乌林答氏，其先居海罗伊河，世为乌林答部长，率部族来归，居上京，与本朝为婚姻家"②。因此，可以认为在南城建有皇族居所。此外，在首都一般有皇帝近卫军常驻，金朝编入"猛安谋克"的多数士兵也可能居于此处③，而被视作他们的娱乐场所的洗衣院，可能也建立在南城空间内。

　　如上所述，金上京会宁府是一座南北连郭式（日字形）都城，南北城中间夹有中城。北城的居民构成是以汉族为中心的被统治民族，南城则是大内、宗族、猛安谋克士兵等女真族。关于上京会宁府，虽然留有中轴线究竟为何种方位等值得思考的问题，但在本文结论部分，将从比较都城史的视点进行探讨。下一节将运用比较都城史的方法对海陵王从上京迁都至中都时的若干问题进行探讨，这样的话，通过比较的方法，可以探明本节所论的上京空间问题。

二、从比较都城史的观点看上京会宁府迁都至中都大兴府

　　最终形成五京制的辽都城制度，最早始于上京临潢府的建造。上京临潢府为上述南北连郭式（日字形）城郭都市。澶渊之盟（1004）之后，为迎接宋使，辽建造了中京大定府，这座都城是像中原的都城一样回字形中央宫阙型都城。特别是拙稿所强调过的，宋于开封中轴线街道两侧修建了廊庑（廊千步），辽中京也仿造了廊庑。（见图3、图4）随着金自上京会宁府迁都至中都大兴府，同样出现了从日字形到回字形的都城变迁。通过对辽金新旧两座都城构造的比较研究，金中都的特征会逐渐明晰起来。

---

① 《金史》卷七二《穀英传》，第 1663 页。
② 《金史》卷六四《昭德皇后传》，第 1519 页。
③ 《金史》卷八三《纳合椿年传》（第 1872 页）载，海陵王迁都中都之际，驻留于上京的"诸谋安"也移至中都。

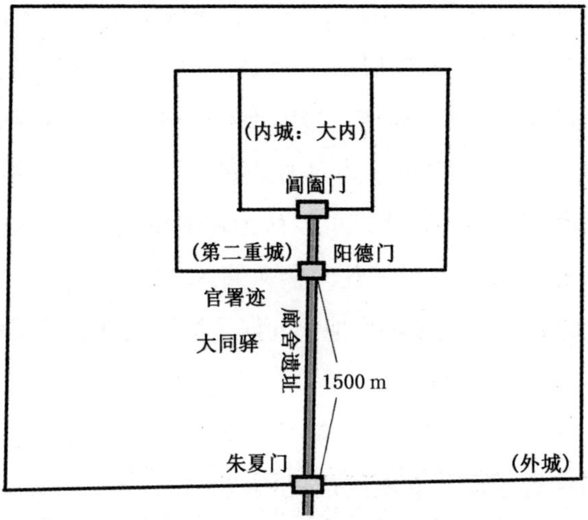

图3 辽中京大定府图

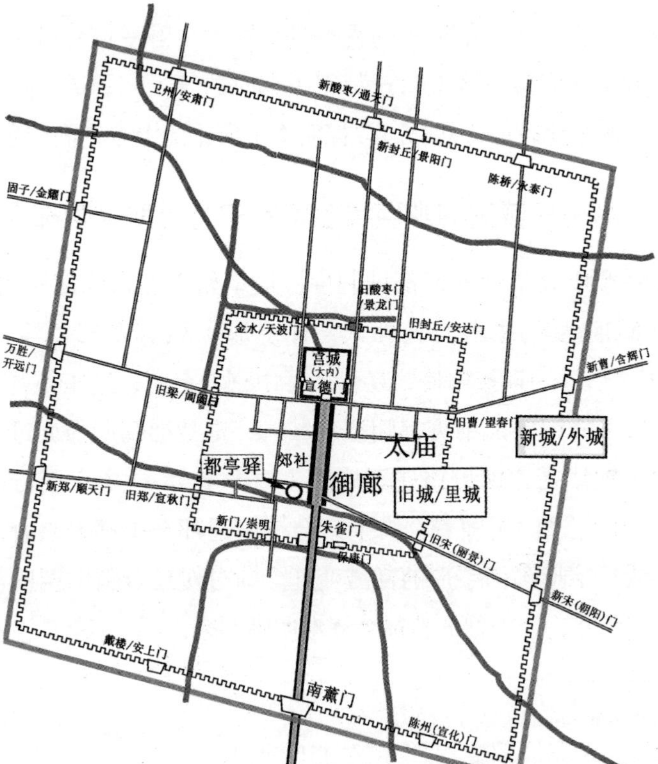

图4 北宋开封府图

　　中都大兴府经历了海陵王时代的迁都和改造，直至金末一直作为金的都城，是金朝的中心。海陵王于天德元年（1149）即位，天德三年（1151），宣布迁都，2 年后准备就绪，将燕京改称中都大兴府。① 迁都之前，海陵王向大臣们询问是否需要迁都。在迁都争议中，大臣们提出的理由是，对于统治范围已扩大至华北等广大领域的金王朝而言，上京会宁府过于偏向东北。某些大臣认为燕京位于"天地之中"②，在诏敕中"舆地之中"的燕京作为京师是最适合的 ③。

　　时任宰相张浩（渤海人）等人奉命扩建辽代南京城（燕京）并营建宫城、皇城。海陵王派遣画师前往开封调查"宫室制度"，令张浩等人据图建造"宫室"。④ 在《元一统志》中有"筑燕京，制度如汴"，这表明不仅仅是"宫室"，可能连开封的都城制度也同时模仿了。据范成大记载，在营造中都时孔彦舟提出了规划方案（"规模多出于孔彦舟" ⑤）。孔彦舟原是宋朝将领，后为齐、金将军，历任工部尚书、河南府尹，年轻时属于开封的无赖之辈。不过，浏览平面图的话，发现二者的内城形态等并不十分相似。那么，金中都大兴府究竟在哪些方面与开封有相似之处呢？本节将探讨这一问题。

（一）金中都和北宋开封都城空间的比较——以其形成为中心

　　北宋的东京开封府是中央宫阙型都城，围有三重城墙。其最外

---

① 关于海陵王迁都的地政学研究，可参见余蔚《完颜亮迁都燕京与金朝的北境危机——金代迁都所涉之政治地理问题》（《文史哲》2013 年 5 期），该文探讨了领土扩张及其与蒙古的关系等。

② 《大金国志》卷一三《海陵炀王上》"天德二年冬"，第 186 ~ 187 页。

③ 《建炎以来系年要录》卷一六四（北京：中华书局，1988 年，第 2682 页）"绍兴二十三年（1153）二月癸丑"之注。

④ 《三朝北盟会编》卷二四四（第 1751 页）所引张棣《金虏图经》（《金国志》）有云："一宫室。亮欲都燕，遣画工写京师宫室制度。至于阔狭修短，曲尽其数，授之左相张浩辈，按图以修之。城之四围，九里有三十步。自天津桥之北，曰宣阳门（原注'如京师朱雀门'）。"

⑤ 《揽辔录》（《范成大笔记六种》），北京：中华书局，2002 年，第 16 页。

层为五代后周时期所建（48 里），北宋神宗朝经过大修后成为"新城"（扩至 50 里）。第二重是作为唐中期宣武军节度使会府汴州的罗城而建造的，是北宋时被称作旧城的里城，约 20 余里。第三重是大内，继承了宣武军节度使官衙时代的空间。

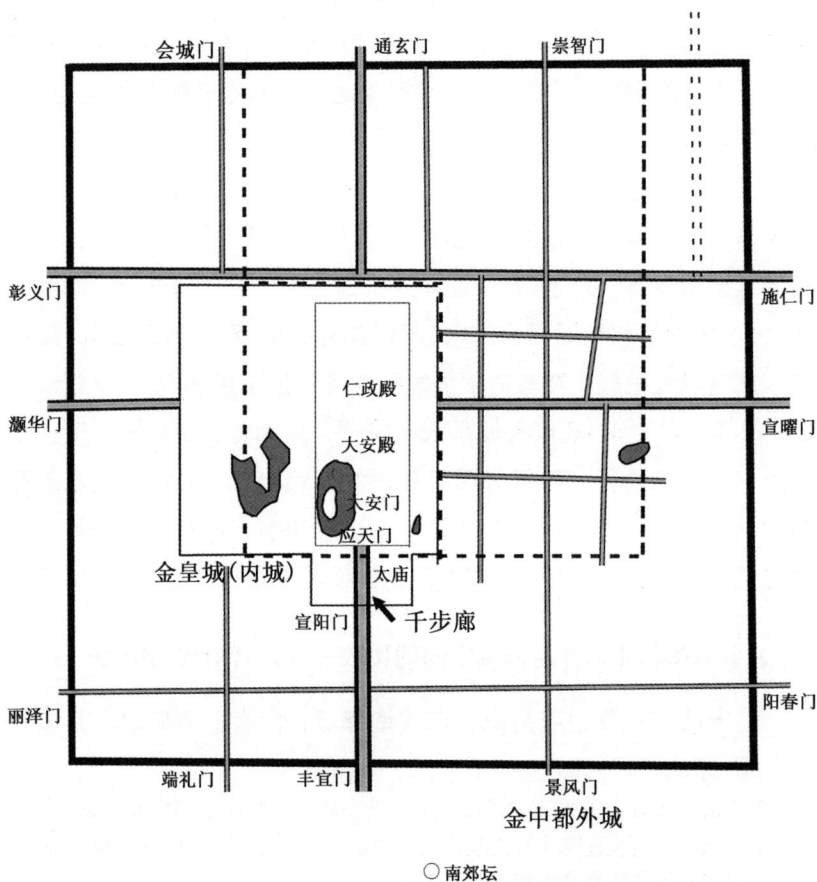

图 5　金中都示意图（点线为辽南京城城郭）

与五代汴州一样，金中都前身的辽南京原以唐代节度使（卢龙军）会府幽州的罗城所建城郭作为基础。但与汴州不同的是，其子城位于西南隅，子城的西墙、南墙与罗城共通。唐代汴州、幽州皆为拥有坊城制的地方军事化城市。二者同为大藩的会府，因此可能由数万雇佣兵为中心的居民构成。

幽州被后晋割让于契丹（辽），它既是燕云十六州的汉族地区政治中心，作为南京幽州府，它也是辽复都制的构成者之一。辽降服于金的最终局面是天祚帝从这座城市逃亡，1122 年，其余百官向入城的太祖阿骨打"叩头请罪"[①]。辽百官与燕京居民被强制迁移至上京，幽州变为"空城"。之后，基于宋金"海上之盟"，又转让给宋，称燕山府。

此后，再次落入金手中的燕山府改称燕京，成为与宋对抗的军事基地（右元帅府、燕京枢密院所在地），占有重要地位[②]，大概是因为居民众多。如上所述，海陵王迁都之际，上京遭到彻底破坏，居民也被转移至中都。因此，新都需要扩大城郭。虽然借用辽南京的北城墙，但金朝其他部分的城墙均为新建。辽代子城几乎原封不动地借用为金的"皇城"（或"内城"，周长 9 里 30 步）[③]，成为中央宫阙型都城设计。

辽南京的城墙周长约 27 里[④]（图 6《辽南京图》）。据《辽史》记载，其城墙高 3 丈（约 10 米）、宽 1 丈 5 尺。[⑤] 这个城墙被金中都的"外城"[⑥] 墙（约 30 里）所包围，北墙是共用的，其高度、宽度应

---

① 《金史》卷二《太祖本纪》"天辅六年十二月辛卯"，第 39 页。

② 宗望即斡离不所掌管的军事机关。参见三上次男『金史研究二　金代政治制度の研究』，中央公論美術出版，1970 年，第 283、299、463 页。

③ 参见《大金国志》卷一三《海陵炀王上》"天德二年冬条"，第 187 页。皇城在同书卷三三"燕京制度"（第 470 页）也作"内城"。本文亦采用这一用法。

④ 所谓"周围二十七里"，据《宣和乙巳奉使行程录》（《五代宋金元人边境行记十三种疏证稿》第 223 页）。也有史料作"二十五里"（《乘轺录》，《五代宋金元人边境行记十三种疏证稿》第 47 页）。《辽史》卷四〇《地理志》（第 494 页）记载城周长为"三十六里"，疑为"二十六里"之误。

⑤ 《辽史》卷四〇《地理志》，第 494 页。

⑥ 关于外城，《金史·地理志》并未记载名称和周长里数。《揽辔录》（《范成大笔记六种》，北京：中华书局，2002 年，第 14 页）中有"入丰宜门，即外城门也"，故本文皆称"外城"。《大金国志》卷三三"燕京制度"（第 471 页）："都城四周凡七十五里，城门十二……正南曰丰宜。"丰宜门为外城正南门。明初尚残存的金中都外城（元大都南城）的实际测量值（据《明太祖实录》）为 5328 丈，大约为 33 里，笔者据此推测"七十五里"应是"三十五里"的笔误。虽然也有学者认为，75 里是指外城外侧（转下页）

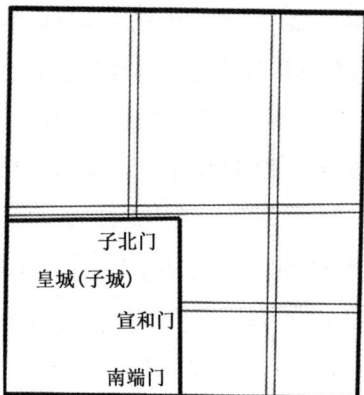

子北门
皇城（子城）
宜和门
南端门

图 6 辽南京图

该是相同的。至于其他部分，在金代是留存还是损毁，史料不明。①

关于北宋开封，后周时代的 955、956 年建造新城（48 里）时，直接将唐代城墙（20 里）包入其中而建成新城，唐代城墙作为旧城而存续，城门也具有夜间落锁等部分城市功能。② 金中都的情况如何呢？于氏根据《元典章》记载了海陵王改造以前的金燕京（与辽南京的规模相同）的一座城门名，认为辽城有可能是金代遗留下的城市 ③，而且据说辽代的护城河目前依然留存 ④。但是，物理性存在可能不同于城郭的制度性存在。在《金史·地理志》的"中都"条，仅有皇城和外城，并没有记载辽城。因此，也可以认为其并非为政府管理的城市。

1211 年，蒙古军进攻中都时，金朝令居民到城外避难。攻防战中，金军以市街战（"巷战"）来阻挡骑兵军团的突击，使其蒙受巨大损失。⑤ 之后，利用被损坏民居的材料，增筑"内城"的防御设

（接上页）的外郭城（渡辺秀一「金中都の空間構成—外郭をめぐって」，『歴史地理学』175，1995 年），但"丰宜"门属于外城，若有"七十五里"，显然是夸大。

① 新宫学认为，中都城郭为二重构造，表明辽代时城郭已毁。参见其「近世中国における皇城の成立」，日本文化研究所叢书『古代東アジア交流の総合的研究』，2008 年，第 148 页。

② 关于开封的新城、旧城，参见《宋史》卷三八《地理志》，中华书局，1985年，第 2102 页。

③ 于杰、于光度：《金中都》，北京：北京出版社，1989 年，第 25、26 页。

④ 同上，第 27 页。封面画中收录有辽代南京清晋门以南的护城河遗址（今为广安门外甘石桥南面）照片。

⑤ 《大金国志》卷二二《东海郡侯》"大安三年十二月一日"（第 300 页）："完颜天骥……与聂希古，建巷战计。"

施（楼）以继续战斗，在一番苦战后击退了蒙古军。[1] 通过放弃"外城"，固守"内城"，可以看出辽代的城郭并非是作为防御设施而建造的。因此，对其存在表示怀疑。

辽代都城将契丹族与其统治下的其他民族（汉人、渤海人、奚人等）区分为不同的空间。上京临潢府分为南城和北城。中京大定府虽是中央宫阙型设计，却是内城（第二重城）城郭较高并为统治民族的空间。另一方面，被统治民族则被强行移居到外城空间。金初作为都城的上京会宁府，如第1节所述，因与辽的上京临潢府设计相似属南北连郭制，因此是一座民族空间分隔的都城。不过，辽北城为统治者空间，南城为被统治者空间，而金的会宁府正好相反（稍后论述其原因）。

然而，如上所述，因海陵王的迁都、建设而出现的中都大兴府，并不具备辽代旧城的功能。作为"皇城"的空间，应该拥有皇家园林、官衙、祭祀设施等，同时居民也"绝少"[2]。这样的话，作为一个多民族国家，并未将都城设计为由城墙分隔民族的模式。海陵王在贞元元年（1153）迁都不久，就将中都的"隙地"赐予官僚和近卫军。[3] 他们的居住地并没有特别限定，这表明并未形成可以区隔统治者和被统治者的城市空间。我们从比较都城史的观点来看，明白了关于中都都城空间的问题点。下一节，通过考察海陵王的政治和都城空间的关系来加以探明。

（二）因海陵王迁都而创建的都城空间

为了更加明确论点，以下与北朝都城加以比较。北朝都城反映

---

[1] 《大金国志》卷二二"东海郡侯"（第300页）："［大安三年（1211）十二月］十四日，大军攻内东城，以民屋为楼，与城上相敌，随毁随立。城中发大炮击之。金吾卫将军邵邑战死。二十三日，大军攻内城，四城兵皆选至，自城上击之，敌稍失势。"

[2] 《日下旧闻考》卷二九（第421页）："燕京城内（内城？）地，大半入宫禁，百姓绝少。其宫阙壮丽，延亘阡陌，上切霄汉，虽秦阿房、汉建章不过如是。"注文写道由《海陵集》引用，但是现在的文渊阁《四库全书》本《海陵集》里没有这一节。

[3] 《金史》卷五《海陵王本纪》贞元元年五月乙卯，第100页。

了以皇帝为中心、呈同心圆状的统治关系，大内附近居住着统治民族，被统治民族则通过其外侧设置的坊制进行管理。[①] 因此，像北魏洛阳这一典型例子一样，实行"内城高，外城低"的多重城郭制。（图7）在南朝建康，被称为台城的子城虽由城墙包围，但外郭则是竹栅栏。

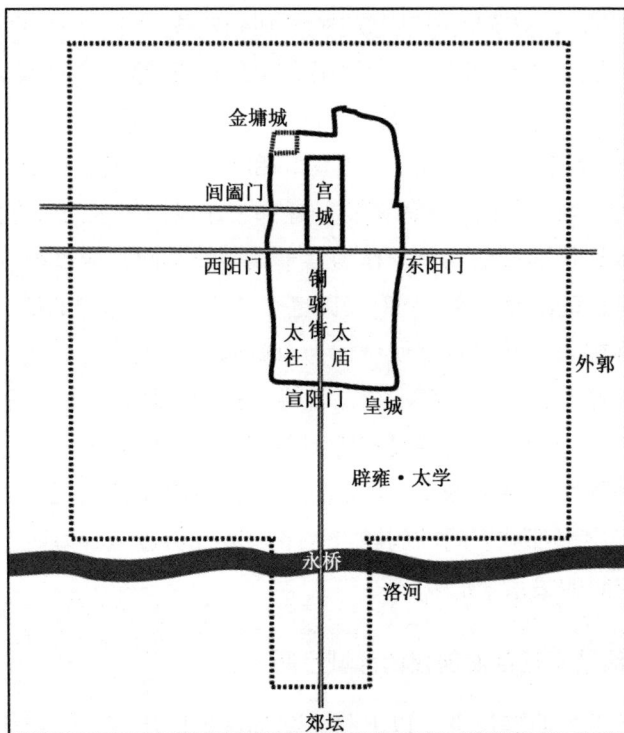

图7 北魏洛阳图

北宋开封与北魏洛阳的平面设计均为三重城郭，但是开封的新城比旧城高，唐代建造的旧城则任其崩塌，坊城制被取消，都城空间的分割局面也随之消失。北宋政府由独裁君主采取德治主义。节庆时，都城悬挂有"与民同乐"的大牌。皇帝和臣民的空间共享是

---

① 佐川英治「北魏洛陽の形成と空間配置——外郭と中軸線を中心に——」，『大阪市立大学東洋史論集』別冊特集号，2005 年 3 月。

君德视觉化的体现。一般来说，宋被视为汉民族王朝，但在开封也居住着汉族以外的民族。[①] 不过，为了使被称作"都人"的都城居民看起来一致，官方史料中并没有表现出民族的多样性。皇帝面对万民的这种可谓"一君万民"的状况，构成了都城空间。[②]

关于海陵王迁都，田村实造指出，这是从部落制国家到中央集权官僚制国家的转型阶段。[③] 为此，有必要削减自初期开始便拥有势力的宗族。他们大多居住在上京，将周边作为势力基础。因此，迁都的首要目的似乎就是为了打压宗室势力，这一点体现在迁都后会宁府遭到破坏。不仅仅宫殿，"大族宅邸"也成为破坏对象，其最终目的是将它们彻底变为农用土地。[④]

众所周知，海陵王步入独裁统治的历程充满了血腥味。为了削弱金初逐渐膨胀的宗室势力，海陵王对宗室进行了残酷屠杀。[⑤] 其统领的猛安谋克被编入皇帝近卫军（合扎猛安）。[⑥] 三省之中，除尚书省外均被废止，从而将权力集中到皇帝手中。[⑦] 海陵王的做法类似于众所周知的"杯酒释兵权"故事，即北宋初期，宋太祖赵匡胤

---

① 开封有琐罗亚斯德教寺院（祆庙）(《东京梦华录》卷三"大内西右掖门外街巷"，第85页。参见同页邓之诚注)，推测为粟特人所居。犹太人在开封定居始于北宋时期（参见久保田和男「宋代開封における公共空間の形成」，『宋代史から考える』，汲古書院，2016年），因此，到了元代，有关犹太人定居的官方史料零星可见。

② 参见久保田和男「宋代開封における公共空間の形成」，『宋代史から考える』，第22—23页。

③ 田村実造「海陵王の燕京遷都に関する——考察——」，收录于『中國征服王朝の研究』，東洋史研究会，1974年，第288～290、294页。

④ 《金史》卷五《海陵王本纪》(第108页)："〔正隆二年（1157）〕十月壬寅，命会宁府毁旧宫殿、诸大族第宅及储庆寺，仍夷其址而耕种之。"

⑤ 田村実造「通史編・金朝通史」，见『中國征服王朝の研究』，第39、40页。

⑥ 三上次男『金史研究一・金代女真社会の研究』，中央公論美術出版，1972年，第149页。

⑦ 三上次男『金史研究二・金代政治制度の研究』，中央公論美術出版，1970年，第336页。

成功地从节度使手中夺取兵权，实现了军事力量的中央集权化，二
者殊途同归。

　　宋太祖晚年（976）巡幸洛阳，并计划迁都于此，但其弟赵匡义
（宋太宗）强烈反对。太祖主张按"周汉"惯例定都洛阳。洛阳被认
为是"汉唐儒学"的理想首都。① 对此，太宗以"在德不在险"② 为
由加以反对，受其影响，太祖中止迁都。反对迁都的背景中，太宗
长期作为开封府尹，其势力皆在开封府；另外，禁军的增加势必提
高运河漕运的必要性。③ 但是，大概也可以从所谓"唐宋变革"这
一政治文化的整体变迁中加以考察。这一时期，洛阳并非是理想的
首都。该时期可能正处在对"汉唐儒学"由怀疑到否定这一儒学史
上的重大转折点的历史背景之下。事实上，北宋以降，洛阳连陪都
也无法充当。④

　　海陵王在迁都中都时，曾言"国家吉凶，在德不在地。使桀、
纣居之，虽卜善地，何益？使尧、舜居之，何用卜为？"⑤ 虽然不清
楚其是否受到宋太宗言论的影响，但他标榜德治，自比尧舜，这一
点值得关注。据记载，海陵王对经学、史学非常感兴趣，被誉为
"嗜习经史，一阅终身不复忘"⑥。这一迁都论可能借鉴了宋太宗的观
点。他们言论中所主张的，并非依历史传统或由占卜而得出首都的

---

① 参见渡辺信一郎『中国古代の王権と天下秩序』，校倉書房，2003 年，第
　　131 页。"土中"（《尚书·诏诰》）洛阳作为首都的国制，确立于东汉光武帝
　　朝，这是基于西汉儒教的国制改革，被称为"元始故事"。渡边称该国制为
　　中国的"古典国制"，其影响持续至清代。
② 《续资治通鉴长编》卷一七"开宝九年四月癸卯"，北京：中华书局，1979
　　年，第 369 页。
③ 久保田和男著，郭万平译：《宋代开封研究》，上海：上海古籍出版社，
　　2010 年，第 41 页以下。
④ 金末（1217 年）成为中京金昌府，但这可能并不具有实质性。《金史》卷
　　二五《地理志》，第 593 页。
⑤ 《金史》卷五《海陵王本纪》"天德三年四月辛酉"，第 97 页。
⑥ 《大金国志》卷一三《海陵炀王上》"天德二年七月冬"，第 187 页。

位置，而是认为君王之德才是最重要的。金朝经学即"宋学"。① 蕴含于"宋学"深层的理想社会，是由具备道德的圣人君主来统治民众，即"一君万民"的社会。② 在理论上，道德的作用超越了贵贱和民族差异。

金在历经太宗、熙宗朝的远征后，其领土迅速扩张，发展为具有多民族结构和广袤国土的国家，而海陵王成为跨越民族壁垒的统治者。海陵王发布的"迁都燕京改元诏"中，开头有言："朕以天下为家，固无远迩之异。生民为子，岂有亲疏之殊。"③ 这句话引用了儒教经典。金朝统治下出身于不同民族的人，却拥有相同的思考方式，这可以说是类似于君主独裁制下的齐民思想。这难道不是参考了宋王朝所确立的君主独裁制吗？海陵王周围也有研习"宋学"之人④，而海陵王的政治目标就是实施宋代产生的国家体制，即君主独裁制。

由此可见，海陵王的目的旨在改变金朝当时由宗族集团以及民族、部族等中间权力集团所构成的社会现状。他所主张的理想社会，应该是除皇帝外均具有统一思想。例如，在熙宗朝，重新改造了猛安谋克（宗室 / 女真族 / 汉族、契丹族、渤海人）的三个阶层，而海陵王废止了这一民族阶级制度。⑤

迁都中都是出于地理政治学的因素，是为了奠都于领土中心

---

① 小岛毅认为，宋学应该是指始于北宋的新学术思潮诸方面。参见小岛毅『朱子学と陽明学』，放送大学教育振興会，2004 年，第 18 页。

② 据沟口雄三『儒教史』（山川出版，1987 年，第 248 页）可知，基于《周礼》中井田制的齐民思想，是北宋新旧两派共通的前提。

③ 《建炎以来系年要录》卷一六四"绍兴二十三年（1153）二月癸丑"之条注，第 2682 页。

④ 三上次男『金史研究二・金代政治制度の研究』（第 332 ～ 333 页）指出海陵王积极任用新兴官僚，他们是宋学这一中国政治思想即"君主专制体制"的支持者。靖康之变以降，金朝积极招揽通晓经术的太学生并给予厚遇，来自四川、河北、河南的应征者不断涌现（第 310 页）。

⑤ 参见三上次男『金史研究二・金代政治制度の研究』第四章「猛安謀克制度に対する国家統制の進行」第一节。

地带。① 另一方面，在都城空间问题上，也反映了上述政策转换问题。上京会宁府有一道中城，它将城内一分为二，对居民进行分类统治。中都在这一点上有所变化，并没有建造将城内一分为二的城墙。据于氏的研究可知，中都也没有实行坊城制。②《大元一统志》中所提及的"制度如汴"，是指类似的都城空间制度。营建中都时，围起来的辽南京的城郭并非公共建筑，因此并未修理，于是渐渐崩毁。宋朝开封也是如此，旧城在北宋末期也逐渐成为废墟。因为不是公共建筑，所以并不进行修葺。两座都城的空间构造确实十分相似。

三、关于辽金都城的中轴线——以南郊和千步廊为例

1. 东西走向转为南北走向的中轴线

现存的北京天坛位于北京市南郊，是天授皇权之所。郊祀制度化始于东汉洛阳。东汉乃"儒教国家"，其国家体制发生变革。作为最大的王权礼仪，汉代开始实施数年一度的祭祀天地活动（郊祀）。③ 特别是南郊祭天活动备受重视④，因而形成了由大内向南延伸的中轴线为格局的都城结构（洛阳、建康）。这种都城结构也影响了长安、开封以及明清时期北京的都城格局。因此，可以说这是都城史上的重大变革。

辽都城上京临潢府属于南北连郭型都城。其北城为皇城，其中

---

① 关于金的对外关系与迁都的关系，余蔚《完颜亮迁都燕京与金朝的北境危机——金代迁都所涉之政治地理问题》中有详细论述。

② 诚如宋杰、于光度《金中都》（第 30 页）所指出的那样，金中都的"坊"与宋开封的坊相同，并无坊墙，仅为地区名称。

③ 参见佐川英治『中国古代都城の設計と思想・円丘祭祀の歴史的展開』第二章「漢代の郊祀と都城の空間」，勉誠出版，2016 年，第 49 ～ 70 页。

④ 据佐川英治『中国古代都城の設計と思想・円丘祭祀の歴史的展開』（第 59 页），东汉光武帝时期，南郊备受重视，都城洛阳设置了通向南郊坛的"南北郊路"，而在这条大路上所开设的南门（平城门），逐渐被视作洛阳的正门。

包括大内。由大内延伸出来的主干道直达东侧的东门，临潢府最初正是以东门为正门。游牧民族的住所"包"坐西朝东而建，这可能也反映到都城规划中。① 辽采用北面官 / 南面官的官制，这也可以解释北城为何为皇城的原因。与此不同的是，澶渊之盟数年后建造的辽中京大定府，是北方王朝中首座中轴线为南北走向的都城。不过，由于辽并不举行郊祀，因而中京大定府没有太庙、社稷、郊坛等祭祀设施。中京大定府的对称轴是南北走向，属于中央宫阙型都城规划。这种规划格局可以认为是缺乏王权思想的近乎模仿的规划格局。（虽然也要考虑佛教思想等方面的因素，但儒教的王权思想很少被强调）

女真族与契丹人一样，十分重视坐西朝东的建筑格局，这一点见于各种史料。② 据说金太祖最初的陵墓（斩将台）正是向东而建 ③，当时的宫城"皇帝寨"亦或如此。然而，金于天辅五年（1121）首次举行南北郊祀 ④，不久又建造了上京会宁府。因此，南

---

① 武田和哉「契丹國（遼朝）における宮都の基礎的考察」，『條里制・古代都市研究』，通卷 21 號，2005 年，第 91、92 頁。武田和哉「契丹国（遼朝）の上京臨潢府故城の占地と遺構復元に関する——考察——」，『遼金西夏研究の現在』（2），2009 年，第 89、90 頁。薛映：《辽中境界》，《五代宋金元人边境行记十三种疏证稿》，第 108 页。

② 《三朝北盟会编》卷三"重和二年正月十日丁巳条"注（上海：上海古籍出版社，1987 年，第 17 页）中有宋人所见金初的资料，其中有"墙垣、篱壁率皆以木，门皆东向"的记载。此外，《宣和乙巳奉使行程录》（《五代宋金元人边境行记十三种疏证稿》第 252 页）所载迎接宋使的仪式中，"女真酋领数十人班于西厢"，首领们面东而坐的可能性很大。

③ 据景爱《金上京》（第 15 页），上京西郊太祖陵的东侧原有参道。据朱国忱《金源故都》（第 141 页）说，对太祖至崇，所以葬之离宫城不远的西方。历代封建皇帝均坐西朝东，这是因为秦始皇陵等中国古代陵墓均坐西朝东所致（参见冈安勇「中国古代における方位観試論——とくに東面について——」，『総合文化』1，第 46 頁以下的部分）。今存太祖陵（阿城县）则转变为南北轴。

④ 《大金国志》卷二"太祖武元皇帝"（第 24 页）："〔天辅五年，1121〕五月，国主用杨朴议，初合祭天地于南北郊及禘享太庙，颁番汉群臣以下有差。"

城的南门可能又成为上京的正门，南门外侧的郊坛至今犹存。[①] 金熙宗时期，太庙、社稷建立起来。[②] 有无南郊正是同为南北连郭制（"日"字形）都城的辽上京和金上京的不同之所在。由于都城南郊举行郊祀，所以宫城坐北朝南。每逢郊祀，皇帝的卤簿（仪仗队）从正南门（端门）出发，沿主干道南行，穿过南城南门向南郊进发，因此，南城遂成为皇城。

辽南京幽都府的子城，偏处于其西南隅。虽然子城门可以朝南方打开，但常常锁门，其东侧的宣和门为正门。[③] 据《金史》记载：

> 金之郊祀，本于其俗，有拜天之礼。其后，太宗继位（1123），乃告祀天地，盖设位而祀也。天德以后（1149～ ），初有南北祀之制。大定、明昌，其礼寝备。[④]

由此可见，海陵王天德年间以后，金朝郊祀开始制度化。换言之，海陵王改造燕京时，规划的基本原则首先是确立作为"儒教国家"都城的南北中轴线。由于燕京沿用了辽罗城的北城墙，并继承其中央宫阙型都城规划，燕京城域向西南方向进行扩展。从燕京到中都的改造，不仅仅是城域面积的扩大，中轴线也发生了90度转向。与辽建立中京大定府时选择南北中轴线的情况有所不同，这是海陵王迈向他所梦想的"儒教国家"之路的措施之一，也是金朝按照自己的都城规划进行重建的意志体现，它反映到新都城的空间之中。

据佐川英治的研究可知，鲜卑族的北魏孝文帝也曾尝试通过"儒教理念"来改造国家，他非常重视南郊。平城原为东西中轴线的都城，后来转变为南北中轴线。孝文帝迁都洛阳后，在汉魏洛阳城

---

① 参见景爱《金上京》封面插图。
② 《金史》卷四"熙宗纪"皇统三年（1143）五月甲申，第79页。
③ 《乘轺录》，《五代宋金元人边境行记十三种疏证稿》，第48页。
④ 《金史》卷二八《礼志·南北郊》，第693页。

的基础上进行修整扩大，建成了南北中轴线的北魏洛阳城[1]，这与金朝海陵王迁都中都之后的都城空间变化十分相似。但是，二者也有不同之处。北魏试图通过坊城制来管理多民族构成的都城居民，而金朝海陵王则试图通过君主专制制度对都城居民进行等距离支配。这可能与宋学、宋朝政治文化的介入不无关联。当时社会正处于唐宋变革时期前后，这可能也是两次迁都有所不同的历史背景。中心轴主干道两侧的坊墙，也变成了千步廊。

2. 千步廊

唐代以前，在都城举行的国家礼仪基本上仅有统治阶层才能参加。到了唐代后半期，长安居民也获得了在街道两侧、坊内道路旁观看国家礼仪队伍的机会。[2]宋代南郊郊祀时，皇帝的卤簿威严齐整地沿着主干道（御街）南下郊外，而庶民们聚而观之，南郊宛若一个露天剧场。主干道两侧常设廊庑（御廊），郊祀时亦临时设置便于士人、庶民观赏的看台，这体现了"上下和睦"的社会状况。御街起于大内正门宣德门，向南延伸，而御廊则设置在御街北段大约 1500 米处。御廊是公共设施，禁止私吞，平日里设置移动店铺进行小商品买卖，亦供难民过夜，彰显了皇恩浩荡。唐代长安等都城的主干道两侧建有坊墙，彰显国都的气势恢宏。宋代以降，坊墙则变为"御廊"这一开放式空间构造，这大概反映了宋代尝试的德治主义政治文化。而在诗文中，"御廊"被吟咏为"千步廊"[3]。

金中都大兴府也建有"千步廊"，位于皇城正门（宣阳门）至大内正门广场的街道两侧（图 8）。虽然中都御廊的用途不明，但是有

---

① 参见佐川英治『中国古代都城の設計と思想　円丘祭祀の歴史的展開』，第 268、269 页。

② 参见妹尾達彦「唐長安城の儀礼空間」，『東洋文化』第 72 号，1992 年，第 24 页。

③ 久保田和男『宋代開封における公共空間の形成』对御廊做了详细论述，可参考。

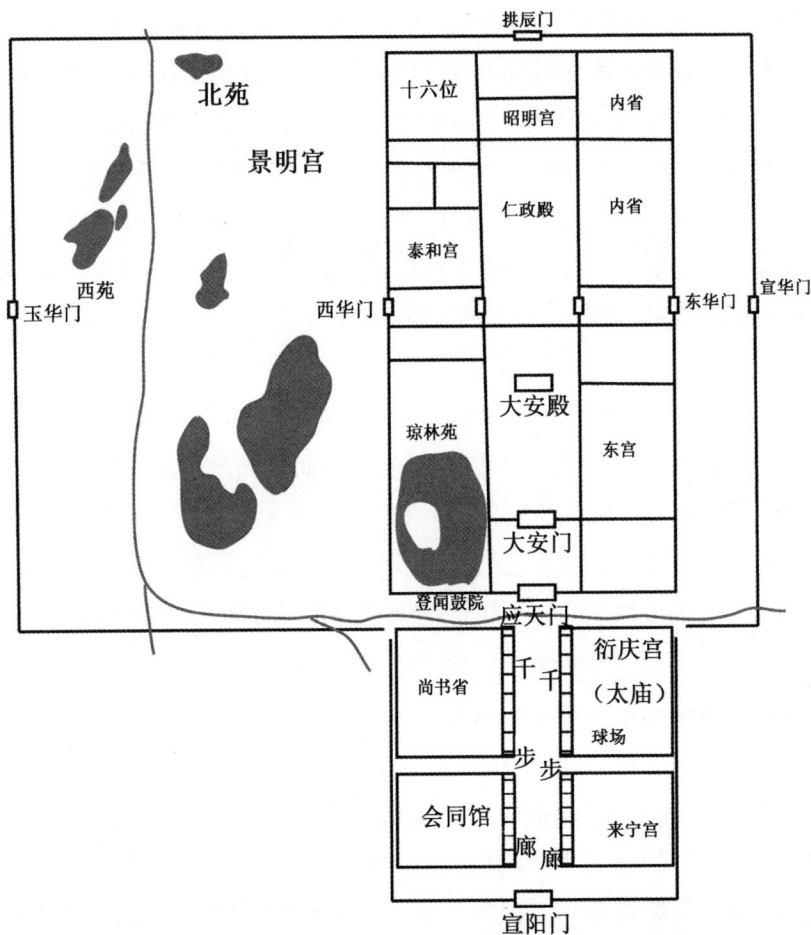

图 8　中都皇城图（据于杰、于光度《金中都》所收图改绘）

记载称宋使等人曾途经御廊。①《事林广记》中的附图可以判明千步
廊的构造。在附图（图 9）中，皇帝专用车道的围墙（椔杆②）亦标
注出来。由于北宋的御廊仅有文献记载，因此，中都御廊的构造对
北宋御廊的可视化具有极大参考价值。金中都的千步廊是对北宋开

---

① 《揽辔录》，《范成大笔记六种》，第 14 ～ 15 页。

② 在宋朝，这种构造物被称作椔柮、拒马，据《东京梦华录》卷二《御街》
（第 52 页）可知，它们设置在御街内，在描绘南宋临安的佚名《春游晚归
图》（现藏故宫博物院）中也有描绘。

封千步廊的继承，元明清三代的首都北京亦建造有千步廊。

辽朝建立中京大定府时，在南北街道上设立了"廊庑"。考古学者发现了"廊庑"列柱群的遗迹①，这与《事林广记》附图一样，是"千步廊"研究的重要史料。辽中京的千步廊与开封的千步廊一样，为民间买卖提供了场所。但是，在辽朝，汉族、渤海人、回鹘人只能居住在外城，内城则是契丹人的居住区域。因此，辽与北宋开封不同，其千步廊被设置在第二重城（内城）门和外城门之间。②

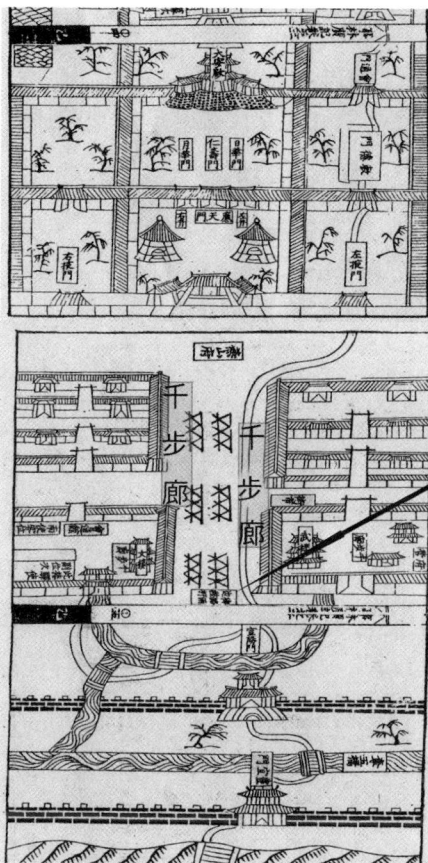

图 9 《事林广记》附图

在金朝中都，人们不分贵贱，均可出入内城城门③，内城门内的街道两侧设置有千步廊。和中原的都城一样，郊祀时，皇帝从端门出发开始盛大游行，在端门左侧的太庙里完成郊祀后便前往郊坛。

① 辽中京发掘委员会：《辽中京城址发掘的重要收获》，《文物》1961 年 9 期。

② 参见久保田和男「遼中京大定府の建設と空間構造」，『東方学』第 133 辑，第 7 页，附图。

③ 《三朝北盟会编》卷二四四（第 1751 页）所引张棣《金虏图经》中记载："一宫室……曰宣阳门……门分三，中绘一龙，两偏绘一凤，用金镀铜钉实之，中门常不开，惟车驾出入。两偏分双只日，开一门，无贵贱皆得往焉。"

郊祀结束后，皇帝返回大内，并于端门上发布大赦令。

在金朝的国家体制和政治文化发生重大变动时，海陵王将都城由上京会宁府迁至中都，并完成了中都的城市改造。从空间结构上来说，中都被建造成"宋学"特色的都城的可能性极高。至少从海陵王的言论来看，中都的儒教（宋学）色彩很浓。因此，中都大兴府可以说是开封的后继型都城。

当然，二者也存在一些差异。作为保护都城的要塞，开封外城十分先进，在中国代表性都城中，开封最先在城门外建设瓮城（元丰年间以后）。而且，在靖康之变时，外城保护了所有都城居民，这与金朝末年的中都攻防战有所不同。有史料记载，面对蒙古军队的入侵，金朝打开城门，让都城居民外出避难。而"富室""百官家属""宗室""戚里"则可以躲藏于"皇城"之中①，受到保护。而且史料中也难以找到郊祀、肆赦时有关庶民的记载。取代海陵王的金世宗政权，通过否定海陵王的政治获得了正统地位。金世宗致力于女真意识的复兴，振兴上京会宁府。以后有必要进一步探讨世宗、章宗对"海陵王的中都"所做的变革。

结　论

上京会宁府分为南北二城，实行民族分居。然而，在海陵王迁都时改造而成的中都大兴府，城内用于划分不同区域的城墙不复存在，皇城外均为同样的空间。此外，除了中京以外的辽朝都城以及会宁府前身的"皇帝寨"大概做成"坐西朝东"的形象，而金中都则为南北中轴线分明的都城。这个背景在于海陵王的政治课题。随着金领土的急剧扩大，民族多样性也在扩大。为了应对这一情况，需要加快确立君主专制制度。北宋政治文化是君主专制制度的雏形，而理论上的君主专制制度则是宋学重视的《周礼》所宣扬的齐民社

---

① 《大金国志》卷二二"东海郡侯上"大安三年十二月一日条，第299～300页。

会的形成，反映到都城内就形成了不再进行民族分居的城市空间。南郊郊祀作为儒教的王权礼仪，亦被真正纳入海陵王的统治之中。因此，一直以来东西轴线的辽南京（燕京），转变为南北轴线的中都。北宋开封开创的千步廊，在金中都的南北轴线上亦有设立，这佐证了中都受开封影响之深。

与以往的都城相比，中都的都城规划与《周礼·冬官·考工记》中的都城制度是一致的。金中都为中央宫阙型，四面城墙上各有三个城门，共十二个城门。太庙按照"左祖右社"的制度设置。皇城后面有很多集市①，亦践行了"面朝后市"的原则。拙稿曾论及，后周整修开封时，亦采用《周礼·冬官·考工记》中的都城规划。②总体上看，《周礼》思想也反映到了中都城市空间之中。

元大都几乎完全承袭了千步廊、金中都的都城规划（据《周礼·冬官·考工记》），但是，当时基于"儒教国家"的王权思想而进行的都城改造是否有所反映，情况不明。元朝不举行南郊郊祀（至少在修建大都时）和科举，实行以蒙古人为中心的政治，对其他民族进行歧视统治。元大都是金中都的扩大版。但是，海陵王"儒教国家"的理想却没有被忽必烈所继承。以往多数学者认为元大都是第一座实现了《周礼》城市规划的都城③，而事实上，贯彻了儒教礼仪的金中都应该是第一座。

其次，带着这样的问题意识研究元上都、元大都之前，必须先要考虑金朝都城开封。海陵王不满足于迁都中都，之后又迁都开封。取代了海陵王的世宗又将都城迁回中都，重建凋敝的上京。金末，

---

① 于杰、于光度：《金中都》，第 220 页。《宣和乙巳奉使行程录》（《五代宋金元人边境行记十三种疏证稿》第 222 页）"城北有三市，陆海百货，萃于其中"，这是迁都以前的燕京状况，中都可能也承袭了这一状况。

② 参见久保田和男「祭祀施设的设置——「周礼」考工记——」，「宋都开封の旧城と旧城空间」，『都市文化研究』16 号，2014 年，第 82 页。

③ 关于元大都的都城规划起源于《周礼·考工记》，目前尚有争议。关于这一问题的研究史，可参考渡辺健哉「大都研究の现状と课题」，『中国—社会と文化』第 20 号，2005 年。

宣宗为避蒙古帝国之锋芒，又将都城迁回开封。必须从都城空间的角度来考察数次迁都对开封的改变。

此外，金朝基于儒教的王权思想建立了都城中都。另一方面，又仿照辽朝，将游牧民族的"捺钵"习俗引入政治文化中。[①] 女真族并非游牧民族，也就是说，以王权为核心的金朝政治空间受到了北宋和辽国的双重影响。捺钵与都城的关系问题值得关注。希望今后从比较史的角度来研究辽金元的城市空间。

---

① 刘浦江:《金代捺钵研究》(上、下)、《文史》49、50 辑，1999、2000 年；后收入刘浦江《松漠之间》，北京：中华书局，2008 年。

从误解到常识：史源学视野下的唐代大贺氏契丹问题[*]

苗润博

　　唐代中前期，契丹统治家族姓大贺氏，由此命名的大贺氏联盟时代构成了契丹早期发展史中一个至关重要的阶段，这大抵是治辽史、北方民族史者所习知的常识。不过，对于这一常识究竟是如何生成的，它在多大程度上反映了历史的真实，目前学界似乎罕有关注。本文拟从史源学的角度对此问题重加检讨，研究结果将会表明：所谓的"大贺氏"家族或许并未真正存在过，它的产生很可能植根于修史者对原始材料的一个误解；伴随历代正史编纂的陈陈相因，这一误解得以广为流布，最终对后世有关契丹历史的认知产生了深远影响。

一、唐宋文献所记"大贺氏"溯源

　　关于大贺氏契丹的记载，首先见于唐宋时期中原王朝的典籍，之后又在元末所修《辽史》中大量出现，最终广为世人所接受。表面上看，两方面的记载互有异同，自成体系，因此我们有必要分别检讨二者的内容及来源，判定其间关系，进而彻底弄清该问题的来龙去脉。本节先论唐宋文献系统。

　　综观唐宋文献有关大贺氏契丹的主要记载（见表1），数量虽

---

* 本文系国家社科基金青年项目"基于文本批判的契丹早期史研究"（编号：19CZS057）的阶段性成果。

多，历时虽长，但都属于高度同质化的叙述，解决问题的关键自然在于探寻这些文本的最初源头。

表 1 五代至北宋前期史籍所记大贺氏简表

史料出处（成书年代）	相关记载
《册府元龟》引《后唐明宗实录》（936）	契丹之先大贺氏，有胜兵四万，分为八部。
《旧唐书·契丹传》（945）	其君长姓大贺氏，胜兵四万三千人，分为八部。
《通鉴考异》引《后汉高祖实录》（949）	契丹本姓大贺氏，后分八族。
《唐会要·契丹》（961）	君长姓大贺氏，胜兵四万三千人，分为八部。
《五代会要·契丹》（961）	其族本姓大贺氏，后分为八部。
《旧五代史·契丹传》（974）	契丹之先大贺氏，有胜兵四万，分为八部。
《武经总要·北蕃地理》（1047）	姓大贺氏，有八部。
《新唐书·契丹传》（1060）	其君大贺氏，有胜兵四万，析八部……（阿保机）自号为王而有国，大贺氏遂亡。
《新五代史·契丹传》（1065～1072）	其部族之大者曰大贺氏，后分为八部。

据上表可知，现存文献最早记录契丹君长姓大贺氏者依次为后唐末年成书的《明宗实录》、后晋时所修《旧唐书》、后汉《高祖实录》以及宋初王溥之《唐会要》。四书又可分为两类，后唐《明宗实录》与后汉《高祖实录》皆为五代编年史，以附传形式记当时契丹事而稍稍追溯其历史；《旧唐书》与《唐会要》则是专门记载唐代史事的综合性典籍，直接本自唐朝官方文献。如表所示，两类文献所记"大贺氏契丹"虽同出一源，但详略有别。前一类我们可举《明宗实录》的相关上下文为例：

契丹之先大贺氏，有胜兵四万，分为八部。每部皆号大人，内推一人为主，建旗鼓以尊之，每二（按当为"三"之讹）年第其名以代之。及保机为主，乃恃强恃勇，不受诸侯之代，遂自称国王。①

此段原本应出自《明宗实录》记载阿保机死讯之后的附传，所记唐代契丹史事简略而不系统，成书时间虽早，却不易追索史源。相较而言，后一类文献所记更为具体，可资对比之材料更为丰富，以下即由此入手考察相关记载的源头。

兹先将《旧唐书》《唐会要》相关文本列表对比如下：

表2　《旧唐书》《唐会要》"契丹"小叙对照表

《旧唐书·契丹传》①	《唐会要·契丹》②
契丹居潢水之南，黄龙之北，鲜卑之故地。在京城东北五千三百里，东与高丽邻，西与奚国接，南至营州，北至室韦。冷陉山在其国南，与奚西山相崎，地方二千里。逐猎往来，居无常处。其君长姓大贺氏，胜兵四万三千人，分为八部。若有征发，诸部皆须议合，不得独举，猎则别部，战则同行。本臣突厥，好与奚斗，不利，则遁保青山及鲜卑山。其俗死者不得作冢墓，以马驾车送入大山，置之树上，亦无服纪。子孙死，父母晨夕哭之；父母死，子孙不哭。其余风俗与突厥同。	契丹居潢水之南，黄龙之北，鲜卑之故地。 君长姓大贺氏，胜兵四万三千人，分为八部。 好与奚斗。 死无服纪。子孙死，父母晨夕哭；父母死，子孙不哭。余风俗与突厥同。

不难看出，二者的总体内容、叙述顺序、文字风格完全一致，显然出自同一文本来源，只不过《唐会要》记载相对简省，保留主干而

---

① 《册府元龟》卷一〇〇〇"外臣部·强盛"，中华书局影印明刻本，1982年，第11734页。原书引此条未著出处，详细考证参见苗润博《记忆·遗忘·书写：基于史料批判的契丹早期史研究》，北京大学博士学位论文，2018年，第200～201页。

② 《旧唐书》卷一九九《契丹传》，北京：中华书局，1975年，第5350页。

③ 王溥《唐会要》卷九六《契丹》，上海：上海古籍出版社，2006年，第2033页。

略去了一部分细节。那么，这一共同史源又是什么呢？

《旧唐书》向以因袭唐朝实录、《国史》旧文著称，从体裁判断，唐朝实录无四夷传，旧书所载当出自国史。唐《国史》自太宗至代宗屡有编纂而终未成书，安史乱后仅存一家，即玄宗时韦述始撰、柳芳续成之《国史》稿本一百三十卷，上起高祖、下至肃宗乾元，于上元元年（760）前后进奏，后经裴垍等人零星增补，最终定格恐已在宪宗元和四年（809）以后。① 此书传至五代，遂成后晋官修《旧唐书》的主要蓝本。具体到《契丹传》，其所在《北狄传》卷末有"史臣曰"：

> 北狄密迩中华，侵边盖有之矣；东夷隔碍瀛海，作梗罕常闻之。非惟势使之，然抑亦禀于天性。太平之人仁，空峒之人武，信矣。隋炀帝纵欲无厌，兴兵辽左，急敛暴欲，由是而起，乱臣贼子，得以为资，不戢自焚，遂亡其国。我太宗文皇帝亲驭戎辂，东征高丽，虽有成功，所损亦甚……②

《旧唐书》此卷之前为《东夷传》，卷末并无"史臣曰"一类文字，因此上面这段议论实际上是对东夷、北狄两传的共同总结。其中称"我太宗文皇帝"云云，显系唐人之语，由此判断《旧唐书》四夷传设置皆踵《国史》之故，而《契丹传》所在之卷确曾大量抄取旧本原文。

除了史臣论赞，《旧唐书》四夷传开首小叙呈现出相对固定的叙述模式，也反映出国史原本的模样。通检该书四夷部分，记述较为完整者一般会依次包括地点方位、距京师道里、四至、兵力、分部、风俗、物产等内容，之后方为正文之编年记录。各传小叙之具

---

① 关于唐朝历次国史修撰、流传的大致情况，参见［英］杜希德《唐代官修史籍考》，黄宝华译，上海：上海古籍出版社，2015年，第142～166页。

② 《旧唐书》卷一九九下《北狄传》，第5364页。

体用语亦颇为一致，如述其兵力皆称"胜兵"，记其道里皆称"在京师（或京城）"某方向若干里等。特别是后者，同样的道里，《通典·边防典》记作"在长安"云云，而《旧唐书·四夷传》则皆作"在京师"云云，如龟兹、疏勒、于阗、罽宾等传；这种以"京师（或京城）"为基准坐标的定位方法，全同于《旧唐书·地理志》，而后者的主干史源正是韦述所著《国史》①。由此看来，韦氏《国史》全书应该已经形成相对固定的体例与用词，今本《旧唐书》四夷传之开首小叙，特别是具有上述固定结构或出现特定字样的传记，当可确定出于其书②，我们这里所讨论的《契丹传》开首一段即属此类。

此外，《契丹传》文本本身的细节亦可与上述总体情况印合。该传在叙述开元间史事时三次用"上"指代玄宗，"（开元）六年，失活死，上为之举哀"，"可突于立娑固从父弟郁于为主，俄又遣使请罪，上乃令册立郁于"，"十年，郁于入朝请婚，上又封从妹夫率更令慕容嘉宾女为燕郡公主以妻之"③，则相关部分的直接史源当作于玄宗时，正与韦述创作年代相合。可知该传从开首小叙至玄宗朝记事均当源出于《国史·契丹传》。

《旧唐书·契丹传》的文本来源既已论定，《唐会要·契丹》相关记载的渊源则更易考出。王溥《唐会要》前身为唐朝会要旧本，即苏冕《会要》及崔铉《续会要》。苏书成于唐德宗贞元十四年（798）以前，之后或稍有增补，于十九年至二十一年之间进呈，构成了今本《唐会要》的主体；崔书成于宣宗大中七年（853），在内

---

① 参见谢保成《〈旧唐书〉的史料来源》，《唐研究》第一卷，北京：北京大学出版社，1995年，第363页。

② 以往关于《旧唐书》四夷传的史源，研究不够充分，仅谢保成前揭文有过简要分析，认为其来源较为复杂，不可一概而论。其实就总体而言，此部分内容仍当以韦述《国史》为主要蓝本，特别是每传开首小叙及玄宗肃宗以前之记载；至于之后的部分，当系后晋史官据实录、会要等材料略加增补。

③ 《旧唐书》卷一九九《契丹传》，第5352页。

容上接续前者，王溥又在两书基础上稍加整合、损益，遂成今日所见之本。研究者曾根据《玉海》等书所存苏、崔二书遗文与今本《唐会要》对比，发现王溥对会要旧本的加工主要体现在总体体例的统一和局部文字的润色，在记事方面并无大规模删节、增补，基本保留了旧本的面貌。① 杜希德曾模糊指出，苏冕《会要》"几乎所有关于唐初至758年的资讯似乎都采自《国史》"②，值得注意的是，今本《唐会要》中仍有直接引用韦述《国史》的内容："按工部侍郎韦述《唐书》云：'贞观八年，唐皎为吏部侍郎……'"③ 所谓"唐书"即韦述《国史》，其中称韦氏为"工部侍郎"，显系唐朝当时人之口吻，当为旧本原文，可知《会要》旧本在创作过程中确曾参考过《国史》。本文此处所论该书《契丹》部分开首文字与《旧唐书》的同源关系，亦当由此得到解释。

综上所述，《旧唐书》、《唐会要》所记契丹"君长姓大贺氏"的共同史源应为唐《国史·契丹传》。从文本的同源关系与文献流传的总体脉络看，后唐《明宗实录》及后汉《高祖实录》中的相关记载亦当由此而来。也就是说，现存史料所记大贺氏契丹的共同源头皆可上溯至唐玄宗时期韦述所著《国史》。我们需要进一步追问的是，韦氏书中的这一记载究竟是如何产生的？是对前人既有记载的继承，抑或是对时人知识的总结，还是一种由于某种原因而出现的全新叙述呢？

二、"大贺氏契丹"衍生原因蠡测

细审上节所引《旧唐书·契丹传》开首一段，可以发现其中所记信息的时代断限有所参差。比如"黄龙之北"、"东与高丽邻，西

---

① 邢永革：《〈唐会要〉成书考略》，《古籍整理研究学刊》2004年第4期；董兴艳：《〈唐会要〉研究》，厦门大学博士学位论文，2008年。

② ［英］杜希德：《唐代官修史籍考》，第101页。

③ 《唐会要》卷七五《选部下·选限》"贞观十九年十一月，马周为吏部尚书"条注，第1605页。

与奚国接，南至营州，北至室韦，冷陉山在其国南，与奚西山相崎"、"不利则遁保青山及鲜卑山"云云，主要是指唐朝前期万岁通天年间营州之乱以前契丹的活动范围①，而所谓"分为八部"则又是晚至玄宗初年方为唐朝所知的信息。以往囿于元修《辽史·营卫志》所记古八部—隋十部—大贺八部—遥辇八部—阿保机建国这一发展脉络，研究者多认为契丹在唐初即有八部。如果排除元人叙述的干扰直接回到唐代文献，就会发现唐初契丹远不止八部，如贞观二十二年归唐之契丹主力就有九部十州，这还不包括此前零散归唐的诸部。中原文献关于契丹有八部的明确记载其实是晚到开元年间方才出现的，当时契丹重新归附，其内部结构为唐廷所知②。由此可见，《旧唐书·契丹传》小叙的文本实际上是不同时段契丹信息的混杂和堆迭，而这样的文本特征正与唐朝国史的编纂过程相契合。

据刘知几称，龙朔中（661～663年）许敬宗领衔修国史，"高宗本纪及永徽名臣、四夷等传，多是其所造"③，知《国史》系统于高宗前期始设四夷传。此后牛凤及、吴兢、韦述等人历次修国史当皆延续此体例。就《契丹传》言之，其中所记营州之乱以前的活动范围或系许敬宗首创四夷传之时即已收入，而"分为八部"云云则系开元时韦述根据修史时所得到的即时讯息整理而成。由此推断，唐《国史》所述契丹概况，最早可能肇端于高宗龙朔间，而至玄宗朝韦述之手基本定型，其中关于契丹"君长姓大贺氏"的记载，应该也是在这一过程中产生。

---

① 关于唐代契丹活动范围的变化轨迹，严耕望《唐代交通图考·渝关通柳城契丹辽东道》（"中研院"历史语言研究所，1986年，第1757页）曾有大致勾勒，苗润博《记忆·遗忘·书写：基于史料批判的契丹早期史研究》作过进一步的分析，第105～112页。

② 参见开元十二年三月赐奚及契丹敕书（《册府元龟》卷九七五外臣部褒异二，第11449页）及开元四年（716）李失活归降赐诏（《旧唐书》卷一九九《契丹传》，第5351页）。

③ 刘知几：《史通》卷一二《古今正史第二》，见浦起龙《史通通释》，上海：上海古籍出版社，2009年，第346～347页。

然而就现存文献看，契丹君长姓大贺氏对于唐朝当时人来讲应该是一个相当陌生的知识，除《国史》系统之外，似乎并未见有人提及。试以最可能记录契丹姓氏的《通典》及《元和姓纂》为例略加分析。

杜佑《通典》始撰于大历元年（766），成书于贞元十七年（801），其中《边防典》专设契丹一门①，文中先叙契丹源流，次记唐朝与契丹和战，下限至开元年间。值得注意的是，在缕叙契丹渊源时，杜佑只是引述、糅合了《魏书》《隋书》中《契丹传》的记载，而未增加新的内容，丝毫看不到唐代官方史书对契丹的整体叙述。众所周知，杜佑作《通典》历时数十载，采摭颇为广泛，特别是关于唐代本朝的记载，多本诸实录等官方档案，史料价值极高②。其作《契丹传》当然也会尽可能参考当时所见到的各种官方文献，传中所记唐与契丹和战显然就源出于此。因此，《通典》中没有关于大贺氏的记载，恐怕只能证明这种历史叙述在杜氏所见的官方文献系统中并未形成。

成书于元和七年（812）的林宝《元和姓纂》是传世文献中最为重要的唐代谱牒，其中备载当时所知天下姓氏，不仅包括中原姓氏，亦囊括历代周边政权之姓氏，如匈奴、鲜卑、突厥各姓皆与其列，独不见所谓"大贺"。按《元和姓纂》原书已佚，今传本乃四库馆臣自《永乐大典》辑出，据林宝序可知其体例为"自皇族而外，各依四声韵类辑"③，倘"大贺"果为姓氏，属于复姓，在原书中当在"大"字或"贺"字目下④，今辑本此二目皆存，全无"大

① 杜氏在《北狄·序略》中特别提到，与其他"不为大患"的"小国"不同，契丹值得重点关注（《通典》卷一九四《边防十·北狄·序略》，王文锦等点校，北京：中华书局，1988年，第5302页）。
② 参见黄永年《唐史史料学》，北京：中华书局，2015年，第63～66页。
③ 林宝：《元和姓纂序》，《元和姓纂（附四校记）》，北京：中华书局，1994年，第1页。
④ 关于《元和姓纂》收复姓的体例，学界尚存争议，参陈尚君《岑仲勉先生：〈元和姓纂四校记〉的成就和整理本》，收入氏著《转益多师》，上海：上海辞书出版社，2015年，第171页。

贺"之踪迹。另外，南宋初年邓名世《古今姓氏书辩证》对汉唐以来姓氏谱牒之书进行过系统的清理和考订，其中大量引据林宝之书。此书卷三一"大贺"条云："唐《契丹传》：'其君长大贺氏。'契丹与唐俱兴亡，三百年间，乍臣乍叛，至阿保机灭之，大贺氏乃绝。"① 邓书征引前人之书，往往诸说并见，此处论及大贺氏，仅引《唐书·契丹传》而未及《元和姓纂》，亦可佐证林宝之书并无大贺一名。也就是说，林氏编纂其书时当亦未见到以"大贺"为姓氏的记载。

《通典》和《元和姓纂》成书皆在韦述《国史》之后，却都没有引及其书。如前所述，唐朝国史经安史乱后仅存韦述一家，而韦氏此书直至元和年间尚属不断增补的稿本，深居史馆之中，并未在外流通，这也许是其未得杜佑、林宝所采纳的主要缘由。② 二书不载契丹姓"大贺氏"，说明此说在当时流行范围极为有限，尚未成为主流的历史叙述，很可能只存在于《国史》系统之中，后来为《会要》《旧唐书》所承袭。这样一番追索下来，我们发现，原本被认为是司空见惯的常识，在唐代竟是一种单线流传、缺乏旁证的说法。对于这样的说法，我们自当抱以审慎的态度：它究竟多大程度上反映了历史的本相？

关于"大贺氏"之渊源，《册府元龟》中保留了一条十分珍贵的记载，唐贞观二年（628）"四月，契丹太贺摩会率其部来降"③。其中"太贺"即"大贺"，"太贺摩会"之连称为现存唐代文献所仅见，也是契丹首领名号中唯一一次出现"大贺"字样。该段上下文皆逐年记录契丹朝贡之事，直接史源当为《唐太宗实录》，而此记事

---

① 邓名世：《古今姓氏书辩证》卷三一《十四泰·大贺》，王力平点校，南昌：江西人民出版社，2006年，第474页。
② 关于《通典》所记唐代部分的具体史源，特别是其与国史系统的关系，目前学界似仅有模糊的描述，而缺乏切实的研究。就本文所论而言，至少在《边防典》部分，杜氏此书恐未及参考《国史》。
③ 《册府元龟》卷九七七《外臣部·朝贡三》，第11479页。

的最初源头自是当时的原始档案。相应的记载在《旧唐书·契丹传》中表述为："贞观二年，其君摩会率其部落来降。"① 如上所述，此记载亦当出自韦述《国史·契丹传》。我怀疑负责撰修《国史》契丹部分的史官（或许是韦述，亦不排除此前历次纂修之人），正是由于看到《实录》所称"太贺摩会"之名，以"大贺"为其姓，摩会是其名，这才得出契丹君长姓大贺氏的论断，遂在传文开头介绍概况时称"其君长姓大贺氏"，又在后文的具体记事中将"大（太）贺"直接替换成了"其君"，最终形成了我们今天看到的文本。然而，史官对"契丹太贺摩会"的这种认识存在诸多漏洞，很可能是一种误解。

首先，摩会只是一部落之长，恐非整个契丹集团的首领。《册府元龟》所引《实录》记载摩会"率其部落来降"，而未称其为契丹之"君"。当时契丹诸部林立，彼此间行动相对独立，自武德初年开始，就不断有契丹部落首领率其所部降唐，唐即于营州附近设羁縻州。如武德二年孙敖曹率内稽部落降，设辽州，贞观二年更名威州②；此外还有贞观三年置师州处契丹室韦部落、十九年置带州处契丹乙失革部落等。此次贞观二年的归附亦不例外，《旧唐书·地理志》记载"昌州，贞观二年置领契丹松漠部落，隶营州都督"，领县一，名龙山，"贞观二年置州于营州东北废静蕃戍"。这应该就是针对摩会降唐而设，很明显，在唐廷看来，此次降唐的契丹部落与之前的内稽部、此后的乙失革部并无区别。直至贞观二十二年窟哥内附方可视为契丹集团整体降唐，太宗大封九部十州，与此前诸部零散归顺迥

① 《旧唐书》卷一九九《契丹传》，第 5350 页。

② 《旧唐书》卷三九《地理志一》"河北道"，第 1522 页。同书《契丹传》记孙敖曹降唐、任辽州总管在武德四年，论者多以此否定《地理志》所记之年。然据《册府元龟》卷一七〇《帝王部·来远》载武德二年闰二月诏云（第 2050 页）："其吐谷浑已修职贡，高句丽远送诚款；契丹靺鞨，咸求内附，因而镇抚，允合机宜。"其中契丹当即指此内稽部，知《地理志》是，所误者乃《契丹传》。

然不同。由此可知，贞观二年降唐的摩会部很可能只是契丹的一小分支，根本无法代表整个契丹，以其名号来推定契丹历代君长之姓氏恐怕是行不通的。

其次，契丹之有"姓氏"或已晚至阿保机建国以后。如研究者所指出，华夏文化语境下的"姓氏"并非天然、广泛地存在、行用于周边各民族之中[①]，历史上北族之所谓"姓氏"往往是在与汉文化接触过程中逐渐产生的，契丹即是如此。据《契丹国志·族姓原始》称，"契丹部族，本无姓氏，惟各以所居地名呼之"，"至阿保机变家为国之后，始以王族号为'横帐'，仍以所居之地名曰世里著姓"[②]，《国志》一书为元朝商贾抄撮宋人之书而成，此条记载即出自赵至忠《阴山杂录》[③]。赵氏乃长期居于契丹而后归宋之人，据他说契丹在建国以前并无姓氏，至阿保机建国方有所改变，这一记载至少提醒我们对唐人以"大贺"为姓氏的记载保持警惕。另外从后世的情况来看，契丹人的名字制度较为复杂，存在第二名、小名之分，在缺乏其他佐证的情况下未可遽以大贺为姓。

其三，"太贺摩会"连称，"太贺"很可能是摩会之官名或官号。澳大利亚学者霍姆格伦（Jennnifer Holmgren）早在上世纪八十年代就曾怀疑"大贺"一名起初更可能是一官号而非姓氏，但并未举出具体论据。[④] 近来韩国学者李在成提出"大贺（taiha）"是汉语"大"与契丹语"呵"的合成词，"呵"见于《契丹国志》卷首三汗传说，有"君长"之意，该词可能源自濊貊系夫余语、高句丽语"大加

---

① 参见纳日碧力戈《姓名论》，北京：社会科学文献出版社，2015年，第72～80页。

② 旧题叶隆礼《契丹国志》卷二三"族姓原始"，贾敬颜、林荣贵点校，北京：中华书局，2014年，第247页。

③ 参见苗润博《记忆·遗忘·书写：基于史料批判的契丹早期史研究》，第208页。

④ Jennnifer Holmgren, "Yeh-lü, Yao-lien and Ta-ho: Views of the hereditary prerogative in early Khitan leadership," *Papers on Far Eastern History*, 34（Canberra, 1986）, pp.41-48.

（taika）"，意为大族长、部落联盟长。①此说虽然尚待验证，但至少可以为我们提供一些新的思考角度。"大贺"很可能是中古北族官号加官称这一常见名号形制的又一典型案例②，只不过其具体结构和义涵，还有待我们搜寻更多类似的北族名号资料作进一步的分析。

那么，《国史》此段文字的撰写者为什么会将摩会当作整个契丹的首领，进而以其名号所见"大贺"为契丹君长之姓氏呢？我想这应该与最初的史料状况有关。据中原文献记载，契丹君主间存在明确血缘关系者仅限自贞观二十二年（648）窟哥至开元十八年（730）邵固这一段时间。③除此之外，再无丝毫迹象。特别是在窟哥归附、赐姓李氏之前，契丹与中原交往尚不密切，两《唐书·契丹传》在贞观二年摩会至二十二年窟哥间并未记载其他首领名讳，反映出如《唐太宗实录》这类原始材料在系统的编年记事中缺乏相关记录。这样的史源情况或许容易造成一种错觉，即窟哥与摩会有某种联系，甚至是其直接继承者，进而推定二者属于同一姓氏。然而揆诸其他材料，事实恐怕并非如此。

《册府元龟》有这样一段记载："薛万淑为右岭军，镇黄龙。时突厥之乱也，万淑遣契丹渠帅贪没折讽谕北狄东国威灵，奚、霫、室韦等十余部，皆来降附。太宗下书褒美。"④所谓渠帅，义同首领、君长，这才可以代表契丹招徕"北狄东国"。从上下文推断，此记载应源出唐《实录》或《国史》中的《薛万淑传》，惟其未明言时间，

---

① 参见李在成《'大贺契丹'에관한既存学说의批判과새로운见解（关于大贺契丹既成学说的批判和新见解）》，《东洋史学研究》第95辑，2006年，第73～74页。吉本道雅曾根据这一研究，对唐代大贺氏表达过怀疑，参见氏著「辽史世表疏证」，收入『新出契丹史料の研究』，松香堂，2012年，第12页。
② 对此形制的详细举例剖析，参见罗新《中古北族名号研究》，北京：北京大学出版社，2009年。
③ 具体世次为窟哥—孙尽忠—从父弟失活—弟娑固—从父弟郁于—弟吐于—弟邵固，参见两《唐书·契丹传》。
④ 《册府元龟》卷四二六《将帅部八十七·招降》，第5079页。

《通鉴》则系此事于贞观四年八月甲寅①，具体到干支记日，可见当有原始材料为据。从这则材料看，贞观四年之契丹君长为贪没折。又贞观十八年十二月甲寅，唐太宗征高丽诏书有云："契丹蕃长于句折，奚蕃长苏支，燕州刺史李玄正等各率众，绝其走伏。"②这是在命令契丹、奚各部配合打击高丽，其中出现的于句折当即彼时契丹之君长。以上两则都是传记或诏书的零星记载，并未被纳入实录这类系统的编年记事之中，因而在撰修《契丹传》时就不容易被察觉、利用。但它们却反映出另外一番图景：从贪没折到于句折再到窟哥，贞观年间的契丹历经过多次最高权力的转移。当时契丹诸部林立，权力的具体更迭过程、不同统治者之间的关系皆难以考知，甚至连是否出于同一家族或部落都无法确定。在这种情况下，贸然将他们与先前归附唐朝的一部之长摩会建立联系，进而推定整个唐代契丹君长之姓氏，显然是有失审慎的。

　　综上所述，唐朝《国史》系统所仅见之契丹君长姓大贺氏的记载并非源自更为原始的史料，而是史官在纂修《国史》时根据《太宗实录》所记贞观初年降唐契丹部落首领的名号推衍而得，很可能是一种由于误解而产生的知识，以此来概括有唐一代契丹的总体情况，恐与史实相去甚远。从《国史·契丹传》的文本生成过程判断，这一误解最早可能产生于龙朔年间许敬宗所撰国史，但更可能是玄宗朝吴兢、韦述之辈对《国史》加以整理、定型时的产物。

三、元修《辽史》所见大贺氏考辨

　　中原文献所记"大贺氏"虽然年代较早，但毕竟只是片段性的异邦传闻，倘若仅凭这一系统的记载或许尚不足以影响如此深远。真正将唐代契丹姓"大贺氏"经典化、固定化为读史者常识的，还在于元末所修《辽史》。作为记录契丹历史最为权威的官修正史，

---

① 《资治通鉴》卷一九三，北京：中华书局，1956年，第6082页。
② 《册府元龟》卷一一七《帝王部·亲征二》，第1399～1400页。又见《唐大诏令集》卷一三〇《亲征高丽诏》，北京：商务印书馆，1959年，第704页。

《辽史》曾多次提及大贺氏，并将其作为契丹建国以前发展史的一个重要阶段。相比于中原文献，这些记载会不会有什么其他更加可靠的来源呢？答案是否定的，可由以下三端见之。

其一，在目前发现的所有辽代汉字、契丹文石刻材料中，从未出现过"大贺氏"字样。辽朝当时人述及契丹建国以前历史，只知有遥辇，不知有大贺。

其二，遍检《辽史》，"大贺氏"共出现二十一次，散见于《营卫志》《兵卫志》《地理志》《仪卫志》《世表》诸卷，而本纪、列传从未出现。笼统而言，《辽史》纪、传多录当时人语，而志、表往往为后世史臣所作。

其三，细审此二十一处"大贺氏"，无一为辽朝耶律俨《皇朝实录》之旧文，而皆出自金元史官之手。其中金人所作者共五条，分别见于《兵卫志序》（三次）、《地理志上》"上京临潢府"总叙及"宁州"条（两次）；元人所作者共十六条：《营卫志·部族上》（五次）、《地理志序》（两次）、《仪卫志》（三次）、《世表》（六次）。兹依照《辽史》出现顺序逐一确考其源如下：

1. 《营卫志·部族上》：

（1）部族序：唐世大贺氏仍为八部，而松漠、玄州别出，亦十部也。（2）唐大贺氏八部：达稽部，峭落州。纥便部，弹汗州。独活部，无逢州。芬问部，羽陵州。突便部，日连州。芮奚部，徒河州。坠斤部，万丹州。伏部，州二：匹黎、赤山。（3）当唐开元、天宝间，大贺氏既微，辽始祖涅里立迪辇祖里为阻午可汗。（4）涅里相阻午可汗，分三耶律为七，二审密为五，并前八部为二十部。三耶律：一曰大贺，二曰遥辇，三曰世里，即皇族也。……大贺、遥辇析为六，而世里合为一。①

---

① 《辽史》卷三一《营卫志》，中华书局点校本修订本，2016年，第426、429、430、431页。

《营卫志·部族上》是《辽史》关于契丹建国以前历史的集中记载之一，其中所勾勒的"古八部—隋十部—大贺氏八部—遥辇氏八部—阻午可汗二十部—阿保机建国"的发展脉络，常常被作为讨论相关问题的核心材料或立论起点。其实，早在上世纪四十年代，傅乐焕就曾对《营卫志·部族上》的文本做过一次较为彻底的清算。该文通过逐一对比该志与历代正史契丹传，得出此部分内容实乃"元人杂糅旧史记录及南朝传说"而成。[1]换句话说，元朝史官修史时相关资料并不丰富，只得将辽朝方面的零星记载与中原各朝正史契丹传拼合、杂糅，这样形成的记载及其所呈现的叙述框架的真实性、准确性自然是值得怀疑的。此说洵为不刊之论。具体到上述关于大贺氏的记载，（1）（2）两条本自《新唐书·契丹传》，而所谓"松漠、玄州别出，亦十部也"云云，显系附会之语。据元朝史官称辽朝皇室之始祖，"耶律俨《辽史》书为涅里，陈大任书为雅里"[2]，因而（3）中"辽始祖涅里立迪辇祖里为阻午可汗"一语当为辽朝耶律俨《实录》的旧文。《辽史·太祖纪赞》称涅里系阿保机之七世祖，而《世表》引耶律俨《实录·本纪》云"太祖四代祖耨里思""大败安禄山于潢水"，此事发生在天宝十年，因知在辽朝文献的叙述中涅里不应活跃于开天之际。将涅里立阻午可汗事置于开元天宝之际，并将其与见诸中原文献的所谓"大贺氏衰微"联系起来，实际上是元人将两种不同系统的记载想当然地捏合在一起的产物。至于（4），与接下来所引《兵卫志》序文有关，容稍后一并讨论。

　　2.《兵卫志序》：

　　　　至唐，大贺氏胜兵四万三千人，分为八部。大贺氏中衰，

---

① 傅乐焕《辽史复文举例》"耶律七部、审密五部、八部"，原刊《中央研究院历史语言研究所集刊》第16本，1948年1月，收入氏著《辽史丛考》，北京：中华书局，1984年，第302～312页。据文末落款，此文作于1945年末。
② 《辽史》卷六三《世表》，第1057页。

仅存五部。有耶律雅里者，分五部为八，立二府以总之，析三耶律氏为七，二审密氏为五，凡二十部；刻木为契，政令大行，逊不有国，乃立遥辇氏代大贺氏，兵力益振，即太祖六世祖也。①

此段中"至唐，大贺氏胜兵四万三千人，分为八部"出自《旧唐书·契丹传》，其余文字则不见于中原文献系统。此段中称辽始祖为"耶律雅里"而非涅里，当出陈大任《辽史》。新近研究表明，《兵卫志序》实乃元朝史官在金人陈大任《辽史·兵志》旧序的基础上，据中原正史《契丹传》及辽金旧史本纪加以填充、杂糅的结果。②上引文自"耶律雅里者，分五部为八"以下至"太祖六世祖也"多为陈史《兵志序》旧文，其中"大贺氏中衰，仅存五部"、"立遥辇氏代大贺氏"两条当出金人之手，而非辽人之语。陈大任《辽史·兵志序》所谓"三耶律氏为七，二审密氏为五"原本未详所指，前引元人所作《营卫志·部族上》以"大贺、遥辇、耶律"为"三耶律"，实属牵强附会，与史实相去甚远。③

　　3.《地理志》：

　　（1）《地理志序》：至唐，大贺氏蚕食扶余、室韦、奚、靺鞨之区，地方二千余里……以大贺氏窟哥为使持节十州军事。分州建官，盖昉于此。（2）上京临潢府：勒得山——唐所封大贺氏勒得王有墓存焉……宁州。本大贺氏勒得山，横帐管宁王放牧地。④

---

① 《辽史》卷三四《兵卫志上》，第449页。

② 参见苗润博《〈辽史〉探源》第五章《兵卫志》，北京：中华书局，2020年。

③ 参见肖爱民《"分三耶律为七、二审密为五"辨析——契丹遥辇氏阻午可汗二十部研究之二》，《内蒙古社会科学》2005年第2期；《辽朝大贺氏考辨——契丹遥辇氏阻午可汗二十部研究之四》，《内蒙古师范大学学报》2005年第4期。其中后者专门论述辽朝皇族无大贺氏，但不否认唐朝大贺氏本身的存在，与本节所论相关但主旨殊异。

④ 《辽史》卷三七《地理志一》，第496、497、509页。

（1）所引《地理志》此段序文显为元朝史官所新作，结合前代正史《契丹传》概述其地理范围的总体变化，其中两处大贺氏均本自两《唐书》。值得注意的是（2），其中有关勒得山的两条记载不见他处，需结合《地理志》的整体情况加以推定。关于《辽史》地理志的史源，以往学界的认识存在一定偏差，多以其为元人整合耶律俨《皇朝实录》及陈大任《辽史》两书之地理部分而成。经过对其文本的自身内证与元代文献所记契丹地理知识总体源流的全面梳理，我们发现该志实以陈大任旧史《地理志》为主体框架与现成蓝本，稍增以《阴山杂录》、《契丹国志》等南朝文献；同时，遍检现存资料，我们找不到任何关于耶律俨《皇朝实录》曾设有《地理志》的明确证据，将此书视作今本《辽史·地理志》的来源之一，很大程度上只是一种出于情理的推测。① 上引两条关于勒得山的记载，分别见于上京道总叙所记山川及上京道宁州条，二者当皆为陈大任《辽史·地理志》旧文（其中"唐所封大贺氏勒得王"显非以本朝为尊的辽人口吻，而为后代史官的追述）。勒得山虽实有其地，但将之与唐代大贺氏建立关联，乃拜金源史官所赐。

4.《仪卫志》：

（1）"符契"小序：自大贺氏八部用兵，则合契而动，不过刻木为牉合。太祖受命，易以金鱼。（2）"国仗"：辽自大贺氏摩会受唐鼓纛之赐，是为国仗。其制甚简，太宗伐唐、晋以前，所用皆是物也。（3）"汉仗"：大贺失活入朝于唐，娑固兄弟继之，尚主封王，饫观上国。开元东封，邵固扈从，又览太平之盛。自是朝贡岁至于唐。②

---

① 参见苗润博《〈辽史〉探源》第六章《地理志》。
② 《辽史》卷五七《仪卫志三》，第1017页；卷五八《仪卫志四》，第1020、1021页。

《辽史·仪卫志》乃元朝史官新作，并无独立、现成之史源，其中描述仪制的具体条目乃杂糅耶律俨、陈大任二书旧有《礼仪志》、佚名所著《辽朝杂礼》及中原正史《舆服志》而成，而编排框架及概述总结性质的文字则全出元人之手。① 以上三者即属元人所作概述之语，均可在中原文献中找到相应的来源。（1）本于《隋书·契丹传》"有征伐，则酋帅相与议之，兴兵动众合符契"，只是将其误植到大贺氏时期。（2）源自《新唐书·契丹传》贞观三年"摩会复入朝，赐鼓纛"之记载。（3）系据《旧唐书·契丹传》失活、娑固、郁于等人事迹约略而成，还增加了"尚主封王，饫观上国"、"览太平之盛"这类明显与辽人立场不符的评论。

5.《世表》：

> （1）序：隋、唐之际，契丹之君号大贺氏。武后遣将击溃其众，大贺氏微，别部长过折代之……世里氏与大贺、遥辇号"三耶律"。（2）"唐"栏：其君大贺氏有胜兵四万，析八部……自此，契丹中衰，大贺氏附庸于奚王，以通于唐，朝贡岁至。（3）卷末结语：今以唐史、辽史参考，大贺氏绝于邵固，雅里所立则怀秀也，其间唯屈列、过折二世。②

《世表》是《辽史》中关于契丹建国以前历史的集中说明，前人研究早已指出，此卷系元朝史官杂抄诸史《契丹传》而成③，其中所记大

---

① 参见苗润博《元末修史与辽朝典制的另类重构——〈辽史·仪卫志〉探源》，《元史及民族与边疆研究集刊》第37辑，上海：上海古籍出版社，2019年。

② 《辽史》卷六三《世表》，第1052、1054、1059页。

③ 杨家骆：《辽史世表长笺》，中国文化学院中国学术史研究所，1965年；王吉林：《辽史世表探源》，《大陆杂志》33卷5期，1966年；吉本道雅：《辽史世表疏证》，第1～38页。

贺氏自然亦不例外。引文中第 3 则尤能说明问题，所谓"以唐史、辽史参考"云云，足见元人修史时所见到的材料明显分为两个系统，他们所作的工作正是将此二者加以拼合。在中原文献（即所谓"唐史"）中，大贺氏贯穿唐代之始终，至阿保机建国方灭，全然不知遥辇氏的存在①；而在辽朝文献（即所谓"辽史"）中，只记载了涅里（雅里）立遥辇阻午可汗，未载其具体时间。元朝史官认为中原文献中的大贺氏当绝于邵固，而将辽朝文献中的阻午可汗比附为邵固后三世之李怀秀，将原本泾渭分明的两种记载杂糅、拼接在了一起，构建出一套唐代契丹从大贺氏到遥辇氏的发展轨迹。

综上可知，《辽史》所见二十一则关于大贺氏的记载皆出于金元史官之手，究其源头，无一不来自中原文献，与辽朝当时自身的历史叙述毫无关涉。上节已述，中原文献所谓"大贺氏"本就是莫须有的，那么《辽史》中由此衍生而来的种种记载自然也就成了无源之水、无本之木。进一步深究可知，我们今天在《辽史》中看到的契丹早期发展史叙述，核心关节正在于将中原文献之大贺氏时代与辽朝文献所记遥辇氏时代进行对接。这样的榫接工作在金人陈大任《辽史》中已初露端倪，只不过尚处于模糊对应的阶段，至元末修《辽史》则将其进一步全面化、具体化，最终形成一条看似整饬实则矛盾丛生的线性发展脉络。实际上，辽朝文献与中原文献分属两种彼此独立的历史叙述系统，有着迥异的线索和逻辑，又都存在系统性的问题，特别是辽朝文献少之又少，背后还隐藏着契丹王朝的自我建构因素，使得简单的线性拼接成为几乎不可能完成的任务。②

---

① 唐、五代直至宋初的中原文献皆未见"遥辇"，逮及宋仁宗庆历年间契丹旧臣赵至忠归宋，将辽朝文献系统中的历史知识带入宋朝，此后《新五代史》《资治通鉴》等书方逐渐提及遥辇，但所记与辽朝自身叙述仍有较大偏差。

② 关于金元史官契丹早期史叙述框架的具体建构过程及辽朝文献系统自身存在的问题，参见苗润博《记忆·遗忘·书写：基于史料批判的契丹早期史研究》，第 79 ～ 93、96 ～ 130 页。

四、结　语

以上的史源学考索提示我们，原本被奉为常识的大贺氏契丹，实际上很可能植根于唐朝国史修撰过程中对《唐太宗实录》原始记载的一个误解。它在唐代当时文献中只是单线传承、缺乏旁证的孤立说法，却由于韦述《国史》的幸存、流布及其在后来唐史纂修体系中的枢纽地位，顺理成章地进入到官方正史的脉络，终为历代史书所因袭。而今本《辽史》所见大贺氏，看似数量众多，但皆为金元史官基于中原文献进行的线性追溯，与契丹王朝当时自身的历史记忆毫无关涉，更不能作为大贺氏曾经存在的切实证据。

中原文献关于周边"四夷"的记载存在一个普遍性缺陷，即因原始资料阙不足征，修史者经常需要根据临时偶然之零星记录，对"异族"的长时段总体情况加以推断和概括，将一时一地之记载归纳为一代一族之通例，创造出关于他者的新知识，而这样的知识"创新"本身就伴随着诸多误解与扭曲。本文所分析的个案表明，此种问题往往产生在由《实录》这类编年记事向《国史》、《会要》这类专题传记转变的节点上；同时，由于本朝的纪传体国史常常与后朝所修前代正史无缝对接，这样的误解又很容易成为后世官方历史叙述的主流元素，轻而易举地获得权威性和经典性，并随古代纪传体王朝史的绵延赓续而不断层累堆叠，最终内化为治史者的常识。由此看来，在中古民族史资料所经历的"实录—国史—正史"这一衍化脉络中，当朝人所修纪传体国史的书写实居于核心枢纽地位，对后人有关彼时"四夷"之认知具有根基性的影响，也自然应该成为我们今天对传统民族史叙述加以全面反思时的主要着力点。

唐宋两朝的地理样态与边界
——从州的层级分析谈起

山根直生

山口智哉　曾美芳　译

一、何谓"国家统合的地理样态"?

无论过去还是现在,"中国"这样一个广阔的空间,其内部的区别是无法忽视的。通过施坚雅的宏观区域理论及相关区域史研究,中国的多元性已经被普遍认识。[①] 而且,与前近代国家与近现代的民族国家在统合的理念、制度上不同的是,古代国家不需要将疆域内的成员平等地看待,甚至会利用地域差异,将国家的军事、经济、政治的机能集中在疆域内的某些地区,创造出某种地区间分工的结构。若要对这些国家及其社会进行考察,我们能够得到什么样的成果及模式呢?

我们都知道,传统上"统一"与"割据"之二分指标并非有效的分析方法。除了"统一"的情形以外,"王者之德"如何从首都向外辐射等文化史研究的成果与具体且务实的地域史研究的成果无法连结。地方行政制度的研究可以说是最具体且实证的,而且已有庞大的通史性研究的累积,但依然没有脱离"中央"与"地方"二分法的架构。更本质的问题是,如果将国家比作生物的话,过去的国

---

① G.W. スキナー「中国史の構造」,中島楽章訳,宋代史研究会編『宋代史研究会研究報告第 8 集 宋代の長江流域——社会経済史の視点から——』,汲古書院,2006 年,第 65 ~ 104 頁。

家制度史研究就像是血管、筋组织、骨组织等解剖学的细致讨论，但是只有这些成果也无法了解一个生物如何构成且活动，也无法明白其生态学上的整体情况。用更浅显的体育的说法来讲，即便能够清楚守门员、后卫、前锋等足球队员的行动及规则，但如果对 11 位球员的编队及比赛中的动作没有足够说明的话，应该也没有办法掌握其球队的特征吧！

广大且多元的中国在空间上究竟如何达成政治统合，及如何成为一个国家的结构呢？换句话说，在整个中国疆域内，诸地区之间存在什么样的关系、如何转变呢？此即本文中所谓的"国家统合的地理样态"①（以下简称"地理样态"）。

关于"地理样态"，不论通史或断代史，有启发性的个案研究不能说没有。重点在于，过去并没有将这些研究作比较分析的客观指标。因此，本文首先检讨唐宋时期的州的层级制度，想要将唐宋两朝的"地理样态"可视化。同样地，参考最近有关空间的研究成果，以宋太祖时期的北方边界及北宋时期宋越之间的边界作为研究对象，对该地区的"地理样态"加以分析，以检验其概念的有效性。

二、"地理样态"的指标：州的层级

以下列举过去中国史研究中，对"地理样态"的考察有所启发的研究及有助于理解相关概念的研究成果。

通代研究，有冀朝鼎关于各个时代水利开发中心的"基本经济区 key economic area"的演变的著名研究。② 断代研究，则以陈寅恪检讨唐代关中的政治优势为典型。③ 近年来，此一议题有前岛佳孝

---

① 山根直生「唐宋政治史研究に関する試論——政治過程論、国家統合の地理の樣態から——」，『中国史学』第 14 期，2004 年，第 187 ～ 207 页。

② 冀朝鼎：*Key economic areas in Chinese history as revealed in the development of public works for water-control*，George Allen & Unwin LTD. 1936。

③ 陈寅恪：《唐代政治史述论稿》，重庆：商务印书馆，1943 年。

关于北朝到隋代的研究 ①，田口宏二郎针对明代作为畿辅地区的河北进行详细的统计处理 ②。唐宋时期方面，有学者提出有关财政物流的"北边—首都—江南"之联结构造的概念 ③，平田茂树虽将两宋的状况分别命名为"开封机制"、"杭州机制"，但其与详细的地理空间的实际状况之间的关系则未有清楚说明 ④。

其中，特别令人瞩目的是渡边信一郎利用都督府以及其财政物流相关史料制作"唐代的输送路线及输送分界线"图。⑤ 渡边氏将全国性财政物流的状况，尤其是西北部与东南部的实际上的断绝的情况做了精彩的可视化，对理解唐代前半期之前的地理样态有很大的贡献。以下引用的丸桥充拓的见解，则更为清晰准确：

> 首都与边界有许多官僚、军人、商工业者等非生产人口。为了维持这些地区的经济，唐朝将整个版图分为几块区域，组织物流体系保持供需均衡。大致上，其分区如下：①从四川、陕西到西域；②从山西北部、陕西北部到内蒙古、宁夏；③从山西南部、洛阳到首都长安；④从河北、江南、华南到副都洛阳；⑤从河北、山东到北京、辽宁。从地图上可以清楚看到的是，物流圈在西北（①②）与东南（④⑤）之间有很大的断绝，两者之间只有洛阳到长安的路线（③）而已（渡边 2010）。

---

① 前島佳孝「西魏・北周・隋初における領域統治体制の諸相」，『唐代史研究』15, 2012 年，第 22 ～ 48 頁。

② 田口宏二郎「明代河北の農業経済と大運河——近世中国における畿輔——」，『東洋史研究』71-4, 2013 年，第 28 ～ 63 頁。

③ 宮澤知之『宋代中国の国家と経済——財政・市場・貨幣——』，創文社，1998 年，第 33 ～ 90 頁；妹尾達彦「中華の分裂と再生」，『岩波講座世界歴史』9, 岩波書店，1999 年，第 52 ～ 65 頁。

④ 平田茂樹「両宋間の政治空間の変化について——魏了翁『應詔封事』を手がかりとして——」，『東洋史研究』，第 72 巻 3 号，第 59 ～ 93 頁。

⑤ 渡辺信一郎「中国古代の財政と國家」，汲古書院，2010 年，第 430 ～ 461 頁。

在连结中国南北的经济方面，最大的问题其实是两都之间的
运输。①

根据这些先行研究的成果，本文的目的是避免这些认识仅以碎
片化的形态呈现，尝试以郡县、州县的层级制度为线索，探讨通史
性的比较分析的标准及其理论架构。

按照江户时代的儒学者伊藤东涯的简要的整理，郡县、州县层
级制度，起源于汉代将郡分为大郡及其他郡二等。到了北齐，郡被
分为上上郡到下下郡九等。随着郡的废止及州县制度的推行，到了
唐开元年间（713～741年），除了长安周边的四辅之外，州的层级
被分为六等，六个雄州及十个望州，还有紧、上、中、下层级的州。
之后，虽然层级数量有所变动，但州县的层级制度一直持续到宋元
明时期。② 这种州县层级制度的连续性，显示了对国家而言政治重
要性的客观标准，及有关地理样态的通史性分析的关键，正是笔者
所要关注的问题。

与层级制度相关的州县制度的详细讨论③ 及首都周边的王畿制
度④ 的讨论也相当多，此外，还有关于北魏及唐朝的整个疆域内的
州县分布之统计研究。⑤ 唐宋时期由于留下相当多的方志，针对整
个版图内扩展与变迁的地图化及可视化，值得分析。尤其是，唐

---

① 丸橋充拓「魏晋南北朝～隋唐五代——南北分立から南北分業へ（3～10
　　世紀）——」，岡本隆司編『中国経済史』，名古屋大学出版会，2013年，
　　第107～108頁。

② 伊藤东涯『制度通』卷2 "郡县大小等差之事"。

③ 宮崎市定「宋代州縣制度の由来とその特色——特に衙前の変遷につい
　　て——」，『史林』36-2，1953年，第1～27頁。

④ 築山治三郎「唐代の京兆尹とその統治について」，『京都府立大学学術報
　　告』人文17，1965年，第17～35頁。

⑤ 長部悦弘「唐代州刺史研究——京官との関連——」，『奈良史学』9，1991
　　年，第27～51頁；窪添慶文『魏晋南北朝官僚制研究』，汲古書院，2004
　　年，第139～186頁。

代后半期和北宋的疆域大致相同，应该有能检证其适用性的合适个案。

从具体制度看唐宋时期的州之层级，畿辅地区以外的州，依政治、经济上的地位，分为雄、望、紧、上、中、下六等，军事上具有特别重要地位的则设有大都护、上都护、大都督、中都督、下都督，上位州在官员的品阶、名额上有优待。① 都护、都督的设置则基本上根据地方政府以户数为基础而设定的上、中、下州而定。前面提到的渡边所关注的都督州的位置，在唐代后半期至北宋的华中、华南地区并无不同。而在统治上有重要意义的雄、望、紧州则有较频繁变化，值得关注。

此外，唐代后期到五代的分裂时期，地方使职包括节度、防御、团练、军事等层级，到了宋代已名存实亡。五代、宋代出现的"军"，是将军团的驻屯地从州独立出来，直属于中央②，以"监"管辖矿山、盐场。在宋代，节度州中仍存在作为大都督府的府。

就史料所载唐宋时期全国的州之层级而言，首先《唐六典》卷三记载了玄宗开元年间（713～741年）的诸都督府及辅、雄、望州，还有"边州"。③ 再者，（唐）李吉甫《元和郡县图志》，列举了宪宗元和年间（806～820年）的州层级及诸都督府。④ 在欧阳修《新唐书》卷三七～四三《地理志》里，虽然有唐代各州层级及诸都督府的记载，但难以判断各个记载说明的是哪一年的状况。⑤ 王存《元丰九域志》记录神宗元丰年间（1078～1085年）的州层级及诸

---

① 《唐六典》卷三〇及《职官分纪》卷三九～四二里有较详细的记述。
② 关于五代到宋代的军，参见畑地正宪的研究（畑地正宪『宋代军政史研究』，北九州岛中国书店，2012年，第39～138页）。
③ 《唐六典》的记载里没有紧、上、中、下州等具体例子。
④ 因为《元和郡县图志》卷五、一八、一九、二〇、二三、二四、二五、三五、三六皆有残缺不全，河北、山南、淮南、岭南的州的层级不明，图2中用模糊的标识来显示。
⑤ 唐代的肃州以西及河西走廊地区的各州，在宋代不在宋朝的版图之内，因此即使史料上有记载，在本文图3中也未标出。

都督府。《宋史》卷八五~九〇《地理志》亦列举宋代各州的层级及诸都督府，与《新唐书》不同的是，它比较清楚地记载了年份。①

宋太宗时期的《太平寰宇记》里面，很可惜没有有关州层级的系统性记述。而南宋孙逢吉所作《职官分纪》卷四〇虽然有宋代节度、防御的记载，但没有说明具体时间，无法成为本文分析的基本数据。

由此可见，目前我们可以将唐代的州层级地图描绘出来的年代是：开元年间、元和年间、以及《新唐书·地理志》所记述的唐末时期。但是，由于没有关于节度、防御以下的地方使职系统变迁的统一记载，便无法进行地图化工作。至于北宋，由于有编年清楚的《宋史》之记述为基础，可以制作因澶渊之盟而实现了稳定的北宋真宗朝末期、元丰年间，以及徽宗朝末期这三个时期的辅、雄以下的州之层级及节度、防御以下的州之层级等两个系统的地图化（参见文后附图之图1~9）。②

在此，先指出这些地图资料的限制。首先，虽然《宋史》等诸史料的记述仍有一些缺点，但本文优先统一处理，借以制作图1~9。当需要严格确定每个州的层级时，则参考其他史料。再者，虽然府州之外还有羁縻州，州的上级还有道、路等广域区分，但因过于繁杂暂时无法描绘在地图里。

必须注意的是，安史之乱前的唐代前半期可以说是"统一王

---

① 《宋史》卷八七缺乏丹州的记载，该州的层级不明，因此丹州在图4、6、7、9中用模糊的标识来显示。此外，因为同书卷九〇《地理志》，广南西路的平、从、允、庭、孚、溪、镇、地、文、兰、观、隆、兑各州及延德军都没有州的层级之记载，因此未在图中标识。这些州大多是在徽宗朝时期新设立的州，也就是说，设置于宋越交涉后，我们应该对此后宋朝在这一方向的扩展、开发的实际状况投入更多关注。

② 制作图1~10之际，参考了日野開三郎『日野開三郎東洋史學論集 第二卷 五代史の基調』（三一書房，1980年）附"大唐方镇图"，该书标明了很多州的位置。再者，关于设置都督府的州，即使州的层级有明确的记载，图表上仍将优先显示都督府的上、中、下的层级。

朝"。但宋朝事实上应该理解为与契丹（辽）、西夏并立的"地方政权"，要避免先验地排除其他两国而单纯进行唐宋两朝的比较。

考虑到这样的空间范围，下一节将讨论从这些图中透露出什么样的讯息。

三、唐宋时期国家统合的地理样态

从图1～9可以看到唐宋时期的哪些转变？

就图1而言，开元年间，以长安、洛阳两京为焦点的椭圆形边缘设有辅、雄、望州，在遥远的外缘地区则布置着都护、都督府及"边州"。其布局与汉唐的天下观念[1]一致，如果考虑到此时期唐皇帝的"行幸"活动逐渐减少[2]，其与"王畿"的意义及功能开始扩增应该有所关联。另一方面，雄州与望州（图1用1、2来表示）较少出现在洛阳、长安地区以西（前揭丸桥所论的③），但在东部的河北、山东地区（⑤）及河南至江南、华南地区（④）则普遍存在。

这一情况在唐代后半期开始产生变化，可以看到山东半岛及河南地区的有些州升格为大、中都督府（图2、3用大、中来表示）或望州，到了唐末，长江南岸的江南三角洲地区有几个州升格为望州（图3）。这应该与这一时期众所周知的河北地区被"河朔三镇"实际控制，及江南地区在财政上之重要性提高有关。

河南、江南甚至华南各地区州的等级上升的情况，到了宋代更为明显，除了江南三角洲地区之外，东南沿海及岭南地区均有州升到府、望州的例子（图5、6）。山东半岛内缘及河南地区，也有一系列的州一起升格为府的现象。另一方面，与唐代比起来，宋初的四川、岭南地区一开始就大幅减少州的数量，这可能就像周去非所说，"广西地带蛮夷，山川旷远，人物稀少，事力微薄，一郡不当浙

---

[1]　渡辺信一郎『中国古代の王権と天下秩序——日中比較史の視点から——』，校倉書房，2003年。

[2]　藤井律之「北朝皇帝の行幸」，前川和也『国家形成の比較研究』，学生社，2005年，第370～397页。

郡一县"，因此行政区建制有所缩减。①

　　此外比较显著的是，宋与契丹（辽）邻接的沿边之地有众多的"军"（图 7 之 F），亦即同下州（图 4 之 6）的存在。如唐五代宋时期的军制、军政史研究所说明的，这不只是单纯的军兵总数量增加，也显示了末端军团直属于中央的控制下。②

　　总之，从州的层级之转变来检讨唐宋的地理样态，其基本方向为，在唐代前半期的财政物流体系里，河南、江南、华南（前揭丸桥所论的④）及山东半岛地区，在州的层级中等级较高的望州、府等，到唐代后半期之后逐渐增加。以当时从"世界帝国"的唐朝转变为与契丹（辽）、西夏对峙形成北边—首都—江南这一物流结构的宋朝的局势来看，似乎是理所当然的事。但笔者想强调的是，当时同时也经历了首都以外的行政据点在此区域内出现多元化的过程。与唐代前半期比较的话，在洛阳—长安这一区域（前揭丸桥所论的③），透过"在长安不能糊口的朝廷整个搬到洛阳的'东都就食'"的施行，放弃了西北（①②）与东南（④⑤）的统合③，陕西、四川地区（前揭丸桥所论的①）在政治上的重要性因此下降，遂以首都开封为中心，建立起四通八达的漕运网络。北宋时期对四川地区施行地方统治上、官僚任用上的特殊举措④，可以说正是因上述影响而必然出现的现象。

　　不过，唐宋时期这些地理样态的演变，与国家的边界有何关联，以及可以发展出什么样的政治史、社会史上的论点呢？本文将借由以下两个事例进行讨论。

　　第一，关于与北方的契丹（辽）等国邻接的边界。如前所述，

---

① 周去非《岭外代答》卷一"广西省并州"。

② 畑地正宪『宋代军政史研究』，第 54 ～ 139 页。

③ 丸桥充拓「魏晋南北朝～隋唐五代——南北分立から南北分業へ（3 ～ 10世紀）——」，冈本隆司编『中国经济史』，名古屋大学出版会，2013 年，第 108 页。

④ 参见梅原郁『宋代官僚制度研究』（同朋舍，1985 年，第 239 ～ 246 页）等。

先行研究已有讨论宋辽间、宋西夏间的边界在澶渊之盟（1004）之后的具体状况。相关研究显示，虽然这些国境有两属地等特殊空间，但存在边壕、塘泺等明确的界线，相关两国根据地理调查进行谈判，已具备与近代国民国家类似的状况，正如金成奎所认为，"国境的明确化"就是"该时代的趋势"①。

但是，支撑"澶渊体制"②的当然不是近代国民国家，我们需要按照地理样态再一次检讨此边界与其周边的实际状况，或许对其疆界、地理样态有新的发现。对此，太祖朝（960～976年）时期有一条有关北方防卫的史料，值得思考：

> 太祖时，李汉超镇关南、马仁瑀守瀛州、韩令坤常山、贺惟忠易州、何继筠棣州、郭进西山、武守琪晋阳、李谦溥隰州、李继勋昭义、赵赞延州、姚内斌庆州、董遵诲环州、王彦昇原州、冯继业灵武，笾榷之利，悉以与之，其贸易则免其征税。故边臣皆富于财，以养死士，以募谍者，敌人情状，山川道路，罔不备见而周知之。故十余年无西、北之忧也。③

宫崎市定认为这些武将是在"北方国境"继续被允许拥有特权的"军阀"，到了太宗朝，这些特殊地区全部被废止，缘边地区与内地一视同仁。④但事实上，这条材料是出现在与西夏交战的庆历二年（1042）十月戊辰贾昌朝的上疏"方今边备之尤切者凡六事"中，是对过去较成功的布局、谍报网络的回顾⑤，并不是太祖当代的

---

① 金成奎『宋代の西北問題と異民族政策』，汲古書院，2000年，第38页。
② 古松崇志「契丹・宋間の澶淵体制における国境」，『史林』90-1，2007年，第28～61页。
③ 范镇《东斋记事》卷一，北京：中华书局，1980年。
④ 宫崎市定 1963「五代史上の軍閥資本家——特に晋陽李氏の場合——」，『アジア史研究』第三，1963年，第118～119页。
⑤ 《续资治通鉴长编》卷一三八。

记载。

究竟此一布局的实际情况如何，澶渊体制的成立过程中产生了什么样的转变？在此，笔者试图跟地理样态联系起来，提出与过去北宋军制史研究 ① 及北宋武将的个案研究 ② 不同的看法。

第二，北宋一代的宋越之间的边界。与宋辽之间相比，讨论宋越之间的边界之研究相当缺乏。因为宋辽之间与宋越之间的外交过程不同，所以宋越之间的边界也可能与北方不同，可以对两者进行比较分析。以下的两个分析，除了笔者多方搜集的资料之外，更重要的是广泛参考各方面的先行研究成果，从地理空间的角度进行综合讨论。

四、国家的边界与地理样态的关系（1）——北方的边界

首先，表1及图10是根据前述《东斋记事》的记载推得的太祖朝担任北方防卫的武将的概要。

大略来看，表1的①～⑤的武将面对契丹，⑥～⑨是面对北汉，⑩～⑭是面对西夏建国之前的党项的布阵。他们的任期短暂得出人意料，大多在10世纪70年代初期太祖暴卒之前离任。

再从诸将的经历来看，大多是河北、河东人，特别是大名（魏州、魏博节度）人（②、⑨、⑭），《宋史》列传里提到与宋太祖个人有关系者，均匀地分布在这三个地方，分别面对契丹、北汉、西夏建国之前的党项（③、⑧、⑨、⑫）。如果考虑到当时各个势力在

---

① 王曾瑜：《宋朝兵制初探》，北京：中华书局，1983年；陈峰：《北宋武将群体与相关问题研究》，北京：中华书局，2004年；赵冬梅：《文武之间：北宋武选官研究》，北京：北京大学出版社，2010年。

② 柳立言：《宋初一个武将家族的兴起——真定曹氏》，"中央研究院"历史语言研究所出版品编辑委员会编《中国近世社会文化史论文集》，"中央研究院"历史语言研究所，1992年，第39～88页；陈峰：《北宋"将门"现象探析》，卢向前主编《唐宋变革论》，合肥：黄山书社，2006年，第396～420页；何冠环：《攀龙附凤——北宋潞州上党李氏外戚将门研究》，北京：中华书局，2013年。

表 1　太祖朝北方守备的诸将

人名（生卒年）	任地（任期）	出身地（《宋史》列传的卷数和其他史料）
① 李汉超（？～977）	关南（961～977）	云州云中（卷273）
② 马仁瑀（933～982）	瀛州（971～982）	大名夏津（卷273）
③ 韩令坤（923～968）	常山（961～968）	磁州武安（卷251）
④ 贺惟忠（？～973）	易州	忻州定襄（卷273）
⑤ 何继筠（921～971）	棣州	河南（卷273）
⑥ 郭进（？～？）	西山（960～976）	深州博野（卷273）
⑦ 武守琪（？～？）	晋阳（972～975）	出身地不明（《册府元龟》卷445）
⑧ 李谦溥（915～976）	隰州	并州盂县（卷273）
⑨ 李继勋（915～976）	昭义（960～969）	大名元城（卷254）
⑩ 赵赞（923～977）	延州（962～968）	幽州蓟县（卷254）
⑪ 姚内斌（911～974）	庆州（963～974）	平州卢龙县（卷273）
⑫ 董遵诲（926～981）	环州（968～981）	涿州范阳（卷273）
⑬ 王彦昇（917～974）	原州	蜀（卷250）
⑭ 冯继业（927～977）	灵武（952～969）	大名（卷253）

宋与契丹（辽）之间流动的情况[1]，这些幽州的契丹（辽）武将后来投降宋朝其实并不奇怪。这些武将后来都被派遣到与党项相对峙的地区（⑩、⑪、⑫），可见宋方对降者的警惕。

顺便一提，前述《东斋记事》指出，拿到专卖利益或其他自主裁量权的武将在表中特别集中在党项方面（⑩、⑪、⑫、⑭），但是，按照先行研究，其他两方面（北边）也被赋予了同样的权力。[2]

值得注意的是⑭冯继业的父亲冯晖（894～952）的例

---

[1]　Naomi Standen，*Unbounded Loyalty*: *Frontier Crossings in Liao China*. Honolulu: University of Hawaii Press，2007.

[2]　赵冬梅：《文武之间：北宋武选官研究》，第174～182页。

子。①1992 年在陕西省彬县发掘了冯晖的墓，其特征为：一边继承
唐制；另一边却不是五代华北的风格，而是江南的风格。而且，从
墓道两侧描绘的"胡舞者"及门楼的"妇人启门"的浮雕，可知其
受到唐代流行的粟特及汉人两种文化的影响。② 该墓在考古学上被
看作唐宋之间的"过渡形式"，但我们应该留意的是这些文化、民族
上的混合状况不仅出现在边将的墓里，也可以在五代、北宋时期的
宗室及其周边墓穴中看到 ③。按照唐五代时期的粟特研究，何继筠的
父亲被认为是粟特系武人，也是其证据之一。④

　　就他们与盐专卖的关系而言，不管北方或西方，他们的任职地都
曾是研究专卖制度的学者重点关注的地区。按照河原由郎、清木场东
的研究，在河北，尤其是漳水以北的地区，为了对抗契丹盐以及安抚
当地居民，自开宝三年（970）至元丰年间（1078～1085 年），该地
乡村的盐制根据通商或者"自主流通制"（不实行专卖，而是采用征收
两税时同时加征盐钱的方式），而非采取官卖法。⑤ 并提出，当地由
于含有盐分的土地广大，因此无法禁止零星的盐生产。反而是陕西地
区，在与西夏青白盐的竞争之下，河中解盐透过通商法进行专卖。到

---

① 《旧五代史》卷一二五《冯晖传》；《新五代史》卷四九《冯晖传》。

② 咸阳市文物考古研究所：《五代冯晖墓》，重庆：重庆出版社，2001 年，第
　54—56 页；邓小南「考古資料と唐宋女性史研究——唐代西北と宋代華北
　を事例として——」，『大阪市立大学東洋史論叢』別冊特集号「文献資料
　学の新たな可能性」，2006 年，第 67 ～ 78 页。

③ 邓小南：《论五代宋初"胡／汉"语境的消解》，《文史哲》2005 年第 5 期，
　第 57 ～ 64 页。

④ 森部豊『ソグド人の東方活動と東ユーラシア世界の歴史的展開』，関西大
　学出版部，2010 年。

⑤ 河原由郎「北宋期における河北路の塩政についての考察」，『史学雑誌』
　73-9，1964 年，第 34 ～ 61 页。又収入河原由郎『宋代社会経済史研究』，
　勁草書房，1980 年，第 217 ～ 249 页。清木場東「五代・宋初の販塩制に
　ついて——河北販塩制をめぐって——」，『鹿大史学』30，1982 年，第
　1 ～ 23 页；清木場東「五代の権塩体制について——産塩地・塩界分・般
　塩体制をめぐって——」，『純真紀要』23，第 33 ～ 42 页。

了太宗淳化三年（992），为了牵制西夏太祖李继迁，宋朝禁止青白盐的进口，结果导致宋夏的激烈对抗，是个众所周知的例子。①

综合以上的讨论，前述《东斋记事》所说的"筦榷之利，悉以与之"，与其说是以北方防卫为中心而施行的政策，不如说因专卖制度本身的问题导致的必然结果。在此之前，后周广顺三年（953），契丹（辽）的榷盐制置使张藏英以"内外亲属并所部兵千余人及煮盐户长幼七千余口"来降。②五代至北宋元丰年间，宋辽两国边境附近的盐生产情况，主要是局部性的，有时须仰赖当地的军事势力的保护。

接着，太宗、真宗朝时期的该地区，与太祖朝一样，都是派遣与皇帝有深厚关系的武将（表2，⑮～⑱）。他们是"从父祖时代一直与皇帝在血缘上与心理上都有很深厚的关系、透过恩荫授与武职、通过与皇帝的私人关系被委任并被提拔的人们"，是在边境附近的要地从事军事、外交的高级武官。③著名的例子有：真定曹氏④及以杨家将闻名的河东太原杨氏等家族⑤。

另一方面，该地区也有因犯罪被判为死罪、流罪的武将（表2，⑲～㉒）。其实，表1中的14人中，其失败或罪行被太祖所宽恕的例子并不少。⑥他们一边利用自己与皇帝的个人关系逃避越轨行为

① 宮崎市定「宋代州縣制度の由来とその特色——特に衙前の変遷について——」，『史林』36-2，1953年，第1～27页。
② 《资治通鉴》卷二九一"广顺三年六月壬子"；《宋史》卷二七一《张藏英传》。
③ 梅原郁『宋代官僚制度研究』，同朋舍，1985年，第146～149页；陈峰：《北宋"将门"现象探析》，卢向前主编《唐宋变革论》，第396～420页。
④ 柳立言：《宋初一个武将家族的兴起——真定曹氏》，《中国近世社会文化史论文集》，第39～88页。
⑤ 飯山知保『金元時代の華北社会と科挙制度——もう一つの「士人層」——』，早稲田大学出版部，2011年，第111～116页。
⑥ 例如，李汉超在关南时以"强取其女为妾及贷而不偿"被人诉讼（表1之①）；马仁瑀，原来"兄事"李汉超，但因为"多自肆，擅发麾下卒入辽境，剽夺人口、羊马"与汉超不和，后因太祖介入其间，两人达成和解（表1之②）；郭进，由于对士卒严苛，被军校诬告（表1之⑥）。

的责任，一边完成自身所承担的边事，这即是太祖朝以来的北方边界的实际情况。而且，他们与皇帝的关系随着皇位承袭而有所变动，其中一部分会失宠（⑲）。

表 2 太宗朝以降北方守备的诸将、诸官僚

人名（生卒年）	任地（任期）	出身地（《宋史》列传的卷数和其他史料）
⑮ 刘文裕（944～988）	高阳（982～984）	保州保塞（卷463）
⑯ 刘文质（965～1028）	齐州（1006～1008）、庆州（999～1000）	文裕之弟（卷324）
⑰ 赵延进（927～999）	镇州（980～984）、高阳（980～985）	澶州顿丘（卷271）
⑱ 曹玮（973～1030）	邠州（1007～1010）、秦州（1015～1016）、渭州（990～1004，1010～1015）	真定灵寿（卷258；柳立言《宋初一个武将家族的兴起～～真定曹氏》）
⑲ 张全操（？～？）	灵州（974～977）	江东（《续资治通鉴长编》卷18，同年二月）
⑳ 祖吉（？～991）	晋州（986～989）	出身地不明（《宋史》卷2《太宗本纪》，同年同月同日）
㉑ 齐化基（？～？）	晋州（1005～1007）	出身地不明（《续资治通鉴长编》卷70"大中祥符元年九月辛未"）
㉒ 范航（？～？）	齐州（1014～1016）	出身地不明（《续资治通鉴长编》卷87，"大中祥符九年六月辛巳"）

总的来说，北方边界地区的"军"（图7、8、9之F）即同下州（图4、5、6之"=6"）看起来被细分化，属于中央的指挥下，但是其首领，大多是与皇帝、宗室有关系的高级武官的家族，他们尽量回避与当地的势力缔结关系，而世世代代统治该地区。由于这个地区的地理条件较难实施中央集权的管理，盐专卖变成他们的财源。相较于唐后半期苦于军事势力的割据，在五代与北宋，这个地区利

于割据的制度逐渐解体，只是通过与皇帝、宗室的策略性婚姻拉近关系；另一方面，他们的亲属留在首都开封充当人质，以便朝廷随时将他们派遣到军事气氛紧张的北方地区。新见まどか指出，唐代后半期，与中央敌对的河朔三镇，通过婚姻关系，形成短暂的"联合体"，唐朝则借由公主下嫁来牵制他们。[1] 与这一情况相较，唐宋两个时代有很显著的差异。此外，从这些婚姻可以看到，宋初宗室在文化、民族认同上并未将粟特系视为"异民族"。

另外，可以看到该地区的本地居民在一定程度上受到影响。就河东的例子来说，饭山知保指出，河东人民即使到了北宋时期仍有强烈的喜好"团保甲散马"、"惜财物，不惮征役"等尚武的气质，到了金代，由于当地已经不再是边界，科举应试之风才开始普及化。[2]

五、国家的边界与地理样态的关系（2）——宋越之间的边界

由于目前对该地区的了解并不多，以下先依据先行研究说明唐、五代至宋朝与越南的历史关系及其政治发展。[3]

唐末时期，交州安南府由于南诏的进攻两次失陷后，除了节度使高骈的短暂统治之外，越南实际上由当地势力统治。虽然宋太宗企图出兵打破此一状况（980 ～ 981 年），但由于宋军大败，越南又以朝贡表示臣服，986 年，宋朝不得不承认从丁氏到黎氏的政权交替。

之后，宋朝与越南保持消极应对的双边关系，位处两者边境的广源州，却成为不稳定因素。它名义上是宋朝的羁縻州，实际上却是广源州泰语系的独立势力。虽然其领导者侬氏有意归附宋朝，但宋朝不止一次驳回其请求，后来导致"侬智高之乱"（1041 ～ 1053

---

① 新见まどか「唐代後半期における「華北東部藩鎮連合体」」，『東方学』123，第 20 ～ 35 页。

② 饭山知保『金元時代の華北社会と科挙制度——もう一つの「士人層」——』，第 114 ～ 116 页。

③ 河原正博『漢民族華南発展史研究』，吉川弘文館，1984 年；岡田宏二『中国華南民族社会史研究』，汲古書院，1993 年；黄纯艳：《唐宋经济政治史论稿》，兰州：甘肃人民出版社，2009 年。

年）的发生。在这次叛乱中，邕州与其下游的端州之间的诸州（图
10 的◎）迅速沦陷。①宋朝认为此次叛乱，是仅次于契丹（辽）、西
夏的威胁。②

　　虽然叛乱本身被狄青镇压，但此后宋朝积极扩张到广源州方面，
以致与越南的对立激化。熙宁八～九年（1075～1076 年），在越南
的突然攻击下，宋方的钦、廉、邕州陷落。同年，神宗决定出兵，
宋军从邕州开始反攻，到了富良江一带，被越南水军阻止，战况陷
入僵局，最后宋军撤退。宋越之间的国境交涉从此开始。

　　早在太平兴国五年（980）向越南宣战的诏书里，宋朝一方面
认为交州原系唐朝"内地"，朝贡是理所当然的事；一方面又称它
为"五服之外"、"四肢之余"，可以看出宋朝对越南的看法。③依智
高之乱后，韩琦也对英宗说："交州山路崄僻，多潦雾瘴毒之气，虽
得其地，恐不能守也。"④当宋朝知道广源州是出产金银之地后，对
该地仍旧抱持消极的态度，神宗虽一度占领该地，但最终仍将它割
予越南。与北方的燕云十六州相较，两地虽然都是唐末以来的"失
地"，但是宋朝对交州的态度实际上较为冷淡。⑤

① 岡田宏二『中国華南民族社会史研究』，第 243～269 页；James Anderson，
　 The Rebel Den of Nung Tri Cao：*Loyalty and Identity Along the Sino-vietnamese
　 Frontier*：Univ of Washington Press，2007；大室智人「儂智高討伐にみ
　 る北宋の騎兵について」,『中央大学アジア史研究』32，2008 年，第
　 265～289 页。
② 依智高之乱在有些史料里有"三方之急"的评价，参见《长编》卷一五九
　 "庆历六年（1046）十月甲戌"，以及《宋史》卷三一七《钱彦远传》等。
③ 参见［安南］吴士连《大越史记全书·本纪卷之一》"太平二年七、八月"；
　 河原正博『漢民族華南発展史研究』，第 278～281 页。
④《宋史》卷四八八《外国四·交趾》。
⑤ 张方平上奏里提到"交趾"政权的脆弱性，评曰："乃是唐末藩镇遗风。"
　（《长编》卷二七六"熙宁九年（1076）六月夏"），由此可见，宋朝对越南
　 的认识是，该地应该属于唐代以来的本土，并因其"藩镇遗风"而予以歧
　 视。宋朝认为，自己通过结束混乱的时代成为唐朝的继承者，越南虽然遥
　 远，但理应是国土之一部。

另一方面，北宋始终不承认越南为"国"，一直以静南节度使、交趾郡王、南平王等称之。在此对外交史的详细内容不敢赘言，简而言之，宋朝对越南的看法在神宗出兵、撤退之际未能持有定见，其对应策略也具有机会主义倾向。

这一政治过程所呈现的宋越国境的样态，如图10所示。首先，泰族系的侬氏所占据的广源州实际上是缓冲地区，廉州与钦州如洪镇（如洪砦）设置榷场互市，成为永久性的交流窗口。大中祥符五年（1012），越南要求在邕州新设互市之处，宋真宗驳回这一请求："盖海隅有控扼之所，今若直趋内地，事颇非便宜。"[1] 有些学者注意到仁宗皇祐年间（1049～1053年）以来的宜州、徽宗大观初（1107）以来的融州[2] 等新设防御据点，但无论如何，廉州、钦州、邕州的重要性是毋庸置疑的。

关于如洪镇，《武经总要》曰："镇城，旧为砦，有戍兵。天禧中（1017～1021年）废。近交趾苏武州界，接洪水口。入海至交趾朝阳镇水路。"（前集卷二〇·砦铺四）明代林希元《（嘉靖）钦州志》亦曰："今废，居民云：'有凤凰江洲，尚存洲上官署之遗址。'可必旧时立砦之所。"（卷七·古迹，钦州，如洪砦）可见该地处于河口洲中，水路便捷，不难管理。

廉州虽然也同样是港口，但是其功能似乎比不上如洪镇[3]，其城郭也是迟至宋哲宗元祐年间（1086～1093年）才建立[4]。

邕州作为区域中心，其地位极受重视。王安石跟神宗的对话中曾经出现这样一段话："（王安石）曰：'邕州城之坚，必不可破。'上以为然。"[5] 可见宋廷对该地的防卫相当有信心。反之，邕州地区

---

① 《续资治通鉴长编》卷七八"大中祥符五年六月甲子"。
② 冈田宏二『中国华南民族社会史研究』，第103～109页。
③ 周去非《岭外代答》卷一"钦廉溪峒都巡检使"。
④ 张国经《（崇祯）廉州府志》卷三"城池"。
⑤ 《续资治通鉴长编》卷二七三"熙宁九年（1076）二月辛丑"。

下游的郁江流域诸州"素无壁垒"、"无城栅"等①，防备相当不足，所以如上所述，在侬智高叛变之际，该地瞬间陷落（图 10 的◎）。

经历了侬智高叛变，神宗朝出兵、撤退之后，宋越间解决了广源州周边的归属问题②，岭南内地的政治、经济地位也迅速变化。徽宗大观元年（1107），邕州很快从下州升格为望州③，而且，原来连城墙也不齐全的下游地区的封、康、端三州也一同升格（图 6、图 10）④。到南宋绍兴三年（1133），邕州横山寨置司市马，进行蛮马交易⑤，因此有"中国通道南蛮，必由邕州横山寨"⑥的说法。

整体而言，宋方的战略是，以广源州一带为缓冲地带，封锁邕州的陆路而通过廉州、钦州的海路对抗交州（安南）的势力，此战略与唐朝在南诏占据交州以后的做法相似。⑦综观岭南地区的政治主体从唐—南诏经过五代十国时期变为宋—越南李朝，两边的对立关系一直存在，直到疆界转变确立，属于宋朝内地的郁江一带的地理样态也随之变化。

但是，直到宋越间边界划定以前，宋朝对于岭南地区人事与资源的投入都趋于消极。从图 4、图 5 来看，岭南地区除都督府以外大多以下州为主，而且郁江流域的诸州，甚至作为重要据点之一的廉州也没有建立城郭。

接下来，与前述考察北方的模式相同，我将分析与宋越边防相

---

① 余靖《武溪集》卷五"大宋平蛮碑"；司马光《涑水纪闻》卷一三。

② 河原正博『漢民族華南発展史研究』，第 369 ～ 379 页。

③ 参见《宋史》卷九〇《地理六》"广南西路·邕州"。因为邕州设置都督府，州的层级上的变化在图 4 ～ 6 里没有显示。

④ 因为端州在重和元年（1118）变成肇庆府（《宋史》卷九〇《地理六》"广南东路·肇庆府"），在图 6 里表示"府"。

⑤ 《宋史》卷九〇《地理六》"广南西路·邕州"；周去非《岭外代答》卷五"邕州横山寨博易"。

⑥ 同上书卷三"通道外夷"。

⑦ 山根直生「9 世紀、龐勛集団への再考と対南詔戦争事情素描」，『広島東洋史学報』17，2012 年，第 1 ～ 20 页。

关的宋方诸将、诸官僚（表3之㉓～㉚）及宋越战争时参与军务的诸将、诸官僚（表3之㉛～㊶）。不过，其中狄青是个很特别的例子，所以狄青属下的诸将不列入讨论，可参看先行研究的成果①。

表3　宋越国境守备诸将、诸官僚，宋越战争从军诸将、诸官僚

人名（生卒年）	任地（任期）	出身地（《宋史》列传的卷数和其他史料）
㉓ 侯仁宝（？～985）	邕州（973～981）	汾州平遥（卷254）
㉔ 凌策（957～1018）	广州（1002～1005）	宣州泾县（卷307）
㉕ 余靖（1000～1064）	桂州（1052～1055）广州（1061～1064）	韶州曲江（卷320；《续资治通鉴长编》卷192"嘉祐五年八月乙亥"）
㉖ 萧注（1013～1073）	邕州（1053～1060）桂州（1071～1073）	临江新喻（卷334；王安石《临川文集》卷94《尚书祠部郎中集贤殿修撰萧君墓志铭》）
㉗ 陆诜（1022～1070）	桂州（1064～1066）	杭州余杭（卷332）
㉘ 沈起（？～1088）	桂州（1073～1074）	明州鄞县（卷334）
㉙ 刘彝（1015～1091）	桂州（1074～1075）	福州（卷334）
㉚ 苏缄（？～1076）	英州（1050～1052）邕州（1071～1076）	泉州晋江（卷446；《续资治通鉴长编》卷276"熙宁九年六月辛丑"；同书卷277"同年十月辛巳"）
㉛ 贾湜（？～？）		真定获鹿人（卷285；《续资治通鉴长编》卷21"太平兴国五年秋七月丁未"；同书卷22"同六年三月己未"）。
㉜ 张忠（？～1052）		开封（卷326；大室智人「侬智高討伐にみる北宋の騎兵について」）。
㉝ 蒋偕（？～1052）		华州郑县（卷326）。

① 何冠环：《北宋武将研究》，北京：中华书局，2003年，第341～384页；大室智人「侬智高討伐にみる北宋の騎兵について」，『中央大学アジア史研究』32，2008年，第265～289页。

（续表）

人名（生卒年）	任地（任期）	出身地（《宋史》列传的卷数和其他史料）
㉞杨畋（1007～1062）		（卷300；飯山知保『金元時代の華北社会と科挙制度——もう一つの「士人層」——』；大室智人「儂智高討伐にみる北宋の騎兵について」）。
㉟孙沔（996～1066）		越州会稽（卷288）。
㊱石全彬（？～？）		宦官、真定人（卷466）。
㊲赵禼（？～？）	桂州（1077～1078）	邠州依政（卷332；《续资治通鉴长编》卷292"元丰元年九月癸未"）。
㊳郭逵（1022～1088）		开封（卷290）。
㊴和斌（？～？）	宜州（1083～1086）邕州（1083～1085）	濮州鄄城（卷350）。
㊵曲珍（？～？）		陇干（卷350）。
㊶燕达（？～？）		开封（卷349）。

首先，与北方诸将相同的是，仍可以看到他们与皇帝个人之间的关系（㉓、㉛、㊶），但是与北方不同的是，他们并未与皇帝、宗室联姻。再者，不少科举官僚提出对越南的积极政策（㉕、㉖、㉗、㉘、㉙、㉝、㉞、㉟、㊲）的同时，有不少高级将领提出反对意见（㊴）。无论是科举官僚或将领，其中都有不少对西夏有战争经验的人（㊳、㊴、㊵、㉝、㉟、㊲）。与前述北方的例子一样，有些将领世代在该地区从军（㊳～㊵），另外，科举官僚里面也有同族出身的人在邻近地区做官（㉖），还有战死者的儿子接任父职的例子（㉚）。总之，由于双方都有对当地居民进行军事训练的政策，宋朝更致力于将这些专门对抗西夏方面的人才转调至此，并希望将科举官僚的子孙也变成该地区的新人才。

与北方的例子不同的是，关于他们的文化、民族特征的史料较有限，能参考的史料不多。值得注意的是杨业侄孙杨畋的例子（㉞）。
依据饭山知保的研究，他的高祖父为麟州在地的军事势力，也许有
与沙陀、粟特的关系，杨家"丧失与在地的关系，从杨琪这一世代
开始'读书史'，到了杨畋考上进士，但仍然作为提点刑狱或兵马铃
辖，'与士卒同甘苦，破诸峒'"。[①] 杨琪有两位妻子 [②]，其中李氏为
仁宗朝的同知谏院李兑女，她的母亲是吴越国钱氏的血统 [③]，杨氏的
出身因此提高；另外一位慕容氏被认为可能是宋初的武将慕容延钊 [④]
的族系。即便有这样缔结婚姻关系，即便杨畋能够科举及第，但杨
畋本人的行为还是具有浓厚的武人色彩，不能简单用"汉化"这类
说法加以概括。

　　宋朝对岭南地区当地或广源州的军事势力及在地势力的应对，
明显不像他对外来的军事势力或者北方边界那样，使用联姻或其他
军政方面的策略。回溯宋初征服南汉国之际，也只有宋太祖赦免南
汉西北面都统潘崇彻，算是皇帝与南方当地势力存在个人联系的例
子 [⑤]，作为收容南汉国的军兵设置的殿前司管下的广德十指挥 [⑥] 之
中，也看不到类似的事迹。

　　如上所述，宋朝对侬氏的态度较为冷淡，虽然在后者表态愿为
臣属以后，被赐予赵姓 [⑦]，但这类怀柔政策，并未促成侬氏家族成员
社会地位的上升。科举倒是比较有效的手段，宋朝在岭南地区经常施
行科举应试上的优待政策，侬智高也曾应举，只是不幸黜落。不过到
了元丰年间（1078～1085 年），则有名为侬奭者曾经通过解试。[⑧]

---

① 　飯山知保『金元時代の華北社会と科挙制度——もう一つの「士人
　　層」——』，第 111～113 页；《宋史》卷三〇〇《杨畋传》。
② 　欧阳修：《文忠集》卷二九《供备库副使杨君墓志铭》。
③ 　范祖禹：《范太史集》卷三八《工部尚书致仕李庄公许昌郡夫人钱氏墓志铭》。
④ 　《宋史》卷二五一《慕容延钊传》。
⑤ 　《宋史》卷四八一《潘崇彻传》。
⑥ 　同上书卷一八七《兵志》。
⑦ 　周去非《岭外代答》卷十"蛮俗门"。
⑧ 　荒木敏一「北宋儂智高応挙考：俞樾曰く「儂智高も亦た科挙の士なり」
　　と」，『摂大学術』B、人文・社会篇 2，1984 年，第 1～19 页。

就前述分析的背景及原因来讲，除了本文的概要叙述之外，还需要检讨宋越两国各方的互动，因此无法简单做出结论。但从结果来看，与北方边界的情形相反，宋朝在宋越边境地区并未施行通过联姻包容当地军事势力的政策，其缘由，应是宋朝对越南与他对北方的认识不同。

另外，从宋越边界与北方边界的比较来看，宋越边界地区的居民虽然在羁縻政策下进行保甲编组，但他们并未完全服从宋朝的支配，即使设置了新的州县，他们实际上仍处于当地酋长的统辖下。[1]岭南地区虽然居于北宋的主要疆域——河南、江南、华南地区——之中（前揭丸桥所论的④），位于北边—首都—江南的联系结构的末端，不过朝廷统治的影响到南宋以后的历史过程中才变得显著。

六、结 论

在此，笔者将本文讨论的内容根据太祖朝的边界及北宋一代宋越间的边界这两个主题再一次整理一下。

与契丹（辽）、西夏交界的北方地区，边界并非单纯的空间概念，它是国家投入不少资源进行管理的要地，需要强调的是，因为宋朝皇室与当地的行政、军政首脑联姻，因此也可以说北边是影响到宋皇室的认同，甚至影响到整个国家的文化、民族认同的地方。

宋越间的边界则不同。虽然岭南的官僚们很早就提出作为缓冲地带的广源州及越南地区的重要性以及可能的威胁，但宋廷却一直回避资源的投入。[2]关于其中复杂的政治发展过程的评价，并非本文所能讨论的问题。不过必须注意的是，科举制度在侬智高之乱前已经浸透到宋朝的整个领土，在岭南的推行，也已到了一定程度。

---

[1]　河原正博『漢民族華南発展史研究』，第 172～201 页。

[2]　比如，天圣六年（1028），为防备李公蕴之死导致宋越边境的不稳定，广西转运司请朝廷增强"邕、钦、广三州兵备"，但朝廷的态度却很消极，仅指示用桂、宜等州的兵力应对，并且"事定即还"（《长编》卷一〇六，"天圣六年六月己卯"）。

在此地，科举制度取代了北方缘边惯常使用的政治联姻手段，其结果是，对宋皇室及整个国家的民族认同来说，丧失了在文化、民族方面将宋越边界地区纳入自身的机会。

再者，从作为地理样态指标的州之层级与边界的关系来讲，宋越边界地区比较晚才划定界线，也就是说岭南地区的州之层级的变化会更加显著。无论是边界划定以前或以后，诸州的升格或州城的建设反映了当时可能存在的军事威胁，升格或建置的决定及其政治过程是一个值得考察的重要问题。像这样将许多政治史、社会史的问题在空间上联系起来，进行综合考察及检讨，能够获得许多启发，也是笔者致力于地理样态的可视化及其分析的主要理由。至于本文中浓厚的实验色彩，敬请各位指正。

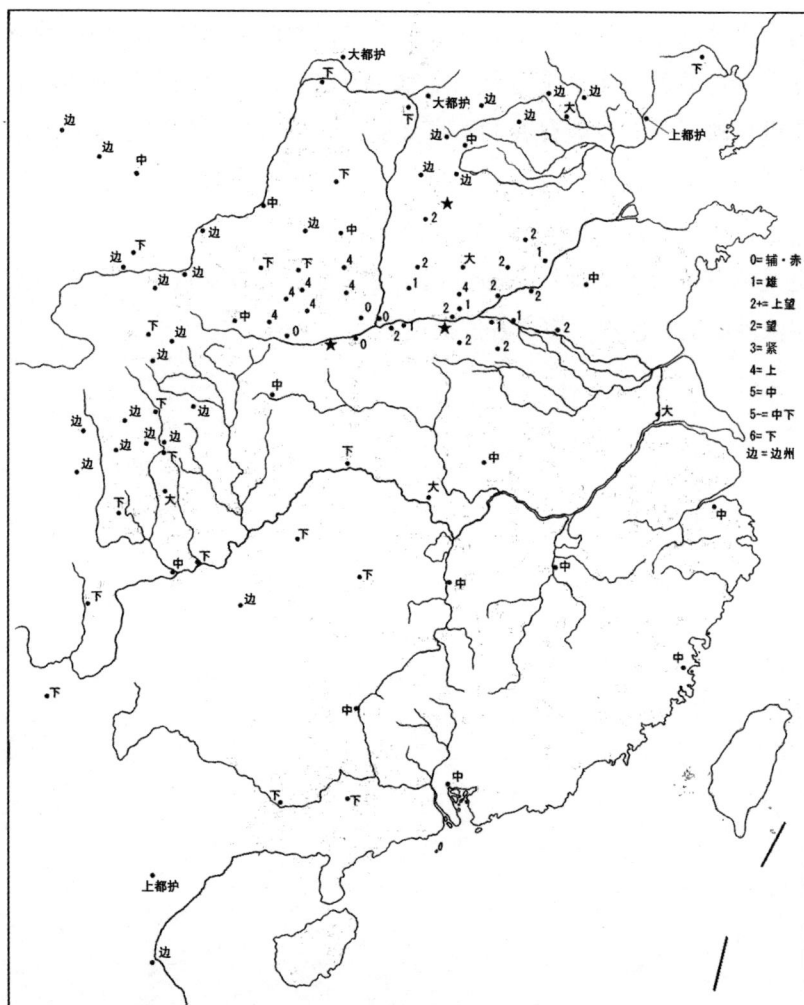

图1 《唐六典》的州层级

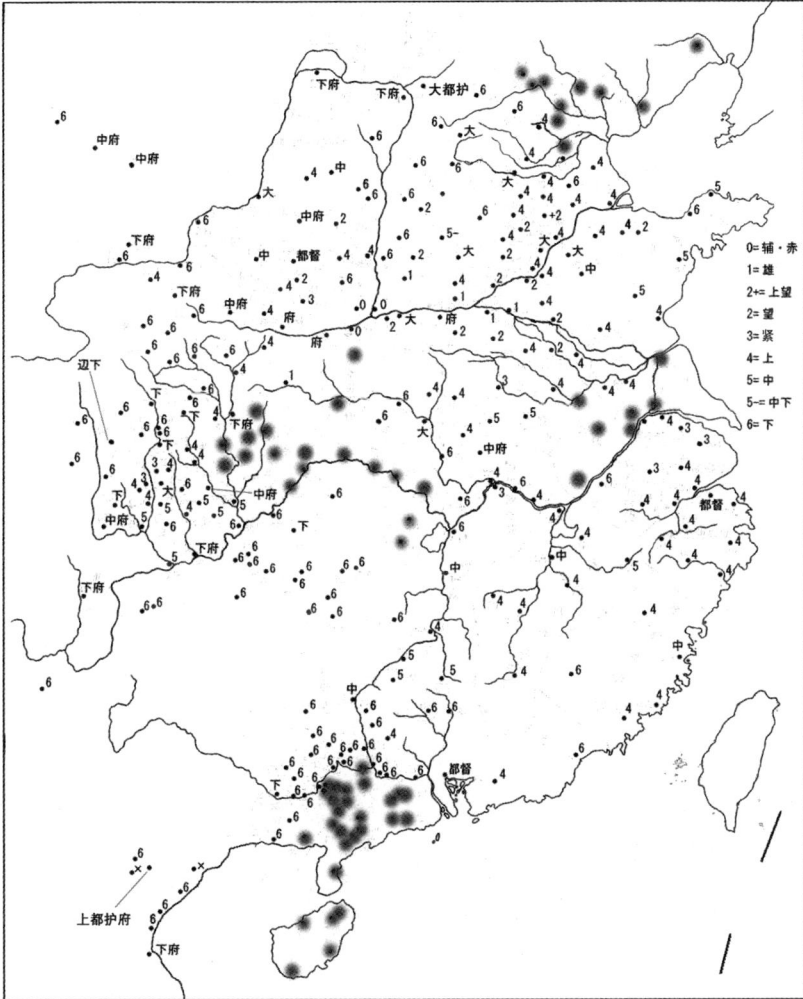

图 2 《元和郡县志》的州层级（河北、山南、淮南、岭南的一部分史料有缺）

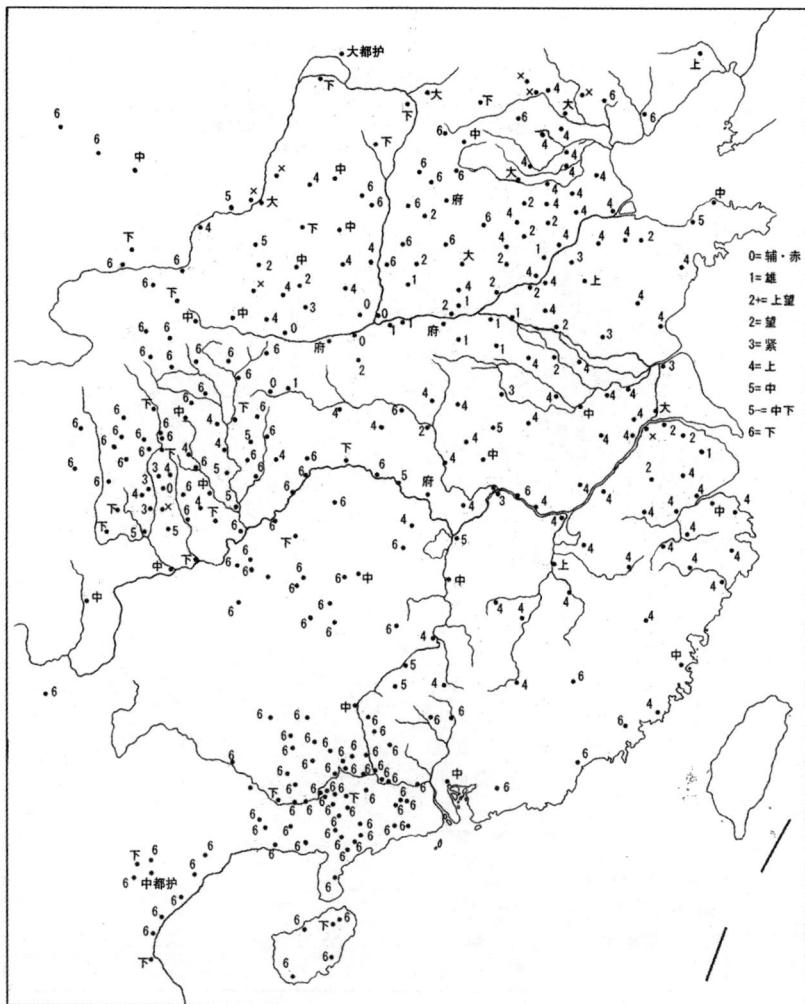

图3 《新唐书》的州层级

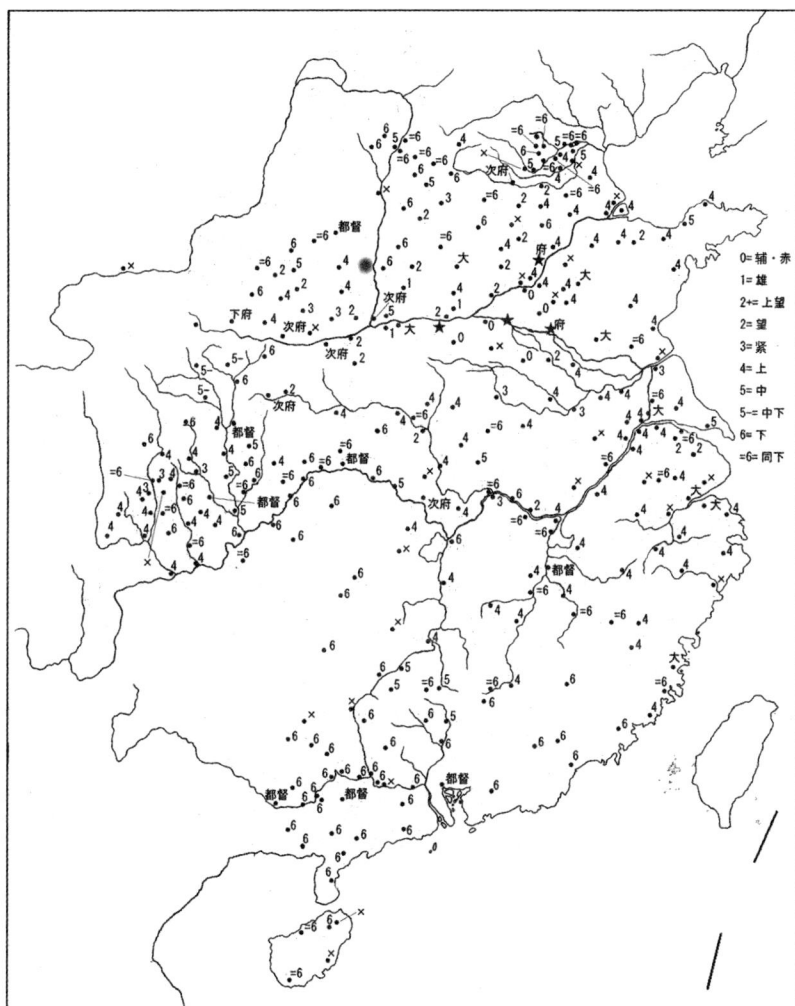

图 4　《宋史》的州层级（北宋初的真宗朝）

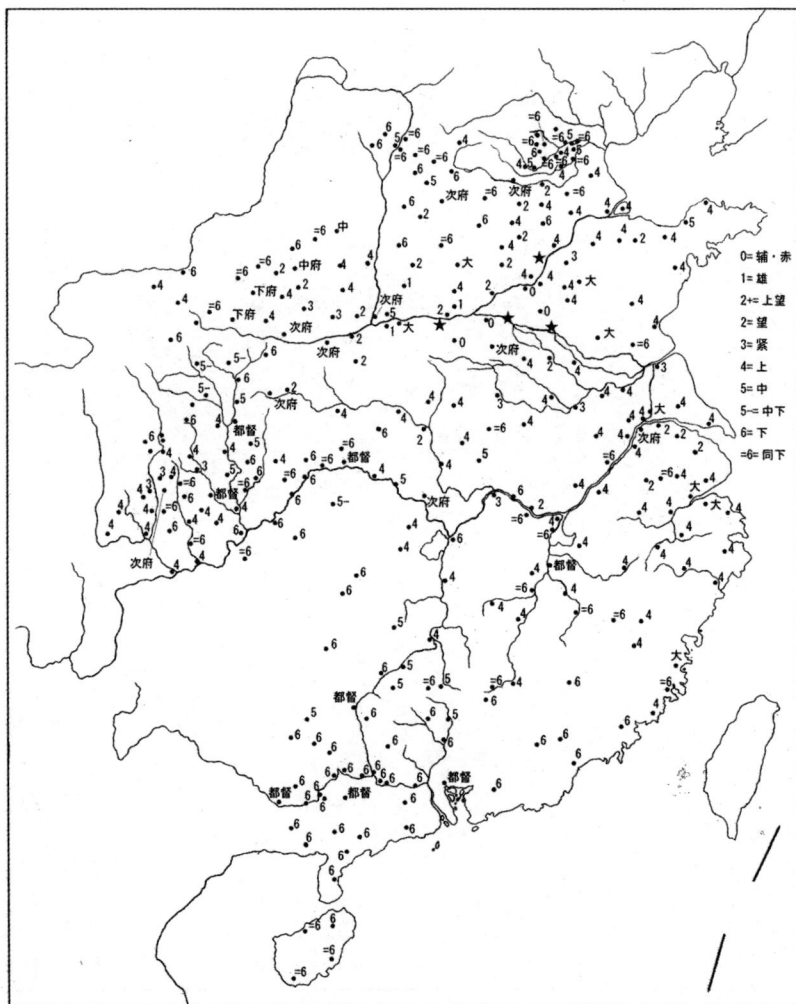

图 5 《元丰九域志》的州层级

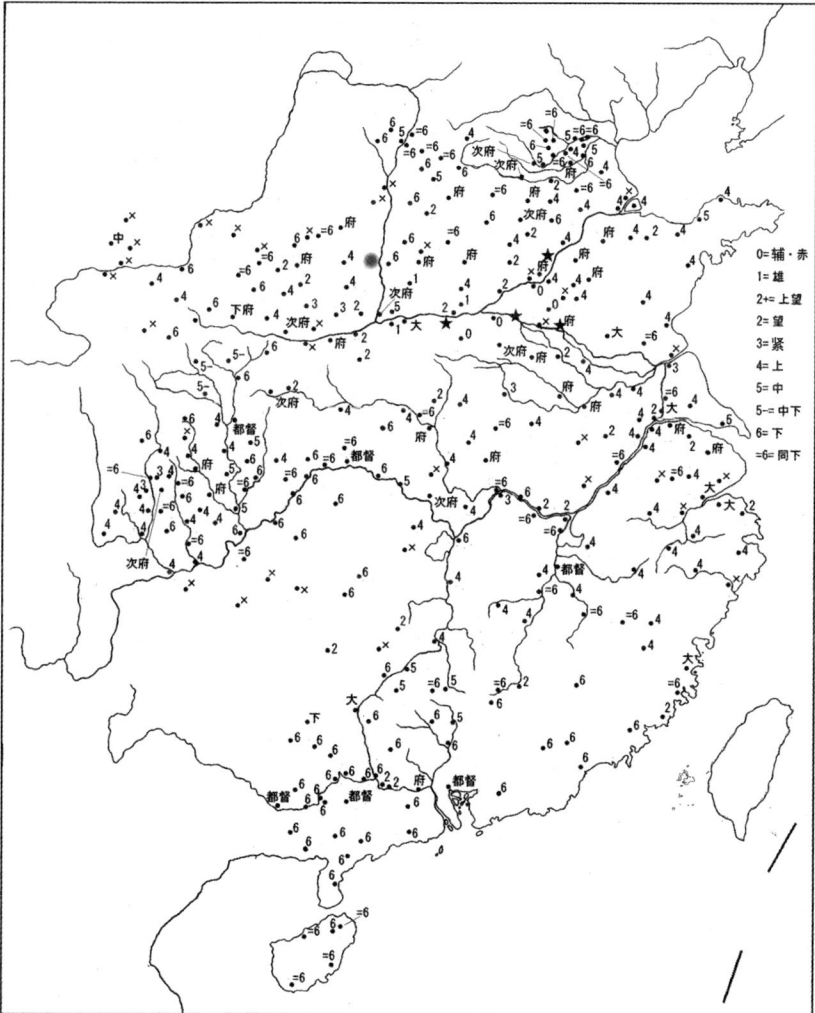

图6 《宋史》的州层级（北宋末）

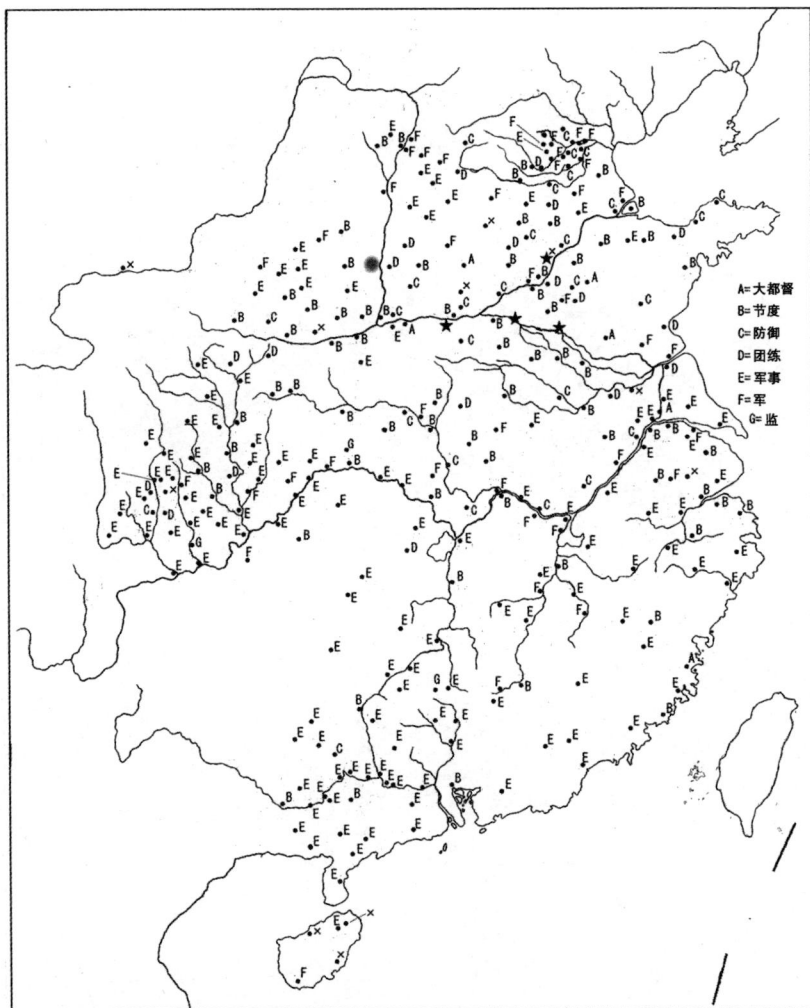

图 7 《宋史》的州层级（北宋初真宗朝　节度、防御州）

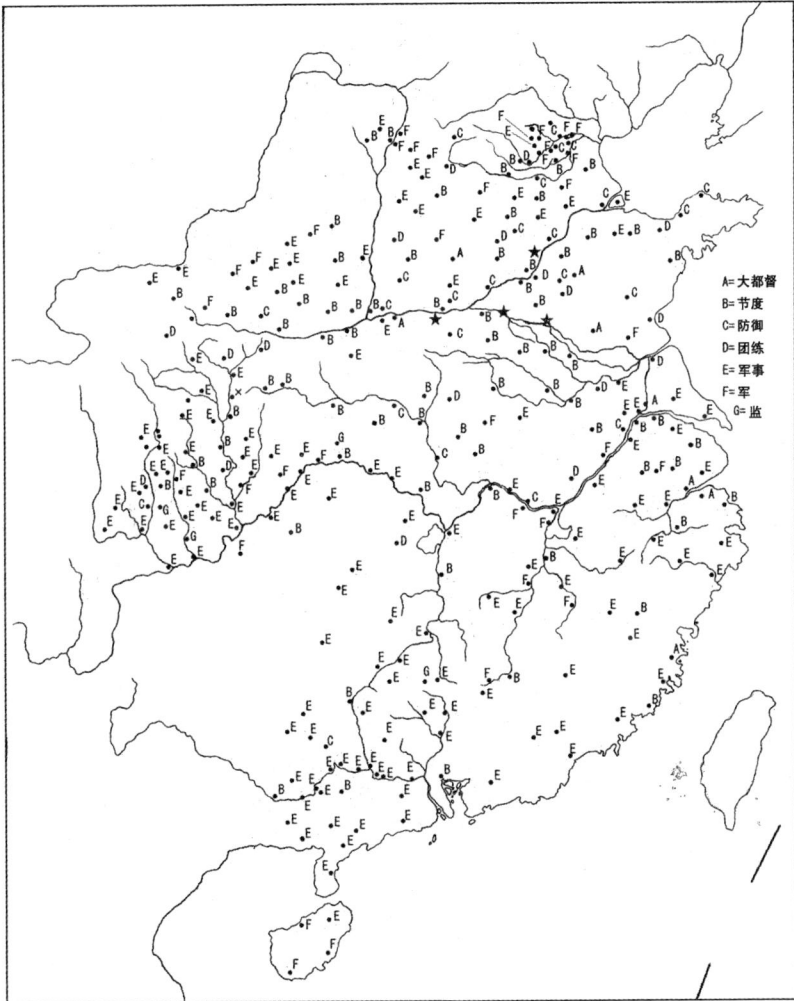

图 8 《元丰九域志》的州层级（节度、防御州）

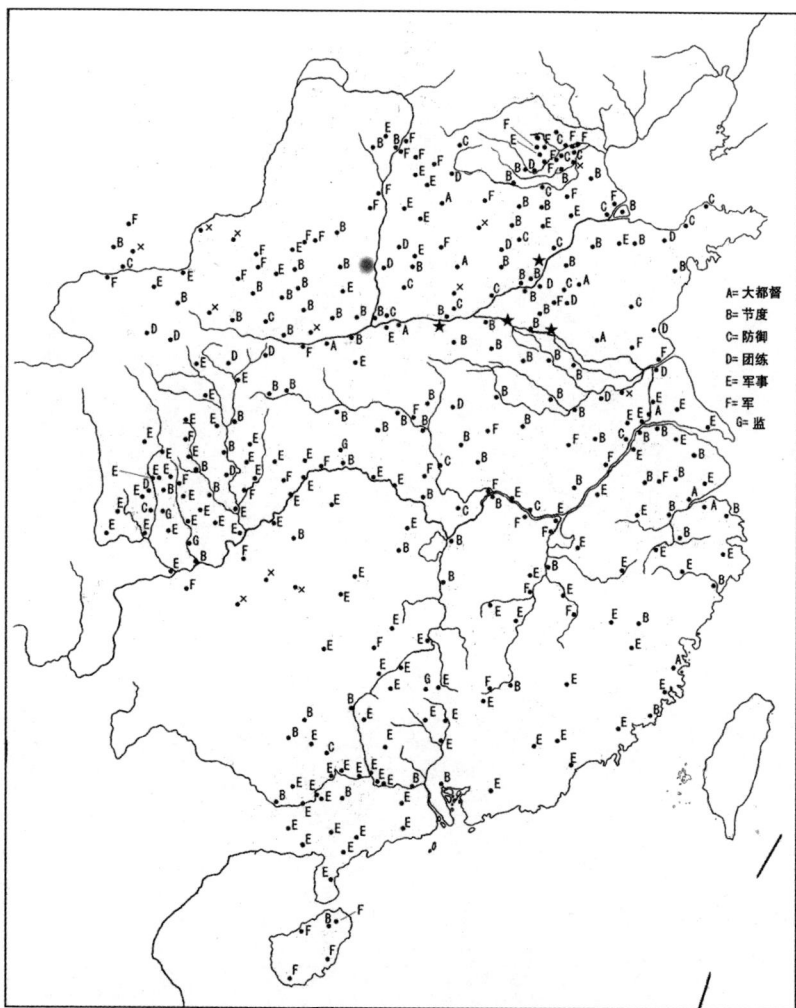

图 9 《宋史》的州层级（北宋末　节度、防御州）

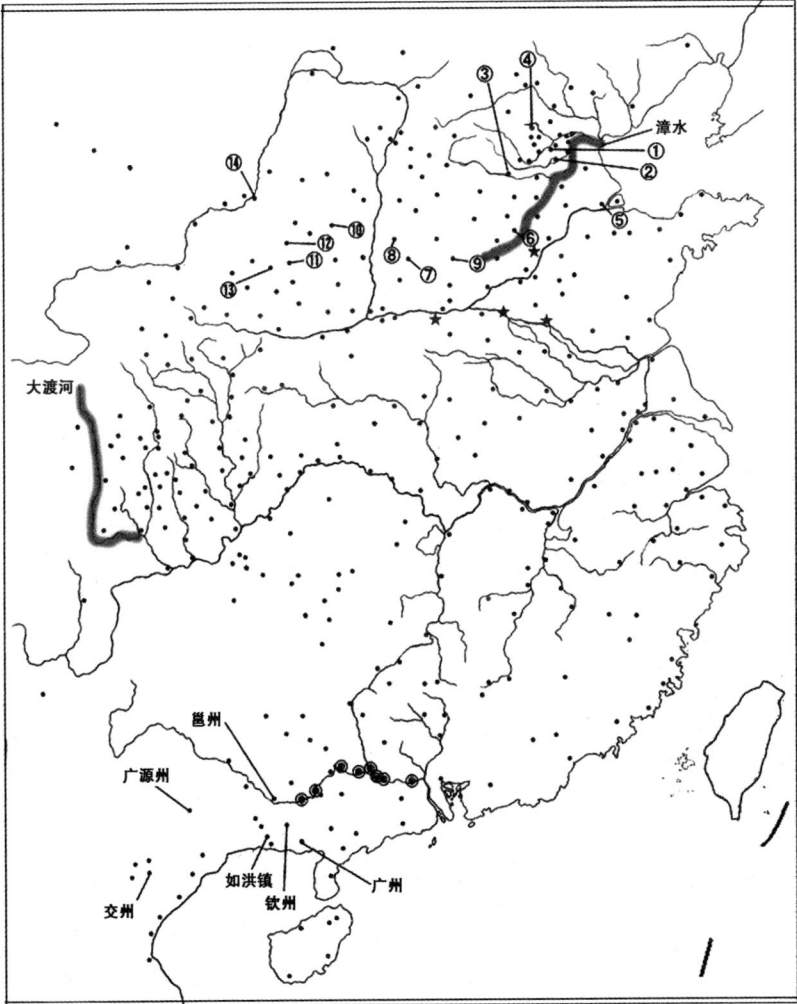

图 10　北宋的北方、南方境域

北宋时期的鄂尔多斯地区及其军事意义

伊藤一马

序　言

　　鄂尔多斯一般是指被横山山脉截断其南缘部分的黄河几字弯部分内侧（称为"河曲""河套"等），但是本文为了方便，将鄂尔多斯设想为更辽阔的地区，西至银川、东至太原、北至阴山山脉南麓、南面超越横山山脉直至黄土高原。此"鄂尔多斯地区"跨越北纬30～40度，包含以带状延展横跨亚欧大陆东西两侧的"农牧交错带"，也是一处能够混合进行农耕、畜牧及游牧的地区。近年来人们关注到了当时农牧交错带所具有的历史意义，也即在此农牧交错带积聚起势力的部落通过向北方或南方进驻和扩张，逐渐对历史造成了巨大的影响。[①] 毋庸置疑，这股势力的基础就是军事力量，换言

---

① 关于农牧交错带，参见：石見清裕『ラティモアの辺境論と漢～唐間の中国北辺』，唐代史研究会编『東アジア史における国家と地域』，刀水書房，1999 年；妹尾達彦『長安の都市計画』，講談社，2001 年；森安孝夫『シルクロードと唐帝国』，講談社，2007 年；森安孝夫「ウイグルから見た安史の乱」，森安孝夫『東西ウイグルと中央ユーラシア』，名古屋大学出版会，2015 年，第 2 ～ 48 页。此外，"农牧交错带"来自森安孝夫『シルクロードと唐帝国』中的称呼，日文汉字书写为"农牧接壤地带"，另外还有石見清裕『ラティモアの辺境論と汉～唐间の中国北边』使用"保留地（Reservoir）"、"带状地带"，妹尾達彦《长安的都市计划》"农业＝畜牧边界地带"等称呼。关于围绕农牧交错带的研究情况，铃木宏节（转下页）

之，可以理解为农牧交错带曾作为军事力量的供应来源发挥着作用。

关于农牧交错带的具体情况，在隋唐五代史、中央亚欧大陆史或粟特研究中均有过深入探讨，可以说通过这些研究成果，该地带的历史意义已被广泛认可。此外，在亚欧大陆东部，以往农牧交错带容易被人理解为"中国"的"边境"或"塞外"，通过重新探讨该地带的历史意义，也可促使我们由新的角度去思考这样的问题："中国史"多种发展的可能性，或者可以基于亚欧大陆东部或世界史的角度去理解。另一方面，农牧交错带的实际情况，不仅要从通史角度或广义角度去考察，也有必要着眼于地域差异及时代差异，对个案进行剖析。这意味着，我们要有一个基于农牧交错带深层次的共通本质去具体探讨其地域性或时代性特征的积累过程。

本文限定于北宋时期（960～1127年），以北宋作为当时亚欧大陆形势的中心，探讨鄂尔多斯地区对宋而言具有何种意义。

960年建国的北宋实现了唐末以来处于分裂动乱状态的"China Proper"的重新统一，同时面临着一个全新的课题，就是要处理因9世纪以来亚欧大陆东部形势变化而逐渐形成的与前朝大相径庭的国际局势。

也就是说，在太宗太平兴国四年（979）五月合并北汉，实现"中国"重新统一后，宋除了与北方契丹（辽）不可避免的正式军事冲突之外，与西北党项、南方大越（越南北部／前黎朝）之间也相继发生军事冲突，围绕北宋的军事及外交局势迅速变得紧张起来。① 而北宋与契丹之间订立的澶渊之盟象征着这一紧张状态在11

（接上页）进行了整理。参见铃木宏節「唐代漠南における突厥可汗国の復興と展開」，『東洋史研究』第71巻第1号，2011年。

① 北宋与契丹之间曾经频繁发生过军事冲突，其中有太平兴国四年六月北宋进攻契丹的北伐以及雍熙三年（986）的"雍熙北伐"，另一方面，雍熙三年冬及端拱元年（988）契丹也曾大规模进攻北宋。此外，占据鄂尔多斯地区的党项李氏领袖李继迁于太平兴国七年（982）举反旗叛离北宋后，围绕夏州、灵州、银州等鄂尔多斯各地与北宋反复开展攻防战。而对于唐灭亡后实现"独立"的大越，宋太宗则于太平兴国五年（980）趁（转下页）

世纪初期，即真宗景德年间（1004～1007 年）得到了缓和 ①，在亚欧大陆东部也称之为"澶渊体制"、"盟约时代"、"盟誓体制"等，由此出现了多国并存的国际形势。②

（接上页）其政治混乱之机派遣远征军企图将之直接支配。关于契丹邦交，参见：田村实造『中国征服王朝の研究』上，東洋史研究会，1964 年；程光裕《宋太宗对辽战争考》，台北：（台湾）商务印书馆，1972 年；廖隆盛《国策、贸易、战争：北宋与辽夏关系研究》，台北：万卷楼图书股份有限公司，2002 年；陶晋生《宋辽关系史研究》，北京：中华书局，2008年；曾瑞龙《经略幽燕：宋辽战争军事灾难的战略分析》，香港：香港中文大学出版社，2003 年。关于党项邦交，参见：岡崎精郎『タングート古代史研究』，東洋史研究会，1972 年；吴天墀《西夏史稿》，桂林：广西师范大学出版社，2006 年；李华瑞《宋夏关系史》，石家庄：河北人民出版社，1998 年。关于大越邦交，参见：山本達郎「安南が独立国を形成したる過程の研究」，『東洋文化研究所紀要』第 1 号，1943 年；杉本直治郎「五代宋初に於ける安南の土豪呉氏に就いて：安南の独立に関する一見解」，杉本直治郎『東南アジア史研究』Ⅰ，日本学術振興会，1956 年，第43～91 页；河原正博『漢民族華南発展史研究』，吉川弘文館，1984 年；桃木至朗『中世大越国家の成立と変容』，大阪大学出版会，2011 年等。

① 景德元年正月，李继迁对凉州（西凉府）潘罗支政权发动攻击，遭遇反击而战死，其继承人李德明于景德三年（1006）变换方针，与北宋签订和约。此外，北宋远征大越后，曾持续内乱的前黎朝亦结束了内乱，派遣使者前往北宋进贡，接受北宋的册封。

② 近年来有众多围绕此类国际形势的研究见刊，此处暂列举如下：古松崇志「契丹・宋間の澶淵体制における国境」，『史林』第 90 巻第 1 号，2007年；古松崇志「10～13 世紀多国並存時代のユーラシア（Eurasia）東方における国際関係」，『中国史学』第 21 巻，2011 年；毛利英介「1099 年における宋夏元符和議と遼宋事前交渉：遼宋並存期における国際秩序の研究」，『東方学報』第 82 号，2008 年；井黑忍「金初の外交史料に見るユーラシア東方の国際関係：『大金弔伐録』の検討を中心に」，荒川慎太郎、高井康典行、渡辺健哉編『遼金西夏研究の現在』第 3 巻，東京外国語大学アジアアフリカ言語文化研究所，2010 年；井黑忍「受書礼に見る十二～十三世紀ユーラシア東方の国際秩序」，平田茂樹、遠藤隆俊編『外交史料から十～十四世紀を探る』，汲古書院，2013 年；金成奎著、洪性珉译「誓書：10—13 世紀東アジアの安全保障策」，『史滴』第 37 号，2015年；山崎覚士「帝国の中世：中華帝国論のはざま」，渡辺信一郎、西村成雄編『中国の国家体制をどうみるか：伝統と近代』，汲古書院，2017 年。

　　只是，真宗时期之后，契丹的军事力量仍旧是北宋的长期威胁，与党项（后建立西夏）、越南之间也时和时战。与这三股势力对峙的地区作为要害之地在军事上受到重视，必须进行军事体制整备。与契丹、党项（西夏）、大越三方势力之间的这种军事及外交紧张状态断续发生，如何应对这种局势是贯穿整个北宋的重要课题，同时也可以说对宋的各项政策均造成了重大影响。①

　　但是，在北宋与契丹之间缔结澶渊之盟后，北宋的军事重心逐渐转移至西北地区，即对党项的前线地区。这意味着，在与契丹关系比较稳定的另一方面，北宋与党项之间却面临着频繁的军事外交谈判，例如签订 6 次和议等。尤其是，以 11 世纪中叶李元昊一手操控的西夏建国及宋夏战争爆发为契机，北宋的军事重心可以说完全转移到对党项、西夏的前沿地区。而这一前沿地区正是鄂尔多斯地区。

　　北宋时期的鄂尔多斯地区，既是对西夏前沿、宋夏交争地带，同时也是"汉蕃共处"地区，在这一区域，广泛分布着被称为"蕃部"的党项人及吐蕃人等非汉族人群。杂居于鄂尔多斯地区的各种蕃部，是北宋与西夏关系中经常引致纷争的原因，也和军事外交紧张及冲突有着很大的关系，其中作为军事力供应来源的蕃兵是引发争端的最重要因素。换句话说，围绕鄂尔多斯地区蕃部的各项问题，具有左右宋夏关系及军事冲突趋势的影响力，双方曾为之激烈相争。对于中原王朝而言，如何控制农牧交错带，可以说是与自身存亡息息相关的问题，以北宋的处境为例，如何控制鄂尔多斯地区的蕃部这一问题是当时的重要课题。

---

① 军事形势对财政政策的影响尤其重大，军事费用占据整个宋朝财政支出的 8 成，有时甚至是 9 成，堪称"战时财政"，可以说宋朝的财政政策几乎是为了筹备军事费用而制订的。参见：曾我部静雄『宋代财政史』，生活社，1941 年；汪圣铎《两宋财政史》上下，北京：中华书局，1995 年；古松崇志「宋遼金～元：北方からの衝撃と経済重心の南遷（10～14 世纪）」，冈本隆司编『中国经济史』，名古屋大学出版会，2013 年。

关于北宋时期鄂尔多斯地区的蕃部及蕃兵，或者北宋和西夏关系的推移变化，北宋的地方统治体制及军事体制等，历来已经积累了众多研究。但是，这些研究主要是在北宋和西夏的关系之中展开论述。而本文则希望主要基于北宋一方的视角进行论述，并探讨北宋时期鄂尔多斯地区的历史意义与当时北宋面临的亚欧大陆东部形势之间的联系。

一、北宋对西夏局势的应对与鄂尔多斯地区

太平兴国七年，李继迁独立并开始反宋斗争之后，北宋与党项、西夏基本处于冲突与和平交替反复的"一战一和"关系。发生军事冲突之后，无一例外地会进行议和，议和次数共有七次（其中六次和解成功）。[①]

从宋夏之间这种时和时战的关系可以明显看出，相比缔结澶渊之盟让契丹—北宋两国获得了约 120 年的长期稳定，北宋—党项、西夏关系却从未因议和而稳定过。因此，北宋在国家政策方面也逐渐加大了对西夏的军事、外交政策的重视程度，随着西夏局势的推移，相当于宋夏前线的鄂尔多斯地区的统治体制、军事体制的构建、完善、改组也不断推进。

以下将就北宋—西夏关系的推移和鄂尔多斯地区的统治体制、军事体制的变迁进行概述。[②]

① 太宗时期、真宗时期（10 世纪 80 年代～ 11 世纪初期）：李继迁独立～李继迁战死

针对太平兴国七年李继迁的独立，北宋组织了临时征讨军"行

---

① 金成奎『宋代の西北問題と異民族政策』，汲古書院，2000 年。

② 关于北宋—西夏关系的推移，参见：岡崎精郎『タングート古代史研究』，東洋史研究会，1972 年；中嶋敏「西夏に於ける政局の推移と文化」，中嶋敏『東洋史学論集：宋代史研究とその周辺』，汲古書院，1988 年，第 399 ～ 423 页；李华瑞《宋夏关系史》，1998 年；金成奎『宋代の西北問題と異民族政策』。

营"尝试对其进行讨伐,但经过多次军事行动仍讨伐未果,不仅如此,夏州、灵州、银州、盐州等鄂尔多斯地区各地相继沦陷。其后,便产生了防备李继迁的必要性,在各地形成了"都部署体制",由都部署率领行营的军队常驻于要地。①

　　之后在景德元年,李继迁在对西凉府(凉州)潘罗支政权发动攻击时战死,其继承人李德明选择与北宋议和,并采用了向西方扩张的路线,从而逐渐缓和了双方的紧张状态。

　　② 仁宗时期(11 世纪前半叶):李元昊建国、宋夏战争爆发~庆历和议(1044)

　　宝元元年(1038)以李元昊建立西夏(大夏)以及向北宋进攻为契机,宋夏战争爆发,北宋惨遭大败且损失惨重,于是着手重新构建真正的西夏策略与军事体制。由此,将以往大范围划分的"路"进行了细化,设置文臣经略安抚使统辖军事的"军事路(经略安抚使路)"。因此,虽然过程几经波折,但是最终确立了"经略安抚使体制",经略安抚使兼任都部署甚至是军事路治所府州的知府、知州,在民政、军事两方面拥有强大权限。该经略安抚使体制成为此后鄂尔多斯地区统治体制、军事体制的基础,一直被沿用至南宋初。②

　　③ 神宗时期(11 世纪后半叶):对西夏的积极进取政策、经略熙河、灵州永乐城之战

　　由于宋神宗对西夏采取积极进取的战略意向,西夏战线的军事

---

① 关于行营和都部署关系、都部署体制,参见:陈峰《都部署与武将地位的变迁》,《安徽师范大学学报(人文社会科学版)》第 29 卷第 3 期,2001年;陈峰《北宋武将群体与相关问题研究》,北京:中华书局,2004 年;赵冬梅《北宋前期地方统兵体制研究》,《文史》2004 年第 3 期;赵冬梅《文武之间:北宋武选官研究》,北京:北京大学出版社,2010 年;张邦炜、杜桂英《五代北宋前期都部署问题探讨》,朱瑞熙等主编《宋史研究论文集》第 11 辑,成都:巴蜀社,2006 年。

② 关于经略安抚使体制,详见:李昌宪《宋代安抚使制度》,收入氏著《宋代安抚使考》,济南:齐鲁书社,1997 年;渡辺久「北宋の経略安撫使」,『東洋史研究』第 57 卷第 4 号,1999 年。

局势变得愈发紧张。宋神宗即位后不久，以北宋夺取西夏绥州的"绥州事件"为契机，双方爆发了大规模的军事冲突。其后，宋夏关系通过熙宁和议得到了暂时的稳定，北宋向河湟地方的青唐吐蕃采取了军事行动（经略熙河）。经略熙河结束后施行将兵法，重编军事体制。该将兵法可在仁宗时期看到其原型，在各军事路编制的多个数千人到1万人规模的军事单位"将"，逐渐成为军事行动、军事体制的核心。①

进入神宗元丰年间，西夏政局混乱，北宋趁机反复进攻西夏领土，但旨在夺取灵州的五路进攻战及永乐城之战，皆以失败告终，不久宋神宗驾崩，宋夏对抗也暂告一段落。

④ 哲宗时期（11世纪末期～12世纪初期）：推行"开边战略"、"进筑战略"领土扩张政策

宋哲宗即位之初由宣仁太后施行垂帘听政，对外采取消极的方针，例如将在神宗时期夺取的土地归还西夏等。而进入宋哲宗亲政的绍圣年间，转而推行了被称为"开边战略"的领土扩张政策。该开边战略是通过"进筑战略"推进的。即首先修筑堡寨，然后驻扎部队于其中，再将该地作为桥头堡进行"领土化"。② 此时，在新夺

---

① 关于将兵法，参见：罗球庆《北宋兵制研究》，《新亚学报》第3卷第1号，1957年；王曾瑜《宋朝军制初探（增订本）》，北京：中华书局，2011年；张德宗《北宋的禁兵制度》，中州书画社编《宋史论集》，郑州：中州书画社，1983年，第202～215页；金成奎『宋代の西北問題と異民族政策』；與座良一「熙豊年間の軍制改革：保甲法と将兵法を中心として」，『鷹陵史学』第35号，2009年；與座良一「北宋の将兵法について」，『東洋学報』第91卷第3号，2009年；與座良一「北宋期、陝西における将兵法について」，『鷹陵史学』第36号，2010年。此外，在伊藤一馬「北宋における将兵制成立と陝西地域：对外情勢をめぐって」(『史学雑誌』第120編第6号，2011年）一文中也有论述。

② 关于开边战略和进筑战略，参见：李蔚《宋夏横山之争论述》，收入氏著《西夏史研究》，银川：宁夏人民出版社，1989年；李华瑞《宋夏关系史》；曾瑞龙《拓边西北：北宋中后期对夏战争研究》，香港：中华书局（香港）有限公司，2006年。

取的领土中将堡寨作为据点新设"将","将"的指挥官（即将官）兼任知州和知军，不仅与军事，还与民政息息相关，"将"实际上也肩负着军政机关的作用。①

⑤ **徽宗时期、钦宗时期（12世纪前期）：领土扩张政策～西夏、金的侵略、北宋灭亡**

徽宗时期继承了哲宗时期的战略，也继续推行领土扩张政策。当金（女真）从契丹的东北方发展起来时，北宋便联合金夹击契丹，导致契丹灭亡，但之后却对金不断背信弃义，招致金两次讨伐北宋（即南伐）。靖康元年（1126）开封沦陷，次年徽宗、钦宗被押解北上（即靖康之耻），北宋灭亡。② 在这个时期，西夏军响应金的行动，对陕西地区进行侵略占领，北宋对西夏前线展开的军事力量被拆分应付开封救援以及陕西防御，艰难地保住了陕西地区的领土，南宋建立后还立即恢复了与中央政府的合作，尝试重整军备，重新摸索对抗金和西夏的策略。③

在这样推移、变迁的北宋—西夏关系以及鄂尔多斯地区的形势中，分布于以上地区的蕃部扮演了怎样的角色？

二、北宋对西夏局势中的蕃部

（一）北宋时期鄂尔多斯地区的蕃部

在北宋时期的鄂尔多斯地区，也就是北宋对西夏的前线地区，散居着一些隶属于党项、吐蕃的各个部落，被统称为蕃部。关于他们，淳化五年（994）宋琪如此描述：

① 伊藤一馬「北宋陝西地域の将兵制と地方統治体制」，『待兼山論叢』史学篇第46号，2012年。
② 关于金的兴起与契丹的灭亡，还有金南伐及北宋灭亡的经过等，详见：外山軍治『金朝史研究』，東洋史研究会，1964年；赵永春《金宋关系史》，北京：人民出版社，2005年等。
③ 伊藤一馬「南宋成立期の中央政府と陝西地域:〈宋西北辺境軍政文書〉所見の赦書をめぐって」，『東方学』第123輯，2012年。

臣顷任延州节度（夷）〔使〕判官，经涉五年，虽未尝躬造（夷）〔蕃〕落，然常令蕃落将和断公事，岁无虚月，戎夷之事，熟于闻听。大约党项、吐蕃，风俗相类，其帐族有生熟户，接连汉界，入州城者谓之熟户，居深山僻远，横遏寇略者谓之生户 ①。

根据这些描述，当时将临近北宋领土散居之部落民称为熟户，而居住在远离北宋领土的山区之部落民称为生户。除此之外，有关熟户、生户的区别，《宋史》卷四九二《吐蕃传》记载"各有首领，内属者谓之熟户，余谓之生户"，《宋史》卷一九一《兵志五·乡兵二》记载"西北边羌戎，种落不相统一，保塞者谓之熟户，余谓之生户"，《武经总要·前集》卷十八《边防》记载"今之夷人内附者，吐蕃党项之族，散居西北边，种落不相统一，款塞者谓之熟户，余谓之生户"等，可以看出，归属于北宋或与北宋有往来的部落被视作熟户，反之不归属于北宋，或与北宋没有交集、或反抗北宋的部落则被视作生户。此外，关于熟户和生户的定义虽然没有明确的标准，但从熟户也被称作属户或属羌这点上来看 ②，可以说在熟户和生户的区别上，是否归属于北宋这一点非常重要。③

关于这些蕃部或熟户分布有记载如下：

今灵、夏、绥、麟、府、环、庆、丰州、镇戎、天德、振武军并其族帐。④

自仪、渭、泾、原、环、庆及镇戎、秦州暨于灵、夏皆

---

① 李焘：《续资治通鉴长编》卷三十五"淳化五年正月"。

② 杜建录：《宋代属户试论》，《宁夏社会科学》1992年第1期。

③ 关于熟户、生户的定义和区别参见李埏《北宋西北少数民族地区的生熟户》，《思想战线》1992年第2期。

④ 《宋史》卷四九一《党项传》。

有之。①

等等可以看出，他们广泛地分布在鄂尔多斯地区。

有关这些蕃部、熟户的真实情况，许多学者已有论述，下文将基于这些论述进行确认。

首先，有关蕃部内属于北宋，也就是转变为熟户的过程和形式，主要可以分为"移居型"和"献地型"两种。移居型是部族首领率领族人离开原住地，移居到宋的领土上的一种形式，而献地型则是将原住地献给宋而依旧住在原处的形式。②此外，移居型是移居到北宋的军事设施堡寨附近，献地型则是要在献出的区域中修筑新的堡寨，无论哪一种都意味着蕃部、熟户被纳入北宋的堡寨管辖，进入以州县制为基础的统治体制之下。

其次，关于他们的谋生方式，献地型是留在自己的原住地，依然继续以耕作（即农耕）为生，移居型也会被分配到堡寨附近的荒地或弃地从而继续从事农耕。北宋也会相应地通过实施分配田地、免除赋税、向其出借耕牛等政策，鼓励他们进行农耕。③而另一方面，熟户还会从事畜牧业。例如，淳化五年四月，有八千多户来自自银州、夏州的生户归附府州之际，如记载中"录其马牛羊万计"所描述的那样，他们是带着大量的家畜。而在内属后的熟户之间发生纠纷时，也存在有让他们依据"本俗法"（即习俗）上缴羊等家畜作为惩罚的规定。④或者如后文所述那样，蕃部、熟户中也有很多人接受配田，成为北宋的弓箭手，这时如果主动放弃马匹，则可分配到更多的土地。⑤并且可得知，北宋还设法从熟户手中获得军马。

① 《宋史》卷四九二《吐蕃传》。
② 金成奎『宋代の西北問題と異民族政策』。
③ 杜建录：《宋代属户试论》，《宁夏社会科学》1992 年第 1 期。
④ 岛田正郎『北方ユーラシア法系の研究』，創文社，1981 年；金成奎『宋代の西北問題と異民族政策』。
⑤ 关于弓箭手，参见小笠原正治「宋代弓箭手の研究（前篇）」，『東洋史学論集』第 2 卷，1954 年。

> （神宗元丰三年）十月一日，环庆路经略司奏，已令诸将、
> 蕃官等劝诱属户养马。诏：诸部族所买马，委诸将按验。及格
> 堪披带者，每匹于抚养库给赏绢五匹，更不支银楪，其鄜延、
> 秦凤、泾原路准此。①

再次，熟户的统治和管理方面，由上文可以看出，通过将他们安置在堡寨周边，或者在献出的区域修建新的堡寨，由堡寨对其进行管辖。在这个基础上形成、维持部落集团，授予其首领官职——蕃官，允许其依本俗法处理纠纷，获得"自治"。另一方面，他们与北宋有"协约"，有战事时从熟户调动蕃兵，成为北宋军事力量的一部分。

散居在北宋—西夏边境地带，即鄂尔多斯地区的蕃部，正是宋夏双方中间存在的"灰色地带"，也是宋夏关系中各种问题的焦点。北宋修筑堡寨以及熟户向堡寨附近移居毋庸置疑是该地区的"领土化"的可见形式，与宋夏议和时最重要的国境问题息息相关。同时，在与西夏对峙的最前线，北宋通过安置熟户的手段，实施所谓"以夷制夷"的政策，试图让熟户发挥"堤坝"作用，防止西夏军入侵。而且蕃部不仅对于北宋，对于西夏来说也是直接左右宋夏局势的军事力量，它是蕃兵的来源，对于他们的归附和招徕，归根结底可以看作是相互争夺军事资源的结果。

但是，蕃部、熟户也被认为"向背不常"，他们的动向随着北宋—西夏局势的推移也在不断地变化。正因为如此，北宋不光要将蕃部熟户化，还必须稳定地管理、统治他们。换句话说，对北宋而言，蕃部的熟户化和将其纳入统治体制具有消除"灰色地带"、确保防线和军事力量、增强对西夏优势之意义。

---

① 徐松辑：《宋会要辑稿·兵》二四之二一《马政六》"神宗元丰三年十月一日"。

（二）对西夏战略中的蕃部

那么，宋夏边境的这些蕃部在北宋对西夏局势中具体起到了怎样的作用？

仁宗朝宋夏战争期间，在北宋对西夏前线即鄂尔多斯地区，正式展开对西夏战略及军事体制的重组。

宝元元年，李元昊建国西夏并即帝位，进一步向北宋领土发动侵略，宋夏战争爆发。在初期，北宋遭遇金明寨沦陷、三川口大败、延州城被围等重大损失，陕西地区陷入全面动荡。之后，为了构建对西夏战略以及重编、整顿军事体制，韩琦、范仲淹等人被派往陕西地区。在这样的情况下，陕西地区确立起经略安抚使体制，对西夏战略及防御体系的基础得到完善，并维持到北宋末期。

韩琦、范仲淹在陕西地区施行了许多政策，被称为仁宗期支撑对西夏战线的重要人物。其中范仲淹由于修筑堡寨、组织熟户、修建青涧城等而功绩居首。① 范仲淹等人在重建军备时，首先分析了失败原因以图解决一直以来军事体制中存在的问题。体制上的问题可以总结为：没有负责人从而导致训练不彻底；部署、钤辖等将官权限类似，导致命令体系混乱；不考虑西夏军数量的多少而出兵迎战，欠缺战术。② 为解决这些问题而实行了"将"的编制。这也关系到之后神宗期的将兵法，因此这可以说是在对西夏前线地区的军事体制、防御战略的核心部分。

范仲淹编制的"将"由 3000 名士兵组成，这些"将"又由都监所统率，通过"将"的编制使得训练更彻底，且士兵与指挥官的关系也更密切。③ 此外，也尝试着根据西夏军兵力相应地派出适当数量的"将"去迎战，使命令体系和指挥权的归属明确化等。④ 范仲

---

① 竺沙雅章『范仲淹』，白帝社，1995 年。
② 伊藤一馬「北宋における将兵制成立と陝西地域」。
③ 王曾瑜：《宋朝军制初探（增订本）》，2011 年。
④ 伊藤一馬「北宋における将兵制成立と陝西地域」。

淹将延州兵分为六将，这点广为人知，之后该方法在陕西四路全区被广泛采用。①

关于包括"将"的运用在内的对西夏战略，张亢的意见极具参考价值，其对范仲淹的构想也产生了极大的影响：

> 又比来主将与军伍移易不定，人马强弱，品配未均。今泾原正兵五万，弓箭手二万，鄜延正兵不减六七万，若能预为团结，明定节制，迭为应援，以逸待劳，则乌合饥馁之众，岂能窥我深浅乎？请下韩琦、范仲淹分按逐路，以马步军八千以上至万人，择才位兼高者为总领。其下分为三将，一为前锋，一为策前锋，一为后阵。每将以使臣、忠佐两三人分屯要害之地，若贼小入则一将出，大入则大将出。
>
> 又量贼数多少，使邻路出兵而应接之，此所谓常山蛇势也。今万人以上为一大将，一路又有主帅。延州领三大将，鄜州一大将，保安军及西路巡检、德靖寨共为一大将，则鄜延路兵五万人矣。原、渭州、镇戎军各一将，渭州山外及瓦亭各一将，则泾原路五万人矣。弓箭手、熟户不在焉。昨延州之败，盖由诸将自守，不相为援。请令边臣预定其法，贼寇某处则某将为先锋，某将出某处为奇兵，某将出某处为声援，某城寨相近出敢死士某处设伏，都同巡检则各扼其要害。②

张亢也和范仲淹同样指出了军事体制的固有弊端，主张作为改善之策，应将一万人的兵力作为"大将"，其指挥官作为"主帅"，"大将"之下又分为三"将"，对于西夏军，各"将"分别担任前锋（先锋）、策前锋（奇兵）、后阵（后援）的职责，各部根据战局配合作战。

---

① 关于范仲淹编制的"将"，还参照了王曾瑜《宋朝军制初探（增订本）》；竺沙雅章『范仲淹』；渡辺久「北宋の経略安抚使」。

② 《续资治通鉴长编》卷一二八"康定元年七月癸亥"。

　　据此可以看出，仁宗朝宋夏战争中设计制定的对西夏战略，可以说是以防御战为前提。而作为应对西夏军入侵之策，预先估计西夏军的进军路线和兵力，驻扎各地的部队出兵迎击、分工配合至关重要。① 为了有效实施这些战略、战术，当然要准确地察知西夏军的进军路线和兵力，或发生在西夏领土之内的军事行动准备、征兆等，并且迅速将这些信息传达给有关各方。为了落实对西夏战略，完善收集、传递信息的手段和组织也是不可或缺的。

　　在北宋对西夏前线，为了探知、传达西夏军的动向，存在着烽燧（烽火台）、驿站传信、探马 / 探旗、刺事人 / 探事人（间谍）等各种各样收集、传递信息的手段。而收集回来的信息则会上报给堡寨等基层军事指挥官，再从这里依次上报给统辖一路军事的经略安抚使。也就是说，仁宗时期在陕西地区实行的军事体制"经略安抚使体制"，可以理解为依据以"将"的运用为核心来应对西夏军的战略、战术，将烽燧等基层的信息收集、传达组织，经由堡寨与路之后，连接至最高军事司令官经略安抚使的一种制度。

　　在仁宗时期的这种对西夏战略、军事体制下，对蕃部的首要要求便是军事力量，也即其作为蕃兵的作用。②

　　北宋被认为在开国之初便推行了各种中央集权政策，在军事方面也不例外。例如将禁军集中在开封、依据更戍法定期向地方派遣、更替部队等，通过这些方式实现军事力量的中央集权，防止权力远离中心。有关这类措施的推行时间、规模、彻底性等，还有许多地方值得商榷，但不管怎样，由于仁宗时期北宋驻泊、屯驻禁军实力弱化，在

① 对西夏军的这些基本战术，也以"扰击牵制之策"等形式被神宗期的将兵法继承下来。参见畑地正惠『宋代軍政史研究』，北九州中国书店，2012年；伊藤一馬「北宋における将兵制成立と陕西地域」。

② 关于蕃兵，参见：任树民《北宋西北边防军中的一支劲旅：蕃兵》，《西北民族研究》1993年第2期；顾吉辰《宋代蕃兵制度考述》，《中央民族学院学报》1988年第2期；安国楼《宋朝周边民族政策研究》，北京：文津出版社，1997年；江天健《北宋蕃兵》，《新竹师院学报》第8卷，1995年；金成奎『宋代の西北問題と異民族政策』。

宋夏前线，他们被常驻当地筹措军粮的就粮禁军所替代，就粮禁军以及本地乡兵、进行屯田的弓箭手等作为主要军事力量而备受期待。① 蕃兵最初也被归作乡兵的一种，后来逐渐被视为一个独立的类型，北宋对蕃兵抱有极高期望，并试图对其进行大规模且有组织的动员。

关于北宋蕃兵的发展，可以分为三个时期来考虑②，尤其在仁宗朝宋夏战争期间不断完善，到庆历年间（1041～1048年）在陕西四路甚至有超过十万蕃兵③。

关于仁宗时期这种争取蕃兵的现象，与过去针对单独部落的零散、个别的熟户化相比，可以看出已经产生一种以动员蕃兵为前提积极招抚熟户的明确意图。仁宗时期的宋夏战争期间，负责对西夏防御的范仲淹以积极招抚熟户和组织蕃兵而著称，他主张，在军事行动中禁军和蕃兵应当混合运用，对西夏军不应专以禁军，而应起用蕃兵和乡兵、弓箭手等当地的军事力量，可以看出，他对蕃兵有较高的期望和依赖④。而神宗时期推行将兵法，编制和命令体系相互分开的禁军和蕃兵，则被一起编入"将"，试图进一步有效运用蕃兵。北宋对蕃兵的依赖程度，从此愈发提高。⑤ 更甚者，哲宗时期、

---

① 小笠原正治「宋代弓箭手の研究（前篇）」；山本隆义「宋代に於ける民兵制について」，『香川大学学芸学部研究報告』第 1 卷第 3 号，年；程民生《略论宋代西北乡兵》，《晋阳学刊》1993 年第 6 期；小岩井弘光『宋代兵制史の研究』，汲古書院，1998 年。

② 江天健《北宋蕃兵》；安国楼《宋朝周边民族政策研究》；金成奎『宋代の西北問題と異民族政策』。

③ 《武经总要·前集》卷一八上"边防"中记载了陕西各路的熟户、蕃兵的数量，根据其记载，鄜延路有九大族 12700 人，环庆路有二百四十七族44000 人，泾原路有一百七十七族 13341 人，秦凤路有一百四十七族 35600人。参见江天健《北宋蕃兵》。

④ 江天健：《北宋蕃兵》。

⑤ 但是，也有人指出，将蕃兵编入禁军与汉兵使用同样的编制所存在在弊端，到底是"蕃汉合一"还是"蕃汉分离"，围绕这个问题在神宗时期之后有着激烈的争论，见金成奎『宋代の西北問題と異民族政策』。但是无论哪一种，毫无疑问其目的都是在于如何有效地运用蕃兵。

徽宗时期的领土扩张过程中，蕃兵还负责守卫北宋新获得的疆域，成为了不可或缺的存在。

此外，蕃部和熟户在北宋的对西夏战略中还负责"信息战"的一部分。可知的事例有：在收集、传递信息中起关键作用的烽燧，蕃部区域也有建造；熟户作为刺事人、探事人潜入西夏领土从事信息收集活动；还有起用他们做乡导（指路人）和通事（翻译）等。由这些事例，可以看出在北宋对西夏战略中他们担任着很重要的角色。[1]

此外，仁宗时期之后，对西夏前线本地出身的武人开始活跃，他们担任将官、知州、知军等负责维护军事体制、统治体制的事例开始增多，甚至还形成了种氏、姚氏、府州折氏等一连续几代武将辈出的家族——"将门"。[2] 此外，神宗时期之后，随着领土扩张政策的实施，通过招抚蕃部以及熟户化→在新获得的土地建造堡寨→经由新设立"将"而实现新土地的州县化（即领土化）的流程普及，在此同时，也逐渐出现了蕃部、熟户出身的将官和知州等。当然，究其被任用的背景，很可能是因为他们熟悉地理环境和"蕃情"，可以说他们在北宋的军事体制、统治体制中也已成为不可或缺的存在。

三、北宋军事局势中的鄂尔多斯地区

从上述当中可以看出，在北宋的对西夏前线地区——鄂尔多斯地区的军事体制、统治体制中，蕃部、熟户扮演了很重要的角色。

---

[1]　关于这种宋夏之间的信息战，参见：王福鑫《宋夏情报战初探：以元昊时期为中心》，《宁夏社会科学》2004 年第 5 期；黄纯艳《宋朝搜集境外信息的途径》，《北京大学学报》（哲学社会科学版）第 48 卷第 2 号，2011 年。

[2]　关于北宋时期的将门，除了可见于陈峰《北宋武将群体与相关问题研究》（北京：中华书局，2004 年），以及何冠环在《北宋武将研究》[香港：中华书局（香港）有限公司，2008 年] 一书中有概括性的论述以外，关于每个独立的将门，曾瑞龙《北宋种氏将门之形成》（北京：中华书局，2010 年）及何冠环《攀龙附凤：北宋潞州上党李氏外戚将门研究》[香港：中华书局（香港）有限公司，2013 年] 等著作，为比较典型的研究。

但是，如果围绕北宋的总体军事局势、对外局势来看，他们所发挥的作用并不仅限于对西夏局势中。如前所述，与契丹、西夏、大越三方势力在军事和外交上的紧张关系构成了北宋国际局势的基本构图，与这"三方"的紧张局势常常具有同时性，而且不少迹象可以看出，其发生和应对是具有联动性的。在这种情况下，鄂尔多斯地区的军事力量不仅支撑着对西夏战线，还被投放到了其他战线上。

最后希望根据这些具体的案例，放眼亚欧大陆东部局势，分析一下围绕北宋的局势中鄂尔多斯地区所发挥/承担的作用。

如果追溯围绕北宋的"三方"军事、外交局势的变迁，会发现局势曾在好几个时期同时陷入紧张。其中最值得关注的是以下汇总的四个时期。

	北方：对契丹	西北方：对西夏	南方：对大越
① 980 年代~1000 年代	对辽战争~澶渊之盟	李继迁独立~李继迁战死	进攻大越
② 1040 年代	增币交涉	宋夏战争	侬智高叛宋
③ 1070 年代	边界交涉	对西夏积极政策	宋越战争
④ 1120 年代	谋取燕京~契丹灭亡	西夏侵宋	（方腊之乱）

而且，这些同时发生的军事、外交紧张局势并非分别发生、结束的，一些案例中显示出联动的关系。

例如，与契丹之间发生在 11 世纪 40 年代的增币交涉、11 世纪 70 年代的边界交涉，有学者指出两次事件的背后，都有契丹对北宋针对西夏的军事行动做出反应的因素存在。[1] 其实可以说就像契丹介入哲宗元符年间（1098 ~ 1100 年）的宋夏议和所象征的那样，契丹—北宋关系对当时的亚欧大陆东部局势或多或少是带来了影响的 [2]。

---

[1]　田村实造『中国征服王朝の研究』上。

[2]　毛利英介「1099 年における宋夏元符和議と遼宋事前交渉」。

　　另外，熙宁年间大越攻入北宋，也是大越关注着北宋的经略熙河等西北方面的军事行动的进展而攻其不备 ①，尽管北宋也考虑到了大越来犯的可能性并有所戒备，但最终仍然应对不及，经略熙河也一度被迫中断。

　　这样，在围绕北宋的军事、外交紧张局势具有同时性、联动性的情况下，为了应对这些状况，鄂尔多斯地区的军事力量被动员、投入到了各地战线。

　　在南方，11 世纪 40 年代在宋越边境地带爆发侬智高叛乱之际，围绕如何处置侬智高，北宋与大越之间局势变得紧张，最终北宋不惜付出重大代价出兵镇压。而这时对镇压侬智高叛乱作出了巨大贡献的是从远在陕西地区的对西夏前线地区调派过来的狄青及其率领的军队。

　　此外，在熙宁年间的宋越战争中，由于受到大越入侵，北宋方面组建了安南道行营，过去一直在宋夏前线的赵卨、李宪、燕达被调派前往，并且还有许多将官从陕西、河东被派往担任行营军的指挥官 ②，陕西地区的蕃兵、弓箭手、蕃捉生等军事力量也被投入其中 ③。

　　此外，徽宗时期镇压了在东南地区爆发的方腊之乱的宦官童贯，原本是率领大军队驻扎在对西夏前线的。宋与新兴的金朝（女真）缔结了所谓的"海上之盟"，按照约定将进攻契丹的燕山府（燕京），但正逢方腊之乱爆发，童贯被先行派往南方镇压。在勉强镇压了方腊之乱后，随即长驱北上攻击燕山府，但疲惫不堪的童贯军队大败于契丹军，最终金几乎是独力消灭了契丹。

　　之后，由于北宋一方多次言而无信，金毅然南伐，在历经两次包围开封等战事之后，开封沦陷，徽宗、钦宗与宗室百官被押解北

① 河原正博『漢民族華南発展史研究』。
② 伊藤一馬「北宋における将兵制成立と陝西地域」。
③ 江天健《北宋蕃兵》。

上，北宋灭亡（即靖康之变）。此时，宗室中唯一逃过一劫的钦宗之弟赵构在应天府即位（即高宗），南宋建立。自此，宋朝以江南地区为根基得以延续，形成了金—南宋—西夏三朝鼎立之势。

在这种北宋末期～南宋初期，也就是两宋更替期的局势下，鄂尔多斯地区的军事力量分成了离开陕西地区和留在陕西地区的两部分，两者都扮演了非常重要的角色。

例如，对于金的南伐，北宋为了保卫北方要冲太原以及救援开封，向各地发布了集结兵力的檄文，应声而起成为保卫太原和援救开封主力军的，就是鄂尔多斯地区的军队。为了援救开封而作为勤王军离开陕西地区的军队，其后与高宗的人马汇合，被编入后来的南宋中央政府的御前军，成为南宋中央的军事基础。此外，"抗金四大武将"中除了岳飞以外，刘光世、张俊、韩世忠都出身陕西地区。[1] 其中刘光世是活跃在对西夏前线的党项系熟户刘延庆之子，可以说鄂尔多斯地区的军事力量成为宋政府在南方得以延续的基础。

另一方面，陕西地区在开封沦陷之后仍然保留了一定的领土，重建伊始的中央政府寄望其能对金、西夏起到防御的作用。在陕西地区，接到开封第二次被包围的消息后当地为了勤王而自发组成"御前会合军马入援所"，但遭遇全军覆没之厄，之后急需重建军备，其中积极招募蕃兵和弓箭手等做法可以看出对当地的兵力资源仍旧十分依赖。之后，在富平之战后，宋方防线后撤到川陕交界处，鄂尔多斯地区的军事力量其后在四川吴氏一族（吴玠、吴璘）麾下负责防御。

综上所述，鄂尔多斯地区的军事力量在围绕北宋的军事局势中，不仅是对西夏战线，在其他方向，也参与了军事行动。而且，鄂尔多斯地区的军事力量在南宋时期仍作为军事基础保持着存在感。可以说，鄂尔多斯地区撑起了北宋军事力量的根基，并延续成为南宋

---

[1] 山内正博「南宋建国期の武将勢力についての一考察：特に張・韓・劉・岳の四武将を中心として」,『東洋学報』第 38 巻第 3 号，1956 年。

的军事力量。

结　语

在宋代，也就是 10 ～ 13 世纪的亚欧大陆东部，之所以能够维持多国并存的国际局势，有学者认为是源于以澶渊之盟为代表的各势力间缔结的"盟约"，以及各种试图遵守这些盟约的努力与态度。但当站在宋朝的立场上看，除了这些外在因素，应该还有一点是因为他们保证了军事力量。

北宋建国后，可以说军事力量的基础就是在北方地区。[①] 契丹是北宋最大的威胁，以及安史之乱以来北中国地区游牧部落长期活跃，从这些角度来看，我们不难理解这一点。北宋—契丹之间（甚至早至五代时期）围绕燕云十六州的紧张局势和军事冲突，就是一种军事力量的相互争夺。[②]

之后随着澶渊之盟的缔结，对契丹局势变得稳定，而对西夏局势的重要性则逐渐显现出来。仿佛与亚欧大陆东部局势的变化同步，作为北宋军事基础的鄂尔多斯地区的重要性也开始提高。而正是因为确保、维持了在鄂尔多斯地区的存在，宋的军事力量的筹措调度才成为可能，北宋也勉强得以应付自身周围的军事局势。也就是说，在北宋时期的亚欧大陆东部局势中，之所以能够维持多国并存的状态，或者说北宋能够存续逾 150 年，可以认为其背景当中，确保了作为军事力量供应来源的鄂尔多斯地区这点功不可没。而且也可以说，这不仅对给北宋时期的国际局势造成了影响，也对金—南宋—西夏三朝鼎立状态的出现带来了影响。北宋时期的鄂尔多斯地区，可以说是各方势力展开争夺战的军事力量供应来源。

---

① 例如有学者指出北宋的太祖、太宗时期许多武人是出身于河北、山西地区或燕云地区。参见陈峰《北宋武将群体与相关问题研究》、何冠环《北宋武将研究》。

② 渡辺美樹「契丹の燕雲十六州領有と山後遊牧民」,『史艸』第 58 号, 2017 年。

从《参天台五台山记》看宋代的公务接待

盐卓悟

一、前 言

《参天台五台山记》(以下简称《参记》) 是日本平安时代的僧侣成寻所著，此著作乃是以外籍僧侣的角度，记录 11 世纪后半叶的宋代中国之社会、经济、宗教等情况的重要史料，受到许多学者的重视。

森克己氏指出，该著作的史料价值在于：（1）成寻曾谒见皇帝，由此可见其熟知宫中情况，有许多对关于宫廷之记述 ①；（2）就其明确记载旅行途中所经之驿站间的实际距离与大运河的情形等而言，足以成为研究宋朝国内交通制度的重要史料 ②；（3）记述每日金钱支

---

① 《参记》宫中仪式的相关研究如下：藤善眞澄『参天台五臺山記の研究』，関西大学出版部，2006 年，第 4 章第 1 节；王丽萍『宋代の中日交流史研究』，勉誠出版，2002 年，第 3 章；齊藤圓眞「成尋と宋の神宗皇帝；開封における成尋（2）——神宗帝への朝見——」，『天台学報』第 48 号，2005 年；齊藤圓眞『天台入唐入宋僧の事跡研究』，山喜房佛書林，2006 年；廣瀬憲雄「入宋僧成尋の朝見儀礼について」，『東アジアの国際秩序と古代日本』，吉川弘文館，2011 年；森公章『成尋と参天台五臺山記の研究』，吉川弘文館，2013 年，第 1 部第 2 章等。

② 从《参记》探讨宋朝交通的研究如下：鷲尾順敬「入宋僧成尋及び当時の日宋交通」，『日本仏教文化史研究』，富山房，1938 年所収；藤善前载书，第 2 章第 3、4 节；遠藤隆俊「宋代中国のパスポート——日本人成尋の巡礼」，『史学研究』237，2001 年；曹家齐、金鑫《〈参天台五台山记〉中的驿传与牒文》，《文献》2005 年第 4 期等。

出、收入，以及购物、市集的资料丰富，是重要的宋朝经济史料[①]；（4）有丰富的食物相关记录，对于研究饮食史、料理史而言，是非常实用的史料[②]；（5）关于中国的风俗习惯的史料众多，可活用于风俗史、民俗学史[③]等[④]。

　　虽然《参记》在上述各领域中均具其史料价值，此稿中，笔者仅着重于饮食文化等相关内容作探讨。贯读此书，便可获得约550件的饮食相关记事，其中特色如下：（1）相较于南宋，北宋饮食文化的史料略显不足，然此书中包含了丰富的北宋饮食文化相关记录；（2）此书不似《东京梦华录》等，仅对开封一地做详尽的阐述，亦对地方都市及各处寺院等有丰富的记录；（3）此书对于其他史料中略显不足之寺院中提供斋食的"饮食空间"，亦有具体的记述；（4）由于宋神宗下令谒见，成寻进入中国变成公务拜访，因此其旅

---

① 从《参记》探讨宋朝经济活动的研究有井上泰也「成尋の『日記』を読む：『参天台五台山記』の金銭出納」，《立命館文学》577，2002 年。

② 研究《参记》饮食文化的相关研究中，着重于茶的相关研究如下：田中美佐『喫茶文化史研究序説』，晃洋書房，2012 年，第 6 章；井上泰也「続々・成尋の『日記』を読む―『参天台五台山記』に見える宋代の日常性」，『立命館文学』608，2008 年等。

③ 探讨《参记》中宋代风俗的研究有前揭井上论文，以及曹家齐《〈参天台五台山记〉中所见的北宋乘轿风俗》，《中国典籍与文化》2005 年第 2 期等。

④ 森克己「『参天台五台山記』について」，『駒沢史学』5，1956 年；收入氏著『続日宋貿易の研究』，『新編森克己著作集 2』，勉誠出版，2009 年。除此之外，森氏亦有经济用语、观潮等语言方面之记录，碍于篇幅，在此割爱不论。另外，在平林文雄『参天台五台山記校本並に研究』（風間書房、1978 年）第 2 部研究篇第 7 章中指出，《参记》在（1）佛教史，（2）美术史，（3）交通史、水利史，（4）经济史，（5）风俗习惯，（6）中日动植物相关记载，（7）语言等领域中，具有史料价值。又，王氏在成寻著、王丽萍校注之《新校参天台五台山记》（上海：上海古籍出版社，2009 年）前言（第 10—19 页）中指出，《参记》在（1）书信，（2）外交，（3）宫廷，（4）文学，（5）佛教，（6）交通，（7）经济，（8）语言，（9）中日文化交流面等方面，是极具分量的史料。此外，有王丽萍《成寻〈参天台五台山记〉研究》，上海：上海人民出版社，2017 年。

费亦变成由政府支付，受此礼遇的成寻一行人 ①，缘此在各地受到招待。因此，亦有许多关于接待他们一行人的记录。就前述因素而言，《参记》可谓极为重要的宋代饮食文化史料。

因此，本稿将以《参记》为线索，在第二节中，探讨接待成寻一行人并提供馈赠的相关人物，究竟为何种阶级与身份；第三节中，将探讨接待成寻一行人及馈赠的场所；第四节，则进一步考察用以接待、馈赠的饮食物品。

二、供养、馈赠者

关于宋朝官方的接待方式，曹家齐氏利用《参记》中招待成寻的记录资料，对宋代的文书行政等地方行政情形，以及外交使节的招待制度，已做过详实的考察。② 然而，并未针对接待中所提供的饮食以及伴随这些饮食而来的人员交流等，做更深入的探讨。本节将先从《参记》所见成寻一行与众人的交流记录，探讨接待成寻以及馈赠物品者的确切阶层与身份。③

表 1 整理出《参记》中，宋朝人对成寻提供供养以及馈赠饮食

---

① 《参记》卷二 "延久四年（熙宁五年，1072）闰七月七日"："（闰七月）七日癸丑天晴。慎如表白斋。从知县有文字，寺主相共可来由，即出知县，仙尉秘书出，令见台州牒，可上京，面见皇帝宣旨，其状云：台州牒　日本国僧成寻等……奉圣旨，成寻等八人并通事客人陈咏，令台州选差使臣一名，优与盘缠，暂引伴赴阙。仍指挥两浙、淮南转运司，令沿路州军厚与照管，量差人船。今札付台州，准此等事。"

② 曹家齐：《北宋熙宁间地方行政一瞥——以杭、台二州对日僧成寻之接待为中心的考察》，《江西社会科学》2010 年第 4 期；曹家齐：《宋朝对外国使客的接待制度——以〈参天台五台山记〉为中心之考察》，《中国史研究》2011 年第 3 期。

③ 关于曾与成寻进行讨交流者，请参看上引藤善著作之第 4 章第 2、3 节，以及王丽萍『宋代の中日交流史研究』第 4 章。此外，齐藤圆眞『参天台五台山记』I～IV（山喜房佛书林，1997・2006・2010・2015 年），以及藤善眞澄『参天台五臺山记』(上)(下)（关西大学出版部，2007、2011 年）中，对《参记》有详细的注释，让《参记》使用起来非常方便。

的名单，由此表可知，透过饮食与成寻进行交流的人物，其阶层可略分成朝廷（皇帝）、僧侣、官员、其他等四大类。

表 1　对成寻提供供养及馈赠者名单

阶层	都市	场所	人　　物	件数	各都市分计件数
朝廷	开封	太平兴国寺传法院	三司	1	9
			神宗	7	
		大内	朝廷	1	
僧侣	开封	太平兴国寺传法院	梵才三藏（惠询）	51	172
			定照大师（定照）	34	
			文慧大师（智普）	15	
			梵义大师（天吉祥）	16	
			寺（太平兴国寺）	9	
			赐紫慧贤（少卿）	8	
			典座可道	4	
			赐紫日称（大卿）、寂照大师、天吉祥三藏、广智大师、崇梵大师弟子景福、小典座、慈济大师（智子文）、广梵大师	各2	
			勾当可道、中天竺僧、崇梵大师、典座（道晃或可道）、德嵩大师、小师	各1	
		大相国寺	大相国寺、宗梵大师惠海、华藏大师	各1	
		显圣寺	显圣寺主	各1	
		衡庆院	住持赐紫子惠尼		
		启圣禅院	启圣禅院副僧正		
		寿圣院	寿圣院院主妙空大师法仁、智悟大师赐紫怀谨		
		开元寺	福圣禅院院主		
		开宝寺	开宝寺主		

（续表）

阶层	都市	场所	人　物	件数	各都市分计件数
僧侣	开封	永福院	永福院院主	各1	172
		万岁院	慈照大师守恩、惠道和尚		
	杭州	宝乘寺	僧侣	各1	11
		兴教寺	兴教寺教主		
		净慈寺	净慈寺教主		
		灵隐寺	德赞、赐紫云知、慈觉大师、九祖堂僧正		
		明庆院浴堂	寺		
		天竺寺	善妙大师		
		兜率院	管内副僧正、广教大师用和		
	越州	敕语圣禅院	阿阇梨	各1	5
		新昌县仙桂乡	童行		
		天华院	天华院		
		光相寺	光相寺		
		景德寺	景德寺		
	苏州	开元寺	寺主赐紫道隆	各1	3
		普门院	普门院院主		
		报恩寺	报恩寺副僧正		
	润州	金山寺	宝觉大师务周	1	1
	威胜军	敕广教禅院	僧	1	1
	潞州	开元寺	开元寺主	各1	2
		资庆寺	资庆寺主		
	泗州	普照王寺、乾明禅院	普照王寺主、乾明禅院主	各1	2

（续表）

阶层	都市	场所	人　　物	件数	各都市分计件数
僧侣	代州	五台山	副僧正承镐	3	9
			寺	2	
			真容院副寺主、太平兴国寺主、崇晖和尚、太平兴国寺僧温志	各1	
	台州	国清寺	国清寺主（赐紫仲芳）	16	70
			智海表白	3	
			文法大师、文皓库主	各2	
			童行良玉、童行道心、明心院住持咸宁、僧、征上座、处规库主、罗汉院主人法周、三贤院宗益、堂库院寺、监赐紫仲文、处交、罗汉院如贯阁、戒坛院主、三贤院日宣阇梨、僧元表白、惟照阇梨、僧慎如表白、僧子皋、僧希凤、僧了性、文瑶大师、僧神戒表白、鸿植阇梨	各1	
		石城寺	鸿实库主	4	
		石城寺	如日文章	各3	
		实性院	实性院院主		
		定惠真院塔院	定惠真院塔院住持	各2	
		宝岩寺	宝岩寺主		
		石桥	庵主印成阇梨、石桥寺僧	各1	
		十万教院	十万教院寺主		
		开元寺	管内僧判官、教主阇梨、寺主都僧正		
		经藏院	子鸿长老		
		惠光大师看经院	院主可明		
		中岩寺	教主处咸阇梨		
		景福院	中礼座主		
				合计	276

阶层	都市	场所、人物	件数	各都市分计件数
官	开封	参知政事冯京（右谏议大夫）、知府舍人	各2	11
		蔡挺（谏议）、来将军、僧录管勾行事（太保）、国婆婆（神宗乳母崇国夫人张氏）和管勾冯供奉、宣赐茶酒使臣李供奉、盐官县知县、茶酒司	各1	
	杭州	都督、转运使、知府舍人、通判学士、通判郎中	各1	5
	越州	都督、学士（知越州谢景温）、郑珍（崇班）	各1	3
	明州	明州推官、知明州	各1	2
	台州	天台县知县赵君幸	3	14
		光禄少卿知台州军州事兼劝农使钱暄	2	
		台州、天台县官员、天台县监酒、临海县官人、司理秘书、法曹秘书、都监太保、通判郎中安保衡、陈昭宁（都衙）	各1	
	秀州	秀州少卿、都督、郎中	各1	3
	润州	通判、推官、知润州	各1	3
员	常州	通判郎中	2	3
		监酒税务	1	
	扬州	扬州府、知府给事中、知扬州	各1	3
	楚州	监军资库韩守永、朱判官	1	2
	潞州	都督	2	5
		知潞州（少卿）、崇贤驿使臣、通事	各1	
	泗州	知泗州	1	1
	宿州	知宿州	1	1
	太原府	知太原府龙图阁直学士	8	10
		行事侍、太原府	各1	
	忻州	忻州少卿（知忻州）	1	1
	代州	代州大卿（知代州李绶?）	6	8
		使臣、上官	各1	
			合计	75

阶层	职来	人　　物	件数
其他	船头	一船头曾聚、三船头林廿郎	各1
	梢工	陈从、姓名不明	各1
	水夫	李思恺	1
	通事	陈咏（陈一郎）	4
	店家	陈七叔、清家家主、代州店家主	各1
	商人	福州商人	1
	不明	陈四郎（陈永）	1
		合　　计	14

四个阶级中，僧侣占了极大的比例，共有276件；官员75件；而僧侣、官员以外，船头、梢工等这类协助成寻旅行的"其他"类人物，则占了15件；皇帝、朝廷共有9件。

首先，探讨皇帝（神宗）的供养。成寻停留开封期间，除了谒见神宗外，并奉神宗之命受领9件饮食①，虽件数不及僧侣和官员，但就仅限于停留开封期间而言，件数决不算少，且由饮食以外的众多赐品中，亦可窥知神宗对成寻的厚爱。神宗以朝贡使的身份礼遇成寻，除饮食之外并赠与众多物品。

其次则是占了馈赠者绝大多数的僧侣。资料中可见成寻在各地旅行途中所接触的寺院相关人员姓名，但若以各都市分计，开封便占了全体的63%，共172件，其次是台州的寺院，有70件记录。合计开封与台州，由僧侣所供养的饮食、馈赠记录便有275件，占全体的88%之多。其余则有杭州11件，代州9件，越州5件，苏州3件，潞州、泗州各2件，润州、威胜军各1件。

那么，开封寺院的件数为何如此之多？熙宁六年（1073）六月

---

① 《参记》卷五"延久四年十一月一日条"，卷六"延久五年（熙宁六年，1073）年正月十三日条"、"正月二十七日条"、"二月四日条"，卷七"三月五日条"、"三月六日条"、"三月十二日条"，卷八"四月二日条"。又，成寻谒见神宗之相关内容，请参看本文第一条注文中之著作与论文。

十二日，下访明州的成寻，让赖缘、快宗、惟观、心贤、善久等五名弟子，将神宗的御笔信，以及《参记》、新译经、佛像等携回日本之后①，成寻再返回开封，于元丰四年（1081）十月六日，圆寂于开封郊外的开宝寺。②《参记》中所记载的 1 年 3 个月之中，成寻停留于开封的期间，自熙宁五年（1072）十月十三日至十一月一日，以及十二月二十七日至翌年四月十四日，合计逾 4 个月③，约占总期间的三分之一。此外，成寻与停留开封期间的宿舍太平兴国寺传法院的僧侣之间的记录颇多，由上述情形可知，开封寺院记录之所以较多的原因乃在于，成寻停留在开封的时间较长之故。

开封的记录中，关于成寻所停留的开封太平兴国寺传法院的僧侣的记录尤其多，共达 157 件，占开封全体记录的 92%，由此可见成寻在开封期间，透过饮食与成寻进行交流者，以太平兴国寺传法院的僧侣占极大多数。其中，梵才三藏（惠询）（50 件），定照大师

---

① 《参记》卷八"延久五年六月十二日条"。

② 关于成寻卒年之史料有二。一为元丰四年（1081）史料（栄海『真言伝』、杲宝『雑々見聞集』2、『本朝高僧伝』卷 67 等）；一为熙宁七年（1074）（『大雲寺縁起』続群書類従本・実相院本）。元丰四年（1081）史料为一般的说法（島津草子『成尋阿闍梨母集・参天台五台山記の研究』，大蔵出版，1959 年，第 65—66 页，前载注 6 中平林著书第 384—388 页等）。另外，关于成寻生卒年等问题，请参看石井正敏「成尋生没年考」，『（中央大学文学部・史学科）紀要』44，1999 年。

③ 《参记》卷四"延久四年十月十三日条"："十三日戊子天晴。早旦，从大平兴国寺传法院告送：八月四日，安下处宣旨下了，早可来人者。巳时，向传法院，余并赖缘、快宗两供奉乘马，残五人步行，以船兵士十四人合运法门、杂物、钱等，所残一百四十六贯运置既了。依残可多，不请取越州、杭州、扬州各二百贯，如案多有残，被下八百贯宣旨，最可云殊恩。郑崇班为送乘马同来，小使、通事同来。传法院少卿来迎，诸僧有其数，入讲堂点茶，四重阁也。中门西僧房为安下所，三间大房也。"此文记录了成寻首次进入开封，并以太平兴国寺传法院为宿舍。此外，出处同上，于十一月一日条中记录了离开开封，十二月二十七日条记录了返回开封，同卷八"延久五年四月十四日条"中，成寻告别传法院的梵才三藏与定照大师，于翌日十五日条中记载了自开封出发。

（定照）（34件）为最多，此外梵义大师（天吉祥）（16件）、文慧大师（智普）（15件）等。在《参记》的记录中可以看到，成寻接受他们的邀请，赴他们的房中受取茶、点心、菜、汤等供养，由此可见，成寻与惠询、定照等传法院的僧侣们关系密切。①

另外，还有供养的件数较少，但仍与之有所往来的寺院，如：大相国寺3件，显圣寺、衡庆院、启圣禅院、寿圣院、开元寺、永福寺、万岁院等。由此可知，成寻主要交流的对象是其所留宿的传法院的僧侣，但与开封各寺院的僧侣们亦有所往来。

在开封主要以太平兴国寺传法院为中心，相对于此，在台州则是国清寺僧侣的相关记述最多。成寻于熙宁五年（1072）四月十三日抵达杭州，四月二十六日在杭州提出申请，欲赴天台山巡礼参拜，五月三日获准参拜。② 成寻于五月十三日抵达天台山，参拜国清寺并接受寺主赐紫仲芳的优渥供养，并借宿于该寺。由于至八月一口离开国清寺之前的2个半月期间，成寻均借宿于此③，因此，主要往来的对象为国清寺寺主赐紫仲芳（16件），智海表白（3件），文法大师、文皓库主以及其他的国清寺僧侣们（各1件）。此外，成寻亦接受国清寺以外的僧侣供养，如石城寺的鸿实库主（4件）等。约2个半月期间，便有70件供养事例，由此可知，成寻几乎每日均积极地透过饮食与他们进行交流。

此外，成寻停留于杭州的期间为熙宁五年四月十三日至五月五日，八月二十一日至二十四日，以及熙宁六年（1073）五月二十

---

① 《参记》卷四"延久四年十月十六日"条中记载："十六日辛卯巳时，斋间，定照大师手自捧珍菜一杯来，次自诸人料，次饭一杯、汁一杯手持来，最可云殷勤之人。"此为成寻褒扬定照的人品。

② 《参记》卷一"延久四年四月十三日"条、"四月二十六日"条、"五月三日"条。

③ 根据《参记》卷一"延久四年五月十三日"条，卷三"八月二日"条、"八月五日"条、"八月六日"条的记载，成寻在五月十三日至八月二日停留国清寺期间，曾一度前往台州府，在领取了官府的给付之后，于八月五日返回国清寺，六日在自国清寺出发。

至六月二日，共约一个月余的时间①，这段时期尤其受到杭州名刹灵隐寺等诸多寺院僧侣的供养及馈赠。至于代州（9 件），成寻于熙宁五年十月二十四日取得五台山参拜许可后，十一月一日自开封出发，十一月二十五日进入代州攀登五台山，后于十二月六日离开代州。②成寻在代州约停留 10 日，其间，借宿于五台山的寺院并接受僧侣们的供养与馈赠。在此仅 10 日之间便有 9 件事例，由此可窥知五台山的僧侣们对待成寻非比寻常。

除上述供养之外，成寻亦接受到来自各地寺院僧侣的供养及馈赠，宋朝僧侣之所以接待成寻，虽不能完全否定出自于政治上的考量（若接待受到国宾待遇的成寻，或许朝廷会予以好评等），但更有可能的是，成寻与寺院的僧侣间关于佛教的意见交换与讨论，以及对成寻随身携带的各类日本典籍感兴趣之故。因此，与来自日本的异国僧侣做宗教上的文化交流表示兴趣，应该是供养频繁最重要的理由。③在这样的文化交流中，亦有与太平兴国寺传法院的梵才三藏（惠询）与定照大师（定照）等建立起私人友谊的情况。

至于官员，开封、杭州、越州、明州、台州、秀州、润州、扬州、楚州、潞州、泗州、宿州、太原府、忻州、代州等各都市的知州与知县位阶的官员，接连不断地对成寻进行供养与馈赠。尽管成

---

① 《参记》卷一"延久四年四月十三日"条、"五月五日"条，卷三"八月二十一日"条、"八月二十四日"条，卷八"延久五年五月二十日"条、"六月二日"条。

② 《参记》卷四"延久四年十月二十四日"条，卷五"十一月一日"条、"十一月二十五日"条、"十二月六日"条。

③ 成寻与宋代僧侣间的书籍借阅频繁之相关记载，可见于《参记》卷一"延久四年五月二十一日"条："廿一日庚子辰时，参堂，有讲会，先呗，无散华作法，如杭州兴教寺。已时，文法大师来请，赖缘供奉、快宗供奉共行向，有茶汤、糖饼。午时，出食堂别飡，寺主所储，小僧钱一贯，赖缘供奉百二十文，快宗供奉百文，五人各五十文，八十余人皆有钱。良玉借《天台山记》，鸿植教主借《律行相》。七时行法了。"类此不胜枚举。成寻与僧侣们透过书籍进行文化交流之详情，请参看藤善眞澄『参天台五臺山記の研究』第 2、3 节，以及王丽萍『宋代の中日交流史研究』第 4 章。

寻相继受到上述这些接待，却亦可见到他曾以繁忙为由拒绝知忻州斋食邀请的例子①，其理由应该是参拜景仰的五台山在即，若只有与僧侣间的宗教文化交流尚可负荷，身心上实在没有余裕再接受官员出于礼节的款待。另外，也有成寻拒绝知太原府龙图阁直学士 8 次邀请的例子。成寻于十一月十九日至二十一日，以及十二月九日至十一日间，在太原府前后共停留 6 日②，这段期间，知太原府龙图阁直学士曾接连以粥、斋食、海苔、胡桃、珍菓、菜肴、酒、点心、米饭等食物供养或馈赠成寻，对于知太原府龙图阁直学士无论在质还是量上均属丰厚的招待，成寻很是感动，由此可见，成寻对于能够如此设想周到的官员感到非常亲近。③然而，他们对成寻的接待，与那些以宗教、学术等文化交流为目的的僧侣们不同，只不过视成寻为神宗邀请来的国宾级宾客，以及出于伴随发行通行许可等事务工作所必需的礼仪的需要，因此，可以推测他们的邀请不过是基于政治上的考量想要赢得成寻欢心而做出的举动罢了。

　　除僧侣、官员之外，透过饮食与成寻进行交流者可分成两大类：一是与成寻同行的船头、梢工、水夫、通事；一是店家的老板、商

---

① 《参记》卷五"延久四年十一月二十三日"条中记载："廿三日戊辰天晴。卯二点，马十疋、忻州兵士二十人来替，向北行过廿五里，至泡池马铺，十疋马来，向北越金山，过廿里，至忻口寨金山驿，午时，留宿。……今日行四十五里。三时行法了。诵《法华经》第六卷。忻州少卿储粥，虽有斋请，依营营不参向过了。"

② 《参记》卷五"延久四年十一月十九日"条、"十一月二十一日"条、"十二月九日"条、"十二月十一日"条。此外，对照藤善真澄『参天台五臺山记』第 53 页，此太原府龙图阁直学士即刘庠。

③ 《参记》卷五"延久四年十一月二十日"条："廿日乙丑天晴。卯一点，从大原府龙图许送粥并有斋请。已时，众人多来，即十人参府斋，庄严不可思议。知府龙图容貌最可云贵人。……其次，珍果廿杯以银盏盛之，菜十杯同银器，着座之后，酒果十余度，最后有饭，真实第一斋也。斋了。还驿了。送钱十贯，通事许酒二瓶，送使许酒七瓶。……入夜，从府送粥。"另同卷"十二月五日"条："五日己卯天晴。卯时，从府送粥。辰一点，与使臣、通事共参府，谒大卿，以通事互通言，最好人也。"

人、陈四郎这类成寻在旅途中所认识的人们。前者所提供的饮食均不算丰盛，且又因与成寻同行，所提供之饮食均非供养，全是他们寻找来想给成寻食用的糖饼、樱子、柿饼，这是他们对成寻的用心，亦可见他们对同行者的友好态度。

此外，店家主人招待茶、酒、点心等事例，可见于《参记》卷一"延久四年（熙宁五年，1072）五月十三日"条中所述，位于台州天台县西约20里处之景福院与飞泉口（现白鹉镇）之间的店家，其主人陈七叔虽以茶水招待成寻一行人，但却未收受成寻等人谢礼。又或者，成寻一行人抵达天台山国清寺西10里处之太平乡清家（茶店或休息所），于该处休息时，追随着成寻的僧侣赖缘正招呼仆役们喝酒时，道心满怀的清家主人免费招待茶水等。① 以上事例均发生于天台山附近，参拜者众多，店家主人陈七叔和清家主人们早已惯于款待参拜的香客，他们之所以招待成寻茶水，亦是出自对远道前来参拜的日本僧侣的诚挚敬意。

诚如前述，供养或馈赠物品给成寻的人物，除了僧侣、官员之外，尚有与之同行的船头、梢工、水夫、通事，以及成寻在旅途中所驻足的店家等。而这些人物之中，与成寻关系最为密切的阶层则属僧侣，尤其是成寻留滞在开封太平兴国寺传法院和台州国清寺等期间，往来者以寺院相关人员占大多数，这个事实，除了足以说明成寻在旅途中所滞留的场所与往来的人物局限于某些阶层，亦不能否认除了政治、礼仪、事务方面等相关的官员之外，其中绝对有抱着政治目的而接近成寻的僧侣，但是，我认为那些再三供养或馈赠成寻物品的僧侣，以及众多宋代中国的僧侣们，能够透过佛教与成寻进行文化上的交流，亦非常欣喜。

---

① "十三日壬辰天晴。卯时，出宿，过五里，永保乡内旻十三家休息。次过五里，至飞泉口休息。次过五里，至陈七叔家休息，诸人吃茶，虽与钱，家主不取。……次过五里，未刻，至清家休息，赖缘供奉出钱百五十八文，十三人令吃酒。榜云：'大平乡东至国清寺一十里，至京县五里。'家主有道心，令吃茶了。"

三、供养、馈赠之场所

宋代关于饮食的史料中，对于实际上的饮食场所的记录，除了宋人孟元老《东京梦华录》和元人吴自牧《梦粱录》等都市相关史料，以及南宋洪迈《夷坚志》这类小说史料之外，屈指可数。然而，《参记》中可发现许多关于成寻与僧侣、官员及其他人透过饮食交流的饮食场所记录。他们究竟在什么样的场所透过饮食进行接待？除一部分无法确定的场所外，兹将《参记》中所见他们与成寻进行交流的场所整理如下表2。以下将就表2做更进一步的考察。

表2　对成寻提供供养及馈赠之场所

		僧侣	官员（朝廷）	其他	合　计	
寺院	太平兴国寺传法院	155	15	0	170	306
	国清寺	55	5	2	62	
	其他寺院	71	2	1	74	
官厅	宫中	0	1	0	1	34
	府、州、县衙	0	33	0	33	
寺院以外的住宿处	船中	1	10	7	18	50
	宿坊	1	1	1	3	
	店家	2	0	6	8	
	凉亭	1	3	0	4	
	官舍	0	1	1	2	
	驿站	0	14	1	15	
					390	

根据表2的资料显示，成寻接受饮食的供养或馈赠之处，可分为寺院、官厅以及寺院以外的借宿处。在总共390件之中，寺院占了78%的高比例，此一结果，与前节中所叙述之原因，对成寻提供供养或馈赠者大多为僧侣相互符合。然而，此处值得注意的是，寺

院之中，成寻的借宿处太平兴国寺传法院 170 件（占寺院全体的
56%），国清寺 62 件（占寺院全体的 22%），仅此二处借宿的寺院，
件数便高达 232 件，即占寺院全体的四分之三多。诚如前述，根据
《参记》叙述，成寻在太平兴国寺传法院约停留了 5 个月，在国清寺
约停留 2 个月，成寻在前者处，与同寺院的梵才三藏（惠询）、定照
大师（定照）、文慧大师（智普）、梵义大师（天吉祥）等僧侣往来；
在后者处，则与寺主赐紫仲芳、智海表白、文法大师、文皓库主等
国清寺的僧侣们有所往来。不过，成寻与传法院的梵才三藏等僧侣
之间，不仅只是受邀至他们的房间内享用茶水或其他饮食，成寻亦
有邀请他们至自己房间内对他们供奉茶水的情况①，但对国清寺的僧
侣们，如频繁招待成寻的寺主赐紫仲芳及同寺之僧侣智海表白，就
不见有成寻款待或供养他们的例子。由此可知，与成寻关系最为密
切的，乃太平兴国寺传法院的梵才三藏（惠询）、定照大师（定照）、
文慧大师（智普）、梵义大师（天吉祥）。

此外，这些馈赠不仅来自于上述两寺院中的僧侣，亦有来自朝
廷使者的下赐品，还可窥见知县等县官亲自至成寻留宿的两寺中，
对成寻提供来自朝廷的丰厚礼遇。②成寻亦频繁外出接受供养，成
寻滞留宋朝期间，最常接受供养与馈赠的场所，第一是太平兴国寺
传法院，其次则是国清寺。

至于府、州、县衙等官厅的情况，诚如第 1 节表 1 中所示，各
官厅的长官均对成寻进行供养与馈赠，具体的例子可见于《参记》
卷一"延久四年五月二十日"条：

① 《参记》卷六"延久五年正月三日"条（定照大师）、"正月七日"条（梵义
大师）、"正月三十日"条（少卿慧贤、梵才三藏）、"二月一日"条（崇梵
大师、慈济大师）中，可见成寻邀请括弧中的人物至自己房内供奉茶水的
例子。此外，同卷"正月三十日"条中，则有成寻将上元节用的茶点送至
文慧大师房内的事例。
② 《参记》卷六"延久五年正月十三日"条、卷八"四月十四日"条等。

> （五月）廿日己亥巳时，国清寺主相共参向天台县官人，于国清廨院点茶。次行县衙，先谒知县仙尉秘书，以参来文状奉览。次入衙，大守出迎，共入亭座倚子，令见杭州公移，以通事陈咏通言语，大守点茶药，问："日本皇帝姓名？"答："帝王无姓，虽有名，庶人不知。"又问："石桥贵不？"答："极贵。"退出还廨院。

由此可知，成寻赴县衙，拜见知县，申请公移等通行、滞留许可时，亦常接受知县的茶水招待。不止于知县，成寻赴府衙或州衙，申请通行、滞留许可时，亦受到知府和知州等长官的各类招待。[①]上述这类接待为事务性、礼节性的招待，成寻赴官府时受到这类礼貌性的茶水招待最为普遍，但其中亦有成寻与长官进行宗教、文化交流的情形。[②]

寺院之外的借宿处如船舶、宿坊、店家、驿站、官舍等各类场所中，亦有提供供奉与馈赠的情形。这类事例全部50件中，最多的是船舶18件、驿站15件，两者便占此类总数的66%。船舶与驿站的共同点为，两者的馈赠大部分来自于官员。之所以会导致这样的结果，主要是因为成寻等要取得通行许可，必须奏请官厅，另一方面，则是官厅先掌握了成寻等人的留宿之处所致。而成寻与那些无法事前得知成寻一行人行踪的僧侣们的关系，仅限于寺院内的交游，僧侣们几乎未曾拜访借宿于船舶或驿站中的

---

① 《参记》卷一"延久四年四月二十六日"条中记载，杭州知州沈立招待成寻茶水的例子，卷五"延久四年十一月二十日"条中可见，太原知府对成寻一行人提供斋食供养的例子。此外，卷三"延久四年九月二十一日"条中，亦有泗州知州馈赠留宿于船中的成寻3瓶酒的例子。

② 《参记》卷一"延久四年五月二十六日"条中记载："廿六日乙巳天晴。午时，寺主、禹圭、陈咏诸共乘轿出国清寺，先向天台县，谒知县，问：'寂照入唐年纪？'答：'六十一年。'次问：'奝然入唐？'答：'八十一年。'见皇太后御《法华经》，感喜无极，有茶汤。退出，向监酒许，县第三官人也。有茶药。第二官人推官秘书依向杭州，不谒。"

成寻①，相对于此，知府、知州、知县等长官及其他的官员们，则派遣部下甚或亲自至成寻所借宿的船舶、驿站，或者宿坊、官舍中拜访，向成寻提供茶、酒、点心、糖饼等。② 换言之，一方面在成寻至府、州、县衙等处理公务时，对其提供供养或馈赠，另一方面，亦派遣部下进行各种馈赠，竭力取得成寻的欢心。

再者，寺院以外对成寻提供馈赠的人物中，与成寻较为亲近的有，通事陈咏、船头、梢工、水夫等。尤其是当成寻借宿于船舶或店家等处时，为成寻送上糖饼、作饭、樱子、柿饼、松花饼等。③这是由于这些点心类的食物较易取得，且亦有慰劳旅行中的成寻之意。然而，他们对成寻送上饮食的事例，多集中于成寻进入宋朝不久之后在越州或杭州的船舶或店家中，这应为船头、梢工、水夫等，

① 《参记》卷三"延久四年八月二十八日"条中记载，管内副僧正、传教临檀首座、赐紫、广教大师用和，至秀州拜访留宿于船舶中的成寻，并记录布施了2瓶茶，但此例为僧侣至船舶中提供供养、馈赠的唯一事例。然而，在同条记载中："（秀州）管内副僧正传教临坛首座赐紫广教大师用和出文状，来坐船中，志与茶二瓶并烧香，有惭愧人也。拜见皇太后御经、显密目录了。与文状一纸在右：……今日叨承阇梨大法师见示圣教并王后经，用和幸之无量，愿生生世中，常值阇梨大法师，于一一处对扬教法，闻生净佛国土，广度一切众生也。用和愚意礼告法师，今赴京阙，面见圣人，佛法必得兴隆也。用和今见此土，凡出家人，须二十岁方得入帐为童行，在寺未年二十不得入帐供申。大凡人年二十岁，风骨已成，业心散，难为教诫。欲乞面对圣人时言，凡出家不俱年限，俱从父母立疏舍入寺，许容便入帐，贵得出家，从小学业无难，是用和愿也。更有凡僧人，暂离本州，须得公据往佗州。不赴公据擅佗州，罪当还俗。若得公据，往还时方为稳便。"根据上述记载可知，用和访问的目的在于，希望成寻能够代为向神宗传达其宗教方面的请求，其目的乃出自于宗教上与政治上的理由。

② 《参记》卷三"延久四年九月五日"条、"九月七日"条、"九月八日"条、"九月二十一日"条，卷五"十一月十九日"条、"十一月二十三日"条等。但在卷三"九月十日"条中记载，于润州的官舍中休息的成寻，接受了通判、推官提供的点茶，由此可知官舍中与官府相同，均提供供养。

③ 《参记》卷一"延久四年四月十二日"条、"四月十五日"条、"四月二十一日"条、"四月二十三日"条，卷三"九月二十五日"条等。

当初为了欢迎成寻，才如此用心为成寻送上饮食。另一方面，通事陈咏是曾经5度赴日的精通日语的商人，之后出家成为成寻的弟子，他亦经常对成寻提供饮食。① 然而，随着旅行的持续，可以见到反而变成成寻对陈咏、船头、水夫等提供金钱等酬劳，或者招待他们酒、糖饼、茶等饮食的例子。②

其他招待成寻的例子尚有成寻被邀请至国清寺大门前的桥亭、杭州盐官县的长安亭、苏州的清诏亭等，分别接受天台县知县及明州推官、盐官县知县、开元寺寺主道隆所提供的茶水，于扬州安贤亭，则接受扬州官府馈赠之酒5瓶。③

诚如上述，宋代中国的僧侣、官员及其他人对成寻进行供养或馈赠等之场所，可分为寺院、官厅、寺院以外的成寻下榻处，以及其他亭台等四大类，寺院便占全部的8成，其中，成寻长期留宿的开封太平兴国寺传法院与台州的国清寺占所有寺院的四分之三，若将寺院以外的48件下榻处也计算在内，那么，成寻接受供养和馈赠的场所便有九成均在他的留宿之处。不过，太平兴国寺传法院和国清寺内，供养和馈赠之处并非仅止于成寻的下榻处，成寻在寺院内的各个不同地点接受招待。相对于寺院内，在船舶、驿站馈赠物品给成寻者，多为事先已掌握成寻动向的官员；另一方面，宿坊、店家、官舍这类下榻处的馈赠物品则几乎全来自通事陈咏，以及那些与成寻同行的船头、梢工、水夫等。因此，成寻接受供养与馈赠的地点，仅局限于他所留宿的寺院、船舶、驿站等下榻处内部及其周边的寺院，以及路途中的官厅或亭台等。由此可知，成寻的活动范围极度局限于某些地点，成

---

① 《参记》卷一"延久四年四月二十一日"条、"四月二十三日"条，卷二"六月七日"条，卷三"九月二十二日"条。

② 《参记》卷三"延久四年九月七日"条、"十月一日"条，卷四"十月十一日"条，卷五"十一月十九日"条等。关于陈咏，详情请参照藤善眞澄『参天台五臺山記の研究』第4章第2节注（8），以及王丽萍『宋代の中日交流史研究』第4章第4节。

③ 《参记》卷二"延久四年七月二十一日"条，卷三"八月二十五日"条、"九月四日"条、"九月十三日"条。

寻的旅程之所以会如此紧凑，除了他身为国宾必须谒见神宗之故外，亦与他想达成巡礼五台山的初衷有着莫大的关系。

四、接待用的饮食

井上泰也以前曾对《参记》所载饼类、酒类、果实类等各种食物和料理具体地整理出一览表并加以介绍，指出此书作为料理和食品史料的重要性以及宋代料理之丰富性[1]，因此，关于饮食的具体例子请参看井上的论文。此节中，将就供养和馈赠给成寻的饮食物品一览（见表3），针对其倾向做进一步的分析考察。

表 3　对成寻提供供养及馈赠之饮食物品

		僧侣	官员（朝廷）	其他	合计
茶		123	31	2	156
汤		12	12	0	24
酒		16	30	1	47
斋食		80	20	3	103
粥		6	10	0	16
菜		52	2	2	56
羹		20	0	0	20
汁		24	0	0	24
果实类		5	0	3	8
果子类	珍果（仙果）	16	5	0	21
	果子	8	13	1	22
	饼类	7	13	3	23
	其他	2	0	3	5
其他		13	13	1	27
合计		384	149	19	552

---

[1]　前揭之井上论文，第 133 ～ 135 页。

根据表3可以看出以下几个倾向：第一，《参记》饮食物品的相关史料丰富多样；第二，僧侣（384件）占绝大多数，官员（149件）只有僧侣的一半以下；其他（19件）极少；第三，由此可推论出僧侣和官员的饮食物品，其多寡顺序不同等。

关于第一点与第二点，如前所述，于此不再重复赘述。关于第三点，在此则针对不同的品项个别探讨。

有关茶的事例占绝大多数，这也极为忠实地反映出宋代僧侣食文化的情况。在宋代，饮茶的风潮非常普及，以茶来招待客人的做法是很普遍的现象，通常大多仅请喝茶而已，田中美佐氏指出，客人临走之时再端上汤（药汤）的习俗亦已普及 ①。因此，如表3所示，无论僧侣抑或是官员，可以确认的是供养茶的事例颇多。此外，诚如北宋朱彧《萍洲可谈》卷一中记载"今世俗，客至则啜茶，去则啜汤。……此俗遍天下" ②，以及南宋佚名所著的《南窗纪谈》中记载"客至则设茶，欲去则设汤。不知起于何时。然上自官府，下至闾里，莫之或废" ③，可得知在宋代社会中，供养茶与汤已相当普及，只不过，仅就表3来看，僧侣供养多与茶成套出现的汤的例子仅有12件（仅占僧侣全体384件中的3%），此点与茶的情况完全相反。官员供养汤的件数亦仅只有12件（仅占官员全体149件中的8%），相较于茶，供养汤的例子显得非常稀少。很难想像供养汤的例子少是因为一路上仔细谨慎记录着的成寻有所疏漏所致，由此可知，虽然在宋代社会中以茶和汤供养的方式已经普及，但却并非每次均同时提供茶与汤。仅就《参记》而言，单只供养茶与同时供养茶与汤的差异，无法看出阶层或地域上的差异，因此，笔者认为，

① 前揭田中著书，第6章。另，《参记》中关于茶汤的例子，可见于卷一"延久四年五月二十一日"条、"五月二十六日"条、"五月二十九日"条，卷三"八月二十二日"条等。
② 陈师道、朱彧撰：《后山谈丛　萍洲可谈》，"宋元笔记丛书"，北京：中华书局，1989年，《萍洲可谈》第2页。
③ 《南窗纪谈》，"丛书集成初编"2884，北京：中华书局，1985年，第90页。

宋朝人通常对来访的客人仅只提供茶，若有余力准备汤，且分别在客人来访时提供茶，于客人临走之际再端上汤。

接着探讨一般宴会所使用的酒。相对于僧侣们以茶水招待的123件，招待酒水仅有16件。官员或朝廷款待茶水有31件，招待酒水则有30件（占官员整体的20%），酒的比例极高，两者可谓势均力敌。由此可知，僧侣间通常以茶水款待，酒至多是药酒这类辅助性的饮品。但是，朝廷或官员则按照当时的常识，他们不仅只是招待成寻，还要送酒以犒劳随行的通事、船头、水夫、梢工等人。①

关于斋食，僧侣的例子多乃理所当然，但亦可在《参记》中找到非常多的官员或者"其他"人物的事例。虽然笼统地称之为斋食，但是，各自的内容其实有着很大的不同。在成寻的许多记载中，作为神宗敕旨所赐斋食，《参记》卷四"延久四年十月二十三日"条"次着斋席，皇帝敕赐斋，备百菜肴膳，不可尽记"，记载了神宗敕赐斋食的豪华程度；又如同卷三"延久四年九月十日"条"寺主大师储斋供，珍膳美果，尽善极妙"，金山寺寺主为成寻提供的斋食也都是珍膳，成寻对此赞不绝口，不过，其具体内容不详。但是，与一般的斋食相同，这种珍膳之类，可能也是素菜。

关于粥，僧侣提供粥品的件数仅有6件（占僧侣整体的2%），官员则有10件（占整体的7%），粥在官员所提供饮食物品中的比例较僧侣要高一些。由北宋徽宗敕撰《圣济总录》中计载133种药粥，以及南宋周密《武林旧事》卷六"市食·粥"中记载9种粥品，还有南宋林洪《山家清供》中记载5种粥品等可得知，宋代的粥品不

---

① 于《参记》卷一"延久四年五月十二日"条或卷三"九月七日"条、"十月一日"条中，可见招待人夫、士兵、梢工、水夫酒水的例子。卷五"十二月四日"条、"十二月十日"等条中，记载官员馈赠之酒水，由卷八"延久五年五月二十一日"条中所记载："廿一日癸亥天晴。辰时，通事陈咏来，刘琨、李诠从日本来由，告一乘房乘船来者。乍悦迎送人处，皆船头等相共来拜，点茶并分酒二瓶了。六船头各一瓶。"亦可见成寻将酒水分给船头的例子。

仅种类繁多，而且由于被寄予药用疗效的期待，因此粥品无论对何种阶级而言，均是极为普遍的食物。①官员对于成寻的款待，完全不提供羹或汁（一般的汤品），但却供养粥品，其原因可能是官员们认为，粥虽然是一般的食材，但却可以期待有药用的疗效，足以作为供养、馈赠的食材。

关于"菜"，僧侣有 52 件（占僧侣整体的 14%），菜出现于各种场合，不过，此处所谓的"菜"，未必是指单纯的蔬菜，有许多例子指的是蔬食料理，大部分的例子都属于"斋食"的范围。另一方面，官员以"菜"招待的例子仅有 2 件（占官员整体的 1%）。第一个例子是太原府知府款待成寻香菇、胡桃、米楮子、珍果、酒、点心、饭等豪华的料理，"菜"被盛装在银器中端上桌；第二个例子发生于成寻在开封后苑的瑶津亭进行祈雨仪式时，神宗的乳母崇国夫人张氏与冯供奉赐予各样"珍菜"（珍贵的蔬食料理），成寻与各位僧侣一同食用②。以上二例均为招待供养成寻的料理，因此均可属于"斋食"的范围。

此外，关于水果，僧侣有 5 件，但官员则无。至于点心类，馈赠珍果者仅限于僧侣、官员，但点心、饼类等，则无论僧侣、官员、其他人员皆有提供。由此可窥见，宋代人认为，这些物品是足以作为供养或馈赠时所使用的食材。

五、结　语

成寻以国宾待遇在大宋国内旅行，朝廷、僧侣、官员、"其他"人员向他供馈了各种各样的东西。特别是成寻长期居住的开封太平兴国寺和台州国清寺的僧侣们，供馈之物尤其多。成寻与太平兴国寺的梵才三藏（惠询）、定照大师（定照）、文慧大师（智普）和梵

---

① 《圣济总录》卷一八八至一九〇，《武林旧事》卷六"市食·粥"（《东京梦华录（外四种）》，台北：古亭书屋，1975 年）第 447 页。《山家清供》，北京：中国商业出版社，1985 年，第 12、65、69、84、92 页。
② 《参记》卷七"延久五年三月八日"条。

义大师（天吉祥）建立了非常亲密的关系，另一方面，除了开封和台州之外，他在途经杭州、越州、明州、秀州等地之时，也接受了许多寺院僧侣的馈赠。与这些僧侣的交流，在成寻所长期留宿的太平兴国寺和国清寺中进行得比较多一些，不过，在其他寺院也有交流，进行有关宗教和学术的意见交换，这种交流带有很强烈的文化特征。

另一方面，官员们隆重款待成寻，让他很感动，对成寻的招待基本上是出于职责所在，是基于事务性和礼仪目的，这种交流带有比较强的政治特征，在成寻拜访府、州、县衙等官厅时提供食品，而在寺院、船和驿站等成寻下榻之处，又以馈赠的形式努力取得他的欢心。

对于成寻来说，随侍在侧的通事陈咏、船头、梢工、水夫等"其他"人员，虽然没有供养成寻，但是在船舶和店家等下榻之地，向成寻馈赠了糖饼、作饭、樱子、干柿、松花饼等物，以示关心，而成寻也多次给予他们酒、茶、糖饼等，以示犒劳。

如上所述，人们供养或馈赠物品予成寻的场所，有九成都在成寻的下榻之处，由此可知，旅程紧凑的成寻，其活动范围极度受到局限，因此，与他透过饮食物品进行交流的僧侣、官员、其他人等，均局限于成寻的下榻处，或者仅限于下榻处周边。

此外，从《参记》中所见的饮食相关记事倾向看来，可以了解到宋代社会中，僧侣间的接待主要使用茶、斋食、"菜"、汁、羹、酒、珍果、汤等，但是，官员对成寻（僧侣）的供养，则主要使用茶、酒、斋食、果子、饼类、汤等。至于这些食材在宋代社会中的定位，其具体的考察则将留作日后的课题。

徽宗朝的神霄玉清万寿宫

藤本猛

邹 笛 译

序 言

北宋的《神霄玉清万寿宫碑》，出自艺术家皇帝徽宗之手，是他以自己独具一格的汉字字体瘦金体所作的御书碑，因其极高的艺术价值而闻名。除了被各种书法类出版物收录[①]，日本东京的书道博物馆也藏有其拓本。

然而与此同时，与其外在享有的盛誉形成鲜明对比的是，其内容被当作"盲目崇信道教的证明"，历来饱受批判。的确，徽宗皇帝在其统治的后半期崇信道教，醉心于林灵素之流鼓吹的神霄说，并对佛教大肆弹压。这种崇信愈演愈烈，导致以道教对佛教进行改头换面的政策大行其道，甚至到了以道教的名号给佛命名、或将各地的寺院大举改建为道观的地步。其时在全国各地修建的神霄玉清万寿宫，正是这一系列政策中的一部分。此御碑之所以立于万寿宫中，或许也正因充当了弹压佛教的角色。加之学界历来认为，这种道教信仰与宫中的奢侈生活密不可分[②]，徽宗的这些道教拥护政策也就愈

---

① 『書跡名品叢刊（合訂版）』卷二〇，二玄社，2001年（1987年初版）；《北京图书馆所藏中国历代石刻拓本汇编》第42册，郑州：中州古籍出版社，1990年；王平川、赵梦林：《宋徽宗书法全集》，北京：朝华出版社，2001年。此外，西川宁「宋徽宗の瘦金書千字文」(『西川宁著作集』卷二，二玄社，1991年）也收录有部分拓影（第175页）。

② 宫崎市定『水滸伝——虚構のなかの史実』，中央公论社，1993年。

加破坏了他的形象。

不过，研究徽宗朝宗教政策的松本浩一氏曾在其著作中指出，徽宗的宗教政策，与礼乐的制定等道教以外的制度也有密切关系，其中贯穿着徽宗本人超越道教与佛教的界限、自比上古圣王的用意。① 另外，笔者也曾在与松本氏相同的语境中论述过，徽宗主导的礼乐制定，与当时的政治情况有着密不可分的关系 ②。

在此，本文仍试图通过对徽宗的崇道政策进行分析，以明确崇道政策是否真的仅出于他的宗教信仰。本文借以考察的对象，正是开头所提到的《神霄玉清万寿宫碑》与神霄玉清万寿宫。文中指出，该时期全国各地突然刮起的兴建神霄玉清万寿宫之风，历来被认为是徽宗对道教的盲目崇信所导致的结果，实则却可能是出于别的目的。下文中，笔者首先试图简单梳理徽宗的宗教政策，明确神霄玉清万寿宫的沿革。

一、徽宗的宗教政策与神霄派的登场

关于徽宗的宗教政策，先行研究已多有探讨。日本学界有宫川尚志氏、松本浩一氏的研究，重在分析徽宗的道教信奉的本质 ③；也有吉川忠夫氏、窪德忠氏的研究，主要立足于与道教政策相表里的佛教弹压政策，从抑佛角度进行考察 ④。中国学界则前有唐代剑氏关于道教管理研究的专著，后有近年问世的方诚峰氏关于出现在徽宗

---

① 松本浩一「徽宗の宗教政策について」,『宋代の道教と民間信仰』, 汲古書院，2006 年。

② 藤本猛《北宋末、封禅計画の中止——大観・政和年間の徽宗と蔡京——》,『風流天子と「君主独裁制」——北宋徽宗朝政治史の研究』, 京都大学学術出版会，2014 年。

③ 宮川尚志「宋の徽宗と道教」,『東海大学文学部紀要』二三，1975 年；「林霊素と宋の徽宗」,『東海大学文学部紀要』二四，1976 年。

④ 吉川忠夫「僧を改めて德士と爲す——北宋徽宗時代の仏法受難」,『禅学研究』七九，2000 年；窪德忠「北宋の徽宗の仏教弾圧事件」,『佛教文化学会紀要』一〇，2001 年。

朝的"道家者流"的探讨①。

　　在此，笔者首先按照时间顺序，梳理徽宗与道教的关系，厘清各先行研究对徽宗的态度持怎样的看法。

　　徽宗朝前期的崇宁、大观年间（1102～1110年），徽宗对道教的态度还属于一般性信仰，主要采取礼遇方士的政策。茅山派的刘混康、天师道的张继先等人备受尊崇，徽宗与他们有多次书信往来②，郭天信、于仙姑、王老志、魏汉律等人也盛宠不衰。大观元年（1107），诏令置道士、女冠于僧尼之上，明示了道教相对于佛教的优越地位。至此为止的政策，表明的还只是徽宗个人对于道教的尊崇之意。然而此后这些人却渐渐开始在政治舞台上亮相，例如魏汉律参与了大晟乐的制定③，主要在礼乐方面起到了政治性作用。

　　至政和年间，道教所受的宠遇更是有增无减，终有神霄说的登场。首先是政和二年（1112）宫中举行仪式时规定了先道后僧的顺序，彻底表明道教地位的优越性。随后于政和四年（1114）设置了道阶二十六等，提升了道士在政治上的地位。在这样的背景中，出现了各种神乎其神的传言，例如政和初年，病中的徽宗在梦中受到神明的告谕④；又如政和三年（1113）的郊祀中，徽宗君臣亲眼目睹云中楼阁的出现，其间多有作道士打扮的人物，被颂为"天真降临"⑤。这些传言从侧面反映出的，无非是徽宗对道教的沉迷。正是在这样的背景中，有了林灵素的登场。

①　方诚峰：《北宋晚期的政治体制与政治文化》，北京：北京大学出版社，2015年。

②　《茅山志》卷二《徽宗赐宗师敕书并诗》等。

③　村越贵代美『北宋末の詞と雅楽』，庆应义塾大学出版会，2004年。

④　《皇宋通鉴长编纪事本末》卷一二七《道学》，哈尔滨：黑龙江人民出版社，2006年，第2130～2131页。

⑤　《清波杂志》卷一一《郊坛瑞应》，北京：中华书局，1994年，第461～462页；《宋会要辑稿》礼二八之六，北京：中华书局，1957年，第1022页。

　　道士林灵素出身温州，政和五年（1115）面见徽宗时 [①]，提出了
所谓的神霄说。此说强调徽宗乃是上帝之子神霄玉清王、即长生大
帝君；而蔡京等当时的政权中心人物，也都是天官转世。这一说法
无疑满足了徽宗自我神圣化的愿望。自此以后，徽宗对林灵素大加
重用，意图扩大神霄说的影响力。政和六年（1116），徽宗授予林灵
素"通真达灵先生"称号，同时于皇城东面修建起上清宝箓宫，将
此处的道教仪式交由林灵素主持 [②]。翌年（1117）二月，诏神霄派为
道教诸派之首，次月命道士两千余人会于上清宝箓宫，命林灵素谕
之以帝君降临之事。[③] 四月，徽宗宣称自己乃是统治九霄之首——
神霄玉清府的长生大帝君之转世，即太霄帝君，随后甚至册命自己
为"教主道君皇帝"。至此，神霄派俨然已占据了国教地位，而其主
神正是徽宗本人。

　　此风一涨，必然会导致对佛教的压制。或者可以说，想要提升
神霄派作为国家宗教的地位，相对地降低佛教的地位就成为了必然。
宣和元年（1119）诏令，强制将佛教中的名号道教化，变更名号
"佛"为"大觉金仙"，"僧"为"德士"，"寺"为"宫"。与此同时，
着力宣扬神霄派自身的威严，如渲染青华帝君的降临，推动灵宝经
的重修 [④]、神霄秘箓的新设，等等。

　　以上是由徽宗主导的道教相关政策的概略。由此可以看出，徽
宗朝前半期，对道教的推崇还属于徽宗个人的倡导，而进入后半期，
崇尚道教则被积极援引为国家政策，且宗教权威已然浸染了世俗世
界。很明显，这一转折的契机是林灵素的出现和神霄派的登场，然

---

① 关于此事的经过，前述先行研究中已有详细说明。此外，久保田和男氏的
　 研究中也有论及（久保田和男「徽宗時代の首都空間の再編」，『宋代開封
　 の研究』，汲古書院，2007 年）。
② 《皇朝编年纲目备要》卷二八"政和六年二月"条，北京：中华书局，2006
　 年，第 714～715 页。
③ 《宋史》卷二一《徽宗本纪》，北京：中华书局，2006 年，第 397 页。
④ 《皇宋通鉴长编纪事本末》卷一二七《神霄宫》，第 2136～2137 页。

而事实上，与其说是徽宗为神霄派教义所感染，倒不如说神霄派的登场，正是为了实现徽宗的夙愿。

通过以上整理，我们有理由怀疑，徽宗对道教的推崇，是否真的仅是纯粹出于对一种宗教的盲目崇信。他所追求的归根到底只是他理想中的教义，而这种理想中更包含着他在现实世界中提升自己的权威的意图，他的目标终究只是在于自我神圣化。在先行研究中，宫川氏指出，"对于徽宗而言，道家之学乃儒学之助，正因他追求完美的治国之道，才听从了林（灵素［引用者注］）之言"；"保证帝王的权威凌驾于诸宗教之上，这一基础从未产生过动摇。即便是身负风流天子、亡国之君骂名的徽宗，这种帝王的姿态也并无不同"（《宋の徽宗と道教》第 7、第 9 页）。而窪氏也指出，一方面徽宗虽一时沉湎于道教，而实际上另一方面"道教被重新塑造为将皇帝置于至高无上之顶点的国家宗教"（第 13 页）。这也就说明，徽宗并未真的让自己湮没在道教这一区区宗教之中。松本氏则提到，宋代早在真宗、仁宗朝就有皇帝乃神仙转世之说，而神宗朝关于礼制的探讨，本是否定秦汉以降、而以直溯周代为理想的。至于圣祖赵玄朗的登场，则超越了儒道之分，直指礼制的更深层次根源。虽然徽宗朝的宗教政策，归根结底是对这种北宋以来的整体趋势的继承和延续，不过就徽宗而言，他最初便有自比上古圣王的意识，其后来的所为，乃是在此基础上更进一步，达到直接与天神相联系的目的。[①]

笔者认为，若说强调以徽宗为顶点的宗教政策才是神霄派的特征，那么神霄玉清万寿宫的修建，则正是这种特征的如实反映。学界历来认为，在全国范围内突然兴起的修建神霄玉清万寿宫之风，乃是源于徽宗对神霄派的痴迷，但实际上是否真的如此？下文将对此进行探讨。

[①]　松本浩一「徽宗の宗教政策について」、『宋代の道教と民間信仰』、汲古書院，2006 年。

二、神霄玉清万寿宫

（一）神霄玉清万寿宫的修建与神霄玉清万寿宫碑

政和七年（1117）二月，御笔诏令，改天下所有天宁万寿观为神霄玉清万寿宫。

> 政和七年二月辛未，御笔："天下天宁万寿观改作神霄玉清万寿宫。如小州、军、监无道观，以僧寺充，即不得将天庆观改。仍于殿上设长生大帝君、青华帝君圣像。"①

没有天宁万寿观的小州或军、监，则有道观者改道观，无道观者改佛寺，皆令重建为神霄玉清万寿宫。此时于佛寺让渡之际抗命引起骚乱者，被施以包括发配在内的重罚②，这一事件也由此被看做对佛教弹压行为的开端。

总而言之，当时各州、军无一例外，皆受命修建神霄玉清万寿宫。

> 徽宗政和七年二月十三日，诏："神霄玉清万寿宫如小州、军、监无道观，以僧寺改建。如有道观处，止更名，仍于殿上设长生大帝君、青华帝君像。"③

两年后的宣和元年（1119），开封的神霄玉清万寿宫应当也已落成。

---

① 《皇宋通鉴长编纪事本末》卷一二七《神霄宫》，第 2139 页。
② 《宋会要辑稿》礼五之四，第 467 页。其文曰："（政和七年）七月二十二日，诏诸路州军：应改寺作神霄玉清万寿宫大州军，并先期告谕，即半月迁徙。如接便搔扰，许人告，赏钱三百贯，犯人决配千里。"
③ 《宋会要辑稿》礼五之四，第 467 页。

（宣和元年）八月二十三日，以宫成，降德音于西京
诸道。①

徽宗亲笔书写了此事经过，并效仿真宗朝，命于全国范围内将其刻
石立碑，这就是著名的《神霄玉清万寿宫碑》。

当时在全国各地大量刻立的神霄玉清万寿宫碑，如今只有两处
尚存。其一留于福建莆田县玄妙观中。从名称来看，或许正因徽宗
朝以来此处始终以道观的形式延续，此石碑才得以保留下来。碑文
的拓本作为剪装拓收录于二玄社《书迹名品丛刊》中，上面还留有
《御笔手诏》之碑额。拓本高202厘米，宽100厘米。平凡社《书道
全集》第五卷（1987年）中收录拓本，与《闽中金石略》卷八所收
《神霄玉清宫碑》，应当为同一物。

现存另一处石碑，在海南省海口市五公祠，其拓本收入《北京
图书馆藏中国历代石刻拓本汇编》第四十二卷（1989—1991年）。
此方则没有碑额，高214厘米，宽100厘米。王平川、赵梦林编
《宋徽宗书法全集》（朝华出版社，2001年）中收录拓本，应当来源
于此。日本书道博物馆所藏拓本亦无碑额，应也是来自留存在海南
省的这方石碑。

另外，《山右石刻丛编》卷三十三载有《神霄玉清宫记》一
文②，其碑文现已不存。原碑为元至顺元年六月重建之碑，据说重建
之时另有立碑之人的跋文，恐怕也已全部散佚。

从留存下来的拓本来看，各拓本中文章的内容基本都相同，且
徽宗的御笔都依照原样镌刻。正文部分共16行，合计364字，以
行、楷书（瘦金体）书写而成。碑额"御笔手诏"四字，出自蔡京

---

① 《宋会要辑稿》礼五之六，第468页。
② "碑高一尺五寸九分、广五尺三寸三分。六十五行。诏，每行十六字。跋，
　　每行二十字。正书。今在潞安府。"

之子蔡鯈之手。蔡鯈初以恩泽入官，历亲卫郎、秘书丞，宣和中官至礼部尚书，其后联手兄长蔡攸与其父蔡京对立，最终与蔡攸一同被诛杀。

该诏原文如下。

神霄玉清万寿宫诏

御制御书

道者，体之可以即至神，用之可以挈天地，推之以治天下国家，可使一世之民，举得其恬淡寂常之真，而｜跻于仁寿之域。朕思是道，人所固有，沈迷既久，待教而兴，俾欲革末世之流俗，还隆古之纯风，盖尝稽参｜道家之说，独观希夷之妙，钦惟｜长生大帝君、｜青华大帝君，体道之妙立乎万物之上，统御神霄监，观万国无疆之休，虽眇躬是荷，而下民之命，实明神｜所司。迺诏天下，建神霄玉清万寿宫，以严奉祀，自京师始，以致崇极，以示训化。累年于兹，诚忱感格高，厚｜博临属者，三元八节，按冲科启净，供风马云车，来顾来飨，震电交举，神光烛天，群仙翼翼，浮空而来者，或｜掷宝剑，或洒玉篇，骇听夺目，追参化元，卿士大夫、侍卫之臣，悉见悉闻，叹未之有，咸有纪述，著之简编。呜｜呼，朕之所以隆振道教，｜帝君之所以眷命孚佑者，自帝皇以还数千年，绝道之后乃复见于今日，可谓盛矣。岂天之将兴，斯文以｜遗朕，而吾民之幸，适见正于今日耶。布告天下，其谕朕意毋忽。仍令京师神霄玉清万寿宫，刻诏于碑，以｜碑本赐天下，如大中祥符故事，摹勒立石，以垂无穷。

宣和元年八月十五日奉

圣旨立石 [1]

---

[1] 《皇宋通鉴长编纪事本末》卷一二七《神霄宫》"宣和元年八月丙戌"条（第2141页）中有此诏略文。

正文中每隔数行便有卍字纹环绕，左右两端则无纹样而有文字。其中，右侧以楷书分两行写有：

> 保和殿直学士朝请大夫提举上清宝箓宫编类御笔兼礼制局
> 详议官校正内经同详定官赐紫金鱼袋臣蔡翛奉　圣旨题额

正是上文所述碑额相关信息。左边则有：

> 通侍大夫保康军承宣使直　睿思殿同知入内内侍省事同提
> 点皇城司充在京　神霄玉清万寿宫提点臣检校少师镇东军节度
> 使太一宫使直　保和殿明堂兼在　京神霄玉清万寿宫提举提辖
> 使臣梁师成　　　　　立石

以楷书四行写成。由此可知开封神霄玉清万寿宫的管辖，应是交由宦官所任。[1]

顺带一提，这里的卍字纹，也即所谓"雷纹"，是见于青铜器饕餮纹之间的纹样题材。[2] 碑文中有碑额执笔者与立石者的信息，或可说明，这块御书碑于开封神霄玉清万寿宫中立碑之时，上面的雷纹就已经存在，是为了迎合徽宗当时的古玩收集兴趣的装饰。

（二）神霄玉清万寿宫的维持与政治作用

于全国各州大举兴建的神霄玉清万寿宫，从建成之初开始，便与世俗世界的官职有诸多联系。各地的神霄玉清万寿宫在落成的次年，先是获得与孔子庙享受同等尊崇的殊荣[3]，既而令知州军与通判

---

[1]　此处内容与《闽中金石略》卷八《神霄玉清宫碑》所记载内容一致。

[2]　中野美代子『中国の妖怪』，岩波書店，1983 年。

[3]　《皇宋通鉴长编纪事本末》卷一二七《神霄宫》：重和元年七月"甲午，御笔：天下神霄玉清万寿宫门，可视至圣文宣王庙立戟，以称严奉"。（第2140页）

分别带"管勾"与"同管勾"神霄玉清万寿宫官衔①，而开封的神霄玉清万寿宫，则由开封长次官的开封尹、少尹分别"管判"与"管干"②；甚至连宰相与执政，都身兼神霄玉清万寿宫使与副使③。此外，各路转运使也带"提举"该路神霄玉清万寿宫之衔。全国所有的神霄玉清万寿宫，至此几乎都与世俗中的官职建立了某种联系④。这也即是说，神霄玉清万寿宫并不与普通道观一样隶属于道正司，而是地方上由各州监司、州官，在京则由宰执、开封府官直接掌管，算得上是一种很特别的道观。

---

① 《皇宋通鉴长编纪事本末》卷一二七《神霄宫》"重和元年六月甲戌"条，第 2139 页。

② 《宋会要辑稿》礼五之五（第 467 页）："（政和八年）七月三日，诏：'宰臣可兼神霄玉清宫使，执政官充副使，判官听旨差。自改官制，不置使名，候道教兴隆，宫宇悉备，即罢。'四（月）[日]，开封尹盛章奏：'乞依天下州军知州，带"管干神霄玉清万寿宫"字，以严圣主崇奉上真之意。'诏：'府尹充管判、少尹充管干在京神霄玉清万寿宫。'十四日，诏：'天下神霄玉清万寿宫门可视至圣文宣王庙立戟，以称崇奉。'十五日，河东路转运判官王似言：'本路神霄玉清万寿宫有本州见无户绝折纳田去处，欲于邻近他州有户绝折纳田处贴拨。候本州有田日，逐旋却行改拨。'从之。"

③ 《皇宋通鉴长编纪事本末》卷一二七《神霄宫》："（重和元年）七月癸未，御笔：'道隐于小，成流于末，俗人不足与明，不显于世。朕作新斯人，以觉天下。神霄玉清府实总万夫，监临下土。比诏四方，改营宫宇，以迎神贶。官吏勤惰不一，尚未就绪，更赖辅弼大臣同寅协力，宰臣可兼神霄玉清宫使，执政官充副使，判官听旨差。自改官制，不置使名，权时之宜，庶克有济。候道教兴隆，宫宇悉备，即罢。太师鲁国公蔡京、少傅太宰郑居中、少傅少宰余深、检校太保领枢密院事童贯，并兼充神霄玉清万寿宫使；知枢密院事邓洵武、门下侍郎薛昂、中书侍郎白时中、尚书左丞王黼、宣和殿大学士蔡攸，并兼充神霄玉清万寿宫副使，仍给敕。判官听旨差。'甲申，诏开封府尹充神霄玉清万寿宫判官，少尹充管勾。"（第 2139～2140 页）

④ 《宋会要辑稿》礼五之五（第 467 页）."（政和八年）五月二日，诏诸州神霄玉清万寿宫并依在京宫观体例。同日，诏两浙路漕臣詹度差提举本路神霄玉清万寿宫，通判带'同'字。"《宋会要辑稿》礼五之六（第 468 页）："（政和八年）十一月十日，诏诸路漕臣提举神霄玉清万寿宫，铸造铜印一面给付，以'提举某路神霄玉清万寿宫印'为文。"

　　除此以外，作为监司的提刑司、廉访使者在巡按之时，通常也会受命对当地神霄玉清万寿宫的管理运营状况进行严格的监察。

　　（政和）八年二月二十日，诏曰："朕嗣守大位，赖帝博临，高真屡降，祥应沓至，万邦咸宁。深惟修报之诚，无得而称，诏天下作神霄玉清万寿宫，奉上帝君大君之祀，以严报称，与天下祈福。将期年于兹，而三数州玩弛弗虔，曾不肃给。明宫斋庐，或粗设貌像，或仅容数士，弊陋不蠲，弗称明灵，羽流陈诉，辄被刑戮，岂所望哉。其令诸路提刑、廉访，巡按所至，躬诣新宫瞻视考验，究其避就，观其废举，察其施设，具奏，将有考焉。"①

而如此严格规定的结果便是：

　　（重和元年）三月戊子，朝议大夫、知泗州叶默责授单州团练副使、郴州安置，坐改建神霄宫不如法故也。②

如史料中所说，出现了州官没有按照规定改建神霄宫而遭到处罚的例子。而与之相反，

　　（重和元年六月）壬戌，御笔：博州修建神霄宫如法，守贰当职官并廉访使者各迁一官。③
　　（重和元年七月）癸卯，中大夫、直徽猷阁、知河阳王厚以改建神霄玉清万寿宫毕工，进职一等。武功大夫、知西安州解潜转遥郡刺史，以措置改建神霄玉清万寿宫推赏也。④

① 《宋会要辑稿》礼五之四—五，第467页。
②③ 《皇宋通鉴长编纪事本末》卷一二七《神霄宫》，第2139页。
④ 《皇宋通鉴长编纪事本末》卷一二七《神霄宫》，第2140页。

若恭谨奉命改建，则多受升迁之赏。神霄玉清万寿宫就是这样作为与众不同的道观而存在，并与俗世中的地方官相联系，而其管理运营，也有全国一式的严格规定，不容有差。

不过在这一系列规定中，监司的职责并非仅仅只是确认神霄宫建设与运营情况。稍晚时期有史料称：

> （宣和）六年闰三月二十七日，诏：奉使及监司等官，巡历经过州军，并令诣神霄宫朝拜。著在甲令。今后如遇夜入城，并于次日朝拜。若公事急速，自合依免赴。①

诏命规定，出巡地方的奉使、监司，每过一州军则必须赴当地的神霄玉清万寿宫朝拜。需要注意的是，此时乃宣和六年，已是林灵素失势、对佛教的禁令也相对弛缓之后。然而即便是在此时，依然可以看到对神霄玉清万寿宫的尊崇受到如此强调。这一时期一直被认为是徽宗个人对道教的狂热（从反面而言则是对佛教的过度压制）已大为降温的阶段，可是另一方面却能清楚看到，神霄玉清万寿宫的风头不减当年，甚至出现了强制官僚朝拜的规定。从这种反常的趋势中，或许我们可以有所发现。

还有一点需要强调的是，神霄玉清万寿宫的主神长生大帝君被认为是徽宗本人的前世之身，因此对奉祀长生大帝君的神霄宫加以尊崇，也就等同于对皇帝本人的尊崇。由此可见，神霄玉清万寿宫绝非仅是一种宗教性要素，它的存在，同时也是在强行索取俗世众生的忠诚之心。结合各地的神霄玉清万寿宫的前身基本都是天宁万寿观这一点，此结论或将更加明白。下一章就将回溯神霄玉清万寿宫的前身。

---

① 《宋会要辑稿》礼五之六，第 468 页。

三、神霄玉清万寿宫的前身

（一）天宁万寿观

　　上文已经说明，天宁万寿观曾是神霄玉清万寿宫的前身。[①] 其名称中的"天宁"二字，从"天宁节"而来，指的是徽宗生日的十月十日。[②] 把君主生日当做庆典的风俗，本是受佛教灌佛会的影响而形成。其风俗最初乃是感谢父母生养之恩，而最终演变为纯粹庆祝生日、进而规定皇帝生日为国家节日的，则始于唐玄宗朝的千秋节（其后改名为天长节）。[③] 北宋时期，则有太祖朝的长春节（二月十六日）、太宗朝的乾明节（十月十七日）等生辰节日，成为君臣间相互交流的机会，而生辰节的各种庆典，也提供了向庶民宣扬皇帝权威的场域。[④] 宋代一直保持着这一习俗，直到徽宗朝，生辰节的庆典仍每年举行。特别是自重和元年起，开始在徽宗生辰当日于天宁万寿观举行统一的仪式，朝廷甚至为此编成了《仪注》。[⑤] 这就意

---

① 《宋史》卷二一《徽宗本纪》（第 397 页）："（政和七年二月）辛未，改天下天宁万寿观为神霄玉清万寿宫。"《宋会要辑稿》礼五之二三（第 476 页）："（政和）七年二月十三日，诏天下天宁万寿观改作神霄玉清万寿之宫。"另外，据陆游的记述，最初的神霄玉清万寿宫虽是改天宁万寿观而为之，之后却利用了其他宫观改建，但管见所及，这一说法并无旁证。陆游《老学庵笔记》卷九："政和神霄玉清万寿宫，初止改天宁万寿观为之，后别改宫观一所，不用天宁。若州城无宫观，即改僧寺。"

② 《宋会要辑稿》礼四九之二二（第 1494 页）："徽宗讳佶，神宗第十一子，母曰钦慈皇后陈氏。元丰五年壬戌岁十月十日生。（原注：元符三年，诏以其日为天宁节。）"

③ 池田温「天長節管見」，『日本古代の政治と文化』，吉川弘文館，1987 年。

④ 尤其是唐代后期，生辰节的祝祭，已改在世俗化而成为公共空间的寺院举行，探讨这一变化的意义的先行研究，可举穴泽彰子「唐代皇帝生誕節の場についての一考察——門楼から寺院へ——」，『都市文化研究』三，2004 年。

⑤ 《宋会要辑稿》礼五七之二四（第 1604 页）："重和元年十一月一日，礼部奏：'太常丞梁修祖言，窃惟壬戌日天下并设祝圣醮筵，行礼（转下页）"

味着，神霄玉清万寿宫的前身天宁万寿观，在其改建为神霄宫之前，原本就是为了尊崇徽宗之目的而存在的。

不过在此时，也还尚有未建天宁万寿观的州军。在这些地方，天宁节的庆典是利用天庆观进行的。[①] 天庆观首建于真宗朝大中祥符二年（1009），设立于当时无宫观的州府、军、监、关、县[②]，理论上是要保证此后各地至少有天庆观存在。而这也就是说，至少在理论上，徽宗朝的天宁节庆典，也应该是无一例外地于全国各地举行的。

政和七年（1117），全国范围内改建神霄玉清万寿宫之风兴起时，诏命特别强调，有天宁万寿观之处自然要对其加以利用和改建，而没有天宁万寿观的，则须改建佛寺，不得利用天庆观。[③] 这也能从侧面证明，作为天宁节道场开设之处，天宁万寿观与天庆观本就容易被看成相同事物。

至于天庆观的改建和利用为何被禁止，或许是因为天庆观中已有圣祖殿存在，而那里供奉着的是圣祖，即真宗朝追尊的祖先神赵玄朗之尊像，将天庆观改建为用来尊崇徽宗的神霄玉清万寿宫，自然就显得极不妥当。

总而言之，自此我们可以看到一个完整的的演变过程——本来

（接上页）之际，其在州郡尚或未同。欲乞著为定制，颁之四方。'下太常寺修立到仪注，壬戌前七日，郡守率在城官诣天宁万寿观殿下北向……以后每日轮知、通已下至掾官一员，诣本观烧香。（原注：壬戌日郡首赴。）并如上仪讫退。次至壬戌日晚，郡守率在城官诣天宁万寿观殿下北向再拜讫，班首升殿上香……"

① 《宋会要辑稿》礼五七之三二（第 1608 页）："（政和五年）六月二十七日，起复朝请大夫、充集贤殿修撰、淮南江浙荆湖路制置发运副使李偲言：'应天下州、府、军、监不（如）建立天宁观去处，凡遇壬戌日，即于所在天庆观三清殿，并依节镇例修设大醮，崇奉壬戌本命之辰，仍许监司、守臣率在职官僚开启罢散如礼。'从之。"

② 《宋大诏令集》卷一七九《令州府军监关县无宫观处建天庆观诏（大中祥符二年）》，北京：中华书局，1962 年，第 647 页。

③ 本文第二章第一节引《皇宋通鉴长编纪事本末》卷一二七《神霄宫》。

基本只在天宁节之际用以尊崇徽宗的场所，被改建为常设的表达尊崇之意的设施，进而更是强制规定各州级地区都必须设置。①

开封的神霄玉清万寿宫，也经历了同样的过程。开封神霄玉清万寿宫的前身为玉清和阳宫②，正是政和四年（1114）建于宫城内徽宗诞生之处的道观③。玉清和阳宫在建成之后，一度也是天宁节等节日设置道场之地，徽宗曾屡次驾幸。

由此可知，包括开封在内，全国各地修建起来的神霄玉清万寿宫，其实原本就都是与徽宗生辰密切相关的场所，并非到了政和年间，才作为神霄派道教的设施一夜之间拔地而起的。

至于地方上的天宁万寿观，其前身则是被称为"崇宁观"的设施。而这崇宁观，也是与徽宗个人渊源颇深的地方。

（二）崇宁观

崇宁观正如其名，乃是设置于崇宁年间的道观，不过作为同一系列的设施，却是佛寺崇宁寺始建于前。这一过程则始于崇宁二年（1103）九月，蔡京等人奏请于天下州军设置崇宁寺。

（崇宁二年九月）癸巳，令天下郡皆建崇宁寺。④

徽宗崇宁二年九月十七日，左仆射蔡京等劄子奏："臣等

---

① 至此，虽然州级地方的神霄玉清万寿宫应该都成为了天宁节之际尊崇徽宗的场所，但县级、以及没有宫观的地区，庆典仍在佛寺举行。《宋会要辑稿》礼五七之二四："宣和元年十月七日，诏天宁节道场，诸路无道士宫观去处，许于德士宫观开启。"

② 《宋会要辑稿》礼五一之一六（第1549页）："（政和）七年五月十六日，诏改玉清和阳宫以玉清神霄宫为名。"

③ 《宋会要辑稿》礼五一之一四（第1548页）："徽宗政和三年四月二十四日，以福宁殿东今上诞圣之地作玉清和阳宫，凡为正殿三，挟殿六。……四年，宫成，总屋一百四十二区。诏以四月一日奉安神像于逐殿，命太师蔡京充礼仪使，保静军节庆观察留后杨戬充都大主管官。"

④ 《宋史》卷一九《徽宗本纪》，第368页。

伏以陛下遹追先烈，分别邪正，明信赏罚，上当天心。今天宁
[节]届，伏请天下州军各赐寺额，以崇宁为名，上祝睿算。"
诏依所奏，仍赐敕额。每遇天宁节，[节]镇州与紫衣、度牒各
一道，其余州、军、监各与度牒一道。许令任便修盖，候了，
逐旋奏取旨，赐经一藏。①

皇帝生辰节时例行的寺院赐额、度牒发放，都是宋朝历代的习
惯②，或许这并不能算是初设崇宁寺的特别恩典。但是，原本信仰
佛教的蔡京此处的主张，本是效仿治平末年的圣寿寺之制，然而当
年的圣寿寺不过是各州内众多寺院中并不起眼的小寺，而如今的崇
宁寺却是一州一处、且只设在州军的大寺，再加上荷受田地十顷之
赐③，以及苗税、役钱的免除④，已可谓是无上的特殊恩典。

至于说到崇宁寺为何受此隆恩，这便要归结到其建设的初
衷——从一开始，崇宁寺便是仅用于祝祷徽宗圣寿的专门设施。

（崇宁）三年正月二十七日，诏："崇宁寺惟得建置祝圣寿
道场行香及祈求外，其余行香并令就他寺。"⑤

同年十月，又设立了崇宁观。

徽宗崇宁二年十月一日，御史中丞石豫言："伏见宰臣蔡京

---

① 《宋会要辑稿》礼五之一五，第472页。
② 竺沙雅章「寺観の賜額について」,『宋代仏教社会史研究（増訂版）』,朋
　友書店，2002年。
③ 《宋会要辑稿》礼五之二三（第476页）："（崇宁三年）三月一日，诏崇宁
　寺、观各给田十顷，以天荒等田拨充。"
④ 《宋会要辑稿》礼五之二三（第476页）："（崇宁）四年五月二十五日，诏：
　诸路人户舍田土顷亩在崇宁寺、观，与免纳役钱。十一月七日，敕：应诸
　路州军崇宁寺、观，所赐田并免税。"
⑤ 《宋会要辑稿》礼五之一五，第472页。

等以天宁圣节，请天下州军各赐崇宁寺额。此实上广《蓼萧》
之泽，共伸《天保》之报，区区小臣，均作是念。伏望特降睿
旨，许天下置观，比类寺额，亦乞以崇宁为名。"诏节镇州许置
崇宁观，余依崇宁寺已降指挥。①

这表明，崇宁观本身是作为具有与崇宁寺相同功能的道教设施而设
置的。②此时的天宁节道场，应该是在州一级地区有崇宁寺之处按
照佛教仪式、有崇宁观之处则按照道教仪式举行的。而且这些仪式
并不仅限于一年一度的天宁节举行，而是在监司所在州军，须由州
官们每月一日一同前往参诣。

> （崇宁三年）六月五日，诏："监司所在州如崇宁观在城内
> 者，每月旦日，许同本州官属恭诣烧香。及巡按所至州城，非
> 时亦恭诣本观烧香点检。不系监司所在州军，知、通集官属同
> 诣烧香。"③

回顾上文不难发现，这条参诣崇宁观的命令，与其摇身变为神霄玉
清万寿宫之后的参诣命令相比，简直如出一辙。这就可以明确，并
不是到了徽宗朝后半期，神霄玉清万寿宫才突然被赋予了特殊含
义的。

崇宁寺、观在设置的第二年（崇宁三年，1104 年）二月（一
说六月），名称中加上了沿袭至神霄玉清万寿宫之名的"万寿"二

---

① 《宋会要辑稿》礼五之二三，第 476 页。
② 从此时开始，徽宗御书被刻碑并立于崇宁观，开了后来刻立神霄玉清万寿
宫碑的先例。《宋会要辑稿》礼五之二三（第 476 页）："（崇宁三年）四月
十九日，知河南府范致虚言：'杭州请以崇宁观为皇帝本命殿，赐名天保
殿，仍乞赐御书（碑）[牌]额。乞诸州亦依此，以御书石本颁赐摹勒，泥
金揭之殿宇。'从之。"
③ 《宋会要辑稿》礼五之二三，第 476 页。

字 ①，政和元年（1111）八月，依徽宗生辰节名称，分别改名为天宁万寿寺、天宁万寿观 ②。民国《定县志》卷一九《金石篇》中《崇宁万寿禅□□房钱圣旨碑》（大观三年）中所记载的"定州崇宁万寿禅寺"，在同书同卷《天宁寺偈碑》（政和元年）中表记为"天宁万寿禅寺"，正好证明了这一改名的过程。③

由以上分析可知，崇宁寺与崇宁观，正是地方上为了庆祝徽宗生辰天宁节，同时也为方便监司、州官每月举行尊崇徽宗的仪典而兴建的；而后来的天宁万寿寺观、神霄玉清万寿宫，也是由崇宁寺观演变而来。

四、皇帝的自我神化与徽宗的生辰

由以上梳理可以明确，神霄玉清万寿宫这一设施，并非是因徽宗对道教的推崇而突然涌现的。其最初的雏形，本就是建立于徽宗即位之初、用以表达对他尊崇之意的设施。这些设施及其原本的设立主旨，先是历经了包括佛教在内的宗教因素的承认，最终由升华为国家宗教的神霄派以其道教方式加以吸收和统一。探讨神霄玉清万寿宫的性质时，这一形成过程不可忽视。

> （政和）七年八月三十日，尚书祠部员外郎李杨言："每岁天宁节，内外臣僚各有祝圣寿道场，多（谊）[诣] 僧寺开建，礼非所宜。欲望圣慈许诣神霄玉清万寿宫道观开建。"诏除宰臣、枢密已下依例大相国寺外，余并诣道观，违者以违御

---

① 《宋会要辑稿》礼五之一五～一六（第472页）："（崇宁三年）二月八日，诏：崇宁寺、观上添有'万寿'二字，崇宁寺主首依禅寺选僧住持。……六月四日，诏以'崇宁万寿寺'为额。"

② 《宋会要辑稿》礼五之一六（第473页）："政和元年八月八日，诏天下崇宁万寿寺、观并改作天宁万寿（观寺）[寺、观]。"

③ "天宁万寿寺观"之中的天宁万寿观后来成为了神霄玉清万寿宫，而天宁万寿寺则原样保留，进入南宋之后先后更名为"报恩广孝寺"与"报恩光孝寺"。详见下文。

笔论。①

以上史料也印证了这一过程。不过，正如史料中所说，首都开封的
天宁节祝寿之仪，并不是在神霄玉清万寿宫或其前身玉清和阳宫，
而是在相国寺举行的。

> （十月）初十日天宁节。前一月，教坊集诸妓阅乐。初八
> 日，枢密院率修武郎以上，初十日，尚书省宰执率宣教郎以上，
> 并诣相国寺罢散祝圣斋筵，次赴尚书省都厅赐宴。宰执、亲王、
> 宗室、百官入内上寿。②

这或许是因为宋代自太祖朝以来，君主生辰节仪典一直在相国寺举
行③，于是此处"依例"沿袭了传统④。不过，也有京城的神霄玉清
万寿宫开过天宁节道场的记载⑤。值得一提的是，《宋史·礼志》中
《圣节》部分记载了宋朝历代皇帝生辰节的行事，而关于宫城内的
上寿之仪，用最长的篇幅记载得最为详细的，就是徽宗的仪礼。或
许这是因为礼志编纂过程中使用了《政和五礼新仪》，而后者在第
一百六十五卷中，将天宁节上寿仪作为嘉礼，利用整卷的篇幅进行
了详细介绍。由此可见，徽宗时期的生辰节仪式应是最为完备的。
　　神霄玉清万寿宫本质上并非是因徽宗对神霄派的一时沉湎而突然
兴起的事物，而是原本就为尊崇徽宗个人而存在的设施经由神霄派道

---

① 《宋会要辑稿》礼五七之二四，第 1604 页。
② 《东京梦华录》卷九《天宁节》，北京：中华书局，1982 年，第 219 页。
③ 《宋史》卷一一二《礼志》："正月十七日，于大相国寺建道场以祝寿，至
　　日，上寿退，百僚诣寺行香。寻诏：'今后长春及诸庆节，常参官、致仕
　　官、僧道、百姓等毋得进奉。'"
④ 宣和年间，时任监察御史、殿中侍御史的许景衡有诗，题为《天宁节上寿
　　紫宸，退诣相国寺祝寿，宴尚书省》（《横塘集》卷四，《四库全书》，台北：
　　（台湾）商务印书馆，1983 ～ 1987 年，第 1127 册，第 199 页）。
⑤ 《宋会要辑稿》仪制七之四（第 1951 页）："（政和八年十月）二十九日，蔡
　　京等上表贺神霄宫建天宁节道场日，仙鹤翔集神霄殿。"

教的改造而变得更加神圣庄严的结果，如果能够明确这一点，那么神霄玉清万寿宫的建设，还能说仅是徽宗"对道教的盲目信仰"吗？

另外，还有一点更加值得注目——在将天宁万寿观改建为神霄玉清万寿宫的工程竣工之时，长生大帝君和青华帝君之像已作为主神，置于神霄玉清万寿宫中。① 其中的长生大帝君既被认为是徽宗的前身、也即是他的本性，那么很可能其像乃是以徽宗御容为原型而制作的。这也即是说神霄玉清万寿宫中的徽宗之像，乃是作为他的真身神明之像而安置的。这不禁让人想起唐玄宗来——他也曾下令制作御容像，并广置于全国各地：

> 初，天宝中，天下州郡皆铸铜为玄宗真容，拟佛之制。及安、史之乱，贼之所部，悉镕毁之，而恒州独存，由是实封百户。②
> 玄宗幸蜀时旧宫，置为道士观，内有玄宗铸金真容及乘舆侍卫图画。先是，节度使每至，皆先拜而后视事。③

对于跟自己同样尊崇道教、甚至为《老子》做过御注的玄宗，徽宗应当不会陌生。但是关于当年那场转眼间便草草收场的御容像风波，徽宗是不是深谙其中玄宗的意图，这就很难断定了。不过就结果而言，徽宗实现了当年玄宗曾经失败的计划，并且至少在他在位期间得以维持，神霄玉清万寿宫的存在即是见证。

上文指出，监司必须亲至当地神霄玉清万寿宫参诣。此时他们

---

① 前文已经述及，神霄玉清万寿宫中安置有长生大帝君像。《皇宋通鉴长编纪事本末》卷一二七《道学》（第2130页）中记载，政和六年"十月甲申，诏'诚感殿长生大帝君像，可迁赴天章阁西位鼎阁奉安。'"说明此时长生大帝君像已经存在（相同记载另可见《宋会要辑稿》礼五一之二三第1553页"政和六年十月二十四日"条）。而与此相对，《纪事本末》下注有"恐此时未有长生大帝君像，当考"之语。笔者对此持相同意见，认为长生大帝君像应当是制作于徽宗从神霄说中领悟自己真身之后。
② 《旧唐书》卷一四二《李宝臣传》，北京：中华书局，1975年，第3866页。
③ 《旧唐书》卷一一七《郭英乂传》，第3397页。

俯身叩拜的不是别人，正是被道教庄严化了的徽宗本人。这样看来，虽然神霄玉清万寿宫是宗教设施这一点毋庸置疑，但与此同时，它也是自我神圣化的皇帝接受顶礼膜拜的场所。

此外，关于天宁节，还有一种传言，煞有介事地说徽宗的生辰并非十月十日，而是五月五日。

> 徽宗亦以五月五日生，以俗忌改作十月十日，为天宁节。①

中国自古就有孟尝君之例②，五月五日端午节出生的孩子，历来被认为是不祥之人。对于徽宗生日五月五日说，目前笔者没有特别见解。不过管见所及，除了《癸辛杂识》这部南宋末期的史料笔记以外，在北宋末相近时代的诸史料中，并没有提到徽宗实际上是五月五日出生的。由此看来，这一说法或许只是坊间传言而已。鉴于后世对于徽宗其人的历史评价，把他当做随后一系列不祥之事的起因，也并非不可理解，而将天宁节十月十日的这两个整数除以二，则正好为五月五日，此间巧合，或许亦未尝不是五月五日生辰说产生并流传至后世的基础。总之，这一说法无法从根本上否定推翻，却也无勉强遵从的必要。因此本文中基本以徽宗生辰为十月十日天宁节为前提。

结　语

政和年间，徽宗沉迷于道教，此乃不争的事实。然而这种沉迷的本质，与其说是徽宗对道教教义的醉心，不如说是以徽宗的理想姿态而出现的神霄派对于徽宗的迎合。这一看法，先行研究已经作了论述。不过，若只据"全国范围内兴建起神霄玉清万寿宫""成为

---

① 周密：《癸辛杂识》后集《五月五日生》，北京：中华书局，1988年，第104页。

② 《史记》卷七五《孟尝君传》："（田）文以五月五日生。……（田）婴曰：'五月子者，长与户齐，将不利其父母。'"《索隐》："按，《风俗通》云，俗说五月五日生子，男害父，女害母。"（北京：中华书局，第2352页）

地方上传布道教的据点"等说法，以及其中一部分乃是以佛寺改建而成等事实来看，确实会认为它只是徽宗过度狂热的信仰所留下的"盲目崇信道教的证明"。然而实际上，正如本文的分析，纵观神霄玉清万寿宫的前生今世，其雏形乃是徽宗即位数年之后于各州设置的崇宁寺／崇宁观——后者虽然经历了崇宁万寿寺／崇宁万寿观、天宁万寿寺／天宁万寿观等名称变化，本质上却始终是用以尊崇徽宗的场所——后来主要是天宁万寿观经过改建，呈现了最终的神霄玉清万寿宫之形。宫中设有以徽宗御容为原型的长生大帝君像，立有以徽宗独有的瘦金体写成的神霄玉清万寿宫碑，而赴任地方的官员无一例外被强制要求前往参诣，神霄玉清万寿宫成为一个让人无论身在何处都能真切感受到皇帝徽宗的存在的场所。

北宋末年，徽宗退位，即位的钦宗取消了宰执兼任万寿宫使副的规定 ①，本由佛寺改建而成的神霄玉清万寿宫，也恢复了本来面貌 ②。另一方面，原本由道观改建的神霄玉清万寿宫却没有被提及，或许是就此延续了下去。建炎二年，高宗曾于江宁府神霄玉清万寿宫驻跸之事 ③，也能作为旁证。

而神霄玉清万寿宫的前身天宁万寿寺、观，在南宋时期改名为报恩广孝寺、观，随后再改报恩光孝寺、观。

> 报恩光孝观，在府东三里九十四步，隶会稽。陈武帝永定二年，舍宅建，名思真观。太平兴国九年，州乞改额乾明，以从圣节，祝至尊寿。诏俞其请。崇宁二年，改崇宁万寿。政和

---

① 《宋会要辑稿》礼五之六（第 468 页）："钦宗靖康元年二月十三日，诏罢宰执兼神霄玉清万寿宫去处使副。"

② 《宋会要辑稿》礼五之六（第 468 页）："（靖康元年）七月四日，诏：'诸路州军先以僧寺改建神霄玉清万寿宫去处，已降指挥给还田土。所有元赐名额，合依政和八年正月六日赦文，许令缘化修建。'从礼部请也。"

③ 《景定建康志》卷一《大宋中兴建康留都录一》："（建炎）二年五月，上至江宁府，驻跸神霄宫。"（《宋元珍稀地方志丛刊》甲编，成都：四川大学出版社，2007 年，第 4 页。）

> 三年，改天宁万寿，置徽宗本命殿，号景命万年殿。绍兴七年，
> 改报恩广孝。十二年，又改今额，专奉徽宗皇帝香火。①

同样的记载也偶尔见于宋元地方志②。其中提到的绍兴七年（1137）乃是徽宗死讯传至南宋之时，同十一年（1141）绍兴和议成立，翌年的绍兴十二年徽宗梓宫被送还南宋③，十三年（1143）正月，赠徽宗谥号④。正可谓是：

> 专奉徽宗皇帝香火，盖以本天宁祝圣之地也。⑤

曾经用以尊崇徽宗的寺观，如今成为了凭吊徽宗之地⑥，以此为收梢，也算是从头到尾贯彻了专为徽宗而设的目的。

　　徽宗对神霄派的利用，并不能简单地归结为道教崇拜，更重要的是通过神霄派来实现自我神圣化，借以将道教、佛教所在的宗教世界也归入自己的支配之下。神霄玉清万寿宫的存在，便是为了将这种支配延伸至全国各地。这一系列现象的政治背景，正是致力于实现皇帝"亲政"的徽宗的权力扩大。

---

① 《嘉泰会稽志》卷七《报恩光孝禅寺》，《宋元方志丛刊》，北京：中华书局，1990年，第6825页。

② 《嘉定赤城志》卷二七《报恩光孝寺》，《宋元方志丛刊》，第7477～7478页；《宝庆四明志》卷十一《报恩光孝寺》，《宋元方志丛刊》，第5130页；《淳熙三山志》卷三三《报恩光孝寺》，《宋元珍稀地方志丛刊》甲编，第1386～1387页；同书卷三八《闽县报恩光孝观》，第1598～1599页；《咸淳临安志》卷七五《报恩光孝观》，《宋元方志丛刊》，第4027～4028页。

③ 《宋史》卷三〇《高宗本纪七》（第556页）："（绍兴十二年八月）己丑，帝易缌服，奉迎徽宗及显肃、懿节二后梓宫至，奉安于龙德别宫。"

④ 《宋史》卷三〇《高宗本纪七》（第558页）："（绍兴）十三年春正月戊戌，加上徽宗谥曰体神合道骏烈逊功圣文仁德宪慈显孝皇帝。"

⑤ 《嘉泰会稽志》卷七《报恩光孝禅寺》，《宋元方志丛刊》，第6825页。

⑥ 这段时间里应当有记载神霄玉清万寿宫改为报恩光孝观的史料，然而笔者暂时未在地方志中发现相应记载。

"备录行遣"：公文副本与宋代地方政务信息传递[*]

刘　江

　　公文书的制作与传布，是中国古代文书行政的一项基本程式。各级官府使用的公文，具有草稿、正本、副本、存本等多种形态。在繁杂的政务运作中，一件公文因发放的对象不同，有时需要将正本抄录或刊刻若干份，这便形成了副本。^①公文正本的数量有限，我们在研究中涉及的"公文"，就其文本形态而言，准确地说，其实主要是公文副本。大量副本公文进入文书行政程序，发挥正本的功能，成为地方政务信息的主要载体。

　　在宋代史料记载中，"录副"、"备录"、"翻录"、"誊录"等与副本制作相关的术语大量出现，说明副本的制作与流转已经成为公文行政中极为常见的操作程式。正因为其常见，其中的诸多细节，反而处在"日用而不知"的状态。目前，宋代公文副本制度已得到学

* 本文系国家社科基金青年项目"宋代地方公文形态及政务运作研究"（13CZS014）、教育部人文社科重点研究基地重大项目"7—16世纪的信息沟通与国家秩序"（17JJD770001）、国家社科基金重大项目"《宋会要辑稿》的复原、校勘与研究"（14ZDB033）阶段性成果。本文曾提交"第二届中日青年学者宋辽西夏金元史研讨会"（大阪市立大学，2017年9月），承蒙平田茂树、远藤隆俊、伊藤一马、藤本猛等先生赐教，特致谢忱！
① 参考现代文书学的定义，本文所论"副本"是根据正本复制、誊抄的文本，数量较大，与正本相同，供抄送、传阅使用。参见汪溢、赵莹主编《文书与档案管理》，北京：北京大学出版社，2010年，第50页。

者关注 ①，但这一课题的研究仍处于起步阶段。本文的视野将集中在资料相对丰富的地方行政层面，选取若干种政务信息上行下达普遍使用的公文，考察其副本的制作与流转，以此展现宋代地方政务信息传递过程中种种微观和日常的面相。

一、籍帐与奏事状

地方政务信息在向上级呈报过程中，往往需经过多个层级或数个官僚机构，由此产生多份公文副本。如何确保副本中的地方政务信息能准确上达，是各级官府的关切所在。以下以籍帐与奏事状为例，对此问题展开讨论。

赋役钱谷是地方官府的一项基本政务，围绕这一事务形成的多种籍帐公文，是地方上报税收情况和户口统计的公文载体。② 据《宋会要辑稿·食货》记载，建隆四年（963）朝廷颁布诏令点检税户，要求"每遇起纳税赋，告谕人户赴指定仓库送纳"，并"仍令逐县每年造形势门内户夏税数文帐申本州，写送合纳仓库"。③ 此条诏令规定县级官府制造形势户的夏税文帐，需要申报本州，并"写送合纳

---

① 自汉代以来，制作副本就是文书行政的重要程式。参见邢义田《汉代简牍公文书的正本、副本、草稿和签署问题》，《"中央研究院"历史语言研究所集刊》第 82 本第 4 分，2011 年。李全德指出，"录白"作为对正式文书的录副，在唐宋时代广泛行用，参见《再谈天一阁藏明钞本〈天圣令·关市令〉之"副白"与"案记"》，《西域研究》2012 年第 3 期，第 36 ～ 43 页。小林隆道研究了宋代文书行政中"备准"即抄写转发这一操作程式，参见《宋代"备准"文书与信息传递——从分析朱熹〈绍熙州县释奠仪图〉中〈文公潭州牒州学备准指挥〉入手》，邓小南、曹家齐、平田茂树主编《文书·政令·信息沟通：以唐宋时期为主》，北京：北京大学出版社，2012 年，第 208 ～ 233 页。

② 相关研究成果颇为可观，但较少涉及籍帐文书制作中出现的副本及其对行政运作的意义。参见吴松弟《中国人口史》第三卷（辽宋金元时期），上海：复旦大学出版社，2000 年；戴建国《宋代籍帐制度探析——以户口统计为中心》，《历史研究》2007 年第 3 期，第 33 ～ 52 页。

③ 徐松辑《宋会要辑稿·食货》七〇之一、二，刘琳、刁忠民、舒大刚、尹波等校点，上海：上海古籍出版社，2014 年，第 8100 页。

仓库"。据此，"写送"仓库的夏税文帐，应是州抄录汇总各县文帐的副本。

一般认为，宋代税帐制度正式形成于至道元年（995）六月。是月，朝廷下诏：

> 重造州县二税版籍，颁其式于天下。凡一县所管几户、夏秋二税、苗亩桑功正税及缘科物，用大纸作长卷，排行实写，为帐一本，送州覆校定，以州印印缝，于长吏厅侧置库，作版柜藏贮封锁。自今每岁二税将起纳前，并令本县先如式造帐一本送州。本县纳税版簿，亦以州印印缝，给付令佐。①

这段记载分别就税帐（"为帐一本"、"如式造帐"中的"帐"）、纳税版簿的制作和使用作了规定。学者研究指出，此处的税帐即租税帐，是税收后汇总纳税状况的统计帐；而"纳税版簿"即税租簿，是税收前有预算性质的纳税统计簿。②对这两种不同性质的帐簿，州的处理方式也不同。从引文的记载来看，税租帐申州后，经审核用印，存于本州；而"税租簿"经州用印，即发还本县。

与税租簿相关的文书，还有空行簿和实行簿。根据《长编》天圣元年（1023）十一月戊申条记载：

> 凡赋入，州县有籍。岁一置，谓之空行簿，以待岁中催科。闰年别置，谓之实行簿，以藏有司。或言实行簿无用，而率民钱为扰。戊申，罢之。③

① 李焘：《续资治通鉴长编》（以下简称《长编》）卷三八"至道元年六月己卯"条，北京：中华书局点校本，2004年，第817页。
② 戴建国：《宋代籍帐制度探析——以户口统计为中心》，《历史研究》2007年第3期，第33～52页。
③ 《长编》卷一〇一"天圣元年十一月戊申"条，第2342页。

在关于空行簿、实行簿具体所指的讨论中，戴建国先生提出了目前
最合理的解释：这两种形式的簿书是税租簿在税前税后的不同名称。
县每年于二税纳税之前所造税租簿，具有预制性质，即"以待岁中
催科"的空行簿；待两税征收完毕，原先的空行簿因就簿记录或增
添了实际征收数据，成为实行簿。而闰年别置的税租实行簿，是县
赋税征收情况的原始记录簿的副本。① 由此看来，每年两税征收的
凭据是空行簿，税收完毕后，县造税租帐申州，其内容应源自税收
的原始记录，这些记录的副本以"闰年别置"实行簿的方式上报，
其作用是"藏于有司"。

天圣元年十一月后，实行簿制度被废除，仅县一级存有税收的
原始记录。这一举措不免带来新的问题，景祐二年（1035）侍御史
韩渎曾进言："天下赋役之繁，但存催科一簿，一有散亡，则登耗之
数无从钩考。请复制实行簿。"如无副本备考，一旦租税文书的正本
散亡，后果难以想象，于是朝廷采纳了韩渎建议，每两闰一造之。②
此后，朝廷明令制作租税簿籍副本，如《庆元条法事类·赋役门》
收录的一条赋役令记载：

> 诸税租簿，每三年别录实行副本，保明送州，覆毕印缝，
> 本州架阁。即有割移，别取状连粘，季申，与实行簿同收。③

所谓"每三年别录实行副本"，应即"闰年别置"的实行簿。实行簿
作为税收原始记录的副本，起到了保存税收信息、以便钩考的作用。

在税帐之外，课利收入的申报也须制作副本。熙宁七年

---

① 戴建国：《宋代籍帐制度探析——以户口统计为中心》，《历史研究》2007
  年第 3 期，第 33～52 页。
② 《长编》卷一一六"景祐二年正月丁未"条，第 2719 页。
③ 谢深甫等编：《庆元条法事类》卷四七《赋役门一》，戴建国点校、杨一凡
  等主编《中国珍稀法律典籍续编》第 1 册，哈尔滨：黑龙江人民出版社，
  2002 年，第 635 页。

（1074），朝廷下诏规定"诸仓库所收课利钱钞数封送本县。若受纳别州支移官物，每季逐州县所纳数对历开项，具状二本，并实封钞申本州，内一状留充案，一状出内引关子与钞同封，递送支移处"①。据此，县和州均保留仓库所收课利钱交纳的记录。

与税帐同为户口统计籍帐的文书还有登记户名、产业人数、丁口数量等信息的五等丁产簿。这类簿书的制造以下级机构呈报的副本为基础。元丰元年（1078）九月甲申，中书言："应诸县造乡村坊郭丁产等第簿，并录副本送州，印缝于州院架阁。"②所谓"丁产等第簿"，很可能就是五等丁产簿。五等丁产簿逢闰年编制，每年通过制造升降帐反映人户户等的变化。③《庆元条法事类》记载：

> 诸户口增减实数，县每岁具帐四本，一本留县架阁，三本连粘保明，限二月十五日以前到州。州验实毕，具帐，连粘管下县帐三本，一本留本州架阁，二本限三月终到转运司。本司验实毕，具都帐二本，连粘州县帐，一本留本司架阁，一本限六月终到尚书户部（转运司申发税租、课利帐日限准此）。④

按此规定，县每年制造四本反映户口增减实数的帐簿，其中一本留县存档，另三本申州。州核验完毕后，制作三份帐簿并粘连县帐凭据，其中一本留州，两本申转运司。转运司再据此制作都帐两本，其中一本留司，一本申户部。丁产等第簿在向上呈报的过程中产生了数份副本，其中一部分供逐级上报之用，另一部分留在县、州、转运司架阁保存。县、州、转运司在制作税帐副本时，采取"连粘保明"及"连粘"原始信息的形式，以确保副本内容与正本的一致。

---

① 《宋会要辑稿·食货》五四之四，第 7237 页。

② 《长编》卷二九二"元丰元年九月甲申"条，第 7133 页。

③ 参见吴松弟《中国人口史》第三卷（辽宋金元时期），第 33～35 页。

④ 谢深甫等编：《庆元条法事类》卷一七《文书门二》，戴建国点校，第 358 页。

　　税租簿的副本在法律上属于"重害文书"，存档时间较长。据《庆元条法事类》收录的"文书令"记载："诸制书及重害文书若祥瑞、解官、婚田、市估、狱案之类，长留仍置籍立号，别库架阁，以时晒暴。"① "重害文书"后小注云："州实行丁产等第税租簿副本、县造簿案检同。"此处的"实行丁产等第税租簿"应即"实行簿"（税租簿）的全称，因税租簿不仅记载税租，也记载了户口状况，是催征赋税的依据和税帐申报的基础，所以官府对这类文书副本的保存格外注意。由县制成一式多份副本，或存于本县，或逐级上报，起到了保存户口、税收等信息，保障税赋征收有序执行的作用。

　　由赋税征收的文籍推而广之，在宋代官员日常奏事制度中，围绕普遍使用的奏状、申状等奏事文书，也存在制作副本的程式。据司马光《书仪》中"奏状式"的说明文字记载，内外官司及臣僚在进呈奏状、劄子等奏事文书时，"皆先具检，本司官画日亲书，付曹司为案（本官自陈事者则自留其案）"。所谓"检"，即相关奏事文书的存本，由官员个人或曹司保管。② 存本用于存档，但就其内容而言，实与进入流通程序的副本无异，故"具检"实际上可视为制作副本。③《庆元条法事类》的记载更详实："诸事应奏申，皆先具检，本司官画日书字，付司为案，然后奏申（本官自陈事者，听自留）。官司行移公文准此。"④ 这说明奏事公文乃至官司之间的行移公文，在正式发出之前，都必须制作副本。又据李元弼《作邑自箴》"知县专行戒约"记

---

① 谢深甫等编：《庆元条法事类》卷一七《文书门二》，戴建国点校，第357页。
② 参见拙文《宋朝公文的"检"与"书检"》，《北京大学学报（哲学社会科学版）》2012年第2期，第129～139页。
③ 实际上，副本与存本的区分并非十分严格，如胡坤研究指出，荐举改官的奏检文书，本为存档留底之用，但后来也进入公文流转传递的过程。参见《宋代荐举改官文书中的照牒和奏检》，《中国史研究》2014年第2期，第117～131页。
④ 谢深甫等编：《庆元条法事类》卷一六《文书门一·文书令》，戴建国点校，第345页。

载，"押、录已下，各置对读印子（文曰：对读讫，姓名押字），分明印于文牒年月前。申状止印案检，其申状年月前用真楷书到发日时。内（纳？）申状，押录同对读，于状检上用印子"。[1] 在"画日书字"之前有"对读"的程序，正是为了保证副本与正本内容一致。

地方奏事状进入传递流程后，存在着由上级官府转抄进呈的环节。原则上，基层事务应由州或州以上的官司报送中央。报送的方式，通常就是制作副本。宋真宗咸平四年（1001），朝廷下诏："诸州降雨雪，并须本县具时辰、尺寸上州。州司覆验无虚妄，即备录申奏。令诸官吏迭相纠察以闻。"[2] 县级官府呈报的雨雪信息，州司须勘验无误，再详录其文向上呈报。

又，南宋绍兴五年（1135），时居涪州的"和靖居士"尹焞因受徽猷阁待制范冲奏举自代而被召赴阙，相关命令通过四川宣抚司转达尹焞。根据其先后所上多件辞免状，还可见地方士人通过地方官府传递文书的方式。尹焞《第一状》末尾即称"谨具状申宣抚使。伏乞钧慈，采录焞状申尚书省，所有前降圣旨指挥施行寝罢，以安愚分"。《第二状》再次重申"已具状申使司，乞赐备申朝廷，伏望寝罢前降圣旨指挥去讫"。所谓"采录"、"备申"，都是过录副本之意。[3] 这一点在其后续的辞免状中也得到印证。《第三状》载"焞先与去年十月内两状申宣抚使司，乞备录申奏朝廷，辞免召命……谨具申宣抚使司，乞赐备录敷奏施行"。《第五状》又载"乞将前降焞告命寝罢施行……谨具申宣抚使司，乞赐备录申奏施行"。[4] 尹焞这

---

① 李元弼：《作邑自箴》卷五，"四部丛刊续编"，据影宋淳熙钞本影印，叶二二 b，叶二三 a。

② 《宋会要辑稿·职官》二之四五，第 3013 页。

③ 备申，即备录申奏之意。参见小林隆道《宋代"备准"文书与信息传递——从分析朱熹〈绍熙州县释奠仪图〉中〈文公潭州牒州学备准指挥〉入手》，邓小南、曹家齐、平田茂树主编《文书·政令·信息沟通：以唐宋时期为主》，第 208 ～ 233 页。

④ 尹焞：《和靖集》卷一，《景印文渊阁四库全书》，台北：（台湾）商务印书馆，1986 年，第 1136 册，第 5 ～ 7 页。

几件辞免状，并非直接进呈朝廷，而是先递到宣抚司，由宣抚司抄录上达。

地方官员在进呈奏事状时，往往会将其相关文书录为副本，作为论事依凭。嘉祐年间，陈襄任知常州，曾向朝廷进呈一件《知常州乞留陈经不对移任满状》，开篇言"臣检会常州，昨据管下太子中舍、知无锡县事陈经状称为与本州推官邵琦是亲妨碍，寻备录本官状申奏"。[①] 无锡为常州辖县，知县陈经为与常州推官邵琦避亲而向州衙申说此事。知州陈襄曾向朝廷呈交奏状，并过录了陈经的这份申状，后朝廷降敕，令陈经与知兰溪县郑琰对移。陈襄此状即以陈经治理无锡有方为由，向朝廷申请留陈经"终满此任"。这种在奏事状中的抄录相关文书的方式，甚至成为文书的固定格式。朱熹曾撰《看定文案申状式》，开篇载"准使帖据某人状（或判状，即云'使判某人状'）。诉事（备录全文）。委某看定（或云看详之类，并依本文）。须至供申者"[②]，此状用于将处分的结果申报上级官司批准，故文中特别强调备录"诉事"全文，以供上级详细了解事件经过。

对于进呈给皇帝的奏状，一般而言传播范围有限，而地方官为达到其诉求，往往要求将本人的奏状副本下发地方有关机构。苏轼于元祐年间知杭州兼浙西路安抚使时，曾进呈多件奏状论及浙西赈灾事宜。元祐五年（1090）七月十五日《奏浙西灾伤第一状》，内容为奏报浙西水灾情况并提出以和籴救灾的对策。为防止浙西转运司及提举常平争籴造成米价上涨，苏轼于状末提出"伏望圣慈备录臣奏，行下户部及本路转运、提刑、两路钤辖司，疾早相度来年，合与不合准备常平斛斗出籴救饥"。次年，苏轼赴京西北路任知颍州，向朝廷奏报相邻之淮南西路光州固始县官员闭籴之事，特别要求

---

① 陈襄：《古灵集》卷六，《景印文渊阁四库全书》，第 1093 册，第 537 页。

② 朱熹：《晦庵先生朱文公文集》卷一〇〇，朱杰人等主编《朱子全书》第 25 册，上海：上海古籍出版社，合肥：安徽教育出版社，2002 年，第 4642 页。

"伏乞备录臣奏及开坐敕条指挥淮西转运提刑司行下逐州县"。^① 苏轼提出希望皇帝将自己的奏状抄送户部与两浙路有关机构，或希望借助君主权威，推行自己的救灾举措。

以籍帐与奏事状为代表的上行公文在流转过程中，普遍存在制作副本的操作程式。由此形成的文书副本，承载着地方的政情民意，扩大了政务信息的传播范围，构成上级官司了解地方信息的重要途径。

二、赦书与敕牒

赦书、敕牒等中央政令文书的下达，需要经过地方各级部门的誊录转发，其中即包含着制作、传布副本的环节。这些文书作业的程式，亦是地方公文行政的一项重要内容。

《庆元条法事类》记载：

> 诸称"制书"者，诏、告、宣、敕、御札、御宝、批降及三省、枢密院奉圣旨文书同。^②

其后小注云"谓非有司誊降者"。可见，朝廷法令规定，能够称为"制书"的，应是相关命令文书的正本，与有司誊录的副本在名义上有严格的区别。不过，在政务处理的实际过程中，大量"制书"副本以抄写、雕印的方式制成，作为"正本"发挥作用。

以中央下发到地方的赦书为例。北宋前期，赦书下发先由刑部抄写复制。《宋会要辑稿·职官》记载，景德二年（1005）九月朝廷颁布诏令：

---

① 苏轼撰：《苏轼文集》卷三三《奏淮南闭籴状二首》，孔凡礼点校，北京：中华书局，1986年，第944～945页。
② 谢深甫等编：《庆元条法事类》卷一六《文书门一》，戴建国点校，第333页。

> 刑部每遇颁行赦令，并画时分明誊写勘读。三司每部差
> 五十人，以职员一人管押赴省，及尽取三馆、秘阁楷书、官告
> 院书吏分写。①

誊写勘读赦令的过程需要借调大量的人力，因此须"于发赦半月前
预牒抽差"，为避免抄写出现错误，诏令还规定"人写两道，于第一
幅背写姓名。如稽缓卤莽，有误颁行，具名闻奏"。

　　不过，这一规定似乎仍无法完全杜绝抄写赦书时出现文字错误，
而宋代赦书的颁布又十分频繁，朝廷不得不采取新的制作方式。据
《宋会要辑稿·职官》记载，天圣二年（1024）十月，判刑部燕肃上奏：

> 每赦书、德音，即本部差书吏三百人誊写，多是差错，致
> 外州错认刑名，失行恩赏。乞自今宣讫，勒楷书写本，详断官
> 勘读，匠人雕板印造发递。②

燕肃认为书吏誊写造成的文字错误，直接影响了赦书及德音的实施
效果，故提议将写本详加勘读后，"雕板印造发递"。《长编》对此事
也有记载：

> 时判部燕肃言，旧制，集书吏分录，字多舛误，四方覆奏，
> 或致稽违，因请镂版宣布。

当时臣僚间有不同意见，有的认为"版本一误，则误益甚矣"，宰相
王曾则认为"勿使一字有误可也"。最后，朝廷"诏自今赦书，令刑
部摹印施行"。③ 据久保田和男先生《关于宋代地方赦书的传达——

---

① 《宋会要辑稿·职官》一五之二，第 3408 页。
② 《宋会要辑稿·职官》一五之四，第 3409 页。
③ 《长编》卷一○二"天圣二年十月辛巳"条，第 2368 页。

以出迎和宣读为中心》一文推算，北宋宣和年间，朝廷颁布一次赦书，须复写 350 份以上。① 相对而言，雕版印刷显然比书吏誊写抄录便捷，只要确保原版无误，便可大量制作赦书副本，颁下地方，提高行政效率。

赦书经刑部雕印下发后，还须由地方各级机构下达至民间。这一过程是赦书执行的关键环节，地方机构不仅誊录赦书副本，还须发榜张布。宋徽宗时，殿中侍御史许景衡上奏：

> 其赦令制书播告天下者，有司行下所属，仍用素纸以为符檄，连附于后，盖其所从来旧矣。近者开封府被受御笔诏书，民间有合通知者，并不依令录副本连于榜前，辄纯用黄纸誊写，揭示通衢。见者愕然，以为黄纸敕榜，尚书省之出也，开封府亦得为之哉！②

按旧制，官府将赦令制书颁布民间时，应"用素纸以为符檄，连附于后"。"御笔诏书"，研究者认为是属于诏书的命令之体，只不过具有"御笔"的特点，须经尚书省下发。③ 诏令公文以黄纸制成，以体现来自朝廷的权威，故引文中说"黄纸敕榜，尚书省之出也"。据许景衡所言，开封府誊写御笔诏书时，也用黄纸抄写本府榜文而未予以区分，因而提出批评"开封府亦得为之哉！"

此处已经提到地方官府将赦书"播告天下"的方式。关于这一问题更具体的考察，学者往往征引《庆元条法事类》中的一则令文：

---

① 久保田和男撰：《关于宋代地方赦书的传达——以出迎和宣读为中心》，梁建国译，邓小南、曹家齐、平田茂树主编《文书·政令·信息沟通：以唐宋时期为主》，第 588～589 页。

② 黄淮、杨士奇编：《历代名臣奏议》卷一九八《谨名器》，影印永乐十四年内府刊本，上海：上海古籍出版社，1989 年。

③ 方诚峰：《御笔、御笔手诏与北宋徽宗朝的统治方式》，《汉学研究》第 31 卷第 3 期，2013 年，第 31～67 页。

> 诸被受赦降，应誊报者，誊讫，当职官校读，仍具颁降、
> 被受月日。行下民间通知者，所属监司印给，榜要会处，仍每
> 季检举。其赦书、德音，州以黄纸印给县镇寨乡村晓示。①

可见，地方官府对赦书的下达又分为两类情形，一是"誊报"，二是"行下民间通知"。所谓"誊报"，前揭久保田和男先生的文章认为即抄写并通报有关官府，并指出可以确定的是州须向县通报。《庆元条法事类》中有令文规定："诸州被受赦降，先报属县镇停决"②，说明州收到赦书后，应誊录其内容并通报辖下的县镇，暂停处决人犯。对于"应誊报而不誊报者，徒二年"③。《庆元条法事类》又载：

> 诸赦降计程过三日未到者，牒比州即时誊写，委官校勘毕，
> 报州，得报准赦降行。仍以违滞下所属究治及申尚书刑部。④

久保田和男先生认为这则令文的适用对象是州，并援引元代命令文书传达的情况推测，宋代赦书到达州以前要向州预告。笔者认为，这则令文对州以下的县镇应该也是适用的，在预计日程内，县镇未收到州下发的赦书，则牒邻州抄录，并向本州上报。本州得到报告后，县镇才能将抄录的赦书进一步颁行。据此，也许可以进一步推断，"誊报"的"报"并不仅涉及向下级官府通报，亦有向上级官府禀报之意。

赦书下达的另一道程序是"行下民间通知"。前引令文中规定，"行下民间通知者，所属监司印给，榜要会处"，"其赦书、德音，州

---

① ②   谢深甫等编：《庆元条法事类》卷一六《文书门一》，戴建国点校，第341 页。
③   同上，第 340 页。
④   同上，第 340 ～ 341 页。标点参考久保田和男文章中引文。

以黄纸印给县镇寨乡村晓示"。久保田和男先生考订，"印给"应是印刷复制之意，而监司和州似乎都可传达赦书，但其间的关系仍不清楚。监司和州都能接收和传达赦书这一判断是没有疑义的，其间尚未清楚的"关系"，在于州接受的赦书直接来自朝廷还是经过监司转发？目前笔者也未见到明确的记载。可以稍作补充的细节之处，是监司印给"行下民间通知者"与州印发赦书、德音的区别。先看《庆元条法事类》中的一条旁证：

> 诸被受手诏及宽恤事件若条制，应誊报者，誊讫，当职官校读，仍具颁降被受月日行下。仍各以到州县日时为始。……事应民间通知者，所属监司印给，榜要会处，仍每季检举。其手诏及宽恤事件即榜监司、州县门首。手诏以黄纸录副本连于榜前，仍书臣名。①

这则令文规定，对于手诏等公文，"事应民间通知者，所属监司印给，榜要会处"，令文又规定"其手诏及宽恤事件即榜监司、州县门首"，且"手诏以黄纸录副本连于榜前"，据此可以推断，"事应民间通知者，所属监司印给"，即监司雕印下达榜文。参考这段引文的规定，监司收到刑部印发的赦书后，其"行下民间通知者"，至少包括了由监司印发的榜文。州收到赦书的副本，再雕印下发县镇寨乡村（为何与"手诏以黄纸录副本"不同，还有待研究）。

赦书从中央到地方的传达过程，可分为官府之间的传达和官府向民间颁布两个环节。朝廷（刑部）以雕印的方式将赦书副本下达地方（最低一级行政区划可能是州），而地方机构之间有"誊报"制度，州用雕版印刷的方式向县镇寨乡村颁布赦书。关于州向下级颁布赦书的方式，史籍中有不同记载，《朝野类要》"翻黄"条云，"监

---

① 谢深甫等编：《庆元条法事类》卷一六《文书门一》，戴建国点校，第335页。

司、州郡备录赦文，而行下所部也"①。这一记载较为含混，州抄录赦文行下所部，是"行下"下级官府，还是向民间颁布？这也可能反映了实际情况，因为在某些不需要大量印发赦文的地区，抄写赦文向民间颁布仍不失为一种较为便捷的方式。

对于颁布"天下"的赦书，较宜采用雕版印刷的方式制作副本，以提高制作效率，但对于针对性较强的政令文书，朝廷和地方仍采取抄写誊录的方式颁布。如景祐二年（1035）编定的《一司一务编敕》，涉及面和副本需求都不如赦书，朝廷下诏"崇文院抄写颁行"，②即是一则例证。

除赦书之外，朝廷颁下的敕牒，亦需经过地方官府的多次誊录转发，最后布达民间。《金石萃编》中收录了一件熙宁年间的《寿圣禅院敕牒》，由中书门下颁给河南府的敕牒、河南府偃师县发给寿圣禅院的帖文组成。以此为例，可知地方誊录朝廷敕牒逐级颁下的过程，先将相关部分节录如下：

> ［中书门下牒河南府
> 河南府奏，准敕，……伏候敕旨。
> ……偃师县泗州院一所，……
> 宜并赐"圣寿寺"为额。
> 牒奉
> 敕如前，宜令河南府翻录敕黄降付逐寺院，依今来敕命所定名额。牒至准敕。故牒。
> 　　熙宁元年二月二十八日牒
> 　　给事中参知政事唐
> 　　右谏议大夫、参知政事赵

---

① 赵升编：《朝野类要》卷四，王瑞来点校，北京：中华书局，2007年，第84页。
② 《宋会要辑稿·刑法》一之五，第8216页。

　　　　起复户部尚书、参知政事张

　　　　左仆射兼门下侍郎平章事]

　　偃师县帖寿圣院

　　准河南府帖,准

　　敕节文,为伊阳等一十三县有无名额寺院并赐寿圣院为额。

数内偃师县院,仰翻录

　　敕黄降付本院,依今来

　　敕命所定名额者。

　　右具如前。当县今翻录到敕黄一道,头连在前。事须帖付

本院,准此照会。

　　　　熙宁元年四月初三日帖

　　　　将仕郎守县尉兼主簿事张

　　　　尚书屯田员外郎知偃师县事刘①

　　笔者以[　]标识的部分是中书门下的牒文,其中又移录了颁布赐
额的敕文副本,即下画线标出的内容。中书门下将敕文以牒的形式
发给河南府,并要求"翻录敕黄降付逐寺院"。所谓"敕黄",《庆元
条法事类》中一则文书令规定"诸翻录制敕、赦书、德音,其纸用
黄"②,则"敕黄"本应是以黄纸翻录制敕形成的文书。此处"翻录
敕黄",实际上誊录了包含敕文的中书门下牒。河南府收到敕牒后,
并不直接发给寺院,而是以帖的形式将翻录的"敕黄"下发到偃师
县。偃师县受到府帖及敕黄后发县帖,并再次誊录敕黄,即"当县
今翻录到敕黄一道,头连在前",并发给泗州院(寿圣院)。因此,
偃师县帖前面的文字,应是该县誊录的敕黄。这道敕文的下发,经

---

① 　王昶:《金石萃编》卷一三七,国家图书馆善本金石组编《宋代石刻文献全
　　编》(三),影印清嘉庆十年经训堂刻本,北京:北京图书馆出版社,2003
　　年,第285～286页。

② 　谢深甫等编:《庆元条法事类》卷一六《文书门一》,戴建国点校,第
　　344页。

过了中书门下、河南府、偃师县三级官府誊录。

对于其他的政令文书，由中央向地方下发过程中采取直达或转发的情形不尽相同，有的需经路级官司转发。如庆历七年（1047）三月知润州钱彦远《上仁宗答诏论旱灾》，开篇即云"臣伏睹两浙转运司翻录三月十九日诏敕节文，以今春大旱，应中外文武臣僚，并许实封言当世切务者"①，说明润州地方官员收到的诏令乃经转运司誊录下发。

三、关于"不下司文字"

上文已说明，公文因涉及事务的性质不同，下发渠道不尽相同。据《宋会要辑稿·职官》记载，元祐元年（1086）四月二日，京西路提刑司言：

> 省部条贯，除直下外，有诸司条贯，付转运司押牒入递，分送诸州，率多迟滞。欲乞应颁降新法，以所下转运司印本移送进奏院，坐省符连牒发送诸州。②

据此段记载，"省部条贯"可直下诸州，而"诸司条贯"则需经转运司"押牒入递，分送诸州"，即转运司以牒文的形式转发诸州。相似的记载也见于《长编》：

> 省部条贯，除直下外，有诸州条贯，付转运司押牒入递，分送诸州，率多迟滞。欲乞应颁降新法，以所下转运司印本移送进奏院，令本院坐省符连牒，发送诸州、诸路。③

---

① 赵汝愚编：《宋朝诸臣奏议》卷四〇《上仁宗答诏论旱灾》，北京大学中国古代史研究中心校点整理，上海：上海古籍出版社，1999 年，第 401 页。

② 《宋会要辑稿·职官》二之四七，第 3015 页。

③ 《长编》卷三七四"元祐元年四月己丑"条，第 9058 页。

这段记载中出现"诸州条贯",据上下文意,应以《宋会要辑稿》中的"诸司条贯"为准。参照《宋会要辑稿》的记载,至少在元祐元年以后,朝廷颁布的"省部条贯"和"诸司条贯"都由进奏院发给州级官府,不再经转运司转发。

以上讨论朝廷颁布的公文,呈现越级誊录下发的特点。与此不同的还有另一种情况,即某些公文的下发层级受到限制。笔者所见材料中,常有"不下司文字""不下司敕"之类的说法。所谓"不下司文字",从副本流转的角度而言,主要是指地方接受的诏敕,到某一行政层级为止不再继续制作副本下发。这类公文是否"下司",具体下发到哪一层级的官司,与其处理事务的性质有关。

关于"不下司文字"的材料,主要涉及地方处置边事军情和灾伤后刑狱断罪两方面的内容。关于前者,《庆元条法事类》有规定,"诸干军机边防文字,所属并不得下司"[1]。这类"不下司"文字,涉密性较强,故文书的传布受到严格限制。一般而言,州军是相关公文下发的最低层级。治平二年(1065),文彦博在《乞令诸路择机宜官》中提到,"臣欲乞遍下诸路帅臣,令掌机宜官尽将本司前后所授宣、札子、不下司文字并军中前后行遣处置事状,一一分门编类排,置册封掌"[2],说明帅司接受的"不下司文字",应不再下发。熙宁七年(1074)二月,朝廷诏令"诸路缘边州军,应边军机地界不下司文字,并于长吏厅置柜封锁,编目录申安抚、总管,安抚使、都总管到任,具交割事目,申枢密院逐房掌之",则说明缘边州军也可收到"不下司文字"。[3]

更普遍的情况是灾伤后刑狱断罪类公文的颁行。在饥荒等灾害发生后,民间经常发生强抢粮仓的事件。对于这类事件,朝廷对罪犯往往采取"宽大处理"的原则。据《长编》记载,天圣三年

---

① 谢深甫等编:《庆元条法事类》卷八《职制门五》,戴建国点校,第 147 页。
② 文彦博:《潞公集》卷一八,《景印文渊阁四库全书》,第 1100 册,第 690 页。
③ 《长编》卷二五〇"熙宁七年二月壬辰"条,第 6104 页。

（1025）三月，朝廷因陕西受灾，特下诏令"持仗劫人仓廪，非伤主者减死，刺配邻州牢城，非首谋者又减一等，仍令长吏密以诏书从事"。李焘认为"自是，诸路灾伤，即降（不）下有司救，而民饥盗取谷食，多蒙矜减，赖以全活者甚众"①。程大昌《演繁露续集》"饥民强盗人谷米"条亦涉及此事：

> 旧法，岁饥，强发仓窖皆死。太祖、真宗多因奏谳特许贷配，元不明立为法。天圣三年，诏："陕西州军持仗劫人仓廪，非伤主者减死刺配，非首谋者又减一等。"仍令长吏密以诏书从事。自是诸路灾伤，即降不下司救，而饥民盗取谷食，多蒙活宥。按：此即是矜其迫饥为之，故特贷其死，然不明立之法，亦不明降诏命者，恐人恃此以犯也。②

太祖、真宗时期，对于饥荒后"强发仓窖"的行为从宽处理，且不明立为法。天圣三年颁给陕西的诏书中令州军"长吏密以诏书从事"，亦是持相同的原则，且说明这份诏书下发到州级为止。此后"不下司救"的内容只在地方行政系统"内部掌握"，并不向民间公开。之所以不明立为法，也不明降诏命，是因为一旦向民间公开内容，恐怕朝廷"活宥"饥民的本意反被恶人利用，"恃此以犯"。据此，地方发生灾伤"降不下司救"，其内容应仍包括减轻对犯罪饥民的惩处，而颁行的最低层级应是州级长官。

熙宁三年（1070）秋夏之际，陕西、河北发生饥荒。十一月，御史王子韶进言，"饥民就食于商、虢、襄、邓等州"，而"知商州吴世长殊不存恤，至令市人闭籴"，于是朝廷下诏，令"陕西宣抚、转运、提点刑狱司体量以闻"③。不久，朝廷又诏尚书刑部：

① 《长编》卷一〇三"天圣三年三月戊寅"条，第 2378 页。
② 程大昌撰：《演繁露续集》卷一"饥民强盗人谷米"条，许沛藻、刘宇整理，《全宋笔记》第四编第九册，郑州：大象出版社，2008 年，第 165 页。
③ 《长编》卷二一七"熙宁三年十一月辛卯"条，第 5272 页。

　　　　诸州奏到灾伤，朝廷差官体量安抚，及量轻重降不下司指挥，付逐处长吏收掌施行，中书画时上簿拘管。①

此处的"逐处长吏"，是指"奏到灾伤"的相关州级长官，"不下司指挥"由其收掌并付诸实施。

　　州级官府收到的"不下司文字"，其处理程序被限制在小范围的官僚群体内，且须严格保管。皇祐元年（1049），朝廷曾下诏：

　　　　诸州军不下司文字，知州、总管、钤辖躬亲书写回报，或专委通判职官收掌行遣，免致漏泄。如违，当行重责。②

州军接收到不下司文字后，由知州等州级军政长官亲自书写回报，或以通判"收掌行遣"。绍圣二年（1095），朝廷又应知永宁军刘宋卿进奏，规定在武臣知州军处，"遇灾伤降不下司敕，令转运司牒与通判同掌，无通判处同签判掌之"，且"因灾伤为盗罪至死者，守贰同决"③。可见，能够接触"不下司文字"的州级官员极为有限，这类文书的保存、交接手续非常严格。《庆元条法事类》中一条令文即规定："诸文书不下司者，长官掌之，以年月事类相次录目注籍。若有替移，验籍交受。"④

　　可以推断，对于"不下司文字"而言，其副本的制作和下达范围有严格限制，这不仅体现着地方机构各层级之间、同一层级机构

---

① 《宋会要辑稿·职官》一五之八，第3411页。
② 《宋会要辑稿·仪制》七之二三，第2434页。
③ 《宋会要辑稿·职官》四七之一七，第4275页。《庆元条法事类》亦有令文规定"诸灾伤不下司断罪敕，武臣知州者，与通判共行"。参见谢深甫等编《庆元条法事类》卷四《职制门一》，戴建国点校，第28页。
④ 谢深甫等编：《庆元条法事类》卷四《职制门一》，戴建国点校，第29～30页。

内部官员之间的等级差别，更反映出朝廷对于地方急切政务处理方式的关注与焦虑。从朝廷应对灾害等特殊情况颁布的"不下司文字"来看，因其涉及地方行政的"内部操作"规则，为避免信息泄露，最低可能仅下达到州级官府，并由少数军政长官群体控制执行。

四、余　语

宋廷对于信息渠道的重视和经营，是近年来学界共同关注的话题。[①] 就宋代的公文体系而言，朝廷与基层分属政务信息沟通的两端，其间分布着由众多官员、官司构成行政网络，在网络的各个节点之间，行遣文书构成了一种重要的信息传递方式。在宋代地方文书运作中，无论是制作上报地方信息的税帐、奏事状，还是誊录下发朝廷赦书、敕牒等政令文书，都可以视为公文副本生产和再生产的过程。某些本来局限于个人之间、小范围传播的政务信息由于副本的制作与传布而进一步散播，使得官员之间，官员与朝廷之间实现一定程度的信息"共享"，这是政令信息传递与权力统治的一种实现方式。

地方官府日常使用的大量公文，有的是正本，更多的则是来朝廷下发或本司制作的副本。这些副本公文代表着"正本"，发挥着"正本"的功能。正因如此，如何保证副本内容的真实、准确，是副本制作的关键。为避免在文书抄录中出现信息失真，地方官府在制作公文副本时，往往需要与官府出具的"保明文状"等相关证明文件配合使用。如前文讨论县司制作税帐时需"连粘保明"。对于诸如赦书、敕牒这类需要下级转发的政令文书，地方官府则以抄录制作副本。其中一些细节值得我们注意，前文提到，赦书副本的背面由负责抄录的书吏签署，起到明确责任人的作用。又如制敕、赦书等政令文书需用黄纸翻录，或采用雕版印刷的方式。诸多文书作业的

---

① 参见邓小南主编《政绩考察与信息渠道：以宋代为重心》一书的前言，北京：北京大学出版社，2008 年。

细节，都说明宋代官府试图在行政操作层面保障副本公文具有与正本相当的权威。

如学者所言，政令文书的传递体系，反映了官僚机构间的层级关系和地方政治结构。① 根据本文考察，政令文书在地方官府的布达，通常是以副本的形式流转。副本下发到何等层级，或是逐级转发，或是以直达的方式传递，都与文书涉及事务直接相关，这也提示我们应当注意宋代地方机构层级关系及政务运作机制的复杂性。

考察地方行政中副本的制作与流转，亦可见宋代文书行政繁复之一端。不过，文书行政的"发达"与"文牍主义"的盛行，二者往往是一体之两面。熙宁年间，知审刑院苏颂曾上奏，指出"自《编敕》之兴，号为繁密，而中间冲改率不过一二十年，又复重定"的情况。主张可将其添入《编敕》相关条下，而"不必具载行遣，使州郡烦费抄录。若欲出榜晓示，则数千言，有司看览尚或不悉，岂庸愚兵卒能尽晓耶？备录行遣，徒有惑乱，都无所益"。② 诚然，"备录行遣"仅仅是文书作业的常规手段而已，若政务运行的基本规则更改不常，资源空耗，再高明的文书行政也难免沦为"具文"。

① 平田茂樹「宋代地方政治管見——劄子、帖、牒、申狀を手掛かりとして——」，『東北大学東洋史論集』11，2007 年；中译文《宋代地方政治管见——以札子、帖、牒、申状为线索》，收入氏著《宋代政治结构研究》，上海：上海古籍出版社，2010 年，第 334～359 页。
② 苏颂撰：《苏魏公文集》卷一八《奏乞今后冲改条贯并委法官详定》，王同策等点校，北京：中华书局，1988 年，第 251～252 页。

从宋人关于扬雄仕莽的争论看忠节观念的强化

郭 畑

    "忠"的观念起源较早[①]，在经过秦汉的强化之后[②]，于魏晋南北朝时期"完全坠入低谷"[③]，唐代虽然有所重振[④]，但宋代毫无疑问是忠节观念强化最为关键的时期[⑤]。研究者一般都将宋人对冯

① 魏良弢:《忠节的历史考察：先秦时期》,《南京大学学报》1994年第1期；宁可、蒋福亚:《中国历史上的皇权和忠君观念》,《历史研究》1994年第2期；范正宁:《"忠"观念溯源》,《社会科学辑刊》1992年第5期；陈筱芳:《也论中国古代忠君观念的产生》,《西南民族学院学报》2001年第6期；曲德来:《"忠"观念先秦演变考》,《社会科学辑刊》2005年第3期；裴传永:《忠观念的起源与早期映像研究》,《文史哲》2009年第3期。

② 魏良弢:《忠节的历史考察：秦汉至五代时期》,《南京大学学报》1995年第2期；郝虹:《东汉儒家忠君观念的强化》,《孔子研究》2000年第3期；吕红梅:《两汉时期忠君观念的泛化》,《历史教学》2006年第6期。

③ 郝虹:《汉魏之际忠君观念的演变及其影响》,《山东大学学报》1999年第3期，第61页。

④ 魏徵曾编纂过类书《励忠节钞》。参见方南生《唐抄本类书〈励忠节钞〉残卷〉考》,《文献》1994年第1期；屈直敏《从敦煌写本类书〈励忠节钞〉看唐代的知识、道德与政治秩序》,《兰州大学学报》2006年第2期；汪仕辉《论中唐之际忠君观念的提升》,《理论月刊》2009年第6期。

⑤ 魏良弢:《忠节的历史考察：秦汉至五代时期》,《南京大学学报》1995年第2期；路育松:《试论宋太祖时期的忠节观建设》,《中州学刊》2001年第6期；路育松:《试论王安石的忠节观》,《江汉论坛》2007年第7期；路育松:《从天书封祀看宋真宗时期的忠节文化建设》,《清华大学学报》2008年第6期；路育松:《试论北宋忠节观建设的成效——以楚政权和南宋建立为中心的考察》,《求是学刊》2009年第6期。

道评价的转低作为宋代忠节观念强化的关键案例[①]，但是冯道身历四朝十君，且位至宰相，其实是一个比较极端的案例。相比之下，扬雄与政治并无多少瓜葛，终其身也不过位列朝散大夫，他主要是以文士或儒生甚至儒家道统人物的身份为人所知。[②] 考察宋人关于扬雄政治忠节的争论以及最终扬雄"莽大夫"身份的成立，当更有助于我们了解宋代忠节观念强化的具体过程。近三十多年来，不少学者致力于为扬雄"平反"，或否认扬雄媚莽[③]，或认为扬雄乃是发自内心地推崇王莽之德政，而因为已经打破传统忠节观念的约束，且近代以来对于王莽代汉的评价已愈趋正面[④]，所以认为推崇王莽并不构成扬雄的道德污点，甚至进而肯定扬雄称颂王莽的进步意义[⑤]。虽

---

① 路育松：《从对冯道的评价看宋代气节观念的嬗变》，《中国史研究》2004年第 1 期；陈晓莹：《历史与符号之间——试论两宋对冯道的研究》，《史学集刊》2010 年第 2 期；张明华：《论冯道"不知廉耻"历史形象的塑造与传播》，《史学月刊》2012 年第 5 期。

② 郭畑：《扬雄身份角色的历史转变》，《蜀学》第七辑，成都：巴蜀书社，2012 年，第 14 ~ 23 页。

③ 周全华：《扬雄附莽辩》，《上饶师专学报》1988 年第 6 期；问永宁：《〈太玄〉是一部"谤书"——"刺莽说"新证》，《周易研究》2005 年第 6 期。

④ 钱穆在《国史大纲》中已评论说："王莽失败后，变法禅贤的政治理论从此消失，渐变为帝王万世一统的思想。政治只求保王室之安全，亦绝少注意到一般的平民生活。这不是王莽个人的失败，是中国史演进过程中的一个大失败。"参见钱穆《国史大纲》，北京：商务印书馆，1991 年，第153 页。

⑤ 方铭：《〈剧秦美新〉及扬雄与王莽的关系》，《中国文学研究》1993 年第 2期；孟祥才：《扬雄述论》，《人文杂志》1999 年第 2 期；刘保贞：《扬雄与〈剧秦美新〉》，《山东大学学报》2000 年第 6 期；王玫：《论扬雄》，《中国典籍与文化》2001 年第 2 期；刘保贞：《从〈孝至〉后半篇看扬雄对王莽的态度》，《晋阳学刊》2003 年第 3 期；纪国泰：《扬雄"莽大夫"身份考论》，《蜀学》第二辑，成都：巴蜀书社，2007 年，第 106 ~ 115 页；纪国泰《扬雄"美新"原因考论》，《蜀学》第三辑，成都：巴蜀书社，2008年，第 124 ~ 132 页；纪国泰：《浅议扬雄的"幸"与"不幸"》，《地方文化研究辑刊》第三辑，成都：巴蜀书社，2010 年，第 69 ~ 76 页。

然一些学者述及宋人关于扬雄仕莽的争论①，但既不够全面，也不够深入，而且着力点也都只是集中在扬雄地位本身，并不注意宋代忠节观念的强化过程。有鉴于此，本文将先梳理宋人关于扬雄仕莽的争论以及扬雄"莽大夫"身份的成立过程，再引入宋人对冯道、屈原、陶渊明、杜甫等人的评价为参照，进而勾勒两宋忠节观念不断强化的具体表现和演进过程。

一、北宋前期关于扬雄颂莽的争论

扬雄潜心学思，著述甚丰，在当时即已形成巨大影响，《汉书》竟以两卷的篇幅为之作传。扬雄与王莽等人本无政治瓜葛，但王莽代汉后，扬雄还是写下了《剧秦美新》，其《法言·孝至》末亦云："周公以来，未有汉公之懿也，勤劳则过于阿衡。汉兴二百一十载而中天，其庶矣乎！辟廱以本之，校学以教之，礼乐以容之，舆服以表之，复其井、刑，勉人役，唐矣夫！"②不过，即便在"纬《六经》，缀道纲"的《汉书》中，也是将扬雄视为"潜于篇籍，以章厥身"的代表而为其作传。虽然《汉书》不时借用"诸儒之讥"来表达对于扬雄的敌意，但并不提及《剧秦美新》，也丝毫没有批判扬雄媚莽、仕莽的迹象。③此后直至唐末，扬雄长期保持着持续性的文学和思想影响④，也极少有人指责扬雄媚莽、仕莽。晋人李轨和

① 王青、杨世明、郭君铭对扬雄地位的盛衰及其原因作了探讨，李祥俊、刘成国则专就宋人对于扬雄的争论及其地位演变进行了讨论。参见王青《扬雄评传》，南京大学出版社，2000年；杨世明《扬雄身后褒贬评说考议》，《四川师范学院学报》2001年第2期；郭君铭《扬雄〈法言〉思想研究》，成都：巴蜀书社，2006年；李祥俊《北宋诸儒论扬雄》，《重庆社会科学》2005年第12期；刘成国《宋代尊扬思潮的兴起与衰歇》，《史学月刊》2018年第6期。

② 汪荣宝：《法言义疏》卷二〇，陈仲夫点校，北京：中华书局，1997年，第559、562页。

③ 《汉书》卷八七上下《扬雄传》、卷一〇〇下《叙传下》，北京：中华书局，1962年，第3513～3587、4271、4265页。

④ 参见郭畑《扬雄身份角色的历史转变》，《蜀学》第七辑，第14～23页。

中唐柳宗元注《法言·孝至》末句，均以为是箴讽王莽之言。[①] 晋人范望《太玄解赞序》则以扬雄仕莽为"朝隐"[②]，而刘勰《文心雕龙·封禅》更将《剧秦美新》视为封禅书之代表作而加以表彰[③]，唐初李周翰也认为扬雄《剧秦美新》乃"意求免于祸，非本情也"[④]。只有北齐颜之推、唐初李善、唐末皮日休和陈黯指责扬雄媚莽。[⑤]

　　关于扬雄与新莽关系最为激烈的争论主要发生在宋代，不过，这一争论之思想脉络的起源则要追溯至唐代中后期，而争论所关系的则是扬雄的道统地位问题。皮日休《法言后序》针对李轨和柳宗元的注解批评说："说者以为扬子逊伪新之美，又以为称其居摄之前云。……既有其文，不能无其论，吾得之矣，在《美新》之文乎，则雄之道于兹疵也。"[⑥] 皮日休应该是将此视为韩愈认为扬雄"大醇而小疵"的原因[⑦]，但韩愈事实上对扬雄颇为推崇，他曾说："己之道乃夫子、孟子、扬雄所传之道也。"[⑧] 他的很多追随者既继承他孔子传之孟子的看法，又将扬雄视为孟子的继承者，并以韩愈继之，如林简言便上书韩愈云："去夫子千有余载，孟轲、扬雄死，今得圣人之旨，能传说圣人之道，阁下耳。今人睎阁下之门，孟轲、扬雄

---

① 汪荣宝：《法言义疏》卷二〇，第 559 页。
② 司马光：《太玄集注》附录，刘韶军点校，北京：中华书局，2006 年，第 231 页。
③ 杨明照：《增订文心雕龙校注》卷五，北京：中华书局，2000 年，第 295～296 页。
④ 李善等：《六臣注文选》卷四八，北京：中华书局，1987 年，第 911A 页。
⑤ 王利器：《颜氏家训集解》卷四，北京：中华书局，1993 年，第 259～260、237 页；李善等：《六臣注文选》卷四八，第 911A 页；皮日休：《皮子文薮》卷五，萧涤非、郑庆笃整理，上海：上海古籍出版社，1981 年，第 54 页；陈黯：《诘凤》，见李昉等编《文苑英华》卷三六〇，北京：中华书局，1982 年，第 1850B 页。
⑥ 皮日休：《皮子文薮》卷五，第 54 页。
⑦ 马其昶：《韩昌黎文集校注》卷一，马茂元整理，上海：上海古籍出版社，1986 年，第 18、37 页。
⑧ 马其昶：《韩昌黎文集校注》卷二，第 136 页。

之门也。"① 从韩愈以至于宋仁宗时期乃是唐宋儒家道统系谱建构的第一阶段，参与其中的士人大多仍然以叠加这一道统系谱为主，而扬雄乃是这一道统系谱中继孟子之后最为重要的承递者之一。② 很长时间里，皮日休对扬雄媚莽的批判并未得到其他士人的呼应，相反，北宋诸多士人为了维护扬雄的道统地位而极力为其辩护。

宋初，柳开即作《扬子剧秦美新论》以反驳皮日休，他认为扬雄通过贬低极恶之秦来称颂新莽，其实是一种高明的修辞手法，扬雄不仅可以以此自保，而且还暗中讽刺了新莽。③ 赵湘也作《投阁辨》，认为扬雄投阁未死乃是因为"天之未丧斯文也，莽其如予何"，而扬雄此后"不能谢病，复为大夫"，则系孔子"用之则行，舍之则藏"（《论语·述而》）之意。④ 僧人智圆在其《广皮日休〈法言后序〉》中否定了李轨、柳宗元和柳开的辩解，认为曲意维护扬雄，"意欲大子云之道，反小之"，扬雄颂莽其实并不影响其人其书的道统地位。⑤ 宋仁宗时期，宋咸和吴秘注《法言》"阿衡"一句发挥了李轨的见解，注"汉兴"一句则否定柳宗元认为扬雄因学极阴阳而预测汉代中兴的思路，转而以贬斥新莽乱政、民思汉德的思路来肯定扬雄对汉代中兴的预测。⑥ 石介则云："寻、邑三公，舜、歆高爵，不作符命，甘投于阁，见之子云。"⑦ 其师孙复也作《辨扬子》一文，

---

① 林简言：《上韩吏部书》，见姚铉编《唐文粹》卷八六，杭州：浙江人民出版社，1986 年。

② 郭畑：《宋代儒家道统系谱演变研究：以孟、荀、扬、王、韩"五贤"为中心的考察》，博士学位论文，四川大学历史文化学院，2011 年。

③ 柳开：《河东柳仲涂先生文集》卷二，四川大学古籍所编《宋集珍本丛刊》，北京：线装书局，2004 年，第 1 册，第 450A～451B 页。

④ 赵湘：《南阳集》卷四，"丛书集成初编"本，上海：商务印书馆，1936 年，第 34 页。

⑤ 释智圆：《闲居编》卷一二，台湾藏经书院编《续藏经》，台北：新文丰出版社，1995 年，第 101 册，第 89A～90B 页。

⑥ 汪荣宝：《法言义疏》卷二〇，第 559、562 页。

⑦ 石介：《徂徕石先生文集》卷一八，陈植锷点校，北京：中华书局，1984 年，第 215 页。

认为扬雄"耻从莽命，以圣王之道自守，故其位不过一大夫而已"，并认为《太玄》"非准《易》而作也，盖疾莽而作也"。① 李觏《吊扬子》也说："其（《太玄》）指在于三纲兮，尤切切于君臣。君道光而臣道灭兮，尊卑之分以陈。……必称孝而称忠兮，异乎剧秦而美新。"② 同样解读出《太玄》惩前毖后的忠节意味。章望之《书扬雄传后》通过考证的方法，断定《剧秦美新》和《法言》"阿衡"一句乃是仇视扬雄者编造的伪作，他依据"汉兴"一句说："雄知莽之必灭，汉之必兴，潜著是言于言之末，欲以刘氏之复立者，是其怀忠履洁若是之炳炳也，又何以致疑于雄哉？"③

宋仁宗末年，随着古文运动渐入高潮和对于儒家之道探索的深入，士人对于扬雄的态度开始出现分裂的迹象。欧阳修说："子云、仲淹，方勉焉以模言语，此道未足而强言者也。"④ 对扬雄思想的评价相当低。而关于扬雄与新莽之关系一点，郑獬曾云："子云迫于莽，投之阁，此又何也？"⑤ 刘敞则说："扬子剧秦美新，畏祸投阁，苟悦其生，而不顾义。……为畏而投与刑而死同，为投而死与刑而诛异。"认为"扬子不知命"，⑥ 其《西汉三名儒赞》也持同一看法。⑦ 僧人契嵩也批评说："《美新》之言，苟言也……是皆不宜为而为

---

① 孙复：《孙明复先生小集》，四川大学古籍所编"宋集珍本丛刊"第 3 册，第 158B ～ 159A。按，孙复对《太玄》的这一解释在明清和近代得到不少附和、发挥，近来问永宁又添新证，参见问永宁《〈太玄〉是一部"谤书"——"刺莽说"新证》，《周易研究》2005 年第 6 期。

② 《李觏集》卷二九，王国轩点校，北京：中华书局，1981 年，第 329 ～ 330 页。

③ 《新刊国朝二百家名贤文粹》，四川大学古籍所编"宋集珍本丛刊"，第 94 册，第 692B 页。

④ 《欧阳修全集》卷四七，李逸安点校，北京：中华书局，2001 年，第 664 页。

⑤ 郑獬：《郧溪集》卷一八，四川大学古籍所编"宋集珍本丛刊"，第 15 册，第 167B 页。

⑥ 刘敞：《公是先生弟子记》，"丛书集成初编"本，上海：商务印书馆，1939 年，第 20 页。

⑦ 刘敞：《公是集》卷四九，四川大学古籍所编"宋集珍本丛刊"，第 9 册，第 746B ～ 747A 页。

之也。"①

　　以上这些辩解和批评，大多都只针对扬雄是否媚莽，很少就扬雄仕莽这一无可争辩的事实展开争论，但到北宋中期，关于扬雄是否失节的争论重心已开始逐渐转移至仕莽一点上。随着宋代新儒学的发展和分裂，不同学派对于扬雄的态度变得极为分歧。司马光一系和王安石一派虽然势难两立，但都极力推尊扬雄，司马光积极为扬雄仕莽辩护，王安石一派则为扬雄仕莽寻求儒家义理上的合理性解释。然而，苏氏蜀学和二程理学则极力贬低扬雄，前者尚仅着眼于否定扬雄之思想地位，二程则更抓住扬雄仕莽的政治道德软肋大力抨击，其影响至于南宋，且最终导致了扬雄"莽大夫"身份的成立。

二、北宋中后期关于扬雄仕莽的争论

　　针对以往对于扬雄的批判，司马光在其《〈法言〉集注》中注解"阿衡"一句时花了很大的力气为其辩护。他认为"阿衡"一句是扬雄"不得不逊辞以避害"，并云："当是之时，莽犹未篡，人臣之盛者无若伊、周，故扬子劝以伊、周之美，欲其终于北面者也。"即以此为规谏王莽之语，这其实仍然不出李轨的思路。针对扬雄既不能死国之难、又未能离朝而隐、却反而作颂莽之语的责难，司马光一方面强调扬雄"不汲汲于富贵，不戚戚于贫贱"的事实，认为扬雄作逊辞绝不可能是为了爵禄；另一方面，他强调王莽不容名士退隐的政治背景，认为扬雄没有全身而退的可能；最后，在司马光看来，与"据将相之任"的社稷重臣不同，扬雄"位不过郎官，朝廷之事无所与闻"，不应承担死国之难的政治道德义务。② 司马光在《迁书·辨扬》中也同样大力为扬雄辩解，思路与《〈法言〉集

---

① 释契嵩《镡津文集》卷七，四川大学古籍所编"宋集珍本丛刊"，第4册，第394A页。

② 汪荣宝：《法言义疏》卷二〇，第559～560页。

注》相同。① 在其极力维护纲纪名分的《资治通鉴》中，他甚至还特意在新莽天凤五年（18）下把"扬雄卒"作为一个重要事件书写其中，并在其下着重刻画了扬雄"恬于势利"和排辟异端的道统人物形象②，而其他阿附王莽的重臣则全以"死"书之。

晁说之是司马光的忠实追随者，在尊崇扬雄一点上同样如此。他钩沉史料，撰作《扬雄别传》上下两篇，其为扬雄辩护的意图非常明显。他继承司马光关于扬雄无法隐退的看法，又继承柳开《剧秦美新》乃是讽刺新莽的解读，还找到了其他一些扬雄"言无阿倚"的证据，认为扬雄的诸多箴言之作乃是因为其目睹新莽乱政，为了"劝人臣执忠守节，可为万世戒"而作。文末总结说："（扬雄）无仕进心……至于投阁事，余亦疑焉，而世已有辩之者。"③ 着意刻画扬雄"恬于势利"的形象。所谓"世已有辩之者"，当是接下来将要讨论的王安石。

王安石说："孟子没，能言大人而不放于老、庄者，扬子而已。"④ 将扬雄视作孟子的继承者。关于扬雄投阁一事，王安石有诗云："岂尝知符命，何苦自投阁……史官蔽多闻，自古喜穿凿。"⑤ 其《与北山道人》亦云："子云识字终投阁，幸是元无免破除。"⑥ 关于扬雄仕莽，王安石《禄隐》从儒家义理解释其合理性，其文云：

> 圣贤之言行，有所同，而有所不必同，不可以一端求也。
> 同者，道也，不同者，迹也。知所同而不知所不同，非君子

---

① 《温国文正司马公文集》卷七四，"四部丛刊"本，上海：商务印书馆，1929年。

② 《资治通鉴》卷三八，北京：中华书局，1976年，第1216～1217页。

③ 晁说之：《嵩山文集》卷一九，"四部丛刊续编"本，上海：商务印书馆，1934年。

④ 《临川先生文集》卷七二，北京：中华书局，1959年，第768页。

⑤ 李壁：《王荆文公诗笺注》卷一二《扬雄三首》之二，高克勤点校，上海：上海古籍出版社，2010年，第295～296页。

⑥ 《临川先生文集》卷三六，第392页。

也……饿显之高，禄隐之下，皆迹矣，岂足以求圣贤哉？唯其
能无系累于迹，是以大过于人也……《易》曰"或出或处，或
默或语"，言君子之无可无不可也。①

　　在王安石看来，圣贤之道永远是相同的，只是圣贤会根据不同的历
史处境而有所权变，因而可能导致不同的具体实践，所谓道同而迹
不必同。因此，扬雄"岁晚天禄阁，强颜为《剧秦》。趋舍迹少迕，
行藏意终邻"②，这并不构成扬雄的道德污点。王安石还引用儒家经
典作为阐释依据，在《答龚深父书》中，他也再次强调"扬雄之仕
合于孔子无不可之义"。③ 在王安石看来，扬雄几乎可以作为士人进
退出处的典范。

　　王安石之论得到不少士人的支持和发挥，林希即以"扬雄为禄
隐"④，而王回更"谓扬雄处王莽之际，合于箕子之明夷"，即认为暴
君在上，贤臣在下不得用，而且可能有杀身之祸，所以不得不明哲
保身。不过，王安石和王回的解释也引起友人的一些驳难，常秩便
注意到"箕子乃同姓之臣，事与雄不同"，而且他认为"无不可者，
圣人微妙之处，神而不可知者也。雄德不逮圣人，强学力行，而于
义命有所未尽，故于仕莽之际，不能无差。又谓以《美新》考之，
则投阁之事，不可谓之无也"，且"谓《美新》之文，恐箕子不为
也"。⑤ 不过，常秩对扬雄的判断应该也是源于王安石，王安石曾说：
"自秦汉已来儒者，唯扬雄为知言，然尚恨有所未尽。"⑥ 常秩以扬雄
剧秦美新与投阁之事相参证，反对王安石否认扬雄投阁的判断。

---

① 《临川先生文集》卷六九，第 730 ～ 731 页。
② 李壁：《王荆文公诗笺注》卷一二《扬雄三首》之一，第 294 页。
③ 《临川先生文集》卷七二，第 765 页。
④ 程颢、程颐：《河南程氏遗书》卷一九《二程集》，王孝鱼点校，北京：中
　　华书局，2008 年，第 251 页。
⑤ 《曾巩集》卷一六，陈杏珍、晁继周点校，北京：中华书局，1998 年，第
　　265、266 页。
⑥ 《临川先生文集》卷七四，第 786 页。

　　曾巩对扬雄的评价较王安石更高，他曾说："承孟子者，扬子而已。"① 又说："自斯以来，天下学者知折衷于圣人，而能纯于道德之美者，扬雄氏而止耳。"② 在其《答王深父论扬雄书》中，他极力反驳常秩而发挥王安石之论。他一方面维护王回之说云："不去非怀禄也，不死非畏死也，辱于仕莽而就之，非无耻也。在我者亦彼之所不能易也，故吾以谓与箕子合。"又反驳常秩"无不可"不可学之说云："在我者不及二子，则宜有可有不可，以学孔子之无可无不可，然后为善学孔子。"而关于《剧秦美新》，曾巩认为这是扬雄"不得已"之作，是"诎身所以伸道"，并引孔子见南子为说，认为《剧秦美新》并不构成扬雄的政治道德污点。最后，曾巩又以旁证支持王安石否定扬雄投阁的判断。而其结论，自然是"雄于义命，岂有不尽哉？……雄处莽之际，考之于经而不缪，质之于圣人而无疑，固不待议论而后明者也"。③

　　宋神宗元丰年间，在新党的努力下，扬雄的道统地位得到官方的制度化肯定。熙宁七年（1074）十二月，"常秩等乞立孟轲、扬雄像于孔子庙庭"，因翰林学士杨绘极力反对，"后不果行"。元丰七年（1084）四月，陆长愈请以孟子"与颜子并配"，太常寺反对，但以林希为首的礼部则极力支持，并进而建议增加荀子、扬雄和韩愈从祀；五月壬戌，神宗从礼部议，诏孟子与颜子并配，并准"荀况、扬雄、韩愈以世次从祀于二十一贤之间"④。这两次礼议的主要支持者常秩和林希，都曾讨论过扬雄出处，而且都受到王安石见解的影响。

①　《曾巩集》卷一二，第 199 页。

②　《曾巩集》卷一一，第 177 页

③　《曾巩集》卷一六，第 265～266 页。

④　李焘：《续资治通鉴长编》卷二五八"熙宁七年十二月庚寅"条、卷三四五"元丰七年五月壬戌"条，北京：中华书局，1990 年，第 6304、8291 页；林希：《上神宗论孟子配享》，赵汝愚编《宋朝诸臣奏议》卷九一，北京大学中古史研究中心校点整理，上海：上海古籍出版社，1999 年，第 986 页。

由于司马光一系比王安石一派更为尊崇扬雄，所以新党制度化地提升扬雄的地位也得到一些旧党士人的附和。元祐年间，朱光庭奏请经术取士"第三场试论一道，乞于《荀子》、《扬子》、《文中子》、韩吏部文中出题"。① 元祐七年五月癸巳，又"诏秘阁试制科论题，于九经兼正史、《孟子》、《扬子》、《荀子》、《国语》并注内"出题。② 宋徽宗政和年间，极其推崇扬雄的许翰甚至还建议将王安石清除出孔庙而继以扬雄配享。③

然而，苏氏蜀学和二程理学却极力否定扬雄。大概受欧阳修的影响，苏洵作《太玄论》彻底否定扬雄的思想价值，④ 苏轼的看法也完全相同。⑤ 不过，苏氏的批评都只是从学术思想着眼，并不涉及扬雄的忠节问题。与苏氏不同，理学阵营尤其是二程则不仅否定扬雄之思想价值，更就扬雄媚莽、仕莽极力攻击。邵雍虽然颇重《太玄》，认为"夫《玄》之于《易》，犹地之于天也"⑥，但他也有诗云："荀扬若守吾儒分，免被韩文议小疵。"⑦ 张载认为扬雄在儒道上"止得其浅近者"，并说扬雄"所学虽正当，而德性不及董生之博大"。⑧ 二程的议论更多，否定也更激烈。程颐说："荀、扬性已不识，更说甚道？"又说："扬子，无自得者也，故其言蔓衍而不断，优游而不决。"除此之外，二程抨击更多的是扬雄仕莽一点，程颢说："扬

① 朱光庭：《请用经术取士》，吕祖谦编《宋文鉴》卷六〇，齐治平点校，北京：中华书局，1992年，第902页。
② 李焘：《续资治通鉴长编》卷四七三"元祐七年五月癸巳"条，第11284页。
③ 《许翰集》卷四，刘云军点校，保定：河北大学出版社，2014年，第68～69页。
④ 曾枣庄、金成礼：《嘉祐集笺注》卷七，上海：上海古籍出版社，2001年，第169—203页。
⑤ 《苏轼文集》卷四九，孔凡礼点校，北京：中华书局，1986年，第1418页。
⑥ 晁说之：《嵩山文集》卷一〇《〈易〉〈玄〉星纪谱·康节先生〈太玄〉准〈易〉图序》。
⑦ 《邵雍集》卷七，郭彧整理，北京：中华书局，2010年，第270页。
⑧ 张载：《经学理窟·周礼》，《张载集》，章锡琛点校，北京：中华书局，1978年，第251页。

子出处，使人难说，孟子必不肯为扬子事。"程颐则直接断定"扬雄去就不足观"。二程认为扬雄既"无先知之明"，事后"则欲以苟容为全身之道"，针对传统的"言逊"说，程颐认为"言逊"须"迫不得已，如《剧秦美新》之类，非得已者乎"？而针对《剧秦美新》实乃刺莽之作的说法，程颐认为王莽族诛"亦未足道"，"讥之济得甚事"？二程也赞同王安石否认扬雄投阁的判断，但是，"扬子云之过，非必见于美新、投阁也。夫其黾勉莽、贤之间，而不能去，是安得为大丈夫哉"？二程认为："扬子云仕莽贼，谓之'旁烛无疆'，可乎？隐可也，仕不可也。"同时程颐完全否定林希以扬雄为"禄隐"的义理解释。而针对司马光等人认为扬雄不可能全身而退因而被迫留在新莽的辩护，二程则说："苟至于无可奈何，则区区之命，亦安足保也？"① 几乎将以往对于扬雄颂莽、仕莽的辩护全都进行了驳斥。

　　二程的批评得到一些士人的响应，其门人周行己即以《剧秦美新》是否构成扬雄的政治道德污点策问士子②，李新也说："雄一不胜，即大言《美新》。"③ 林季仲亦云：《美新》之书，亦得已而不已矣。"④ 不过，苏轼、程颐等人对扬雄的批评，"仅作为边缘的思想潜流而存在"⑤，二程对扬雄仕莽的批判仍然主要被司马光和王安石的辩解所掩盖，但这一局面至于宋室南渡而突变。

三、南宋扬雄"莽大夫"身份的成立

　　仕否异姓的问题对于君主来说本来就很敏感，宋神宗就曾说过：

----

① 《二程集》，第 255、325、136、231、231、68、251、73、403、251、1235 页。
② 周行己：《浮沚集》卷三，"丛书集成初编"本，上海：商务印书馆，1935 年，第 32 页。
③ 李新：《跨鳌集》卷一八，"四库全书珍本初集"本，第 5 册，上海：商务印书馆，1935 年，第 17 页。
④ 林季仲：《竹轩杂著》卷三，四川大学古籍所编"宋集珍本丛刊"，第 42 册，第 161B 页。
⑤ 刘成国：《宋代尊扬思潮的兴起与衰歇》，第 44 页。

"扬雄剧秦美新，不佳也。"① 而北宋灭亡过程中的惨痛经历，则直接将这一问题置入到现实政治之中。伴随着王安石新学被塑造为北宋灭亡的替罪羊，对扬雄仕莽的批判也日渐高涨，而且成为具有现实紧迫性的政治问题。

宋室南渡后，很快便有人在攻击王安石之学误国时一并批判扬雄。邓肃于建炎三年（1129）就既指责王安石新法误国，又说："自荆舒……尊扬雄以赞美新之书，故学者甘为异姓之臣。"② 沈与求在与宋高宗的对话中同样如此立论，时间与邓肃相近，史载：

> （绍兴元年六月）召还，再除侍御史。上尝从容言王安石之罪在行新法，与求对曰："安石以己意变乱先帝法度，误国害民，诚如圣训。然人臣立朝，未论行事之是非，先观心术之邪正。扬雄名世大儒，主盟圣道，新室之乱，乃为美新剧秦之文；冯道左右卖国，得罪万世。而安石于汉则取雄，于五代则取道，臣以是知其心术不正，则奸伪百出，僭乱之萌实由于此起。自熙宁、元丰以来，士皆宗安石之学，沈溺其说，节义凋丧，驯致靖康之祸，巧为卖国，一时叛逆，适遒典刑。愿陛下明正其罪，以戒为臣不忠者。"是时上欲究僭伪事，因与求之言遂大感悟。③

绍兴六年，陈公辅又依循沈与求的思路再次上疏攻击王安石，将北宋灭亡归咎于新法和士大夫忠节之凋丧，而后者则因王安石赞赏扬雄和冯道而起。④ 胡寅在给秦桧的信中也持同样的思路⑤，在他为高

---

① 《宋史全文》卷一二下，李之亮校点，哈尔滨：黑龙江人民出版社，2005年，第646页。

② 邓肃：《栟榈先生文集》卷一九，四川大学古籍所编"宋集珍本丛刊"，第39册，第788A页。

③ 徐梦莘：《三朝北盟会编》，炎兴下帙四十七，台北：大化书局，1979年，丙集，第225页。

④ 《宋史》卷三七九，北京：中华书局，1977年，第11694页。

⑤ 胡寅：《斐然集》卷一七，《崇正辨·斐然集》，容肇祖点校，北京：中华书局，1993年，第353～354页。

宗代笔追废王安石孔庙配享的诏书中，"高言大论，诋訾名节，历事五代者谓之知道，剧秦美新者谓之合变"和"废绝《春秋》"成为王安石最为主要的罪证。①

在两宋交替的政治背景下，批判扬雄和冯道不仅可以攻击王安石和新党，从而为北宋灭亡寻找替罪羊，并且直指那些在两宋之交有着忠节污点的士大夫，宋高宗"欲究僭伪事，因与求之言遂大感悟"正是这一政治氛围的写照。由此，批判扬雄媚莽、仕莽的声音不断出现，沈与求有诗云："结缨季路空遗迹，投阁扬雄亦厚颜。"②胡寅也让士子讨论扬雄仕莽。③邓肃更著《书扬雄事》一文，极力抨击扬雄不忠不智，认为扬雄"欲作《美新》之书久矣，岂迫于不得已而后为乎"，攻击扬雄"身为叛臣，无所容于天地之间"。④后来朱熹在《资治通鉴纲目》中如此批判扬雄，可能还是受到了邓肃的影响。⑤绍兴十八年（1148），四川类省试"策问古今蜀人材盛衰之故"，德阳何耕对策有云："扬子云作《美新》以媚贼，又蜀人所羞。"⑥可见对扬雄失节的判断已经成为普遍共识。此后，沈作喆于淳熙年间说"扬子云作符命，显是隳丧大节"，而后人为他所作的辩解"是教人臣为不忠"。⑦当然，对扬雄作出决定性评价的，乃是理学集大成者朱熹。

二程虽然否定扬雄，但仍有所保留地说："自汉以来，惟有三人近儒者气象：大毛公、董仲舒、扬雄。"⑧而朱熹却对扬雄批评至极，

① 胡寅：《斐然集》卷一四，《崇正辨·斐然集》，第 313 页。

② 沈与求：《沈忠敏公龟溪集》卷三，四川大学古籍所编"宋集珍本丛刊"，第 39 册，第 256A 页。

③ 胡寅：《斐然集》卷二九，《崇正辨·斐然集》，第 638 页。

④ 邓肃：《栟榈先生文集》卷一九，第 786A-B 页。

⑤ 《栟榈集》，《四库全书总目》卷一五七，北京：中华书局，1965 年，第 1352C～1353A 页。

⑥ 《宋史全文》卷二一下，第 1434 页。

⑦ 沈作喆：《寓简》卷四，《全宋笔记》第四编，郑州：大象出版社，2008 年，第 5 册，第 37 页。

⑧ 《河南程氏遗书》卷一八，《二程集》，第 232 页。

他说："扬雄则全是黄老。某尝说，扬雄最无用，真是一腐儒。……他见识全低，语言极呆，甚好笑！"又说："扬子云出处非是。当时善去，亦何不可？"他认为扬雄对明哲保身的理解完全是"占便宜底说话，所以它一生被这几句误"。① 朱熹对于扬雄之人品、学术都极力否定，他在《楚辞后语》论及扬雄《反离骚》时，特意说这是"汉给事黄门郎、新莽诸吏中散大夫扬雄之所作"，并云："王莽为安汉公时，雄作《法言》，已称其美比于伊尹、周公。及莽篡汉，窃帝号，雄遂臣之。以耆老久次转为大夫，又仿相如《封禅》文献《剧秦美新》以媚莽，意得校书天禄阁上。"根据这种几乎无中生有的解读，他断定扬雄"为屈原之罪人"，而《反离骚》"乃《离骚》之谗贼"，② 将扬雄之仕莽与屈原之死国形成鲜明对比。《楚辞后语》又录蔡琰《胡笳》，其意则"非恕琰也，亦以甚雄之恶"。③ 在《楚辞辩证》中，他也仍然不忘指责扬雄"专为偷生苟免之计"。④

当然，朱熹对扬雄最彻底、影响最大的否定乃是其在《资治通鉴纲目》中书"莽大夫扬雄死"，其下注释大体节略《汉书·扬雄传》，但是末尾却说："所作《法言》卒章盛称莽功德可比伊尹、周公，后又作《剧秦美新》之文以颂莽，君子病焉。"完全逆转了司马光在《资治通鉴》中对扬雄的刻画和评价。至于为何如此苛责扬雄，朱熹解释说："所以事莽者虽异，而其为事莽则同，故窃取赵盾、许止之例而概以莽臣书之。所以著万世臣子之戒，明虽无臣贼之心，但畏死贪生而有其迹，则亦不免于诛绝之罪。此正《春秋》谨严之

① 黎靖德编：《朱子语类》卷一三七、八一，王星贤点校，北京：中华书局，1999 年，第 3155、3264、2137 页。

② 朱熹：《楚辞后语》卷二，朱杰人、严佐之、刘永翔主编：《朱子全书》，上海：上海古籍出版社，合肥：安徽教育出版社，2002 年，第 19 册，第 248 ～ 249 页。

③ 朱熹：《楚辞后语》卷三，朱杰人、严佐之、刘永翔主编《朱子全书》，第 19 册，第 265 页。

④ 朱熹：《楚辞辩证》下，朱杰人、严佐之、刘永翔主编《朱子全书》，第 19 册，第 215 页。

法。"① 尔后大多数士人都接受了朱熹的"笔法",罗大经称颂朱熹此笔与《春秋》争光,麟当再出",② 邹应龙也说朱熹"去取之意"在于"明三纲五常之义,如读《春秋》而乱臣贼子惧"。③ 尹起莘更"发明"朱熹之意云:"士君子当安于命义,不当以苟活为心,诚使遁迹丘园,饥饿而殁,既能不辱其身,所获多矣。昔程颐子有言:

---

① 朱熹:《晦庵先生朱文公文集》卷三七,朱杰人、严佐之、刘永翔主编《朱子全书》,第 21 册,第 1632 页。按,《资治通鉴纲目》是否全部出于朱熹之手存在争论,而此条尤甚,如章太炎《国学讲演录·史学略说》云:"然《纲目》于天凤五年下大书'莽大夫扬雄死'六字,则有意与温公立异。官职卑微者,史不必书其死。史书凡例,蛮夷君长盗贼酋帅曰死,大夫则称卒称薨。故曹操、司马懿之奸恶,其死也,亦不能不曰卒,乃于扬雄特书曰死,此晦庵不能自圆其说者也。惟此书出赵师渊手,故有此体例不纯之事。其后,尹其莘为之发明,刘友益为之作书法。恐亦彼辈逞臆之说,不免村学究之陋习耳。"但朱熹《答尤延之(一)》其实已经有所辨明,其云:"《纲目》不敢动着,恐遂为千古之恨。……按温公旧例,凡莽臣皆书'死',如太师王舜之类,独于扬雄匿其所受莽朝官称而以'卒'书,似涉曲笔,不免却按本例书之曰'莽大夫扬雄死',以为足以警夫畏死失节之流,而初亦未改温公直笔之正例也。"则此条应出自朱熹之手无疑,而且他在《楚辞后语·反离骚》中也有"雄因病免,既复召为大夫,竟死莽朝"之语,与《纲目》相同。不过,罗大经《鹤林玉露》的一些版本则作"莽大夫扬雄卒",倒是可以在一定程度上支持章太炎的判断,因为《纲目》作成后一直在修改,或有"死"、"卒"的不同版本。以上参见章太炎《国学讲演录·史学略说》,上海:华东师范大学出版社,1995 年,第 148 页;朱熹《晦庵先生朱文公文集》卷三七,朱杰人、严佐之、刘永翔主编《朱子全书》,第 21 册,第 1631 页;朱熹《楚辞后语》卷二,朱杰人、严佐之、刘永翔主编《朱子全书》,第 19 册,第 249 页;罗大经《鹤林玉露》丙编卷六"莽大夫"条,北京:中华书局,1983 年,第 340 页。关于《纲目》的成书过程和作者问题,可参见汤勤福《朱熹与〈通鉴纲目〉》,《史学史研究》1998 年第 2 期;汤勤福《朱熹给赵师渊"八书"考辨》,《史学史研究》1998 年第 3 期;郭齐《关于朱熹编修〈资治通鉴纲目〉的若干问题》,《四川大学学报》2001 年第 6 期;仓修良《朱熹和〈资治通鉴纲目〉》,《安徽史学》2007 年第 1 期。
② 罗大经:《鹤林玉露》丙编卷六"莽大夫"条,第 340 页。
③ 邹应龙:《楚辞后语跋》,朱杰人、严佐之、刘永翔主编:《朱子全书》,第 19 册,第 311 页。

'饥饿死最轻，失节事最大。'观《纲目》所书'莽大夫扬雄死'，则雄之失身于莽，尽东海之波，不足以湔其耻矣。"① 由于《纲目》不管在思想上还是编纂体例上都是"一部历史好教材"，加之此后朱熹思想地位的影响，使得宋元以来形成了"《纲目》热"，而《纲目》在明清时期也成为上自科考士子、下自启蒙幼童必读的历史书，② 扬雄之"莽大夫"身份越来越成为定论，终于成为了失节士大夫的符号性人物，直到章太炎都还说扬雄"阿附巨君"，又说"子云投阁，其自得者可知"③。

不过，即便在南宋，也还是有少数士人以较为正面的立场来看待扬雄。洪迈就说扬雄"仕汉，亲蹈王莽之变，退托其身于列大夫中，不与高位者同其死，抱道没齿，与晏子同科"，又赞同扬雄《剧秦美新》实为讽刺新莽之作的说法④，并且采用柳宗元注"阿衡"一句"不可过，过则反"的解释。⑤ 黄履翁也遵循孙复《太玄》嫉莽说。⑥ 尤袤则至少两度致书朱熹，指出《纲目》苛责扬雄太过而无当。⑦ 而陈亮和叶适更对朱熹的评价不以为然，陈亮认为"扬雄度越诸子"⑧，而叶适则认为扬雄"虽巽而不诎明矣"，并特别注意到哪怕东汉之时也没有人指责扬雄剧秦美新，他针对《纲目》云："千载之后，方追数雄罪，为汉举法，惜哉！惜哉！"⑨ 然而，这些声

① 朱熹：《资治通鉴纲目》卷八上，《景印文渊阁四库全书》，台北：（台湾）商务印书馆，1987年，第689册，第500B～501A页。
② 仓修良：《朱熹和〈资治通鉴纲目〉》，《安徽史学》2007年第1期，第22页。
③ 章太炎：《国学讲演录·史学略说、诸子略说》，第148、179页。
④ 洪迈：《容斋随笔》卷一三，孔凡礼点校，北京：中华书局，2005年，第169～170页。
⑤ 《容斋五笔》卷五"万事不可过"条，第881页。
⑥ 黄履翁：《古今源流至论别集》卷五，"影印四库类书丛刊"本，北京：上海古籍出版社，1992年，第942册，第572B～573A。
⑦ 朱熹：《晦庵先生朱文公文集》卷三七，朱杰人、严佐之、刘永翔主编：《朱子全书》，第21册，第1631～1632页。
⑧ 《陈亮集》卷九，邓广铭点校，北京：中华书局，1987年，第98～100页。
⑨ 叶适：《习学记言序目》卷四四，北京：中华书局，2009年，第662页。

音终究很快边缘化，而朱熹的评判则成为"定论"。理宗宝庆三年（1227）初，在追封朱熹后不久，朱熹子朱在便以扬雄《剧秦美新》为由，向理宗建议罢祀扬雄。① 明洪武二十九年（1396），扬雄终因"臣事贼莽"而被罢去从祀孔子的资格。②

四、两宋忠节观念的强化

以往关于忠节观念强化的研究大多笼统地将宋人的观念与秦汉做对比，对两宋忠节观念强化的具体表现和转变过程则较为忽略，而且也不大注意忠节观念是否对不同层次的士大夫和不同的群体有不同的要求。从宋人大多为扬雄辩护以至扬雄"莽大夫"身份的成立，显然与两宋忠节观念的强化相伴随，而如若引入宋人对冯道等人物的评价之转变作为参照，则这个过程将更为清晰。

扬雄和冯道受到愈发严苛的批评这一大趋势虽然相同，但是二人的身份和经历毕竟不同，所以宋人对两者的否定过程并不同步。以现存文献看，宋初四朝对冯道的批评很少，且主要来自君主。《旧五代史·冯道传》云："事四朝，相六帝，可得为忠乎？"③ 宋真宗也说："冯道历事四朝十帝，依阿顺旨，以避患难，为臣如此，不可以训也。"④ 宋仁宗则认为冯道"相四朝而偷生苟禄，无可旌之节"⑤，但冯道在士林中的形象尚属正面。与此相应，此时士人也大多为扬雄仕莽辩解。如石介不仅说扬雄"不作符命，甘投于阁"，而且说"五代之乱，则瀛王扶之"。⑥ 胡瑗也未指责扬雄仕莽，还认为："当

① 李心传：《道命录》卷一〇，朱军点校，上海：上海古籍出版社，2016年，第115页。
② 《明太祖实录》卷二四五，台湾"中央研究院"历史语言研究所校印本，1963年，第5册，第3555页。《明史》卷五〇《礼志》误系为洪武二十八年，参见《明史》，北京：中华书局，1974年，第1297页。
③ 《旧五代史》卷一二六，北京：中华书局，1976年，第1666页。
④ 李焘：《续资治通鉴长编》卷六五"景德四年闰五月庚寅"条，第1461页。
⑤ 李焘：《续资治通鉴长编》卷一七一"皇祐三年八月乙巳"条，第4108页
⑥ 石介：《徂徕石先生文集》卷八，第84页。颇有意思的是，后来石介文集的一些版本将"瀛王"改作"太祖"，此亦可见冯道地位转变之一斑。

五代之季，生民不至于肝脑涂地者，道有力焉，虽事仇无伤也。"①
不过，从仁宗后期开始，这种局面开始出现明显的变化。首先，欧
阳修重写《五代史》，将冯道列于"杂传"之首，又在传首以 303 字
的篇幅极力否定冯道，将其定性为"无廉耻者"。② 此后司马光撰
《资治通鉴》，不仅照抄了欧阳修的评论，更接着以 502 字的篇幅进
一步指责冯道"全身远害"乃事君不忠。③ 然而，如前文所述，欧
阳修虽然看轻扬雄之学，但是并不提及扬雄仕莽之事，而司马光及
其后学更极力为扬雄仕莽辩护。以司马光为坐标，很容易看出王安
石和程朱的不同观念。王安石继承北宋前期的一般看法，他既为扬
雄仕莽寻求儒家义理上的合理性解释，又对冯道持赞赏的态度。④
然而，二程不仅极力批判扬雄仕莽，而且反对胡瑗的评价而认为冯
道"不忠"。⑤ 待至南宋，沈与求、陈公辅、胡寅诸人更将王安石推
崇扬雄和冯道视作其心术不正的两大罪证。后来朱熹同样对扬雄和
冯道都大加挞伐，他在《纲目》中既书"莽大夫扬雄死"，又书"周
太师中书令瀛王冯道卒"⑥，以讥讽冯道不知廉耻。

　　从士人大多既肯定扬雄又肯定冯道，到司马光等人一面肯定扬
雄一面否定冯道，再到程朱对扬雄和冯道双双彻底否定，宋学不同
派别在忠节观念上的差异和两宋忠节观念的强化过程都清晰地显示
出来。刘咸炘先生曾说："议论宽厚者，亦北宋士大夫之风，异于南
宋之竣厉者也。"⑦ 此诚卓识。不管是扬雄还是冯道，其形象的决定

---

① 《河南程氏遗书》卷四，《二程集》，第 73 页。
② 《新五代史》卷五四，北京：中华书局，1974 年，第 611 ～ 612 页。
③ 《资治通鉴》卷二九一，第 9510 ～ 9513 页。
④ 魏泰：《东轩笔录》卷九，李裕民点校，北京：中华书局，1983 年，第 99
　页；释文莹：《湘山野录》卷上，郑世刚、杨立扬点校，北京：中华书局，
　1984 年，第 14 ～ 15 页。
⑤ 《河南程氏遗书》卷四，《二程集》，第 73 页。
⑥ 《资治通鉴纲目》卷五九，《景印文渊阁四库全书》，第 691 册，第 1021B 页。
⑦ 刘咸炘：《宋学别述》，《推十书》（补全本），上海：上海科技文献出版社，
　2009 年，第 1247 页。

性转折都发生在南宋，这虽然直接由塑造王安石为北宋灭亡罪魁的意识形态建设之需要而起，但金人入侵，赵宋难而未亡，此种现实政治局面急需忠节观念以维系王朝稳定，这是导致忠节观念强化的现实背景。

两宋（尤其是南宋）忠节观念的强化，不仅表现在对扬雄和冯道这样的"负面"人物之否定上，同样也表现在对屈原、陶渊明、杜甫等"正面"人物的再发掘和新诠释上。朱自清说："历代论陶，大约六朝到北宋，多以为'隐逸诗人之宗'，南宋以后，他的'忠愤'的人格才扩大了。本来《宋书》本传已说他'耻复屈身异代'等等。经了真德秀诸人重为品题，加上汤汉的注本，渊明的二元的人格才确立了。"① 对陶渊明"耻事二姓"的解读，主要是在南宋才确立起来的。② 屈原和《楚辞》在宋代的"兴盛程度远远超过魏晋南北朝以至唐五代"，而宋代以前，士人对屈原褒贬俱有，褒之者也大多只是推崇屈原"其志洁""其行廉"而已，但是到宋代，尤其是南宋，屈原"忠君爱国"的形象被明显地突出出来。③ 而在宋代，原本对君主不免有些抱怨的杜甫，也被树立成了"一饭不忘君"的典型。④ 对扬雄和冯道形象的翻转，以及对屈原、陶渊明、杜甫等人的新读，如此大范围地改写历史人物评价，本身就显示出忠节要求在群体范围上的扩大。不管是屈原这样的同姓之卿，还是冯道这样的异姓之臣，抑或扬雄、杜甫这样的政治边缘人物，甚至陶渊明这样的"隐逸诗人"，从上到下的士人全都卷进了这场以忠节为标准的评价改写运动之中。忠节的要求对象大大地扩展了，不再局限于

---

① 朱自清：《陶诗的深度》，《朱自清全集》，南京：江苏教育出版社，1988年，第6～7页。

② 唐文明：《隐者的生活志向与儒者的政治关怀——对〈桃花源记并诗〉的解读与阐发》，《思想与文化》第11辑，上海：华东师范大学出版社，2011年，第32～61页。

③ 叶志衡：《宋人对屈原的接受》，《社会科学战线》2007年第2期。

④ 葛晓音：《略论杜甫君臣观的转变》，《中州学刊》1983年第6期；孙微：《论杜甫的君臣观》，《河北大学学报》2000年第6期。

最负政治责任的高层士大夫。

　　早期关于扬雄政治道德的争论，大多集中在扬雄是否媚莽一点，极少触及扬雄仕莽，而到司马光和王安石，已不得不为扬雄仕莽进行辩解，此已可见忠节要求强度的提高。司马光说："国之大臣，任社稷之重者，社稷亡而死之义也。向使扬子据将相之任，处平、勃之地，莽篡国而不死，良可责也。今位不过郎官，朝廷之事无所与闻，奈何责之以必死乎？"扬雄的经历与冯道的显赫仕途大为不同，所以司马光才指责冯道而为扬雄辩护，而且他也认为"夫死者，士之所难"。[①] 然而，二程却否定扬雄退隐不得而仕莽自保的辩护，并说："苟至于无可奈何，则区区之命，亦安足保也？"则更可见不仅忠节的要求对象在群体范围上扩大到了从上到下的所有士人，而且同时大幅地提高了要求的强度。

　　在南宋灭亡前后，不仅涌现了文天祥、陆秀夫、张世杰等等历史上著名的忠义之士，而且还出现了比较普遍的忠义自杀现象，其中不仅有从中央到地方的各级朝廷官员，而且包括为数甚多的官员家眷，这些家眷之中又有一定数量的女性，此外，忠义自杀者中甚至还有一些没有明显政治背景的平民。[②] 这显然是南宋忠节观念强化的实践结果，而从此也可以看出忠节的要求仍在不断扩充和加强，不仅在群体范围上扩大到官员的家眷和普通的平民，而且其在强度上的要求也并不一定随着政治责任的减弱而降低。而宋、金、元、明、清末分别出现的大量政治遗民，同样是忠节观念强化的结果。

　　两宋忠节观念的强化，并非如以往研究所强调的那样只与加强君主专制有关，而是有着相当深刻的政治和社会背景，而且影响颇为深远，但限于篇幅，只能另外专文讨论了。

---

① 汪荣宝：《法言义疏》卷二〇，第 560 页。

② 参见戴仁柱《十三世纪中国政治与文化危机》，刘晓译，北京：中国广播电视出版社，2003 年，第 267 ～ 272 页。

"耶律、萧"与"移剌、石抹"之间

——《金史》本纪中契丹与奚人汉姓表记之问题

吉野正史

关于契丹与奚之姓的问题，在断代史领域，牵涉到辽朝之政治结构，在通史领域，牵涉到契丹与奚人之社会结构的理解，津田左右吉、桥口兼夫、岛田正郎、爱宕松男、武田和哉、陈永志等人曾研究此问题。[①] 最近，一方面武田和哉指出本来不使用汉姓的契丹人，为了成为中华世界之成员开始使用耶律、萧等汉姓。[②] 另一方面，爱新觉罗乌拉熙春主张耶律本来是和"皇族与王朝"具有密切的关系而并不具有与萧氏有通婚关系之一切氏族的意思，萧氏起先

---

① 津田左右吉「遼の制度の二重体系」,『満鮮地理歴史研究報告第 4』,東京帝国大学文学部, 1918 年, 收入《津田左右吉全集》第十二卷, 岩波書店, 1987 年; 橋口兼夫「遼代の国舅帳について」,『史学雑誌』第 50 編 2、3 号, 1939 年; 島田正郎「遼代に於ける契丹人の婚姻について」,『史学雑誌』第 53 編 9 号, 1942, 收入氏著『辽朝史の研究』, 創文社, 1979 年; 島田正郎「再び契丹の婚姻について」,『法律論叢』第 29 卷 2、3 号, 1955 年, 收入氏著『辽朝史の研究』; 愛宕松男「契丹 Kitai 部族制の研究」,『東北大学文学部研究年報』第 3 号, 1953 年, 收入『愛宕松男東洋史学論集』卷三, 三一書房, 1990 年; 同氏「キタイ氏族制の起源とトーテミズム」,『史林』第 38 卷 6 号, 1955 年, 收入『愛宕松男東洋史学論集』卷三; 武田和哉「遼朝の蕭姓と国舅族の構造」,『立命館文学』第 537 号, 1994 年; 陈永志:《奚族为辽之萧族论》,《辽金史论集》第十一辑, 呼和浩特: 内蒙古大学出版社, 2009 年, 收入氏著《契丹史若干问题研究》, 北京: 文物出版社, 2011 年。

② 武田和哉「蕭孝恭墓志よりみた契丹国（遼朝）の姓と婚姻」,『内陸アジア史研究』第 20 号, 2005 年, 第 13 ~ 17 页。

使用于与耶律氏具有婚姻关系的氏族之总称，是与辽朝睿智皇后的政治企图有关。① 两者论述之脉络，并不一致，但均重视围绕耶律与萧两姓之政治企图与人为因素。此等研究，主要基于辽朝史之立场，至于辽代以后之状况，金代以后"耶律、萧"两姓改写为"移剌、石抹"，已众所周知，而具体考察此事之研究从未出现。

笔者欲研究金元时代契丹与奚人之姓的汉字表记的问题之动机，主要有以下三点。首先，在金元时代，无论是金朝或蒙元政权，契丹与奚仍是具有重要的政治、军事价值之集团。其次，由于不少金元时代契丹与奚出身之人物，通晓汉文化，姓之改写问题，可能包含某些政治因素。最后，如英国政治学者安东尼·史密斯所说，在某族群之形成与维持过程中，"集团固有之名称"成为重要因素②。史密斯之说很具合理性，从此观点来探讨，或许能看出金元两代契丹与奚人此两族群之姓的表记方式与其族群生态之关联性。

在《金史》本纪记载中，从海陵王之正隆年间（1156～1161年）至世宗之大定年间（1161～1189年），耶律与萧两姓突然消失，而移剌与石抹两姓取而代之。《金史》本纪中所出现耶律姓人物共有29名，其中28名出现于海陵王之正隆年间以前的记载。仅有耶律道一人，只在世宗大定二年之记载中记述为耶律道，而本纪此后之记载以及列传中记述为移剌道。而在《金史》本纪能判定为奚族之萧姓人物共有31名，其中29名出现于正隆年间以前的记载，其余二名即萧玉与萧窝斡则出现于大定初年的记载。附带说一下，在大定三年以后的记载中，无论是契丹、奚抑或其他族群，萧姓完全不再出现。由此推测，《金史》本纪中所出现金前期之萧姓人物，大部分属于契丹或奚族。

① 愛新覚羅烏拉熙春『契丹文墓志より見た遼史』，松香堂書店，2006年版，第17～18页。
② アントニー・スミス（安东尼·史密斯）著，巢山靖司、高城和義訳『ネイションとエスニシティ―歴史社会学の考察』，名古屋大学出版会，1999年，第29～30页。

再来看移剌姓人物，共有42名，其中只有一名为正隆年间以前之事例，除此之外的41名均出现于大定元年以后的记载。石抹姓人物，共有11名，均出现在大定元年以后的记载，正隆年间以前完全不出现。从此看来，可推测，大约在海陵王之正隆年间到世宗之大定初期之间，发生了影响到契丹与奚族汉姓表记的转换之政治、社会状况的变化，但是《金史》中并无直接描述此事之记载。

本文以此现象为线索，收集从熙宗朝（1136～1149年）至金朝灭亡之间的金朝之典籍、石刻史料，以及南宋与高丽史料中的契丹人与奚人的记载，全面掌握其姓如何被记述，来探讨本来表记为"耶律、萧"的契丹与奚之姓，在何种背景之下变化为"移剌、石抹"。

一、金朝典籍中的记述

首先考察金朝典籍的记述。参考表1，据史料面世时间的分布，属于世宗大定年间的有三例，章宗朝（1190—1208年）的三例，自卫绍王（1209～1213年）至金朝灭亡的有四例。出于世宗朝文献的三例中，《大金吊伐录》中的二例是太宗天会四年（1126）的，此二例使用耶律、萧，其余一例即王寂《拙轩集》卷六《先君行状》内天会五年的记事，亦以萧姓记述。再来看出于章宗朝文献的事例。写于明昌元年（1190）的王寂《辽东行部志》中所出现的"萧卞"，在《金史》本传中则记述为"石抹卞"，两者的记述并不一致。属于章宗朝中后期之承安、泰和年间的有二例，均以"移剌、石抹"来记述，与《辽东行部志》中的记述有所差异。泰和年间（1201～1208年）之后的记述，则"耶律、萧"与"移剌、石抹"混用，并无统一记述方式的倾向，但在金末，可说是使用耶律的记述较占优势。

在记载耶律姓之史料中，1-10、1-12、1-14之有关耶律履父子的史料均用耶律姓。但在《金史》本纪中耶律履之姓，均以移剌记述。此等史料均为元好问所写，于是或可推测元好问撰写耶律姓人物时无论其人称耶律抑或移剌均用耶律。但元好问所撰史料中也有不使用耶律姓的，如1-13，因此可推测为耶律履家族自称"耶律"而不称"移剌"。

此外，耶律履夫人萧氏，亦无有记为"石抹"者。但是，为供参考举耶律履之子耶律楚材之例，楚材的文集《湛然居士文集》收录其本人所撰之文章十篇，皆记述为"漆水移剌楚材晋卿"。

刘祁所撰之1-18、1-19、1-20三例，均是关于金末时期的记述，其中全用移剌与石抹。此外，赵秉文所撰1-9亦使用移剌。由此而言，或是使用耶律的耶律履家族是例外的。关于1-7、1-8、1-16之石抹世绩，属不同系统的史料皆以石抹来记述，因此可说是如同《本纪》中的记述，石抹世绩实际上称石抹而不称萧。

表1　金人文献史料中的耶律、萧及移剌、石抹姓人物

编号	姓　名	史料撰写年代	史　料　源
1-1	耶律淳	大定七年以后	《大金吊伐录》卷一
1-2	奚萧良	同上	同上
1-3	萧嘉哩合	大定二十二年	王寂《拙轩集》卷六《先君行状》
1-4	萧卜	明昌元年	王寂《辽东行部志》
1-5	移剌仲泽	承安年间以后	王若虚《滹南遗老集》卷四五《移剌仲泽虚舟堂铭》
1-6	移剌霖	泰和六年	移剌霖《磻溪集序》（《磻溪集》）
1-7	石抹世绩	1243年	李俊民《庄靖先生遗集》卷八《题登科记后》
1-8	石抹世绩	贞祐二年	《大金德运图说》
1-9	宣抚移剌公	元光二年	赵秉文《滏水集》卷二《拙轩赋》
1-10	耶律善才	正大九年以后	《元好问全集》卷二六《龙虎卫上将军耶律公墓志铭》
1-11	耶律贞	天兴三年以后	《元文类》卷五一，元好问《漆水郡侯耶律公墓志铭》
1-12	耶律辩才	1237年以后	《元好问全集》卷二七《奉国上将军耶律公墓志铭》

（续表）

编号	姓　名	史料撰写年代	史　料　源
1-13	移剌瑗	1242 年以后	《元好问全集》卷二〇《武宁军节度使夹谷公神道碑》
1-14	耶律履	1243 年	《元文类》卷五七《尚书右丞耶律公神道碑》
1-15	萧氏（履夫人）	同上	同上
1-16	石抹世绩	1249 年	《中州集》卷八《太常卿石抹世绩》
1-17	耶律履	同上	《中州集》卷九《右丞文献公耶律履》
1-18	移剌买奴	1235 ～ 1259 年	刘祁《归潜志》卷六
1-19	移剌粘合	同上	同上
1-20	移剌都	同上	刘祁《归潜志》卷十
1-21	移剌宝俭	1250 年	杨奂《还山遗稿》卷上《洞真真人于先生碑并序》

二、金朝石刻史料中的记述

接下来利用表 2，看石刻史料中的记述。看时期分布，熙宗皇统年间（1141 ～ 1149 年）有二例，世宗大定年间与章宗朝前期各有九例。

皇统年间的例子均以"耶律、萧"来记述，与同时期《本纪》之记载一致。另一方面，大定年间之九例，亦全用"耶律、萧"，但《世宗本纪》中的记述则几乎全部是"移剌、石抹"，形成明显对照。需要强调的是 2-11《萧资茂墓志铭》。萧资茂即是 2-1 耶律氏之孙，根据这些史料，可知此家族至少到大定二十五年（1185）前后，仍未自称石抹。此外，此墓志铭系耶律履所撰写，而墓志铭中耶律履自用"耶律"，于是一方面可证明在大定二十五年前，耶律履一贯不用移剌姓，另一方面则可知《世宗本纪》中所记载之"移剌、石抹"，其可靠性值得商榷。耶律履在大定十五年任职应奉翰林文字，大定十九年任翰林修撰，并为金源郡王进讲经书，金源郡王即为将来之章宗。[①]假如《金史·世宗本纪》内之记述为事实，在大定年间后期作为世宗秘书官的耶律履应自署为移剌，但实际上却自署为耶律，据此可断言至少在大定末年并无耶律姓人物使用移剌姓的情况。

再看章宗朝前期，明昌年间的四例中，二例记述为耶律，另外二例则记述为石抹。承安年间之三例以及泰和年间之二例，均记述为移剌与石抹。这表示石刻史料中记述的变化倾向与典籍史料中的记述变化一致。此外，正大年间的二例亦均用移剌与石抹，显示始于明昌、承安年间的变化，至此时仍在持续。

从以上典籍与石刻史料的分析而言，可以说明昌三年前后为分水岭，发生从"耶律、萧"向"移剌、石抹"之记述的转换。若是如此，那么我们应该如何理解这一转换在《金史》本纪中发生于世宗大定初年？大定初年至明昌三年，政治状况发生了什么变化？然而，这些典籍与石刻史料之数量，不能说是充分。于是笔者期望，从南宋与高丽的史料中获得更多依据。

表 2　金朝石刻史料中的耶律、萧及移剌、石抹姓人物

编号	姓　名	史料撰写年代	史　料　源
2-1	耶律氏	皇统元年	《漆水郡夫人耶律氏墓志铭》（《北京辽金史迹图志（上）》288～289页）
2-2	萧公建（Ⅱ-Ⅰ 耶律氏之夫）	同上	同上
2-3	耶律	大定四年	《孟县建福之院碑》（《金代石刻辑校》30页）
2-4	耶律□□	大定十一年	《敕赐清凉院碑》（《金代石刻辑校》35页）
2-5	萧特末	大定十一年	《汾阳军太守谢雨祭文》（原碑现存于山西省介休市绵山，录文依据《全辽金文》）

---

① 　德永洋介「元好問と耶律履の一族」，『富山大学人文学部紀要』第47号，2007年，第6页。

（续表）

编号	姓　名	史料撰写年代	史　料　源
2-6	耶律	大定十五年	《白马寺舍利塔记》（《北京图书馆藏中国历代石刻拓本汇编》第46册118页）
2-7	萧麻鞋	大定十六年	《故灵泉观主凝真大师成道记》（《金石萃编》卷二五五）
2-8	耶律□□□	大定二一年	《九阳钟铭》（《金石萃编》卷二五五）
2-9	耶律德	同上	同上
2-10	耶律	大定二一年	《塔河院碑》（《北京图书馆藏中国历代石刻拓本汇编》第46册150页）
2-11	萧资茂	大定二五年	《萧资茂墓志铭》（《北京辽金史迹图志（上）》287页）
2-12	耶律温	明昌元年	《刘元德墓志铭》（《金代石刻辑校》192—193页）
2-13	宣威将军耶律	明昌三年	《武亭钟款》（《金石萃编》卷二五五）
2-14	移剌官奴	承安四年	《相国完颜　昭告至圣文》（《民国二十三年《曲阜县志》艺文志·金石）
2-15	石抹守道	承安四年	《柏社重修普照禅院记》（《澄城碑石》125页）
2-16	移剌霖	承安年间①	《骊山诗刻》（《金石萃编》卷二五五）
2-17	石抹守□	泰和元年	《石抹守□题名》（《北京图书馆藏中国历代石刻拓本汇编》第47册66页）
2-18	石抹軏	泰和四年	《伏牺庙碑》（《金文最》卷四〇）②

① the C. V. Starr East Asian Library，University of California，Berkeley 的 Chinese Rubbing Database（http://www.lib.berkeley.edu/EAL/stone/search.html）作承安四年。

② 转录自《汜水县志》（应是 Library of Congress Online Catalogs 所藏《嘉靖汜水县志》）。

（续表）

编号	姓　名	史料撰写年代	史　料　源
2-19	石抹怀友	正大二年以后	《京兆府学题名》(《北京图书馆藏中国历代石刻拓本汇编》第 47 册 148 页）
2-20	移剌	正大七年	《邓州宣圣庙碑》(《北京图书馆藏中国历代石刻拓本汇编》第 47 册 152 页）
2-21	耶律丞相（楚材）	至元三年	王鹗《中都路都总官兼大兴尹郭公新茔碑》(道光十八年《通州志》卷十）

三、南宋与高丽史料中的记述

根据表 3，得知《宋史》本纪中所出现八例。其中除 3-1、3-8 之外，皆在《金史》中可看见相关记载，关于 3-2①、3-3②、3-4③ 三例在《金史》中以耶律姓记述，3-6④、3-7⑤ 二例则在《金史》中以移剌记述。此外，关于 3-2、3-3、3-4、3-6 在《建炎以来系年要录》中亦有相关记载。从表 3 看来，自正隆年间以前至大定十年间，确实使用"耶律、萧"。《要录》等史料中的相关记载亦支持此看法。自 3-7 之大定二十六年的记载至 3-8 之天兴二年（1233）之间，虽然缺乏有关记载，而在《金史》本纪中已转换为"移剌、石抹"的金世宗时期，《宋史》本纪中却仍使用"耶律"。

此外，《三朝北盟会编》中有三例，亦一致于相当于金朝正

---

① 《金史》卷五《海陵本纪》，北京：中华书局，1975 年，第 104 页；卷六十《交聘表》上，第 1408 页。

② 《金史》卷五《海陵本纪》，第 105 页；同书卷六十《交聘表》上，第 1408 页。

③ 《金史》卷五《海陵本纪》，第 107 页；同书卷六十《交聘表》上，第 1409 页。

④ 《金史》卷六《世宗本纪》上，第 147 页；同书卷六一《交聘表》中，第 1426 页。

⑤ 《金史》卷八《世宗本纪》下，第 195 页；同书卷六一《交聘表》中，第 1445 页。

表 3 《宋史》本纪中的耶律、萧及移剌姓人物

编号	宋年号	金年号	记载人物名	所在卷数
3-1	靖康元年	太宗天会四年	萧三宝奴、耶律忠	卷二三《钦宗本纪》
3-2	绍兴二十四年	海陵王贞元二年	耶律安礼	卷三一《高宗本纪》八
3-3	绍兴二十五年	贞元三年	耶律归一	卷三一《高宗本纪》八
3-4	绍兴二十七年	海陵王正隆二年	耶律守素	卷三一《高宗本纪》八
3-5	乾道四年	世宗大定八年	移剌神独斡	卷三四《孝宗本纪》二
3-6	乾道六年	大定十年	耶律子敬	卷三四《孝宗本纪》二
3-7	淳熙十三年	大定二十六年	耶律子元	卷三五《孝宗本纪》三
3-8	绍定六年	哀宗天兴二年	邓州移剌	卷四一《理宗本纪》一

隆年间以前的记载中以"耶律、萧"来记述。具体而言，即是天会四年的耶律纯、奚萧良，以及皇统元年的萧毅。《三朝北盟会编》卷二四五所引用的《族帐部曲录》，简述了参与海陵王攻宋的人物，自正隆年间到大定初期之间的动向。[1] 其中包含耶律执中、耶律劝农、萧母里哥、耶律母里哥、萧五斤、萧德、萧顺、萧廉等八名契丹人与奚人。在《族帐部曲录》中，亦记载这些人物在世宗朝初期的动向，而至于他们的姓，均以耶律与萧来记述。

在《大金国志》诸帝纪中相关记载有八例。[2] 有人指出该书中

---

[1] 关于《族帐部曲录》参见三上次男「金朝の官制研究史料について」，收入氏著『金史研究二 金代政治制度の研究』，中央公論美術出版，1970年，第26～35页。

[2] 皇统六年"萧保寿奴"（卷十二《熙宗孝成皇帝》四）；皇统八年"萧玉"（卷十二《熙宗孝成皇帝》四）；正隆三年"萧廉"（卷十四《海陵炀王》中）；正隆五年"萧德温（萧恭）"（卷十四《海陵炀王》中）；正隆六年"耶律劝农"（卷十五《海陵炀王》下）；大定三年"萧鹬巴"（卷十六《世宗皇帝》上）；大定三年"耶律适里"（卷十六《世宗皇帝》上）；泰和元年"耶律德寿"（卷二十《章宗皇帝》中）。

有关大定年间以后的记载恐怕是到元代才补充上去的①，因此其可靠性并不高，系年于泰和年间的耶律德寿也用耶律姓记述，这与《金史》以及金朝的典籍、石刻史料的记述情况不一致。至于大定年间之二例，使用耶律与萧，但此记述方式，究竟是如同金朝之典籍、石刻史料那样，反映当时的现实情况，抑或如同《金史》世宗朝以后的记载那样，是出于元代人的篡改，仍需要进一步商榷。

高丽史料方面，根据表4，在《高丽史》世家中大定年间之前的例子有十二，均为耶律与萧姓，而泰和六年以后的一例是移剌姓。至于自明昌至承安之例，唯有明昌元年之4-13，但从泰和六年的4-14使用移剌姓的情况而言，与金朝石刻史料所显示的明昌三年以后发生姓之记录状况转换的事实相一致。

关于4-9与4-12，在《金史》本纪中有相关记载，分别记录为移剌子元②与移剌彦拱③。至于4-10，虽然在《金史》本纪中没有直接相关的记载，但有在大定二十八年被派遣至宋朝的记载，所以可见于《交聘表》，在该记载中记为移剌仲方④。若假设他们实际情况下自称移剌姓，既然4-14用移剌姓来记录，4-9、4-10、4-12也很难想象高丽史料的编纂者持有某种意图而改写。因此，笔者认为《金史·本纪》中的移剌子元、移剌仲方、移剌彦拱此三名人物，如同《高丽史》所记载，实际上使用耶律姓。

表4 《高丽史》世家中的耶律、萧及移剌姓人物

编号	高丽年号	金年号	记载人物名	所在卷数
4-1	仁宗五年	天会五年	耶律居壌	卷十五《仁宗世家》一
4-2	仁宗六年	天会六年	萧怀玉	卷十五《仁宗世家》一

① 崔文印：《前言》，收入崔文印校证《大金国志校证》，北京：中华书局，1986年，第1～8页。
② 《金史》卷七《世宗本纪》中，第165页；同书卷六一《交聘表》中，第1435页。
③ 《金史》卷八《世宗本纪》下，第203页；同书卷六一《交聘表》中，第1447页。
④ 《金史》卷六一《交聘表》中，第1447页。

（续表）

编号	高丽年号	金年号	记载人物名	所在卷数
4-3	仁宗二二年	皇统四年	萧隶	卷十七《仁宗世家》三
4-4	仁宗二四年	皇统六年	萧谦	卷十七《毅宗世家》一
4-5	毅宗四年	天德二年	耶律罗松	卷十七《毅宗世家》一
4-6	毅宗五年	天德三年	萧子敏	卷十七《毅宗世家》一
4-7	毅宗十四年	正隆五年	耶律琳	卷十八《毅宗世家》二
4-8	毅宗二四年	大定十年	耶律紎	卷十九《明宗世家》一
4-9	明宗七年	大定十七年	耶律子元	卷十九《明宗世家》一
4-10	明宗十二年	大定二二年	耶律仲方	卷二〇《明宗世家》二
4-11	明宗十六年	大定二六年	耶律圭	卷二〇《明宗世家》二
4-12	明宗十八年	大定二八年	耶律彦拱	卷二〇《明宗世家》二
4-13	明宗二〇年	明昌元年	耶律炳	卷二〇《明宗世家》二
4-14	熙宗二年	泰和六年	移剌光祖	卷二一《熙宗世家》

四、关于《金史》本纪中契丹、奚人汉姓记录之背景

经过以上讨论，得知契丹与奚人汉姓记录方式即自"耶律、萧"至"移剌、石抹"的转换，并不是发生于《金史》本纪所显示之大定初年，而是发生于明昌年间（应是明昌三年）。既然如此，此事实背后有何政治背景？

《金史》与金朝《实录》之关系，藤枝晃、陈学霖等人曾有深入研究。[①] 以下主要根据他们的成果，以《金史》之世宗以后的《本纪》主要依靠诸朝《实录》而编纂为前提，进行讨论。金朝编纂实录，在世宗朝正式开始。有人认为《海陵王实录》撰成于世宗朝，

---

① 藤枝晃「金史のなりたち」，收入氏著『征服王朝』，秋田屋，1948 年，第 30 ～ 54 页；Hok-lam Chan, *The Historiography of the Chin Dynasty*：*Three Studies*，Wiesbaden. Franz Steiner Verlag，1970。

抑或撰成于章宗朝，迄无确论。① 但根据元好问《尚书右丞耶律公神道碑〉(《元文类》卷五七)，可知《海陵王实录》在世宗朝已经完成，至少其大部分内容几乎完成。②

由此而言，《金史·海陵本纪》所依据之史料，即《海陵王实录》之内容，不是受章宗朝、而是受世宗朝之政治影响。

另一方面，根据《金史》本纪之记载，《世宗实录》成立于明昌四年，但赵秉文《党公神道碑》(《滏水文集》卷十一)则记载说，党怀英在明昌六年参与《世宗实录》之编纂。藤枝晃推测《党公神道碑》所说之《世宗实录》恐怕是《显宗实录》之误。③ 然而，党怀英在章宗朝长期占政权核心，笔者认为其记述具有较高之可靠性。因此，本文暂时认为《世宗实录》撰成于自明昌四年至承安初期之间。若是如此，可以提出以下假说，即在明昌三年前后金政权有关契丹与奚人之汉姓记录方式之实际政策，反映到当时修撰的《世宗实录》之记载，于是依据《世宗实录》所撰的《金史·世宗本纪》才有"移剌、石抹"姓的使用始于大定初年的记述。

此外，在《金史》本纪中，大定初年发生"耶律、萧"姓转换为"移剌、石抹"之同时，开始散见遥里、伯德姓人物。④ 据《金史》卷六十七《奚王回离保列传》，在大定年间具有代表性的奚人之姓有五，即遥里、伯德、奥里、梅知、揣，可知遥里、伯德姓者即奚人，他们的姓本来在汉文史料中被记录为萧。李俊民《题登科记后》(《庄靖先生遗集》卷八)所记承安五年经义榜，记载石抹世绩与伯德维之名。元好问《赠萧汉杰》(《遗山先生文集》卷十)记载："萧

---

① 孙玉敏:《〈金实录〉简论》，收入鲍海春、王禹浪主编《金史研究论丛》，哈尔滨:哈尔滨出版社，1995 年，第 211 页。

② 元好问:《尚书右丞耶律公神道碑》，收入《元文类》卷五七，《四部丛刊》景印元至正二年(1342)西湖书院刊本。

③ 前揭《金史のなりたち》，第 46 页。

④ 《金史》卷八《世宗本纪》下，第 187 页;同书卷十五《宣宗本纪》中，第 332 页。

汉杰，大兴人。金国初，尝赐姓奥里氏，故时人又谓之奥里汉杰。"三上次男将此史料解释为在金朝初期赏赐女真姓之证据。[1] 但奥里非女真姓而是奚人姓，萧汉杰非金初人物而是金中后期人物，笔者认为萧汉杰"赏赐"奥里姓，应是明昌年间。因而可设想，在明昌年间实施姓氏之变换时，萧姓契丹人与奚人之姓，并不单纯地变换为石抹，而可能根据其所属氏族变换为石抹、遥里、伯德、奥里等。而姓之变换，不是单纯的文字记录之变换，其背后应有复杂的政治考虑。

五、章宗明昌年间之政治状况与契丹、奚人之"改姓"

以上考察，论证了契丹与奚人之改姓在章宗朝施行。既然如此，章宗朝为何实行此政策？以下从《世宗实录》编纂时期章宗朝的内外状况来进行检讨。

首先看金朝内部问题，此处举猛安谋克之贫困化与黄河改道为例。关于前者，虽然世宗朝后期政府施行各种制度改革，但至章宗朝仍无法解决这一问题。[2] 至于后者，世宗在位时期，黄河频频泛滥、改道，河道变化造成新的土地纠纷，在金朝统治下之汉地引发了深刻的社会问题。[3]

再来看金朝外部问题，世宗之过世引发蒙古高原游牧部族入侵，金朝政府不得不为之奔忙。[4]

最后看章宗本身，章宗以世宗皇孙身份继承帝位，与其伯叔父

---

[1]　三上次男「金代中期における女真文化の作興運動」，收入氏著『金史研究三　金代政治・社会の研究』，中央公論美術出版，1973 年，第 258 页。

[2]　三上次男「金代中期における猛安謀克戸」，收入『金史研究三　金代政治・社会の研究』，第 228 ～ 230 页。

[3]　外山軍治「章宗時代における黄河の氾濫」，收入氏著『金朝史研究』，同朋舎，1964 年，第 567 ～ 582 页。

[4]　外山軍治「章宗時代における北方経略と宋との交戦」，收入『金朝史研究』，第 472 ～ 474 页。

的关系让章宗陷入困境。明昌二年，章宗在诸王府内设王傅与尉，并处死诸王中年纪最大的世宗长子永中。而诸王方面，明昌四年郑王永蹈企图谋反，也令章宗与诸王之间的关系日益紧张。[①] 此时，对诸王的禁令更加严密，诸王及其家族被置于某种软禁状态。[②] 同时，章宗元妃李氏与其兄弟，在朝廷成为显贵，逐渐与反李妃派官僚对立起来。[③]

当时，金朝内外均有严重危机，且在朝廷里，章宗与诸王之间，李妃派与反李妃派之间，又展开激烈的权力斗争。

为应对如此复杂困难之局面，章宗朝廷积极推动制度改革，而其相关政策之制订尤其集中于章宗即位不久之明昌年间。屡次举行百官合议为章宗政治意向的特色之一。在世宗朝，百官合议仅有两次，而章宗即位后，自大定二十九年至明昌五年之间却至少有八次之多。章宗借着发动百官合议，以限制世宗朝以来政府高层的力量，并扩大自己的权力。[④]

《世宗实录》正是在此状况之下进行编纂。内忧外患、高层政争日趋激烈，若不慎重处理这些问题，政权将会动摇。在此危局之下，若能对内外表示自己与世宗之一体性和连续性，对章宗而言应是维持其政权权威性的有效手段。

《金史·世宗本纪》所载从"耶律、萧"至"移剌、石抹"的记录转换，是根据《世宗实录》之内容，而实际上发生这一转换，不是在海陵王正隆与世宗之大定之间，而是在修《世宗实录》的章宗之明昌年间。《世宗实录》的内容中，反映了章宗的政治理想。在此时改换契丹与奚人之汉姓，也是出于这一缘由。

---

① ③　外山軍治「金の章宗と李妃」，『大阪外国語大学学報』第29号，1973年，第379～388页。

②　元好问：《中州集》卷五《密国公璹》，"四部丛刊景印元刊"本。

④　三上次男「金代における尚書省制度とその政治的意義」，収入『金史研究二　金代政治制度の研究』，第434～438页。

世宗大定十三年 ① 与大定二十七年 ② 金朝政府已曾两次禁止女真人自称汉姓。至章宗明昌二年十一月之制:"诸女直人不得以姓氏译为汉字。" ③ 在重新禁止女真人使用汉姓一事上,章宗继承了世宗之政策。

回过来看前面的讨论,在典籍、石刻史料中最早出现"移剌、石抹"之记录的,是明昌三年之《佑先院碑》中的石末士成与石末子令,在此要注意两人之姓并不是"石抹"而是"石末"。同样是明昌三年之《武亭钟款》中有宣威将军耶律的记录,但其后史料均用"移剌、石抹",因此可说契丹与奚人之改姓,与明昌二年之女真人禁止使用汉姓之制,应有非常密切的关系。换言之,契丹与奚人之改姓,很可能施行于此制颁布前后。

我们注意到,陈述曾在其《金史·氏族表》中指出,章宗朝施行了统一女真姓氏之汉字记录方式的政策。 ④ 陈述将姚燧《布色君神道碑》 ⑤ 的记述与《金史·百官志》所举女真姓氏进行比较,认为《百官志》之记载是依据章宗朝的姓氏制定。《金史·百官志》所依据之官制体系是明昌初年的 ⑥ ,因此章宗朝之女真姓氏汉字记录方式的统一与本文所指出之契丹与奚人改姓之发生时期,正好一致。对女真人禁用汉姓的政策,与女真姓氏之汉字记录方式的统一,即为表里关系,而契丹与奚人也被放置在其政策框架之中。

章宗政权为何不仅控制女真人的姓氏,还要进一步改契丹与奚人的汉姓? 此外,姓的汉字表记之变换,对契丹与奚人而言有何意

① 《金史》卷七《世宗本纪》中,第159页。

② 《金史》卷八《世宗本纪》下,第199页。

③ 《金史》卷九《章宗本纪》一,第219页。

④ 陈述:《金史氏族表》,收入《金史拾补五种》,北京:科学出版社,1960年,第4页。

⑤ 姚燧:《牧庵集》卷十七《布色君神道碑》,"四库全书"本。

⑥ 三上次男「金史百官志にみえる官制の制定年次」,收入『金史研究二 金代政治制度の研究』,第64~66页。

义? 从本纪之记载中, 只能知道女真文化与汉文化之对立关系, 那么契丹与奚人集团被置于何种处境? 根据陆游之《老学庵笔记》, 在汉儿 (即出身于旧辽朝领土的汉人) 看来契丹与奚人定位于较接近女真的地位。[①] 但是此记载是宋绍兴十三年 (1143) 即金朝熙宗朝的皇统三年[②], 与明昌年间约隔了五十年。海陵王之后, 至世宗朝, 契丹与奚人在金朝政治核心的地位日益降低[③], 从章宗朝的政治状况来看, 不能说是 "女真、契丹、奚皆同朝"。但是, 在《世宗实录》中他们的汉姓全被改写, 且在明昌年间实际上也施行改姓政策之状况, 就显示在当时之非汉族与汉族的区分中, 契丹与奚人也被放置于前者之框架中, 改其汉姓必然有政治意义。而其政治意义自然不在 "女真、契丹、奚皆同朝" 的脉络上。原来支撑契丹与奚人政治地位的, 是其强大武力, 但他们的武力, 自海陵王时代达到巅峰, 之后直线下降。自正隆年间至大定初期契丹与奚人大规模叛乱之后, 世宗并用强硬与和缓两种手段以统治契丹与奚人。但大定十七年之契丹人再度叛乱让世宗之态度更趋强硬, 此后世宗将他们编入于女真猛安谋克中, 以奖励他们与女真人之通婚为恒久政策。[④] 另一方面, 从政治 / 文化的角度来看, 随着女真上层接受了汉文化, 早已不难与汉人官僚沟通, 契丹人作为联系女真与汉人之媒介的角色, 逐渐失去意义。明昌二年四月, 金朝政府取消契丹小字之官方语言地位[⑤], 至十二月禁止通用契丹小字[⑥], 正是金朝政府不再借助契丹

① 陆游《老学庵笔记》卷六 (光绪三年 (1877)《崇文书局丛书》本):"康伯往年使虏, 有李愈少卿者, 来逛客, 自言汉儿也, 云: 女真、契丹、奚皆同朝, 只汉儿不好。北人指曰汉儿、南人却指作番人。"
② 刘浦江:《说"汉人"》, 收入氏著《辽金史论》, 沈阳: 辽宁大学出版社, 1999 年, 第 121 页。
③ 前揭「金代における尚書省制度とその政治的意義」, 第 431 ～ 433 页。
④ 外山軍治「金朝治下の契丹人」,『金朝史研究』, 第 100 ～ 103 页。
⑤ 《金史》卷九《章宗本纪》一 (第 218 页):"癸巳, 谕有司: 自今女直字直译为汉字, 国史院专写契丹字者罢之。"
⑥ 《金史》卷九《章宗本纪》一 (第 220 页):"乙酉, 诏罢契丹字。"

人契丹语之中介作用的表现。① 总之，世宗朝以后，金朝长期施行削弱契丹与奚人之独特性、独立性的政策，虽然仅限于姓氏的汉字记录方式的变换，但这表明，针对女真人所行的姓氏政策，也将他们纳入进来。耶律与萧两姓，本来源自辽代契丹与奚人的皇族和贵族。金代契丹与奚人，对其姓之汉字记录方式有何意义，言人人殊，较难推测，但至少，比起没有任何缘由和传承的移剌与石抹，耶律与萧自然被视为"正统"。

到了元代至正年间，述律杰认为，金朝强制改萧姓为石抹，令其祖先蒙受耻辱，故而主张舍弃石抹姓②，此事正暗示在章宗朝期契丹与奚人政治与军事重要性逐渐减弱之状况下，对于女真政权所施行之改姓政策，契丹与奚人心不甘情不愿。明昌二年，金朝改变契丹与奚人之姓氏记录方式的同时也改变了亲王封国的政策。③ 其结果是，冠以汉、唐、宋、秦、殷等曾拥有天下之国名，被认为不适合封予臣下，而改为恒、并、汴、益等区域性的国名。将源于辽朝皇族、后族的耶律与萧改为移剌与石抹，或许在方向上，与这些政策有着共通之处。

明昌年间，金朝正处于内忧外患之际，此时期章宗所推动的政治改革，牵涉到非汉族姓氏之规范命名、官方语言之改订、积极地编纂史书、并确定正统等，可说是金朝政治史中意识形态特别浓厚的一个时代。在这一时代，强行改换源自辽朝皇族与贵族的契丹、奚人之姓名记录方式，且将其改姓行为回溯至"名君"世宗的时代，此种政策，一方面显示金朝与章宗本人的权威性，同时也抹除了契丹与奚人的独特性与独立性，将他们吸收于"女真"之内。此外，这样的改姓政策与反映在该政策上的正统性之强化问题（编纂《实录》为其手段之一），关系到章宗朝在金朝政治史中的定位问题。关

---

① 前揭「元好問と耶律履の一族」，第 7 页。

② 陈旅：《安雅堂集》卷六《述律复旧氏序》，"四库全书"本。

③ 《金史》卷五五《百官志》一，第 1229 页。

于这一点，可以参考三上次男之文化政策研究，井黑忍之监察权研究等 [①] 来进一步检讨。

结 语

本文检讨《金史》本纪以及其他各种史料，以说明《金史》本纪内自"耶律、萧"至"移剌、石抹"之记录方式变化，并非如《金史》本纪显示的那样发生在世宗朝，而是编纂《世宗实录》之章宗朝明昌年间。而依据章宗及其时代之政治状况的脉络，改姓政策应由章宗政治意向而产生。

依据古松崇志的研究，成书于蒙元中统二年（1261）之《大定政要》以金代历朝《实录》为其材料，而在至元二年（1265）由王鹗等编纂之《大定治绩》即是抄录《世宗实录》而成，世宗作为明君的评价，也从此固定下来。[②] 王鹗另外编纂了《金史稿》，也因此对《金史》之编纂发挥了重要影响。朱仲玉认为，对《金史》编纂者而言《金史》之核心意义，在于记述世宗朝之史实。[③] 张博泉等人指出，原来元好问将海陵王时代视为"小康"，而视世宗时代为"承平之时"，可是《金史》之编纂者将世宗时代改为"小康"。[④]

自传统中国史学的观点而言，《金史》在元代所编纂之三种正史中最为"良史"。其所以为"良史"之根据，即是《金史》对其所依

① 井黑忍「金代提刑考：章宗朝官制改革の一側面」,『東洋史研究』第60卷3号，2001年，第1～31页。

② 古松崇志「脩端「辯遼宋金正統〉をめぐって—元代における『遼史』『金史』『宋史』三史編纂の過程—」,『東方学報』第七五册，2003年，第158页。

③ 朱仲玉:《〈金史〉试析》,《文史知识》1984年第4期，收入吴凤霞主编《辽史、金史、元史研究》,北京：中国大百科全书出版社，2009年，第293～294页。

④ 张博泉等:《〈中州集〉与〈金史〉》,收入陈述主编《辽金史论集》第三辑，北京：书目文献出版社，1987年，第277页。

据之资料，整理较完善。可是从别的角度来看，正因为《金史》是
"良史"，才无法逃脱层层叠叠的政治成见。当然，完全不含政治、
社会成见的史料是不存在的，围绕着《世宗本纪》发生的状况很好
地证明了这一点。

南宋四明史氏的没落
——南宋后期政治史的一个侧面

小林晃

序　言

清代著名考据家赵翼在《廿二史札记》卷二六《继世为相》中，举出宋代连续三代出现宰相的两个名门。一个是河南吕氏，另一个是四明史氏。河南吕氏不仅在北宋时代出现吕蒙正、吕夷简、吕公著三世三位宰相，在南宋时代也出现了吕好问、吕本中、吕祖谦等高官或思想家。可以说吕氏在两宋三百年之间维持了名门的地位。

四明史氏在南宋时代也是高官辈出，史浩、史弥远、史嵩之三代三宰相，繁华一时。但在史嵩之下台后，一族科举合格人数减少，其在政治上的地位迅速低落，直到南宋灭亡。虽然到了明代，史氏在庆元府仍作为地方名门继续存在，但已从历史舞台退出。本文在重新探讨南宋后期四明史氏衰落原因的同时，也试图寻求其衰落在政治史脉络中所具有的意义。

史弥远在南宋第四、第五代皇帝宁宗、理宗两朝，作为所谓的"专权宰相"，长期独揽大权，从史弥远死后史嵩之主导与蒙古的和平政策可以看出，四明史氏是在南宋中后期政治史上留下巨大痕迹的一族。另外，需要注意的是，以主导南宋后期政治著称的郑清之、乔行简、赵葵、贾似道等，都是从史弥远时代所形成的史氏人脉中脱颖而出的人物。可以说，探讨四明史氏衰落的过程本身，即可窥见南宋后期政治史的一端。或许因为如此，关于史氏没落的原因，在过去的研究中颇受关注。

例如戴仁柱（Richard L.Davis）氏举出史氏的衰落原因，侧重于史弥远长期独揽大权而招致官员的普遍反感。这种反感在史弥远死后转变为对史氏全体的批判，成为阻挡史氏族人入仕与升擢的重大原因。而且，因为有数名史氏族人预测这种事态而攻击史弥远，造成史氏内部出现裂痕，戴氏认为这是诱发一族分裂的原因。①

另外，黄宽重氏在论及南宋官界中明州士大夫消长之时，有如下看法：史弥远专权一旦成立，史弥远援引同乡的楼氏和袁氏等有力宗族的族人到中央，形成了新的政治势力。然而，后来在对金政策和拥立理宗上政见分歧突显，这些宗族的族人关系恶化，各宗族内部发生对立。四明史氏内部也因史弥远和史嵩之的政治立场而发生冲突，这是致使史氏政治地位衰落的原因。②

戴氏和黄氏的见解虽然有不同之处，但指出史氏内部存在严重的对立，削弱了宗族团结是造成史氏衰落的原因之一，在这一点上的看法可说是一致的。如下文所述，在两人所依据的史料中，的确可以看到史氏有数位影响力不小的族人批评史弥远政治立场的记载。但是那些史料的编纂，是在对史弥远的否定性评价已固定化的时代，并非站在公平的立场所记载的。故而，我们不得不考虑两位研究者根据那些史料所得见解，应有再探讨的必要。也就是说，有必要根据同一时代的、且尽可能接近史氏立场所记载的史料来验证上述见解是否妥当。

基于对上述问题的关注，在本文笔者主要使用过去介绍的明代郑真辑《四明文献》，对上述问题进行再次验证。③《四明文献》虽

---

① Richard L. Davis，*Court and Family in Sung China 960-1279—Bureaucratic Success and Kinship Fortunes for the Shih of Ming-Zhou*，Duke U.P.，1986，pp.117-187.

② 黄宽重：《四明风骚——宋元时期四明士族的衰替》，收入氏著《政策、对策——宋代政治史探索》，台北：联经出版事业股份有限公司，2012年，原载《新史学》2009年第2期，第1～41页。

③ 小林晃：《郑真辑〈四明文献〉之史料价值及编纂目的——〈全宋文〉〈全元文〉试补遗》，张宇译，《日本中国史研究年刊（2009年度）》，上海：上海古籍出版社，2011年，日文版刊于2009年。

是明代初期所编纂的史料，但收录了南宋后期史氏族人所记载的许多原始史料，并且几乎都是第一次出现的史料。通过分析这些史料，应该可以厘清过去未知的史实。此外，本文引用《四明文献》时，是以静嘉堂文库所藏抄本为底本。请读者注意的是，史料引用文中有〔　〕时，是针对静嘉堂所藏抄本脱误的语句，用中国国家图书馆所藏清抄本加以补充的部分。①

一、史弥远政府时代的四明史氏

如前面所述，史弥远从宁宗朝后期到理宗朝前期，维持了长达二十五年的独相地位。特别是在其政府的后期，围绕作为理宗之兄在帝位继承之争中败北的济王赵竑死后的处置上，受到真德秀和魏了翁等朱子学派领袖的严厉批判。戴仁柱氏与黄宽重氏列举了对史弥远政治立场表示不满的史氏族人的名字：史弥坚、史弥忠、史弥巩、史弥应、史守之。② 其中关于史弥应、史守之，由于从清代以前的史料中几乎无法确认其事迹，所以本文略过，至于剩下的史弥坚、史弥忠、史弥巩三人，则分别加以验证。

（一）史弥坚

史弥坚是史浩幼子，史弥远的同母弟，其事迹可见元代延祐《四明志》卷五《人物考中·先贤·史弥坚》。史弥坚于开禧三年（1207）就任知临安府，如上述史料中"兄弥远入相，以嫌出为潭州湖南安抚使"，在兄长史弥远就任宰相的同时被派任到地方，之后任知镇江府和知建宁府等。接着又"以兄久在相位，数劝归不听，遂食祠禄于家十有六年"，劝告长年担任宰相的史弥远引退但不获接

---

① 本文所说的静嘉堂文库所藏抄本与中国国家图书馆所藏的清抄本，同上论文中介绍的①静嘉堂本与②国图本即是这两部抄本。

② Richard L. Davis，*Court and Family in Sung China 960-1279—Bureaucratic Success and Kinship Fortunes for the Shih of Ming-Zhou*，Duke U.P.，1986，pp.117-127. 同上注，第 153～155 页。

受，忍受了长达十六年没有实权的宫观差遣职位。

在过去的研究中，认为上述的记载指出了史弥坚与史弥远政见不一致，认为这是酿成史氏内部不和的证据。但就如笔者在旧稿所述及的，这种论点颇可商榷。之所以得出二人政见不一之结论，是因为对史弥坚事迹记载最详细的郑清之《宋赠开府仪同三司忠宣公墓志铭》（以下称《史弥坚墓志铭》），在过去的研究中并未受到充分运用。在此陈述旧稿要点如下。原本史弥远因暗杀主导对金战争而败北的韩侂胄，而被提拔为宰相，之后建立了史氏繁荣的基础。韩侂胄暗杀事件才是关系史氏一族兴衰的事件，而在其暗杀的同一天、即开禧三年（1207）十一月三日，史弥坚竟然就任知临安府。关于这个事件，《史弥坚墓志铭》记载："开禧末，太师卫国忠献王，奉宁宗皇帝密旨，诛韩侂胄。公时为浙漕使者，叶志比力，谋断以定，遄以外府卿尹天府，指挥弹压，不动气色。忠献有大勋劳于帝室，公实辅以济。"也就是说，史弥远（"太师卫国忠献王"）与史弥坚（"公"）兄弟合作进行了对韩侂胄的暗杀及其事后处置。[1] 至少可以说在韩侂胄暗杀之时，两者之间看不出政治上的对立。

另外，史弥坚在韩侂胄被暗杀后晋升为权兵部侍郎，但主动提出任职于地方并获得批准，其后再也没有重返中央。戴仁柱氏推测史弥坚这种行为的背后存在着与史弥远的分歧[2]，但关于这一点也需要慎重讨论。因为史弥坚本来就不是科举出身而是靠父亲恩荫出仕，而且因娶了孝宗的亲兄赵伯圭之女而具有皇族姻戚的身份。拥有如此背景的史弥坚，如果继续居于中央要职，不难想像作为宰相的兄长可能遭受来自官场的强烈反感。刘宰在写给史氏族人的书信中写

---

[1] 拙稿「史彌堅墓誌銘と史彌遠神道碑——南宋四明史氏の伝記史料二種——」，『史朋』43，2010年，第6～8页。《史弥坚墓志铭》的原文也登载于该论文第2～6页。

[2] Richard L. Davis, *Court and Family in Sung China 960-1279—Bureaucratic Success and Kinship Fortunes for the Shih of Ming-Zhou*, Duke U.P., 1986, pp.118-119.

道："及丞相当国，以一尚书处沧洲，诚未为过，而沧洲恳辞十数不止，丞相亦终不强之。故天下皆服大丞相之公，而仰沧洲之高。"①所言绝不夸张。而对照亲属回避的原则，史弥坚（"沧洲"）之所以离开中央官职，也可以说是为了帮助史弥远（"丞相"）政府的稳定运作。

另外，笔者旧稿也曾触及，如在《史弥坚墓志铭》中所记载的，"平时雅有鉴裁，前后荐扬，多一时俊彦，自葛公洪、乔公行简而次，皆卓卓有闻"，史弥坚推举葛洪、乔行简这一点也值得注意。史弥远娶婺州金华府潘氏为妻，师事同为婺州人的吕祖谦，与婺州人有紧密的关系。②葛洪、乔行简既是婺州人，与史弥远同样是吕祖谦弟子。③而且葛洪、乔行简后来不但作为执政官加入史弥远政府，乔行简后来甚至还被指为史弥远心腹，成为最接近史弥远的人物。④其弟史弥坚推举维持兄史弥远政府的重要人才的上述事实，可以看出兄弟间在政治上的合作关系，很难想象兄弟间不和或对立的状态。

（二）史弥忠

史弥忠是史浩堂弟史渐之子，史弥远的堂兄，也是理宗朝宰相史嵩之之父。关于史弥忠，如在延祐《四明志》卷五《人物考中·先贤·史弥忠》中所记载的"时从弟弥远，久在相位，数劝其

① 刘宰：《漫塘集》卷六《书文·回镇江权倅史延陵【时之】二》（【　】为双行注，以下同），"文渊阁四库全书"本，台北：（台湾）商务印书馆，1986年，第359页。
② 朱熹：《朱熹集》卷九四《墓志铭·直显谟阁潘公墓志铭》，成都：四川教育出版社，1997年，第4757～4764页。延祐《四明志》卷五《人物考中·先贤·史弥远》，"宋元地方志丛刊"本，北京：中华书局，1990年，第6212页。
③ 黄宗羲：《宋元学案》卷七三《丽泽诸儒学案·东莱门人·端献葛先生洪》，北京：中华书局，1986年，第2435页。同书同卷《文惠乔孔山先生行简》第2436页。
④ 王迈：《臞轩集》卷二《奏疏·乙未六月上封事》，"文渊阁四库全书"本，第466页。

归"，曾劝告史弥远从宰相职位引退，留下了与史弥坚完全相同的传说。同样地，过去的研究也举出这是史弥忠对史弥远抱有不满的例证。

但是关于史弥忠与史弥远的关系，在《四明文献》史弥忠所收·史弥忠《祭从弟卫王文》中，有如下记载：

> 某再从为兄，同年进士。堕身选坑，谁其料理。遭〔王〕秉钧，荐足五纸。循序而进，分符将指。纳禄有请，嘉其知止。假宠疏荣、闻者兴起。

这是史弥忠为史弥远所写的祭文，记载着两人为同年进士，史弥忠长年无法脱离选人身份，但史弥远成为宰相后终于有足够的推荐人而得以改官。史弥远对史弥忠而言是恩人，这应该是客观的事实。另外，史料后文又有如下记载。

> □□右之，视之如子。自叨世科，漫窃禄仕。误辱当知，俱被隆□。□□无人，何用取尔。屡书力辞，几于逆耳。言之不从，日虞□□，□□□〔□〕。□庙亲政，当膺繁使。一召为郎，一进户侍。拔擢之恩、铭〔镂千〕载。

开头字句有所缺漏，虽然全体意义不明，但第二句有"视之如子"，其下为"俱被隆□"的话，上述开头的"□□右之"或许是指史弥忠之子史嵩之、史岩之，可推测是史弥远重用两人的意思的字句。或者原本是"嵩之岩之"的字，因污损而被看成"□□右之"也说不定。不论如何，在上述史料前半部分，可说记载了史弥远视史嵩之、史岩之如同己出，以及两人受到理宗恩宠的内容。那么，后半部分的"□庙亲政"与"一召为郎、一进户侍"，就是特别描述由于理宗（理庙）的"亲政"开始，史嵩之、史岩之被提拔为郎官与户部侍郎的文字。这个推测应该是正确的，因为在近年公开

的《宋史岩之墓志》与《史嵩之圹志》中，记载了绍定六年（1233）
十二月史岩被任命为金部郎官，端平元年（1234）史嵩之被任命为
户部侍郎。①

　　在史弥远政府时代，史嵩之按自身的意愿，到史弥远也尚未掌
控的前线京湖制置使陈晫麾下当幕僚，赴任后向史弥远逐一报告前
线状况，成功地削减了军事费用，之后自身又担任京湖制置使一
职。② 考虑到史岩之也在史弥远政府末期担任江淮制置使赵善湘的
幕僚这一点③，可以推测史弥远期待两人发挥在前线军队的监督作
用。此外，在理宗时代监察御史吴昌裔的上奏中，可以看到对于
晚年史弥远将史嵩之视为自己的继承人，以及对于史弥远试图让
史嵩之成为宰相的批判。④ 即使吴昌裔的批判内容是否适当尚不得
而知，但这种批判应当是真实的，因为史弥远重用史嵩之的迹象
极为明显。即使上述祭文或有修辞性的字句，但其中的具体事实
却不容否定。可说史弥远看重史嵩之、史岩之兄弟的事实，在史
弥远与两人之父史弥忠之间有亲近关系的前提下，才能有全面的
了解。

　　此外，史弥忠任职咸宁县尉时，与邻境的蒲圻县尉赵方建立亲
密的友谊关系也应加以重视。双方全家都有交往，史弥忠后来推举
赵方给史弥远，赵方在史弥远政府下长期担任京湖制置使，发挥了
遏止金国侵略的作用。而赵方死后，史弥远重用赵方之子赵范、赵

---

① 《宋史岩之墓志》，见章国庆编著《宁波历代碑碣墓志汇编·唐/五代/宋/
　元卷》，上海：上海古籍出版社，2012年，第319～321页。魏峰、郑嘉
　励：《新出〈史嵩之圹志〉〈赵氏圹志〉考释》，《浙江社会科学》2012年第
　10期。

② 延祐《四明志》卷五《人物考中·先贤·史嵩之》，第6212页。

③ 《宋史岩之墓志》，《宁波历代碑碣墓志汇编·唐/五代/宋/元卷》，第
　319～321页。

④ 黄淮、杨士奇等编《历代名臣奏议》卷一八五《去邪·吴昌裔·论史嵩之
　疏》："弥远晚年，每欲引之自代。师、昭之心，人皆知之。"（上海：上海
　古籍出版社，1989年，第2436页）

葵，这两兄弟后来担任两淮地方防卫的核心，阻止李全军的南下。[①]
史弥忠与史弥坚一样，是维持史弥远政府重要人才的来源。从这一
点来看，认为史弥远与史弥忠不和的看法很难令人认同。

（三）史弥巩

史弥巩是史弥忠胞弟，亦即史弥远之堂弟。史弥巩的传记有至
正《四明续志》卷二《人物·补遗·史弥巩》与《宋史》卷四二三
《史弥巩传》，后者是根据前者而写的。[②] 由于内容也有所重复，所
以本文以下所根据的是至正《四明续志》的记载。根据该记载，史
弥巩虽成为太学上舍生，但因史弥远做了宰相所以适用亲属回避制
度，长达十年不能应试，此后才通过科举，历仕峡州教授、江东提
点刑狱和知婺州等。值得关注的问题是史弥巩在史弥远死后呈上的
奏章。此文为史弥巩在临安府发生火灾之后所上，文中称："雪川之
变非济邸本心，济邸之死非陛下本心。矧以先帝之子，陛下之兄，
乃使不能安其体魄于地下，宁不能干和气、召灾异乎。"

如前所述，史弥远无视理宗之兄济王，强行拥立理宗为皇帝。
根据《宋史》记载，济王后来被叛军所推戴，叛乱镇压之后被朝廷
秘密处死。[③] 其后，理宗、史弥远剥夺济王的王号，引发了官场的
集体不满，不过其领袖人物真德秀和魏了翁却遭到史弥远的贬斥。
当时，史弥巩主张恢复济王名誉，等于是站在史弥远的反面。或许
因为如此，真德秀对史弥巩评价很高，"史南叔不登宗衮之门者三十
年，未仕则为其寄理，已仕则为其排摈"（《宋史》卷四二三《史弥
巩传》），文中叙述史弥巩（"史南叔"）与史弥远断绝关系长达三十

---

① 方震华：《军务与儒业的矛盾——衡山赵氏晚宋统兵文官家族》，《新史学》
　　十七卷二期，2006年，第3～15页。
② 稲葉一郎「袁桷と『延祐四明志』」，同氏『中国史学史の研究』，京都大
　　学学術出版会，2006年，原載『人文論究』52-2，2002年。
③ 《宋史》卷二四六《镇王竑传》，北京：中华书局，1985年，第8735～
　　8738页。

年，对其遭受史弥远排斥似乎表示赞赏，至正《四明续志》的人物
传也对此事大书特书。

显而易见，史弥巩的传记史料较之于史弥坚、史弥忠的部分，
更强调其与史弥远政治见解的不同。站在主张史氏内部不和的立场，
史弥巩的事例可做为有力的论据。然而，我们或应强调史弥巩上奏
恢复济王名誉是在史弥远死后的事实。当时受到史弥远排斥的士大
夫复出，南宋官场兴起了批判史弥远的言论。[1] 表明反对史弥远的
立场，可以维持在官界的声望和保全自身。就算史弥巩批判史弥远，
也是在这种政治利害趋动之下而发生的，由此来断言两者之间不和
未免片面。

这么一来，真德秀所说的史弥巩与史弥远断绝关系长达三十年
的叙述是否属实，应当受到重视。如果能证实两者的不和从史弥远
政府成立后就开始的话，那么史弥巩对史弥远的批判也就无关利害，
可视为是两者不和的延长线。关于这一点，《四明文献》所收宣缯
《史中散墓志铭》的记载值得注意：

> 四明山水之秀钟，为人物者类多英发伟特，而其气之蟠且
> 聚，又有周流于名族间。疑若独厚者，如近世之名门史氏也。
> 缯，史氏出也。……缯童稚时、闻诸舅行曰讳浤字深翁，自幼
> 敏悟，不好戏弄，七八岁时，举止应对如成人。……娶吴兴杨
> 氏，大理寺丞洎之孙。无子，立从兄渐之子弥巩以嗣，今迪功
> 郎峡州学教授君。……弥巩求铭于缯，不得辞。

上文是宣缯为四明史氏的史浤所作的墓志铭。根据墓志铭所述，
史弥巩是膝下无子的史浤继嗣，该墓志铭即是弥巩求宣缯执笔写成

---

[1]　中砂明德「劉後村と南宋士人社会」，同氏『中国近世の福建人——士大夫
と出版人——』，名古屋大学出版会，2012 年，原載『東方学報（京都）』
66，1994 年。何忠礼、徐吉军：《南宋史稿——政治、军事、文化》，杭
州：杭州大学出版社，1999 年，第 296～300 页。

的。宣缯的母亲是史浩"从妹",史弥巩亲生父亲史渐视宣缯如子,并教导其学问,对史氏而言,宣缯可说等同族人的存在。① 然而问题是,宣缯在史弥远政府担任参知政事等,作为史弥远的心腹活跃于政坛。在上述史料省略部分中,史浩被称为"太师越忠定王",推测墓志铭是在史浩被封为越王、改谥忠定的嘉定十四年(1221)八月以后所写的。而宣缯被任命为同知枢密院事,开始担任史弥远政府之执政也是同年同月的事。②

上述的史料当然并不是直接证明史弥巩与史弥远之间关系的记载。但是史弥巩委托史弥远政府中心的准族人为父亲(养父)的墓志铭执笔这个事实,对于主张史弥巩与史弥远之间断绝关系长达三十年这一说法,在一定程度上动摇了其可信度。上述真德秀的话可能有些夸张,所以根据真德秀的话来断定史氏内部不和,还是有问题的。

从以上论证可见,在过去研究中举出史氏内部不和的五个例证之中,至少有三例显然是不合理的。根据史氏内部编制的史料,可以看出史弥坚、史弥忠两人是史弥远的助力。这与以前依据其他的史料记载所得出的结论,差异实在太大。

那么,为什么不同史料的记载会发生这种差距呢?关于这一问题,我们可以注意到过去研究所根据的史料都是地方志人物传这一点上。亦即,史弥坚、史弥忠、史弥巩是明州道学家杨简的得意门生,本次略而未谈的史守之也一样。③ 而且史弥巩的弟子王应麟与

---

① 宣缯之母为史浩的"从妹",从袁燮《絜斋集》("文渊阁四库全书"本)卷二一《何夫人宣氏墓志铭》"母史氏、赠济阳郡夫人、故太师越忠定王之从妹"的记载得知。魏峰、郑嘉励《新出〈史嵩之圹志〉〈赵氏圹志〉考释》认为这是宣缯之妹的墓志铭,实际上墓主是宣缯的姐姐,特此订正。
② 《宋史》卷四〇《宁宗本纪》四"嘉定十四年八月"条,第777页。
③ 《宋元学案》卷七四《慈湖学案·慈湖门人》,北京:中华书局,第2482～2488页。

史弥巩之孙、也就是王应麟弟子的史蒙卿，是将朱子学传入明州的著名人物。[①] 四明史氏占有传播以朱子学为首的明州道学的重要地位。换句话说，如果史氏一族全体受到否定评价的话，那么在明州学习道学的知识人全体也就难脱恶名。

在此我们有必要回顾小岛毅氏论及史弥远与道学派士大夫之间关系的看法。小岛氏认为，史弥远与道学派士大夫的关系本来并不坏，但到后世一旦对史弥远的否定性评价定型后，与史弥远关系深厚的道学派士大夫，他们与史弥远之间的不和的一面特别受到强调，借此博得或恢复名誉。[②] 同样的，这也可能发生在史弥远以外的史氏族人身上。延祐《四明志》的编者袁桷之母是史弥坚的孙女，两个姊妹都是史弥忠曾孙的妻子[③]，以及参与至正《四明续志》编纂的王厚孙也是王应麟之孙[④]，如果考虑到史弥巩之孙是王应麟的女婿这一点，我们不得不说这团疑云愈发浓厚了[⑤]。

---

① 陈晓兰：《南宋四明地区教育和学术研究》，南京：凤凰出版社，2008 年，第 186～212 页。

② 小島毅『中国の歴史 07　中国思想と宗教の奔流——宋朝——』，講談社，2005 年，第 155～157 页。

③ 袁桷：《袁桷集校注》卷三三《表志·先大夫行状》，北京：中华书局，2012 年，第 1519～1526 页。

④ 稲葉一郎「袁桷と『延祐四明志』」，收入氏著『中国史学史の研究』，第 603 页。《郑真辑〈四明文献〉之史料价值及编纂目的——《全宋文》《全元文》试补遗——》，《日本中国史研究年刊 2009 年度》，上海古籍出版社，2011 年，第 39、47 页的注 68。日文版原载『北大史学』，（北海道大学史学会）49，2009 年。

⑤ 此外，关于史弥坚劝告史弥远从宰相职位引退的延祐《四明志》所记载的传闻，实际上编纂者袁桷自身公开了史料来源。亦即在《袁桷集校注》卷三三表志《外祖母张氏墓记》（第 1547 页）所载："汝外曾祖太傅忠宣公、居东湖沧洲十有四年、不复仕。作书谏兄忠献辞相位不辍。"史宾之（史弥坚之子）之妻张氏告诉袁桷的内容，似乎是信息的来源。虽然是来自史氏内部的信息，但袁桷生存的时代是对史弥远的否定评价已固定化的元代。可看出如张氏等史弥坚的的子孙们为了防止史弥坚被卷入对史弥远的批判所作的努力，可以说印证了笔者在本文的推测。

因此，尽管史氏族人中可能有人对史弥远政府不满，但至少明显可以看出那并非是史氏一族全体的倾向。再者这个问题超越了宗族问题，对于史弥远政府高层的状况，也有必要略作剖析。我们作一个全面的观察：支持史弥远政府的执政葛洪、乔行简，不但与史弥远同门，而且被推举给史弥坚。同样地，作为执政官活跃于朝堂的袁韶、宣缯也都是史氏的姻戚 ①，而郑清之原是史弥坚家的塾师 ②。此外，作为前线将领在国防上支援史弥远政府的赵方及其子赵范、赵葵，因史弥忠推举而受到重用。而史嵩之则是史氏的族人。还有，赵善湘与贾涉在嘉定十二年（1219）分别出任淮西、淮东制置副使，担任对金防卫的第一线，赵善湘之子赵汝楳是史弥远女婿 ③，而贾涉则娶史弥远之兄史弥正孙女为妻 ④。

由于史弥远政府存在时间长，即使不同时期程度或有不同，但很明显地我们可以说史弥远政府是由史氏一族和其姻戚、友人为核心所构成的政府。即便从这一点来看，过去研究所持的见解仍有令人无法同意之处。

二、史弥远死后官场中的四明史氏

上一节对于过去的研究中认为四明史氏内部不和的意见提出了

---

① 根据《袁桷集校注》卷三三《表志·外祖母张氏墓记》，袁韶之子袁似道之妻王氏是史浩的"甥孙"，史弥远与袁韶有间接的姻戚关系。关于宣缯，上文已经提到。此外，宣缯之妻楼氏，是史弥远政府初期的参知政事楼钥之从兄楼镗的女儿，在这里也可以看到史弥远政府成员与史氏一族之间的间接的姻戚关系。

② 《袁桷集校注》卷三三《表志·外祖母张氏墓记》，第 1547 页。

③ 《宋史》卷四一三《赵善湘传》，第 12401 页。

④ 拙稿「南宋理宗朝における二つの政治抗争——『四明文献』から見た理宗親政の成立過程——」，『史学』（慶應義塾大学三田史学会）79-4，2010年，第 42 页，指出贵妃贾氏之母是四明史氏的女儿，当时不知史氏是谁的孙女。之后在洪咨夔《平斋文集》卷二〇《外制·故母弟迪功郎史商卿赠修职郎制》（"四部丛刊续编"本，（台湾）商务印书馆，1976 年，第 17180页）发现是赐给史氏（史贵妃之母）之弟史商卿的。由于史商卿是史弥正之孙，所以史氏也是史弥正孙女。

不同看法，不过其范围只限定在史弥远政府时代。但黄宽重氏主张史氏内部的对立在史弥远死后更为严重。[1] 本节想就史弥远死后的史氏内部状况，继续加以验证。

史弥远死后，在前线的京湖制置使史嵩之与蒙古合作成功地消灭了金国。不久后在右丞相郑清之的主导下，南宋想要夺还河南，与蒙古开战而遭惨败。理宗弃用郑清之而起用主和派乔行简、史嵩之为宰执，将中央事务委托乔行简的同时，又命令史嵩之重建已崩溃的前线。[2] 之后，史嵩之作为前线的主帅构建新防卫体制，一旦夺回襄阳府等京湖方面的重要据点，便受理宗召唤回京，并在乔行简去世后主政。

史嵩之于嘉熙四年（1240）被召回中央，淳祐元年（1241）独相。淳祐四年（1244）其父史弥忠死去，史嵩之服丧后再未返回中央，史嵩之政府的存续期为四年有余。在此期间，史嵩之阻止蒙古在淮西的入侵，派遣余玠重建四川的防卫体制等，留下了相应的成果。但是史嵩之"不喜儒士迂缓"，厌恶不谙实务的士大夫官僚。[3] 这对当时的士大夫来说，仿佛预见了记忆犹新的史弥远政府的重现，所以当理宗起复史嵩之，官场和太学生群起反对。此时弹劾史嵩之的言官徐元杰、刘汉弼相继暴卒，很多士大夫怀疑是史嵩之下毒所致[4]，这种传闻可说体现了对史嵩之反感情绪之一端。而理宗也不能无视官场的意见，最后不得不放弃让史嵩之重返中央的念头。

如上所述，史嵩之政府引起了当时官场的强烈反感，黄宽重氏

---

[1] 《四明风骚——宋元时期四明士族的衰替》，见《政策、对策——宋代政治史探索》，第 155 页。

[2] 拙稿「南宋理宗朝における二つの政治抗争——『四明文献』から见た理宗亲政の成立过程——」，第 47～52 页。

[3] 延祐《四明志》卷五《人物考中·先贤·史嵩之》，第 6212 页。

[4] 周密：《癸辛杂识》别集下《嵩之起复》，北京：中华书局，1988 年，第 290 页。刘一清：《钱塘遗事》卷三《嵩之起复》，扬州：江苏广陵古籍刻印社，1990 年，第 64～65 页。

认为史氏族人也公然批评史嵩之，导致史氏内部对立激烈化。① 他举出了两个例子，其一是史嵩之与史璟卿的对立。史璟卿是史弥忠之孙，为史嵩之从子。《宋史》卷四一四《史嵩之传》中，引用了史璟卿写给史嵩之的书信，信中对于史嵩之作为宰相并兼任都督以后不当的人事提拔、由于史嵩之的错误造成四川大军败退，提出了批判。此外，史璟卿在上述书信最后建议悉召"在野之君子"，并规劝他在施政方面改弦易辙。但不久之后史璟卿也突然去世，人们因此谣传是史嵩之下毒所致。

史璟卿在书信中指陈史嵩之政策的错误，要求其改善的事实本身难以动摇。但其内容仅限于批评政策的范围内，只凭上述书信来证明两者之间的不和，令人不得不感到犹豫。即便关于史嵩之毒杀史璟卿的嫌疑，也可能是附会徐元杰、刘汉弼的突然去世而流传的猜测，我们当然不能信以为实。至少只凭上述的事例，难以证明史氏内部发生倾轧。

而另一个例证是什么呢？那就是史嵩之与史宅之的对立。史宅之是史弥远之子，除了在史弥远晚年代替卧病的父亲安排人事之外②，又受到赐同进士出身、被任命为权户部侍郎的优厚待遇③。史弥远死后，虽然史宅之谨慎行事表示要交还被赐予的宅邸④，理宗也下诏命令保全史氏以示恩宠⑤，但与史弥远的其他心腹们一起遭到弹

① 《四明风骚——宋元时期四明士族的衰替》，收入氏著《政策、对策——宋代政治史探索》，第155页。
② 《历代名臣奏议》卷一五〇《用人·吴昌裔·论史宅之上疏》，第1969页。
③ 佚名撰《宋史全文》卷三二《理宗二》"绍定六年十月"条，北京：中华书局，2016年，第2679～2680页。
④ 《宋史全文》卷三二《理宗二》"绍定六年十二月戊寅"条，第2682页。
⑤ 理宗批示保全史弥远子孙的御笔，在魏了翁《鹤山先生大全文集》卷二〇《奏议·奏乞收回保全故相史弥远御笔》等可以看到，"四部丛刊初编"本，台北：（台湾）商务印书馆，1979年，第194页。而诏书本身可从《四明文献》史宅之所收·附录《宋理宗保全史后诏》（静嘉堂文库所藏抄本）得到确认。

劲 ①，在服除后依然在地方与中央来回调动。但是淳祐六年（1246）任工部尚书，翌年主导推行括田法后迅速升迁，淳祐八年（1248）被任命为同签书枢密院事，不久升任同知枢密院事。② 根据清代全祖望的记载，理宗原打算起用史宅之为宰相，但史宅之于淳祐九年（1249）突然去世，理宗的心愿未获实现。③

　　而根据过去的研究，史嵩之起复引起满朝争议之时，史宅之也和其他官员一起反对，并且揭露了史嵩之的恶行。在周密《癸辛杂识》别集卷下《史嵩之始末》中有如下的记载。

> 　　嵩之之从弟宅之，卫王之长子也，与之素不咸。遂入札声其恶。且云："先臣弥远，晚年有爱妾顾氏，为嵩之强取以去。乞令庆元府押顾氏还本宅，以礼遣嫁。仍乞置嵩之于晋朱挺之典。"

　　原本与史嵩之不和的史宅之呈上札子，申诉史嵩之强行带走史弥远的爱妾顾氏，要求放回顾氏并处罚史嵩之。这显示出史氏内部存在严重的对立，如果相信上述记载的话，那么这对过去研究所持见解来说，无疑是极有力的证据。

　　但是笔者对上述史料感到怀疑。因为笔者在旧稿中指出，当时史嵩之政府的状况与上述史料的内容，有很大的差异。亦即，史嵩之于嘉熙三年（1239）重建南宋国防体制时，推动中央在平江府设置了浙西两淮发运使的新官职。设置这个统辖浙西地方到两淮方面的军粮补给事务的官职，强化了南宋中央对两淮大军的统制。史嵩

---

① 《历代名臣奏议》卷一五〇《用人·吴昌裔·论史宅之上疏》，1969 页。

② 《四明文献》史宅之的传记，静嘉堂文库所藏抄本。

③ 全祖望《鲒埼亭集外编》卷四五《简帖五·答九沙先生问史枢密兄弟遗事帖子》，有以下记载："然理宗终以其父定策之功，下诏保全之，赐第湖上，引入西府，且有意相之，会以疾卒。〈见史氏家传。〉"（《全祖望集汇校集注》，上海：上海古籍出版社，2000 年，第 1727 页中。）

之起用亲信出任发运使、发运副使，有助于构建自己想要的防卫体
制，而发运副使的名录中，史宅之便在其中。① 与上述《癸辛杂识》
的记载不同，史嵩之与史宅之处于合作关系的可能性极大。关于
《癸辛杂识》记载内容的真实性，或有必要与其他史料比较，加以慎
重的研究。这里需要注意的是收录在《四明文献》中的史宅之的书
信，其中包括了可以一窥当时史氏内部状况的记载。《四明文献》中
史宅之所作《与侍读修史判部尚书〔书〕》中有以下的内容：

> 伏领赐诲，不胜慰幸。六一侄明爽可喜。吾族子弟，若此
> 者亦不多得。命之以官，尽自承当〔得〕去，渠近者数有此请。
> 和仲表兄尝与之言，继又贻书相嘱。缘宅之诸□子，元被特旨，
> 补授之官，今仅有其一，已许奏十三哥之孙。尚须挨排，必
> 〔得〕两泽均命之，斯可矣。以此区处未定，非有他说也。兄长
> 九鼎之重，既俯为眷语，在宅之，敢不敬遵尊命。终有成说，
> 自当禀白，而后畀之【云云】。铨期犹在来春，少俟政无害也。
> 率此占复，尚容趋侍。禀谢，伏乞尊察。(【　】为双行注。)

在深入内容之前，或许必须稍作说明。首先关于书信收信
人"侍读修史判部尚书"，郑真在上述书信的题跋中认为"此书尚
书不著名号，以其时计之，岂大资寿乐公也耶"，推测应该是史岩
之("大资寿乐公")。② 根据《宋史岩之墓志》，史岩之在嘉熙三年
（1239）正月被任命为权户部尚书兼同修国史兼实录院同修撰，同年
六月兼任侍读，所以郑真的推测应该是妥当的。③ 另外书信中提到

---

① 「南宋後期における両淮防衛軍の統制政策——浙西両淮発運司から公田法
　へ——」，『歴史学研究』923，2014 年。

② 郑真：《荥阳外史集》卷三八《题跋杂识·跋史忠清公贻其兄判部尚书墨
　迹》，"文渊阁四库全书"本，第 221 页。

③ 《宋史岩之墓志》，《宁波历代碑碣墓志汇编·唐 / 五代 / 宋 / 元卷》，第
　319～321 页。

的"六一侄"、"和仲表兄"、"十三哥"之中，除了"十三哥"是史氏族人以外，其余则不明，但郑真判断"六一侄"是史浩的同母弟史渊的曾孙"菊屏君"，而"和仲表兄"则是陈埙（字和仲）。① 陈埙是史氏的外甥，与史氏族人同样师事杨简，以严厉批判史弥远的政治立场而著名。至于"菊屏君"的身份，根据郑真的《史世卿墓表》，可知这个史世卿就是"菊屏君"本人。② 史世卿是史弥高之孙、史损之之子，曾师事陈埙，后为太学生。

根据以上状况，可知上述书信是史宅之写给史岩之，商议如何让史世卿出仕。由书信内容可知，史宅之支持史世卿出仕，除了来自史世卿本人的请求之外，姻戚陈埙在书信中也有同样的嘱托。史宅之奉特旨荫补诸子，但只剩一个空缺，而且这个空缺已答应了要分配给"十三哥"的孙子。如能让"十三哥"之孙与史世卿先后出仕最好，但自己还没有做好最后的决定，史宅之表示，将遵照史岩之的吩咐，但请稍候时日，等待机会。

在上述书信之前，史宅之似乎已经与史岩之商量史世卿出仕一事，但史岩之的回信内容无从知晓。不过，之后的状况从《四明文献》所载史宅之《与丞相永国公书》之中的记载可以得知：

> 宅之僭有忱悃，仰扣崇严。六一侄幼失怙恃，能自植立，且其疏爽可爱。先爹爹在日，尝欲命为待制兄之后，旋即中辍，东驰西骛、依然白丁。宅之甚念之。因思先爹爹解政，有特补诸孙恩命。曩尝改奏，已蒙公朝从申，已保明补授。兹欲以宅之第四子会卿未受告命，申请于朝，改奏六一侄承受。向者制书兄长数尝为致斯请，因循未尝所愿，每切歉然。伏惟兄长独运化钧，斡旋成就，尤易为力。此又六一侄之荣遇。谨先具拜

---

① 《荥阳外史集》卷三八《题跋杂识·跋史忠清公贻其兄判部尚书墨迹》，第221页。

② 《荥阳外史集》卷四三《墓表·故宋文林郎史公墓表》，第270～272页。

呈，敢望钧慈怜其困踬之久，曲赐造化。时与钧判札下，召保
具奏，庶使大田二位，复有此任，预名仕版，不胜宗党之幸。
凌躐控禀，伏裒震悚，仰祈钧察。不备。

这是史宅之写给史嵩之的书信，与上述书信一样提到史世卿的
任官。从称史嵩之"独运化钧"看来，应该是嘉熙四年（1240）以
后的书信。根据史宅之所述，史弥远（"先爹爹"）原想让史世卿做
早逝的史宅之之兄史宽之（"待制兄"）的继嗣，但没有实现①，而史
世卿依然未得一官半职。在史弥远死后，由于蒙受荫补诸孙的恩命，
史宅之当时想将其中一个荫补名额改予史世卿，但在此之前申请被
批准，任命已经下达。史宅之只有第四子史会卿尚未接受告命，因
而考虑上奏朝廷，将会卿的名额转让给史世卿。以前"制书兄长"
曾为此事请愿，但尚未获得认可。史嵩之是独相，斡旋此事想必容
易，所以希望其助一臂之力，最后表达了对宗族远景的乐观，认为
从"大田二位"成员之后，又有像史世卿般的人物能拜官职，将是
宗族荣耀。

"制书兄长"与"大田二位"的意义不明，但在从上述的《与侍
读修史判部尚书〔书〕》的内容来看，所谓"制书兄长"即是"制
置尚书兄长"的省略，指的可能就是史岩之②。史岩之在上述与史宅
之书信往来之后，为了史世卿的官职在中央活动了一番，但可能并
没有成功。此外，关于"大田二位"，则令人联想起史弥远的曾祖
父史诏。史诏在北宋末期虽然考上了八行科，但据说不想与母亲叶

---

① "待制兄"指的是史宽之，可见《宁波历代碑碣墓志汇编·唐 / 五代 / 宋 /
元卷》，第 317 ~ 318 页，《宋史汲卿墓志》"考讳宽之、待制、中大"这一
记载得知。另外，根据这个墓志铭，可能是史宅之之子史汲卿成了史宽之
继嗣。

② 根据《宁波历代碑碣墓志汇编·唐 / 五代 / 宋 / 元卷》之《宋史岩之墓志》，
史岩之于嘉熙四年（1240）到淳祐二年（1242）任沿江制置副使，此前的
最高官职是户部尚书。史岩之有可能被称为"制置尚书"。

氏分离，所以带着叶氏逃避到鄞县东部的大田山。①尽管尚未发现称史诏为"大田"的事例，证据难免薄弱，但从上述故事来看，在这里或许可以推测是对于以史诏为先祖的史氏分支的两位族人称为"大田二位"。

以上两封书信虽然只是提供一个事例，但即便如此，从其内容可以看出当时的史氏族人彼此互通书信，凭借庇荫互相通融官职，借以维持一族团结的事实。但是光靠这些书信的内容，并不能否定上述《癸辛杂识》里史嵩之与史宅之不和的记载。因为尽管史宅之进行了工作，但史世卿的官并没有做成。史世卿最后还是因为受史宇之（史宅之之弟）赏识，借后者明堂之恩荫，在淳祐九年（1249）终于入仕。如此看来，在史嵩之政府下史世卿任官不成，或可解释为史嵩之拒绝了感情不睦的史宅之的要求。但这个可能性，几乎被以下的史料全部否定。在《四明文献》所收史宅之《与六一侄书》中有这样的记载。

> 宅之初七日承见访，获聆伟论，且同得剖露心曲之蕴。谅辱采悉，慰甚幸甚。次日沐惠汗开谕，谆谆足仞委曲之意。第吾侄行计速甚，〔竟〕不果相送，殊用慊然。别去几旬，已切驰企，想已善达乡间。①未审几次到集贤叔〔父〕侍旁？大资伯公何日成服，用何日出殡，用何日〔下〕葬？佳城必已有吉地，定在何处？集贤叔父已颁夺情之制殊切赞庆。宣押中使绝江已多日，必已到乡里。集贤当须急遵承圣上眷倚之意，必不俟驾。不谂的用何日届途？计今必已有成说。造朝〔在〕大资成服之后，或在窆厝之后，悉匀一一批报。此间近日事体，当自知之，政不在劣叔〔赘〕述也。②宅之本拟此月半唤渡，上澣前后，感冒发热，一病数日，谒告之奏，今日方上，势须俟得

---

① 成化《宁波郡志》卷八《人物考·隐逸·史诏》，"北京图书馆古籍珍本丛刊"本，北京：书目文献出版社，1988年，第182页。

回降，方可绝江也。劣叔心事，昨已面剖，凡心之精微，已索
言之，无余蕴矣。或有揣摩臆度者，妄为异端，幸为我明辨之。
宅之已连拜集贤书，如到侍边，望为伸起居。率此布叙人行速，
不克详控，欲言未竟。尚俟续讯，并几亮及。不具。（圆圈数字
与下横线为笔者所加。）

　　这是史宅之给史世卿的书信。开头史宅之描述了史世卿来访、
两人推心置腹地交换意见之事，并对史世卿急急赶回明州自己无法
送行表示遗憾。值得注意的是①的部分，在这里先问及了史嵩之
（"集贤叔〔父〕"）何日为父亲史弥忠（"大资伯公"）举行成服、出
殡、下葬之礼，以及墓地定在何处。① 也就是说，这封书信与上述
《癸辛杂识》的记载一样，在史嵩之之父去世后就发寄出。更进一步
的，史宅之对史嵩之收到免除继续服丧的"夺情之制"表示祝福，
朝廷使者在数日前渡过钱塘江，应该已经抵达明州，希望史嵩之务
必接受圣上之意。然后又写道，希望史嵩之告知，他返回中央是在
成服之后，或是史弥忠下葬之后，此外，在②的部分中，史宅之归
乡延迟是因为感冒之故，如有猜疑自己心意者，希望代为辩解。从
后面的叙述中可以知道史宅之曾多次受到史嵩之的书信。

　　这封书信可以说是直白地显示了史嵩之与史宅之极为亲密的关
系，彼此在官界也相互协助。那么，来自《癸辛杂识》的完全相悖
的记载难道是虚假的？并不见得是完全虚假的。史宅之通过札子批
判史嵩之，这个记载应该属实。一旦史嵩之起复成为问题，南宋官
场出现"时士人攻嵩者免解，士大夫攻嵩者擢用"② 奇特景象。如果
批判史嵩之将给史氏全体带来政治上的利益的话，则出于政治上的
考虑，史宅之批判史嵩之也没有什么不可思议之处。另外，史宅之

① "集贤"指的是史嵩之，"大资"指的是史弥忠，在《荣阳外史集》卷三八
　《题跋杂识·题史忠清公帖》第 224 ～ 225 页中有记载。
② 刘克庄：《刘克庄集笺校》卷八〇《掖垣日记·跋语》，北京：中华书局，
　2011 年，第 3578 页。

后来成为执政官时，据说在南宋中央有"宅之在政府，可以遏嵩之之不来"的意见[①]。虽然是把亲属回避的原则当挡箭牌，用以阻止史嵩之复出中央，而作为替代，起用史宅之为执政官为官场所接受，可见史宅之批判史嵩之收到了一定的效果。

再者，在同族内做出这种政治上的选择，绝不算稀奇，同一时代的类似例子，则有赵范、赵葵的事例。围绕河南之争及宋蒙和战问题，赵氏兄弟担任南宋军北伐的统兵官，但却遭惨败。因此，赵范以其弟赵葵轻而易举地占据洛阳造成败北之因，故而弹劾赵葵，自己则被任命为京湖安抚制置大使。[②] 只看这一点的话，让人以为是兄弟不和。然而两年后，当赵范失误导致军事要地襄阳府失陷，赵葵暗地里送书信给"赵检正"，为了兄长脱离困境请求帮助。[③] 上述赵范的弹劾，可以看出最终是为了兄弟中其中一人保住高位而采取的变通措施。史氏和赵氏都很技巧地分别运用表里的方法，摸索宗族在官场存续的道路。恐怕当时生存于官场的人士也明白这一点，或许在这里也得以一窥政治圈里传统中国人的行为模式。

根据以上的论证，可以知道即便在史弥远去世后，也很难说四明史氏内部发生严重冲突。这么一来就有必要另外说明史氏在政治上衰落的原因。史氏衰落始于史嵩之、史宅之退出官场后，这一点值得注意。亦即，宰相史嵩之于淳祐四年（1244）因父亲去世而被迫退职，继之成为执政官的史宅之也于淳祐九年（1249）突然去世，此后史氏族人几乎没有被任命为政府高官者。本来理宗重用史嵩之、史宅之的原因，除了两人的才干之外，推测可能由于史弥远长期掌握政权，在中央政府和第一线拥有政务经验的人多为史氏人脉所占，也是其理由之一。理宗即位之后到史弥远死去为止，南宋的中央政

---

① 《四明文献》史宅之所收《宋太学生裘〔塈〕等五十六人上皇帝书》，静嘉堂文库所藏抄本。

② 《宋史》卷四一《理宗本纪一》"端平元年九月"条，第803页。

③ 方岳：《秋崖集》卷二四《书简·代与赵检正》，"文渊阁四库全书"本，第426页。

治几乎全为史弥远所控制。对处于这种状况下的理宗而言，必须亲自处置骤然而至的蒙古的威胁，未免负担太大。在此状况下，理宗实际上能够依靠的应该就是网罗了中央、前线有为人才并且势力遍及各处的史氏巨大人脉。其中史嵩之与史宅之不但位居人脉中心，而且在史弥远政府之下拥有前线统帅和代理宰相实务的经验，作为理宗左右手可以说是最适合的人才。

但是史嵩之、史宅之退场后，在史氏中看不到在经历、实绩、能力方面能够匹敌两人的族人。在史嵩之政府下担任沿江制置副使、于开庆元年（1259）复职的史岩之是个例外，但史嵩之起复问题引发官场争议后，胞弟史岩之被起用担任中央要职，恐怕有所困难。①换句话说，史氏政治衰落的最大原因，在于史嵩之、史宅之退场后，史氏没有担任政府高官的后起者。正因为史嵩之、史宅之符合理宗所要求的人才标准，所以得以高升，一旦史氏无法供给合乎需求的人才，远离政治舞台也是理所当然的。当成为高官的族人变少，恩荫也就减少，仅仅是这一点就能导致史氏一族的凝聚力减弱，或许这在当时的宗族是个普遍的现象。即便不用牵强地假定史氏内部发生不和，这也足以说明史氏何以与其他宗族走上同样的衰落过程。

那么，四明史氏的衰落在当时的政治史上具有什么意义？关于这一点，笔者认为应该注意的是，史氏衰落导致贾似道的崛起。贾似道是贾涉之子，如前章所见，贾涉是在史弥远政府下任责淮东防务，其妻是史弥远之兄史弥正的孙女。理宗的贵妃贾氏就是这位史

---

① 参阅《宁波历代碑碣墓志汇编·唐/五代/宋/元卷》第319～321页《宋史岩之墓志》。另外，根据王应麟《四明文献集》卷五《墓志铭·故观文殿学士正奉大夫史宇之墓志铭》（《四明文献集（外二种）》，北京：中华书局，2010年，第237～241页），史宅之之弟史宇之也在宝祐二年（1254）成为兵部尚书，但不久之后即被派到地方。可能是史宇之的经验、能力有问题，或是因与母林氏不和为理由而与妻子洪氏离异一事受到弹劾的丑闻的影响（《荥阳外史集》卷三七《题跋杂识·录宋杜清献公论史宇之离异洪氏》，第215～216页）。无论如何，史宇之也的确不能够继史嵩之、史宅之担起重任。

氏与贾涉之女。贾似道之母为贾涉的妾胡氏 ①，虽然没有继承史氏血统，但无疑也可以说贾似道是接近史氏一族的姻戚。过去认为由于贵妃贾氏是其异母姐之故，所以贾似道得到理宗的信任，被擢任要职 ②，但贾似道是史氏姻戚也应该是原因之一。推荐贾似道任职金部给予晋升机会的，就是史岩之 ③。之后，贾似道在史嵩之政府下于淳祐元年（1241）被提拔为湖广总领官，负责京湖方面的军粮补给，而当时的京湖安抚制置大使即是史嵩之的心腹孟珙。史嵩之应该是为了让孟珙顺利控制京湖局势，而起用自己的姻戚担任补给之职。另外，孟珙临死前向中央推举贾似道作为自己的继任者的同时，也向贾似道推举李庭芝。④ 李庭芝后来成为贾似道的心腹，在贾似道政府下负责两淮方面的防务。同样地，作为贾似道心腹负责京湖、四川方面防卫的吕文德，则是赵葵看中的人才。⑤ 在前章可以看到赵葵原本出自史氏人脉。吕文德似乎在贾似道于开庆元年（1259）作为京西、湖南北、四川宣抚大使守卫鄂州之际获得了信任，之后，其侄吕师孟可能因为娶了与贾似道接近的束元嘉之女等等 ⑥，而迅速加深了与贾似道的关系。除此以外，宝祐三年（1255）贾似道任两淮制置大使时，命令史嵩之女婿程坰出任蔡县县丞一事也值得注意。⑦

---

① 何忠礼：《贾似道与鄂州之战》，见氏著《科举与宋代社会》，北京：商务印书馆，2006 年，第 491 ～ 492 页，原载《中华文史论丛》2005 年第 79 期。

② 宫崎市定「南宋末の宰相賈似道」，『宫崎市定全集』11，岩波书店，1992年，原载 1941 年。

③ 黄震：《古今纪要逸编·度宗》，《黄震全集》，杭州：浙江大学出版社，2013 年，第 3304 ～ 3306 页。

④ 《宋史》卷四二一《李庭芝传》，第 12599 页。

⑤ 宫崎市定「南宋末の宰相賈似道」，『宫崎市定全集』11。

⑥ 向珊：《方回撰〈吕师孟墓志铭〉考释》，《中国国家博物馆馆刊》2015 年第 6 期，第 149 页、第 151 页。贾似道与束元嘉的关系，可参见咸淳《临安志》卷七八《寺观四·寺院·大仁院·太傅平章贾魏公游山题名》，"宋元地方志丛刊"本，第 4064 页。

⑦ 《宁波历代碑碣墓志汇编·唐 / 五代 / 宋 / 元卷》第 311 ～ 313 页《宋太常丞尚右郎官兼史馆校勘程公（坰）岁月记》。

从这些事例来看，贾似道继承了四明史氏的——并且是打上了史嵩之的浓重印记的——人脉，这一事实一目了然。据说史弥远将自己认为有才干的人物记录到"人才簿"里，该"人才簿"后来传给了史嵩之。① 不管这个传闻是真是假，但想必当时的人认识到史弥远、史嵩之之间人脉的传承关系。贾似道也是在这种人脉之中运用关系而获得升迁、并且在史嵩之退场后拉拢了这个人脉。正因如此，贾似道推行打算法（军事经费特别会计审查）之时，必须以自己的潜在对手、作为史氏人脉中另一中心的史岩之为打击目标。② 身为史氏姻戚而受到史嵩之器重，并且作为其部下崭露头角的贾似道，通过断绝史岩之的政治生命，完全逆转了自身与史氏的关系。史嵩之之子史玠卿在景定二年（1261）以后，史弥巩之孙史蒙卿在咸淳元年（1265）以后，长期在吕文德的幕府任职，可说如实显示了史氏被贾似道政府收编的状态。③ 而且，史玠卿的女儿所嫁的范伟，可能就是范文虎之子。④ 范文虎是吕文德一族的女婿⑤，同时以在贾似道政府下担任军方要职而著名，如果上述婚姻是在南宋灭亡前缔结的话，其中反映贾似道意向的可能性很大⑥。如果这个推测妥当的话，则如今史氏作为贾似道的姻戚，反而像是被当做贾手中的

---

① 吕午：《左史谏草》所收，方回《左史吕公家传》，"文渊阁四库全书"本。
② 寺地遵「賈似道の対蒙防衞構想」，『広島東洋史学報』13，2008年，第31页。
③ 《宁波历代碑碣墓志汇编·唐/五代/宋/元卷》第340～342页《元史玠卿墓志》。《袁桷集校注》卷二八《墓志铭·静清处士史君墓志铭》，第1365～1367页。
④ 《宁波历代碑碣墓志汇编·唐/五代/宋/元卷》第340～342页《元史玠卿墓志》中，有"采伯适范伟、今中书右丞之子"的记载，魏峰、郑嘉励《新出〈史嵩之圹志〉、〈赵氏圹志〉考释》推定这个"中书右丞"是范文虎。
⑤ 《荥阳外史集》卷三七《题跋杂识·论范氏》，第207页。
⑥ 根据《宁波历代碑碣墓志汇编·唐/五代/宋/元卷》第337页《元鲁十娘子墓志》，史玠卿次女在至元十七年（1280）为16岁。如果史采伯是史玠卿长女的话，则有可能在南宋灭亡前嫁给范伟。

棋子了。

此外，元代袁桷认为贾似道掌握权力后，对明州人加以排斥，这恐怕与排斥史岩之一样，是贾似道为清除潜在威胁的举动，包括高衡孙、赵汝楳、赵孟传、袁洪等接近史氏的明州人士，皆在其打击范围内。[①] 根据上文论述，不得不说贾似道原本的立场，是极为接近明州人人脉的，袁桷认为贾似道敌视所有明州人的说法，显然过于夸张。黄震、孙子秀、陈著等明州人在贾似道政府下活跃的事实，可以印证这个看法。[②] 袁桷笔下将贾似道的权力斗争小题大作，让贾似道好像与全体明州人发生了对立，通过歪曲事实，或许想借以掩饰"亡国宰相"贾似道与自己所属的明州人之间的关系吧。在这里，袁桷笔下的歪曲事实，和描写史弥坚、史弥忠与史弥远不和一样，采取了完全相同的手法。

结　语

以上本文对于过去研究中认为四明史氏内部存在严重对立的看法进行了再一次的探讨，其中论点归纳如下。

首先，关于史弥远政府时代形成史氏族人对立这一点，考察史氏内部所作的墓志铭和祭文等当时史料，不但找不出史氏族人与史弥远对立的形迹，反而还可以看出史弥坚、史弥忠等族人协助史弥远政府运作的事实。史弥远政府的稳定运作，靠史氏族人、姻戚、友人构成政权核心而得以实现，即便在史氏内部有对史弥远抱有不满的族人，也应该是极少数的。记载当时史氏内部对立的史料，都是地方志的人物传，在编纂过程中，史氏部分姻亲牵涉极深。他们

---

① 《袁桷集校注》卷三三《表志·先大夫行状》，第 1519 ～ 1526 页。

② 黄震、孙子秀在公田法实施后，承担贾似道建立的两淮大军补给体制的部分工作。参阅「南宋後期における両淮防衛軍の統制政策——浙西両淮発運司から公田法へ——」，『歴史学研究』923，2014 年，第 12 ～ 15 页。关于陈著，参看宫崎聖明「南宋末期における賈似道と宗室·外戚の対抗関係——陳著『本堂集』を手がかりに——」，『歴史学研究』935，2015 年。

之所以强调史氏内部的对立，可能是想把作为姻戚的一部分史氏族人与史弥远划清界限，避免受其声名的拖累。

其次，关于史弥远死后史氏族人对立趋于严重这一点，笔者着眼于史宅之写给族人的三封书信上。在这些书信中，描写了史氏透过书信来调整分配恩荫，致力于维持宗族的共同利益与族人之间的密切关系。在当时的笔记史料中，史宅之与史嵩之的不和被大书特书，但从上述书信却可以看到两人相互合作，摸索在官界存续之道的事实。史嵩之、史宅之退场后，四明史氏远离政治舞台的理由，可以说就是因为当时史氏族人中没有人能够继承两人在政坛上的高位与重任之故。

但是史氏在政治上的衰落，不仅仅是一个单纯的宗族盛衰史的案例，更具有政治史上的意义。亦即，作为史氏姻戚而继承史氏人脉、并且作为贵妃异母弟容易获得理宗信任的贾似道，在史氏衰落时乘隙崛起。贾似道后来针对蒙古所建立的国防体制，就是以史弥远、史嵩之的政策为原型而形成的。① 如果说因为理宗需要新帮手取代史氏而造成史氏政治开始没落，那么进一步地可以说史嵩之、史宅之退场后的四明史氏的衰落，则为贾似道政府的成立构成了前提条件。

附记：本文为小林晃「南宋四明史氏の斜陽——南宋後期政治史の一断面——」（收入三木聰编『宋—清代の政治と社会』，汲古書院，2017年）一文的中文节略版。

---

① 关于史弥远政府下对金防御体制的形成过程，笔者打算另文论述。

南宋后期加封文书的颁发流程[*]

——以《道藏》所收《三茅真君加封事典》为分析对象

小林隆道

南宋淳祐九年（1249）三月，政府对茅山主神三茅真君进行加封，并发出加封的公文（官诰）。虽然原件不传，但是其文字收录于《茅山志》，题为"淳祐加封三茅真君诰"。[①] 且其公文被刻石，以石刻"文书"流传于世（拓片《加封三茅真君诰》现藏于北京大学图书馆[②]）。此外，其文字在《句容金石记》与《江苏通志稿》中也有收录，题为"宋加封三茅真君诰"或"加封三茅真君诰"。[③]

宋史学界从政治、宗教、文书研究等多个方面关注赐额敕牒、

---

* 本文系日本学术振兴会科学研究费补助金·基盘研究（C）〔研究课题番号19K01046〕成果之一。

① 参见《茅山志》卷四《诰副墨·宋韶诰》。《茅山志》卷二〇至二七是"录金石篇"，收录从梁碑到元碑。但是，其中没有《淳祐加封三茅真君诰》的碑。又，《茅山志》卷四《淳祐加封三茅真君诰》也收录石碑上没有刻的信息（相当于本文考察的《三茅真君加封事典》中的《赐仪物》、《威仪一十四事》及《缴状》开头部分），而且也有符合《三茅真君加封事典》记载的编者注："协忠大夫、保康军承宣使、入内内侍省都知、提点佑圣观张；左街道录、洞微真应先生、佑圣观虚白斋高士、主管教门公事司徒师坦上表，以臣三年祈祷感应微劳，乞回降恩命加封三茅真君。奏可"。从此可知，《茅山志》参照的不是石碑，而是《三茅真君加封事典》。

② 北京大学图书馆，典藏号：24437。另外，参见拙著『宋代中国の統治と文書』（汲古書院，2013年）所收「宋金石刻「文書」一覧」ID250。

③ 参见《句容金石记》卷五；《江苏通志稿·艺文志三·金石十七·南宋》。

赐号敕牒、加封官诰等公文，已经取得很丰富的成果。但是，一般可以利用的材料都是已经处于刻石状态的"文书"，以及相关记录。① 因此，在研究公文颁发流程之时，不得不依据该公文上的记述，或者记录石碑由来的"记"。虽然通过这些材料的记述，可以了解公文传递的大概渠道和一般规定，但是并不能判明各种具体手续和当时使用的文书。鉴于当时公文作成方法，需要将其放在那样一系列的文书的颁发流程中进行分析。而刻石公文颁发流程也与石刻"文书"在立石地发挥怎样的作用相关联。

　　近年，须江隆发现南宋时期申请加封之际利用的列状的记录，指出了该史料在地域社会研究上具有的价值和特征②，其在文书行政研究上也比较重要。这是因为赐额、赐号等公文发出之前，可供利用的文书的记录极为稀少。

　　本文主要关注《正统道藏》所收的《三茅真君加封事典》（以下略称《事典》）。③ 一般来说，《正统道藏》收录的大部分都是道教经典，历史学界对此并不关注。不过，《事典》也收录有政府加封三茅真君受封之际发出的各种公文和茅山道士提交的上奏文。对于明晰上述的石刻"文书"《加封三茅真君诰》的颁发中到底有怎样的具体过程，这些文书可谓重要的史料群。

　　本文将首先整理政府和茅山发出的文书，再考察与这些文书相

---

① 本文将刻石的公文称为石刻"文书"。关于石刻"文书"的特征，参见上引拙著『宋代中国の統治と文書』。
② 参见须江隆「宋代列状小考——祠廟の賜額・賜号の申請を中心に——」，『桜文論叢』96［長沼宗昭先生古稀記念号］，2018 年，第 81～96 页。
③ 本文主要参考万历《正统道藏》（1923 年 10 月上海涵芬楼影印）。关于《正统道藏》，可参见陈国符《道藏源流考（新修订版）》，北京：中华书局，2014 年；朱越利《〈道藏〉的编纂、研究和整理》（《中国道教》1990 年第 2 期）。另外，酒井规史利用《三茅真君加封事典》，从道教研究的观点来进行考察，参见酒井规史《南宋道教的加封仪式——以〈三茅真君加封事典〉为考察中心》，"比较视野中的道教仪式"国际学术研讨会，香港中文大学，2015 年 12 月 7～9 日。本文的撰写承蒙酒井先生的帮助，在此谨致谢忱。

关的手续，以揭示《加封三茅真君诰》颁发的具体过程。①

一、《三茅真君加封事典》

（一）编纂缘起

《事典》由张大淳于咸淳三年（1267）编纂，收录与淳祐九年（1249）加封相关的各种文书。开头有张大淳所撰写的序文《三茅真君加封事典序》。有关理宗淳祐九年加封的情况，该序文有如下记述：

> ……迨理宗朝，我虚白高士司徒道录以为国为民祷祈响应，特俾以左街洞微之命，先生曰："嘻，是皆三君之灵也。何敢私有其所有？愿以是宠光归之三君，以崇报本之义。"理宗允之。芝泥炳焕，照耀林泉。维时大淳实执弟子列，目击斯事。司徒君屡期以加封事典载之金石，未及为而君已仙去。大淳承乏下馆，久思继志，冗未遑也。丁卯春，《内传》《续传》幸甫就绪，同班诸友复以事典未刊为疑，谓事典不刊则不惟不足以彰三君之灵异，圣朝之尊崇，且不足以见我空山之能，弘斯道之脉，而阐斯道之传也。余于是乎奉承惟谨，谨书此以识岁月。丁卯三月望日。
>
> 特赐冲靖明真微妙大师、特差充茅山山门道正、权知御前崇禧观兼管领本山诸宫观事、赐紫张大淳谨书

"虚白高士司徒道录"（引文画线处）指道士司徒师坦，是《事典》编纂者张大淳之师。在此次加封中，司徒师坦主要代表茅山与政府交涉。据《事典》收录的各种文书，他当时的头衔是"特赐洞微先生、右街鉴义、主管教门公事、佑圣观虚白斋高士"。值得注意

---

① 关于道教管理制度方面，可参考唐代剑《宋代道教管理制度研究》，北京：线装书局，2003 年；汪圣铎《宋代政教关系研究》，北京：人民出版社，2010 年。

的是，这里并未出现与茅山相关的头衔。据酒井规史的研究，司徒师坦原来在茅山修行，然后被选为佑圣观虚白斋高士。① 这与文书传递的问题有关，将在下一节中具体讨论相关问题。

据序文，司徒师坦辞"左街洞微"之命不受，乞加封三茅君，理宗对此表示允许，张大淳则作为弟子目睹这一系列的加封仪式。司徒师坦本来打算"以加封事典载之金石"，但事未成便逝世。茅山之人认为，为了表彰三茅君的灵异和本朝的尊崇，编纂《事典》必不可少。因而张大淳继师之志，于咸淳三年（丁卯，1267 年）三月刊行《事典》。

（二）《事典》的章法

《事典》有序和上、下卷，上卷主要收录公文、赐物目录、仪式祝文等，下卷主要收录仪式关连的文书、公文等，各题目以低三字格标识。② 按照这些题目，本文暂且整理分为 30 件，表列如下：

No.	卷	题　　目	发出年月日	收到年月日
1	序	三茅真君加封事典序	丁卯（咸淳三年）三月望日	
2	上	尚书省札	淳祐九年正月	
3	上	敕黄	淳祐九年二月	
4	上	辞免道录表	淳祐九年二月	
5	上	内省公文		（淳祐九年）闰二月初七日
6	上	乞加封表	（淳祐九年）二月	
7	上	元封告敕	崇宁元年四月	
8	上	内省公文	（淳祐九年）闰二月	（淳祐九年）三月初一日

① 参见酒井规史《南宋道教的加封仪式——以〈三茅真君加封事典〉为考察中心》。

② No.16 和 No.17 的题目以低两字格标识。

（续表）

No.	卷	题　目	发出年月日	收到年月日
9	上	缴进敕黄辞免第三表	（淳祐九年）三月	
10	上	申内省缴进状		
11	上	省札二道一付建康府一付本山	淳祐九年三月	
12	上	缴省札申建康府状	淳祐九年三月	
13	上	再准内省宣谕公文	（淳祐九年）三月	
14	上	交领加封省札表	淳祐九年三月	
15	上	谢转道录表	淳祐九年三月	
16	上	内省传到加封真君告敕三道及宣赐仪物公文	（淳祐九年）三月	
17	上	告敕三道	淳祐九年三月十五日	
18	上	赐仪物		
19	上	威仪一十四事		
20	上	四月二十三日甲子		
21	上	大峰祝文	大宋淳祐九年岁次己酉四月壬寅朔二十三日甲子	
22	上	二峰祝文		
23	上	三峰祝文		
24	下	进封三茅真君圣号庆礼醮科仪		
25	下	皇帝设醮青词		
26	下	内省张都知醮词		
27	下	崇禧观醮词		
28	下	奏谢加封祖师真君恩礼表	淳祐九年六月	
29	下	缴状	淳祐九年六月	
30	下	进加封告碑表	淳祐九年十二月	

《事典》在收录或书写之际出现了一些混乱和错误，以下就此予以说明。

第一，No.4《辞免道录表》、No.9《缴进敕黄辞免第三表》下面有"奉旨，不许再有辞免"或"奉旨：不允，不许再有辞免"的文字。这应该不是"表"里的文字，而是编纂者附加的。

第二，No.8《内省公文》在《事典》上不是独立列举的，而是与No.7《元封告敕》连续收录。但是这部分应该不是告敕的文字，所以本文将它们分成两段。又，No.8《内省公文》也有编纂者附加的文字，如"三月初一日，再准内省公文：得旨。宣谕高士……"。

第三，No.20《四月二十三日甲子》叙述加封仪式当日的经过。虽然《事典》没有题目，但是该部分全体以低一字格标志。本文以其开头记述的日期拟为题目。

《事典》所收的30件，大致可分为四类：一、茅山与宋朝政府之间互换的文书（No.2-17/28-30）；二、赐物目录（No.18、19）；三、加封仪式相关的文书（No.20-27）；四、编纂者的记述（No.1、18）。根据本文所关心的内容，主要考察对象以第一、四类的记载为主，间或涉及第二、三类。

二、淳祐九年的三茅真君加封

（一）加封过程的复原

首先，利用《事典》所收文书来复原淳祐九年加封的主要过程，按时间顺序排列政府与茅山的各项行动如下：

A【加封的发端】
　①正月：政府给"特赐洞微先生、右街鉴义、主管教门公事、佑圣观虚白斋高士"司徒师坦发出尚书省札，传达特转"左街道录、主管教门公事"的事。［No.2］

② 二月：政府给司徒师坦发出特转"左街道录、主管教门公事"的敕黄。［No.3］

③ 二月：司徒师坦上表于政府，辞谢。［No.4］

④ 闰二月初七日：司徒师坦收到入内内侍省发出公文：根据圣旨不许司徒师坦辞免。另外，入内内侍省将敕黄、省札各一道也发出，其两件公文寄留在句容县。［No.5］

B【请求加封】

⑤ 闰二月十五日：司徒师坦再次辞谢，请求加封三茅君以替代对他本人的迁转。他同时提交北宋崇宁四年颁予三茅君的三件敕牒（No.7）的录白，且缴纳自己收到的"高士"、"鉴义"、"道录"的敕黄。［No.5，6，7］

⑥ 闰二月十八日：有圣旨，决定加封三茅真君。［No.10，11］

⑦ 三月初一日：司徒师坦再次收到入内内侍省给发出公文：命令他领受敕黄、省札，不许辞免，同时传达许可加封三茅君的事。［No.8］

⑧ 三月：司徒师坦三次辞谢。［No.9］

同时，他给"都知提举太尉"（入内内侍省）提交申状，缴纳"高士"、"鉴义"、"道录"的敕黄。［No.10］

C【加封圣号决定的通知】

⑨ 三月：政府（枢密院）给建康府与茅山发送省札各一道，传达决定加封圣号（"圣祐"、"德祐"、"仁祐"）的事。［No.11］

⑩ 三月：入内内侍省（都提举都知太尉）发出公文：命令司徒师坦"交管"加封省札二道（No.11），要求奏回。［No.13］

⑪ 三月：茅山崇禧观（住持：叶晞彭）将省札一道缴申建康府。［No.12］

⑫ 三月：司徒师坦上奏，报告"交管"加封省札二道

（No.11）并按照命令处理。同时谢恩且报告茅山有举行加封仪式的计划。[No.14]

D【加封告敕的到达和仪式】

⑬ 三月：司徒师坦接受"左街道录、主管教门公事"的任命。[No.15]

⑭ 三月十五日：发出告敕三道。[No.17]

⑮ 三月：入内内侍省发下公文，传达发送加封告敕三道与举行仪式（设醮）时使用的仪物。[No.17, 18, 19]

⑯ 四月二十一日：茅山收到入内内侍省公文。[No.29]

⑰ 四月二十二日：因淫雨，司徒师坦登坛祈晴。[No.20]

⑱ 四月二十三日：告敕来到茅山。司徒师坦在大茅峰、中茅峰、小茅峰各处举行一些典礼。[No.20～27]

E【加封仪式结束之后】

⑲ 六月：司徒师坦具表，谢加封三茅真君圣号。[No.28]

⑳ 六月：司徒师坦具状，将"崇禧观开具交管版册一本、三峰交领诰命宝幡状三本"缴进。[No.29]

㉑ 十二月：司徒师坦具表，禀报加封告敕刻石事。[No.30]

（二）加封过程中的一些问题

上述 A～C 的各个环节都有问题，下面将详细考察那些问题。

A【加封的发端】

（a）省札、敕黄的发出者和领受者

淳祐九年正月，朝廷任命司徒师坦为"左街道录、主管教门公事"。管理道教的机构分为中央的道录院和地方的道正司。中央的道录院有各种道官，其官阶依次为左右街都道录，左右街副都道录，左、右街道录，左、右街副道录，左、右街都监，左、右街鉴义。①
总之，这次除授是从道录院内排名最低的"右街鉴义"晋升为第三
位的"左街道录"的。

尚书省于正月给他发出 No.2《尚书省札》，告知任命之事。

　　No.2《尚書省札》
　　正月初一日，恭奉圣旨，颁降敕黄一道，虚白斋高士洞微
先生司徒师坦，特转左街道录主管教门公事。右札司徒师坦。
准此。淳祐九年正月　日

这是札式的公文。②
然后，尚书省二月发出正式任命文书的 No.3《敕黄》。

　　No.3《敕黄》
　　尚书省牒　特赐洞微先生右街鉴义主管教门公事佑圣观虚
白斋高士司徒师坦
　　牒。奉敕：宜特转左街道录主管教门公事。牒至准　敕。
故牒。　淳祐九年二月　日
　　签书枢密院事兼权参知政事谢　押
　　同知枢密院事兼权参知政事应　押
　　枢密使兼参知政事赵　督视
　　太傅右丞相越国公　押

这是敕牒形式的公文。③

---

① 参见唐代剑《宋代道教管理制度研究》，第 150～167 页；汪圣铎《宋代政
　教关系研究》，第 462～474 页。
② 参见张祎《制诏敕札与北宋的政令颁行》，北京大学历史学系博士论文，
　2009 年，120 页。
③ 参见拙稿「宋代赐额敕牒と刻石」，收入拙著『宋代中国の统治と文书』。

《敕黄》最后的四个署名中，"签书枢密院事兼权参知政事谢"指谢方叔，"同知枢密院事兼权参知政事应"指应𬣳，"枢密使兼参知政事赵"指赵葵，"太傅右丞相越国公"指郑清之。除了赵葵之外，下面都有"押"字，表示文书上有押字。赵葵担任督视江淮京西湖北军马，当时不在朝廷，故文书中以"督视"标明。①

对于任命，司徒师坦呈交 No.4《辞免道录表》表示辞谢。不过，朝廷并未接受他的辞免。他一共辞谢三次，都未获准。辞免这一形式以及表中的文字，与一般官僚的辞免表相同。② 虽然辞免都是形式上的行为，但是这一行为中也有值得注意的信息。

No.2《尚书省札》和 No.3《敕黄》已经发出，不过司徒师坦不敢接受这两件文书。那么，这两件文书被置于何处？No.5《内省公文》后面有编者注云："敕黄、省札各一道，寄留句容县。"可见，两件文书都被寄放在句容县。换言之，给司徒师坦个人发出的省札和敕黄都发出向句容县管辖下的茅山。这里便出现一个问题。

如前文所述，司徒师坦当时是"佑圣观虚白斋高士"。佑圣观是为宋朝皇帝举行祭祀的"御前道观"之一，在临安兴礼坊内。佑圣观中有虚白斋。③ 司徒师坦应该作为"高士"住在临安佑圣观虚白斋。④No.2《尚书省札》和 No.3《敕黄》都是向司徒师坦个人发出的文书，那么这些文书应该发给住在临安的司徒师坦。不过，实际上那些文书都被发往茅山。由此可以判断，司徒师坦当时不在临安，

---

① 《宋史》卷二一四《宰辅表五》。

② 例如，No.4 里用的"闻命自天，措躬无地"这一表达，又见于《可斋杂稿》卷十六《辞免除待制并赐金带奏》、《铁庵集》卷五《辞免御笔除起居舍人申省状》。

③ 《咸淳临安志》卷一三《行在所录·公观·佑圣观》"在兴礼坊内。孝宗皇帝旧邸。……有道纪堂、虚白斋"。另参见汪圣铎《宋代政教关系研究》，第 446 页。

④ 参见酒井规史《南宋道教的加封仪式——以〈三茅真君加封事典〉为中心》。

而在茅山。① 他虽然没有与茅山相关的头衔，但和茅山还有密切的关系。

（b）入内内侍省都知张延庆

司徒师坦对晋升表示辞免之后，通知他不许辞免的主体不是尚书省，而是入内内侍省（《事典》内的文书记为"内省"）。入内内侍省一直发出公文，并与司徒师坦继续交涉，包括文书 No.5、8、13、16。而加封仪式时使用的文书里也有内省都知张某的醮词（No.26《内省张都知醮词》）。关于入内内侍省（内省）都知张某的名字，在《茅山志》卷四《淳祐加封三茅真君诰》的编者注中，和司徒师坦的名字一起写作"协忠大夫、保康军承宣使、入内内侍省都知、提点佑圣观　张"。② 由此可知，入内内侍省，特别是都知张某密切干预茅山加封申请。关于他的史料很少，但是从以下的史料可知其讳是"延庆"。

《道藏》所收《庐山太平兴国宫采访真君事实》有"嘉熙四年闰十二月日，协中大夫、保康军承宣使、入内内侍省副都知张延庆恭准"的语句。③ 考虑到嘉熙四年（1240）和淳祐九年（1249）的时间差异，可以推测其"副都知张延庆"就是《事典》上的"都知张"，他在入内内侍省从"副都知"晋升为"都知"。又，《宋会要辑稿》有"入内内侍省都知、赠保康军节度使张延庆，谥忠敏"的记载④，可见，张延庆确实曾为入内内侍省都知。且赠官"保康军节度使"和他生前的"保康军承宣使"也有一定相关。由此可知《事典》

---

① 汪圣铎指出"高士称号的授予，一般都与他们入住某一高士斋居有关，但此后不管他们是否仍在高士斋居住，他们的高士称号都长久地享有"，也以司徒师坦为例，参见《宋代政教关系研究》，第 454～461 页。
② 参见《茅山志》卷四《诰副墨·宋韶诰》。
③ 《庐山太平兴国宫采访真君事实》卷三《宋朝崇奉类·圣旨文字》。按，"协中大夫"应作"协忠大夫"。
④ 《宋会要辑稿·礼》五八之九五。

上的"都知张"的名字是张延庆。

仔细考察人内内侍省的公文 No.8、13、16，可以发现它们最后的部分都有"延庆恭准"四个字，表明这些人内内侍省公文是都知张延庆发出的。又，应该注意的是张延庆带的头衔"提点佑圣观"（上述《茅山志》的记载）。"佑圣观"就是司徒师坦作为"高士"住宿的御前道观。故可以认为，司徒师坦与张延庆之间因佑圣观而存在密切的关系。

据上文所述，可以认为，加封三茅真君的事在司徒师坦与张延庆之间或已讲妥。这样也就理解了为什么司徒师坦正好在淳祐九年离开临安而居于茅山这一问题。

B【请求加封】

（a）凭据文书的原件和录白

闰二月十五日，司徒师坦再次辞谢，转而请求加封三茅君。那时提交的文书是 No.6《乞加封表》（文中下画线为本文作者所加）：

> 臣不避严诛，辄沥忱悃，上干天鉴。臣正月初一恭奉圣恩臣左街道录主管教门公事。臣尝具表，控辞弗获。今来复蒙给降敕黄一道，令臣祇受前件职事，不得再有辞免者。臣承命惭惶……欲乞以前后所赐臣高士、鉴义并今来所赐道录敕命，回降圣恩，照正一天师佑圣真君近例，加封本山祖师三茅真君徽号，特颁一札，各贲三峰。……臣照得，三茅君初受上帝封号，职任洞天，先朝尝即其灵迹进加封爵，臣谨具于后。伏愿陛下俯从愚请，收所赐臣恩命，特加祖师徽称，式彰三君护国之灵休，昭示皇朝报功之盛典，亦臣反本报祖之职分也。……臣谨录白三茅真君元封敕命三道随表进呈。所有赐臣敕黄恩命，未敢望阙祇受，已具公状，寄留句容县库，拱俟指挥。容臣并将前后蒙赐敕黄三道具表缴进。臣干冒天威。伏取进止。

二月 ① 日 特赐洞微先生右街鉴义主管教门公事虚白斋高士
臣司徒师坦上表

这里值得注意的是乞加封时的文书处理具体方法。

一方面，司徒师坦将以前收到的"高士"、"（右街）鉴义"的各
敕命，以及这次发出的"（左街）道录"的敕命（划线部）都交还于
朝廷，以示辞谢之意。其三件敕命在别的部分被称为"前后蒙赐敕
黄三道"（双线处），它们严格说来都是"敕黄"。另外，从虚线处可
知，"（左街）道录"的敕黄（=No.3《敕黄》）还留在句容县库。

司徒师坦辞谢"（左街）道录"时将"（左街）道录"的敕黄交
还于朝廷，比较好理解，但他为何需要交还"高士"和"（右街）鉴
义"的敕黄？在此需要了解告身在当时所发挥的机能。对于官僚，
告身就是将"官"具体化的实体物品，并不只是通知书或身份证明。
因此，官僚既把告身作为实体物品拥有，还有可能在进言之时，利
用告身表示一种政治姿态——为了表达以自己的官为"赌注"，官
僚将告身交还而待罪。② 鉴于此，从司徒师坦的行为可以看出：一、
他具有辞免晋升的决心；二、他诚挚地请求给三茅真君加封。

另一方面，司徒师坦提交了朝廷以前颁予三茅真君的封号敕
命"元封敕命三道"的录白（波浪线处），以乞加封三茅真君。所谓
"元封敕命三道"就是北宋崇宁元年（1102）四月下的No.7《元封
告敕》。③ 此时提交的文书不是原件，而是录白。这是因为他要求将
新的圣号加于现有的圣号之上。申请加封的时候，需要提交证明以

---

① 疑为"闰二月"。闰二月初七日收到的No.5里头有"是月十五日再辞，乞
回降恩命加封三茅司命真君圣号"这一文。故No.6发出月日应该是"闰
二月"。

② 参见上述拙著『宋代中国の統治と文書』，第31～55页。

③ 此告敕里面写到的"中大夫守右丞温"指温益，"中大夫守左丞陆"指陆
佃，"右银青光禄大夫守右仆射"指曾布，"左光禄大夫左仆射"指韩忠彦。
参见《宋史》卷二一二《宰辅表三》。

前确实收到封号的文书（"元封文字"）。① 但和官僚告身的关系相类似的是，拥有现圣号是受到加封的前提，故三茅真君需要拥有 No.7《元封告敕》。因此，司徒师坦提交"元封敕命"的录白。

（b）两个交涉渠道

司徒师坦个人辞谢"左街道录"之命不获允许，其事由入内内侍省都知张延庆发出的 No.8《内省公文》传递。其后，淳祐九年三月，司徒师坦提交 No.9《缴进敕黄辞免第三》，再次表示辞免的意思并说到"所有臣前蒙赐高士、鉴义、道录敕黄共三道，具状缴进"。此 No.9"表"的发往对象在文书内容中没有写到。由司徒师坦交还敕牒可知，发往的对象应该是发出敕牒的尚书省。但是文中写到"具状缴进"，故三件敕黄不是附上"表"交还，而是附上"状"交还。这里的"状"是 No.10《申内省缴进状》，其发往的对象是"都知提举太尉"，亦即入内内侍省都知张延庆。

关于这次交涉，除了"司徒师坦—尚书省"这一渠道之外，还有"司徒师坦—入内内侍省（都知张延庆）"的渠道。一般来说，现在可以参考的史料只是省札和敕黄（敕牒），学界只据这些材料分析文书行政。但从司徒师坦的个案，可以具体地了解那些省札和敕黄（敕牒）的背后也有其他文书及其传递渠道。

C【加封圣号决定的通知】

（a）从文书格式角度来分析的传递渠道

淳祐九年闰二月十八日有圣旨，决定加封三茅真君。在发出告敕之前，朝廷向茅山和建康府通知加封的圣号名称。此时利用省札，就是 No.11《省札二道一付建康府一付本山》。

No.11《省札二道一付建康府一付本山》

① 上述須江隆「宋代列状小考——祠廟の賜額・賜号の申請を中心に——」。

闰二月二十八日，奉圣旨，已降指挥，三茅真君加封。

太元妙道冲虚真君东岳上卿司命神君

　　可加封圣祐二字

定录右禁至道冲静真君

　　可加封德祐二字

三官保命微妙冲慧真君

　　可加封仁祐二字

　　右札付建康府照应。准此。（一付崇禧观）①

淳祐九年三月日

　　从"右札付建康府"这一句可以判断，No.11 是发给建康府的省札。又，从（）内的"一付崇禧观"这一信息来看，同一内容的另外一件文书也发给茅山崇禧观。按，茅山有许多宫观，以崇禧观统之。②

　　从文书格式的角度来分析的话，其两件省札的传递渠道是"朝廷→建康府"与"朝廷→崇禧观"（或"朝廷→建康府→崇禧观"），如【图1】或【图2】所示。

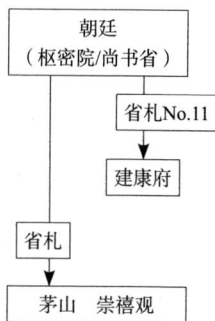

【图1】

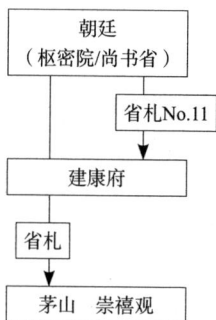

【图2】

---

① 原来用小字写的文字，本文用（）的记号标记。本文认为，这部分是《事典》编纂者的注记。

② 《茅山志》卷二五《录金石篇·江宁府茅山崇禧观碑铭（绍圣三年十月八日）》："宫观十二，崇禧总之。"

由此可见，文书内容和渠道并不复杂，但这里的问题在于，为何茅山将发给建康府的公文可以收录于《事典》？

（b）实际上的文书传递渠道

为解决这一问题，可以参考 No.12《缴省札申建康府状》中提供有效的信息。

> No. 12《缴省札申建康府状》
> 茅山崇禧观
> 今月十五日，<u>准枢密院省札二道，一付本观，一付使府照应</u>，系闰二月二十八日恭奉圣旨，特降指挥，加封本山三茅司命真君圣号事，须至申缴者。
> <u>右具省札一道，随状缴申建康使府</u>。伏乞照应行下管内道正司，告示在处宫观庵院，各令通知。未敢专辄，伏候钧旨。
> 淳祐九年三月日　灵宝大师敕差茅山都道正知崇禧观管辖本山诸宫观叶睎彭状

根据文书格式，该文书可以判断是茅山崇禧观发给建康府的状式文书。应该注意的是，"准枢密院省札二道，一付本观，一付使府"（划线处）① 和"右具省札一道，随状缴申建康使府"（双线处）这两个部分。关于前者，"省札二道"就是上述 No.11 和给茅山崇禧观的省札。茅山崇禧观领受其两件省札，将 No.11 附于状式文书 No.12 上，发付建康府，其渠道可以表示如【图 3】。

---

① 依据"准枢密院省札二道"的话，No.11 的省札由枢密院发出。但枢密院发出的札式文书一般称为"密札"，"省札"应该是尚书省发出的。尚书省发出的 No.3《敕黄》上写到发出主体的官员，他们都兼任枢密院中的差遣。因此，茅山可能误解。本文以发出主体为"朝廷"。

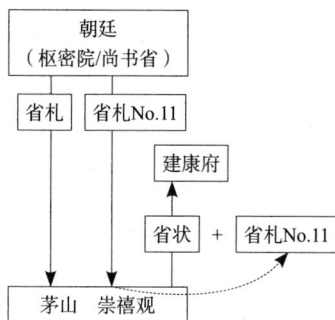

【图3】

No.11 首先到茅山，然后再到建康府。当时用上行文书"状"，其状附省札而上。因此，文书行政上没有问题，但 No.11 实际上的传递渠道和文书格式上的传递渠道不同。如此一来，茅山能够抄写 No.11 的文字而收录于《事典》。

（c）司徒师坦的特殊位置

那么，为何文书格式上的传递渠道与实际上的传递渠道不同？这与司徒师坦在空间上及组织上的位置有很密切的关系。实际上，"省札二道"在传递到茅山崇禧观之前，先传递至司徒师坦。入内内侍省向司徒师坦发出的公文 No.13《再准内省宣谕公文》如下。

No.13《再准内省宣谕公文》

得旨，宣谕高士，降赐加封三茅真君省札二道。请先次交管，仍具已交领奏回。

三月　日延庆恭准

入内内侍省未将司徒师坦视为茅山的代表者，而是视为佑圣观的"高士"。入内内侍省向他颁发了分别交付建康府和崇禧观的两道省札，令他"先次交管"（划线部），① 由他发出给茅山和建康府，要

---

① 关于"交管"，梁太济、包伟民《宋史食货志补正》有云："'交管'乃'交割主管'之省。"（杭州：杭州大学出版社，1994 年，第 342 页）（转下页）

求他回复。回复时他提交了 No.14《交领加封省札表》。

　　No.14《交领加封省札表》

　　臣师坦上言，今月二十日准都提举都知太尉恭传圣旨宣谕，已蒙圣恩加封三茅司命真君圣祐德祐仁祐六字圣号，颁到省札二道，令臣先次交管。臣已即祗领，内一道付崇禧观布告本山诸宫观咸使闻知，外一道一面申纳使府。臣上感圣恩（……）臣惶惧惶惧，顿首顿首。谨先具表以闻。谨奏。

　　淳祐九年三月　日

　　该报告中也写到，司徒师坦领受两件省札，一件发往茅山崇禧观，另一件发往"使府"（建康府）。

　　一般来说，有"高士"称号的人担任"鉴义"以上的道录院官①，而实际上高士司徒师坦也担任"右街鉴义"。总之，通过司徒师坦，文书也就通过道录院而传递。在行政视野下，这是正式且正当的文书处理方式（参见【图4】）。

　　但如上节所述，司徒师坦当时住在茅山，实际上是属于茅山之人。因此，他作了便宜处置，即将两件省札都直接交付给了茅山崇禧观的正式代表人叶晞彭（茅山都道正知崇禧观管辖本山诸宫观）处置，以至于向建康府的省札变成由代表茅山及崇禧观的叶晞彭具

　　（接上页）又，在史料中有如下用例：《宋史》卷一七六《食货志上四·常平·义仓》："元祐元年，诏：'提举官累年积蓄钱谷财物，尽桩作常平钱物，委提点刑狱交管，依旧常平仓法行之。罢各县专置主簿。'"《长编》卷三七六"元祐元年四月癸丑"条"又言'提举官累年积贮钱物，委提点刑狱司主之，据旧常平仓法'"；《宋会要辑稿》食货五三之一四："（元祐元年四月）二十六日、三省言'提举官累年积贮钱物，委提点刑狱司主之，据旧常平仓法。'"另外，关于司徒师坦的"交管"，上海师范大学哲学与法政学院曹凌先生于2016年的"文本、仪式、权力：多元视角下的宋代研究"学术研讨会上提供宝贵意见，谨致谢忱。

① 参见上述汪圣铎《宋代政教关系研究》，第460页。

状缴送（参见【图5】）。由此才出现文书传递渠道上的问题。

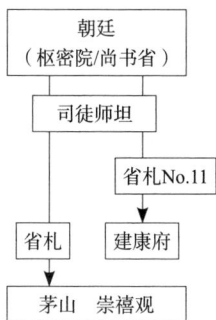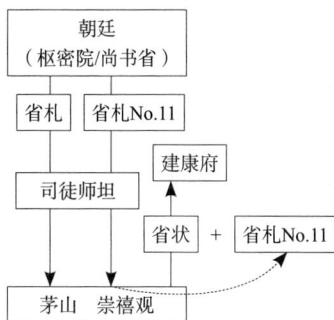

【图4】　　　　　　　　【图5】

如上所述，这次加封在司徒师坦与入内内侍省都知张延庆之间已经决定，而且虽然司徒师坦实际上代表茅山，但名义上不属于茅山。在行政视野下，他和茅山仍然是不同的主体，这些特殊性在文书传递渠道方面有比较明显的体现。

三、实物性的文书

收到加封圣号的通知之后，司徒师坦上呈 No.15《谢转道录表》，表示接受"左街道录、主管教门公事"之命。然后三月十五日发出了加封告敕的 No.17《告敕三道》（其他文献收录的《加封三茅真君诰》）：

No.17《告敕三道》

敕：朕闻真人驭风骑炁①，神游八极之表，而一念在生灵，则犹数数然也。太元妙道冲虚真君东岳上卿司命神君，成道于茅山，登籍于仙府，三君之首者也。奇验见于历代，远近以为司命。朕为黎元慕尚不已，特命有司诞衍嘉号，以彰钦崇。可特封太元妙道冲虚圣祐真君东岳上卿司命神君。

────────

① 《句容金石志》、《江苏通志稿》、《茅山志》都作"气"。

敕：朕闻句容三峰，神君显甚，遂有金坛洞天之名，历代所慕尚，岂独于今乎。定录右禁至道冲静真君，修真得道，是谓中茅。雨旸应祷，远近德之。丞命衍号，以答洪① 休。其体朕意，益阴隲于下民。可特封定录右禁至道冲静德祐真君。

敕：朕闻汉武帝祀神君于禁中，其祝甚秘，盖以徼福。朕不为也。三官保命微妙冲慧真君。真风道炁②，号小茅君。祈盱敬事，祭典褒崇，盖非一日矣。兹命衍号，以昭朕拳拳慕尚之意，益阔况③ 施，以慧生灵。可特封三官保命微妙冲慧仁祐真君。

奉敕如右，牒到奉行。

淳祐九年三月日

<u>太傅左丞相魏国公清之</u>　右丞相葵

<u>参知政事方叔</u>　　　　　参知政事儸

兼权给事中壮父　　　　兼权中书舍人

　　　三月十五日午时都事赵焕受

兵部郎中兼左司饶　　　付吏部

太傅左丞相魏国公清之　右丞相葵

参知政事方叔　　　参知政事儸

吏部尚书阙　　　　权兵部尚书清叟

吏部侍郎阙　　　　起居兼权□

主事赵颖叔　令史金必遇　令史傅汝霖

郎中　　　　　主管院

　　淳祐九年三月十五日下

划线处的四个的署名中，"太傅左丞相魏国公清之"指郑清之，"右丞相葵"指赵葵，"参知政事方叔"指谢方叔，"参知政事儸"指

---

① 《句容金石志》、《江苏通志稿》、《茅山志》都作"鸿"。

② 《句容金石志》、《江苏通志稿》、《茅山志》都作"气"。

③ 《句容金石志》、《江苏通志稿》都作"问觊"，《茅山志》作"问既"。

应㒬。这与 No.3《敕黄》上的署名者相同。不过，他们在闰二月都有所晋升 ①，故官衔并不同。

此加封告敕（No.17）于四月二十三日到茅山，《事典》对当日的情况描述如下：

> No.20《四月二十三日甲子》
>
> 四月二十三日甲子，集诸山市民，恭迎告敕，昭告三峰。时值连日风雨，二十二日，高士登坛，上急奏章借晴，次早五更，鸣鼓集众，宿雨即止，霁色开明，<u>躬率本山诸宫观主首、道众、庵寮道人，同镇市士庶父老出山祗迎</u>，亭卓香花，幡幢旌旗，锣鼓铙钹，清乐仙仗，仪从及本山。<u>常宁镇官领兵，率旗队、金鼓、卫护约千余人</u>。远近山居来观者如堵。是日天气清和，祥烟如画，仙鹤鸣于晴空，白兔现于峰顶。先迎告敕，至崇禧观门，高士率诸山主首道俗，望阙谢恩，欢呼万岁。次登大茅峰，奉行典礼，宣扬告命，敷献宝器。次登中茅峰、小茅峰。仪献如前。

据此，当时一直下雨，但二十二日司徒师坦进行祈祷后雨停，然后他率领属于茅山诸宫观的道士迎接告敕。当时，镇市的士庶父老也一起出山（划线处）。官方护送告敕的是常宁镇官。他们率兵队、旗队、乐队和警卫等约一千人来到茅山（双线处）。又，为了看那样热闹的队列，许多人集聚（波浪线处）。迎接告敕的司徒师坦来到崇禧观门，和自己身后的众人一起向宫阙谢恩，欢呼万岁。然后，在大茅峰、中茅峰、小茅峰各处举行仪式，宣扬告敕。

仪式结束之后，司徒师坦六月提交 No.29《缴状》，向朝廷通报

---

① 《宋史》卷四三《理宗本纪》："（淳祐九年）闰二月甲辰，以郑清之为太师、左丞相兼枢密使，进封魏国公；赵葵为右丞相兼枢密使；应㒬、谢方叔并参知政事。"

一系列的仪式的结束。状中写道："谨已恭遵圣训，逐一交领前件告命，宣赐宝器物件，关集阖山道俗，出山恭迎，望阙谢恩，遍诣三峰，敷扬君命，以次择日设醮，昭告天地仙真，事竟。"由此可知，司徒师坦认为包括迎接的活动都是仪式。值得注意的是，迎接加封告敕的仪式，并不只涉及茅山，而是牵连管辖官厅以及当地之人的活动。研究者的关注中心在于文书的内容，但文书不但传达信息，而且在其所到达的地方发挥多样的作用，而这些作用的源头就在于文书的实物性，这是不能忽略的。

另外，司徒师坦提前知道告敕在四月二十三日来到，可能是因为司徒师坦四月二十一日领受了下赐告敕和仪物并命令他举行仪式的公文。①

四、结　语

淳祐九年（1249）三月的加封之后，同年十二月司徒师坦提交 No.30《进加封告碑表》说道："谨镌诸石以惟深，期与此山而不朽"，"臣去天易久，承命惟新，爰镂坚珉，永作群峰之镇，摹成彻御，敢祈乙览之垂"。他向朝廷报告将加封告敕刻到石头上，表达感谢。当时作成的石刻，就是本文开头介绍的石刻"文书"《加封三茅真君诰》。

《事典》以 No.30《进加封告碑表》为终，这意味着《事典》认为刻石是一系列加封手续或仪式的最后阶段。鉴于刻石是加封仪式的环节，当时的人看到那样石刻"文书"的时候，应该想起来其背后存在的很多手续或仪式。因此，石刻"文书"表达王朝权威或统治行为，并在立石地发挥营造一种地域秩序的作用。茅山本来是信

---

① 　No.29《缴状》"四月二十一日，恭准公文备奉圣旨宣谕：降赐到加封真君诰命三道，宣赐如意、玉圭、锦幡、威仪、沉香、脑子、新茶、银两，令师坦择日设醮昭告者。"此"公文"可能是入内内侍省都知张延庆发出的 No.16《内省传到加封真君告敕三道及宣赐仪物公文》，不过其内容有点差异。

息接收者，但是自树立石碑之时起，茅山变为信息传播者。石刻"文书"有多层性，且各层之间有密切的关系，石刻"文书"作为史料的可能性在此。

　　本文通过分析《事典》，以明晰加封的申请、封号决定的通知、迎接告敕、刻石这一系列的过程。其中，通过考察通知封号的省札传递渠道，可以深化对文书的研究。文书研究往往以格式与实际的一致为前提，但也存在格式表达的传递渠道与实际的渠道不一致的情形。以文书格式的视角可了解制度设计，并不是实际上的运作。在这次考察的加封个案中，制度设计和实际运作之间发生龃龉，而关键在于司徒师坦的特殊位置。一方面，公文表达当时的政治秩序；另一方面，公文在具体政治的"场"中被利用。本文认为，考察这两方面才能描述"活"的制度史。

　　附记：本文原载宋代史研究会编『宋代史料への回帰と展開』（汲古書院，2019 年，第 407 ～ 435 页），收入本书时有修改。

从文集史料分布看宋元时代的地方史与断代史

梅村尚树

王雯璐　译

引　言

历史学据史料立学，其研究动向不可避免地受可供使用史料的分布不平衡情况所左右。若全面审视迄今的研究状况，这一事实不言自明，为广大研究者所认可，然而研究者普遍限定研究对象，仅对特定的对象展开研究，或常容易忘记这一事实。

在宋史及其相邻领域，原本就存在显著的史料分布不平衡，这可以说对研究动向以及迄今积累的研究成果有不小影响。本文围绕宋史研究，着眼地方史叙述兴盛这一侧面，将其与文集史料分布不平衡问题结合起来进行分析，考察地方史与断代史的关系，以及整合地方史来描绘时代面貌时所面临的课题等问题。

一、"士人"论及地方史叙述

近年以来文集史料被广泛利用，文集史料的存在与研究动向密切相关，这是本文将文集史料整体作为论题的主要原因。为说明这一点，笔者首先希望从史料及方法论的角度讨论"士人"研究与地方史研究的动向。

所谓"士人"研究是近30年左右宋史研究的主要课题之一。日本方面，20世纪60年代以来，明清史领域"乡绅"研究兴盛，经过田中正俊、小山正明、重田德等的研究，80 年代左右以森正夫呼吁朝"士人"论转向为契机 [1]，对宋史研究开始产生影响。另一方面，迄今欧美一系列的研究中郝若贝（Robert Hartwell）的影响较大。郝若贝援用施坚雅（G. William Skinner）的宏观区域理论 [2] 将中国分为 8 个地区，并将其进一步细分成 21 个小地区，将使用户口统计所得长期人口动态进行数据化。该研究同时注意到，相较增长的人口，州县等地方行政组织并未明显增加，描绘出中央权力在较长时段内从地方后退的框架，认为弥补这一权力空白的是本地贵族（local elite）或士绅（gentry）——也即被称为乡绅的群体。郝若贝的研究主要依据宋代为主的 5500 人的传记史料，以南北两宋过渡期的 1100 年左右为分界，指出这部分人的婚姻策略从之前的多上层人士之间跨地区联姻的倾向转变为重视地缘的多同一地区内联姻的倾向。[3]

其后，韩明士（Robert P. Hymes）从这一婚姻策略的变化入手，以江西抚州为对象进行了实证研究。[4] 韩明士还考察了成为乡绅后的南宋上层人士如何维持权利，就科举以及公共事业也加以探讨，在描述"官宦"向"士绅"的转换过程中，将联姻倾向的变化作为论证核心，通过分析肯定了郝若贝的主张，并提出"两宋划期论"。

---

[1] 有关"乡绅"论的特征及其相关内容，可参考森正夫「日本の明清時代史研究における郷紳論について」1・2・3，『歴史評論』308・312・314，1975・1976 年，以及同著者的「明代の郷紳——士大夫と地域社会との関連についての覚書——」，『名古屋大学文学部研究論集』77，史学 26，1980 年。

[2] G. William Skinner, "Introduction: urban development in imperial China," G. William Skinner ed., *The City in Late Imperial China*, Stanford University Press, 1977, pp.3-32.

[3] Robert Hartwell, "Demographic, Political, and Social Transformations of China, 750-1550," *Harvard Journal of Asiatic Studies* Vol.42, No.2, 1982, pp.365-442.

[4] Robert P. Hymes, *Statesmen and Gentlemen: The Elite of Fu-chou, Chiang-hsi, in Northern and Southern Sung*, Cambridge University Press, 1986.

这一始自郝若贝、后为韩明士所继承的方法论不仅对美国，对世界范围内的宋史研究也有巨大影响，成为与以往的唐宋变革论相对立的主张。

韩明士的研究之后，为数不少的研究者也对江西抚州之外的地区是否存在同样倾向进行了论证。然而，考证长时段内特定地区的联姻关系较为困难，主要原因是史料有限，虽然可以明确否定韩明士主张的例子不多，但是能够正面肯定其主张的事例也几乎完全不存在。尽管如此，韩明士的观点还是被多数研究者认可，对学界产生巨大影响并持续至今。时至今日，即使联姻的具体事实仍难以确认，然而士人逐渐"地方化"，比起王朝国家变得更重视地方社会的这一主张，对于实际接触史料的大多数研究者来说，应当是较为接近共识的。

韩明士的影响不仅限于其主张，从方法论的角度来看，在某一限定地区内观察长期变动的士人群体这一研究范式流行起来。特别是哈佛大学包弼德（Peter K. Bol）门下年轻一代中出现了较多研究士人与国家及地区关系变迁的学者。以特定地区的长期变迁为主题的研究开始凸显。其中有代表性的有何安娜（Anne Gerritsen）关于江西吉州的研究 ①、陈松关于四川的研究 ②，以及李锡熙关于浙江明州的研究 ③，值得注意的是上述研究的对象以及时期，陈松以北宋到南宋、何安娜与李锡熙以南宋至元或明初为中心。

其中，李锡熙的研究以批判韩明士为主题。李锡熙基本完全沿用韩明士的方法论，以相当于今宁波的浙江明州为焦点展开论述，基于比韩明士所研究的抚州更丰富的明州史料，断言明州的联

---

① Anne Gerritsen, *Ji'an Literati and the Local in Song-Yuan-Ming China*, Brill Academic Publishers, 2007.

② Chen Song, "Managing the Territories from Afar: The Imperial State and Elites in Sichuan, 755-1279," Ph.D. dissertation, Harvard University, 2011.

③ Sukhee Lee, *Negotiated Power: The State, Elites, and Local Governance in Twelfth-to Fourteenth-Century China*, Harvard University Press, 2014.

姻关系方面没有韩明士所提出的倾向，此外还指出韩明士在分析抚州的联姻情况时，实际上多利用元代的史料来对南宋时期进行分析，论证了韩明士的主张无法成立。同时，通过重新检证韩明士所使用的史料，李锡熙提出联姻倾向的转换可能在南宋末期发生，其自身对于明州的分析也得出了几乎一样的结果。尽管如此，李锡熙对明州的分析也存在同样的问题，也即能够利用的史料集中在南宋以后，如此可知史料分布不平衡对研究动向及其结果存在不小的影响。

二、宋元时代文集史料所处位置

由以上所举事例可知，本文试图具体地呈现出目前我们能够利用，也即现存的史料的分布不平衡情况。此处希望强调，尽管历史上曾编纂过更多样化的史料，但本文的分析对象是目前能够利用的史料。如果我们充分利用这些史料，当然能够描绘出更少偏颇更接近事实的历史样貌，但这是时常附加于历史学研究的制约，无法避免。虽然如此，也存在偏颇自身体现当时状况的侧面，因而把握现存史料全貌的意义重大。

与此同时，以上述不平衡为前提而将长期变动纳入视野的地方史研究积累了大量成果，不同地区的情况相较过往明确了许多。然而，如何整合这些成果来描绘当时中国的整体面貌成为需要解决的新课题。特别是许多研究者以特定地区为中心收集史料，展开集中分析，在加深对这一地区理解的同时，与其他地区的比较难以充分展开，无论如何都只能得出仅适用于该地区的结论，在谈到其他地区时不得不慎重。作为克服这一问题的第一步，若能弄清楚宋元史料的界限以及分布状况，将能够更容易确认被研究地区在整体中所处的位置，通过明确这一状况来促进整体讨论。

具体来说，本文将关注现存的宋元时代的文集史料，呈现出其时间及空间分布。选择文集史料作为研究对象是因为在地方史研究领域，文集史料是和地方志 ① 并驾齐驱的主要信息源，并且在进行历时分析时经常需要最大化利用文集史料。宋代史料中不同时期留存下来的史料不仅在量的层面，在质的层面也有很大差异，本文想首先具体考察这一问题。

（一）编年体史料以及《全宋文》史料的时期分布

宋史史料中，《续资治通鉴长编》（下称《长编》）、《建炎以来系年要录》（下称《要录》）、《宋会要辑稿》（下称《会要》）是在各领域广泛、频繁使用的史料。其中《长编》与《要录》为编年体史料，其具体情况如表 1 所示。

表 1 《长编》、《要录》的详细内容

李焘《续资治通鉴长编》 全 520 卷			
皇帝	卷数	在位年数	卷数 / 在位年数
太祖	16	16	1.0
太宗	26	22	1.2
真宗	57	25	2.3
仁宗	100	41	2.4
英宗	10	4（约 1 年原阙）	3.3
神宗	154	18（约 3 年原阙）	10.3
哲宗	157	15（约 4 年原阙）	14.3

---

① 地方志史料方面，地区不同，能够利用的史料的数量也存在很大差异。例如汇集宋元两代编纂的地方志的合集有中华书局编辑部所编《宋元方志丛刊》（北京：中华书局，1990 年），地区分布不平衡一目了然。同时，明清以后编纂的地方志被作为重要史料广为利用，1991 年以后，《中国地方志集成》以各地区为不同系列在上海书店出版社、巴蜀书社、凤凰出版社（江苏古籍出版社）出版，从这一集成也大概可见地区不平衡。但是，因为这一集成尽可能收集直至民国期间刊行的地方志，多大程度上包含宋元两代的信息是另一问题。另一方面，本文分析中所用《全宋文》、《全元文》中也包括收自地方志的内容，地方志作为信息源也一定程度反映在本文分析中。

（续表）

皇帝	卷数	在位年数	卷数／在位年数
徽宗	原阙	25	—
钦宗	原阙	1	—
李心传《建炎以来系年要录》			
高宗	200	36	5.6

　　表1列出各皇帝在位年数、涉及该皇帝的卷数以及平均下来每年的卷数，简单比较即可理解其分布不平衡的程度。表1显示出神宗朝及哲宗朝的密度最高，其次为高宗朝，除去原无数据的部分，平均涉及每年的卷数为4.3，如此，英宗朝以前全部低于平均，太祖、太宗朝最低。数值最高的神宗至哲宗朝与最低的太祖、太宗朝相差十倍以上，其信息密度差距之大可见一斑。有关《长编》、《要录》中未收录的南宋孝宗朝之后，尽管存在《宋史》本纪以及《宋史全文》等编年体史料，但其信息量远远低于《长编》以及《要录》，这也是为什么研究北宋末以及南宋中期以后的政治史比北宋后期以及南宋初期要相对困难。此外，《长编》及《要录》在政治史以外的领域也起到重要作用，可以说这两部史料的存在基本决定了宋史整体研究局面。

　　编年体史料之外，毋庸置疑作为制度史史料最重要的《会要》是宋史研究的支柱。囿于史料性质，从《会要》全体看史料不平衡分布，尤其是时期的不平衡，要具体进行数值化的分析比较困难，故这里不直接考察，而是准备了与制度史史料分布相近的指标，也即《全宋文》中皇帝的项目。

表2　在《全宋文》中各皇帝占的卷数

皇帝	卷数	在位年数	卷数／在位年数
太祖	8	16	0.5
太宗	16	22	0.7

（续表）

皇帝	卷数	在位年数	卷数 / 在位年数
真宗	55	25	2.2
仁宗	45	41	1.1
英宗	4	4	1.0
神宗	88	18	4.9
哲宗	42	15	2.8
徽宗	89	25	3.6
钦宗	13	1	13.0
高宗	119	36	3.3
孝宗	79	27	2.9
光宗	9	5	1.8
宁宗	22	30	0.7
理宗	16	40	0.4
度宗	3	10	0.3

　　有关《全宋文》[①]的性质以及编纂方针等，后文还将再论及。太祖以后皇帝的项目中收录的几乎全是诏敕类，表2是将《全宋文》中皇帝的卷数及与其在位年数相除的结果。这一数值大致上可认为是现存诏文的密度，是了解与制度，尤其是与中央政治相关的史料目前分布情况的一个参照。由此可知，只有在位时间仅有一年的北宋最后一位皇帝钦宗的数值稍显异常，其他数字给人与宋代史料整体情况大概相似的印象。平均值大约为1.9，自北宋后期至南宋中期为止，神宗至孝宗基本一贯地高于平均值，此外北宋真宗的数值高于平均。分布基本与编年体史料《长编》、《要录》的倾向一致。仅有真宗的数值约是仁宗的近两倍，令人感到意外。仁宗朝长达

---

① 曾枣庄等编:《全宋文》，上海：上海辞书出版社，合肥：安徽教育出版社，2006 年。

四十一年，为两宋最长，此外进入仁宗朝以后，出自官僚之手的文章，也即文集史料急增，这或是引起仁宗朝史料丰富的错觉的原因，实际上，真宗朝的史料出乎意料的充实。同时，徽宗的数值仅次于神宗，或与一般对《长编》由于数据缺乏而造成史料不足的印象大相径庭，然而，从《会要》等来看，可知徽宗朝的记述相当充实，故总的来说，表2接近研究者对史料分布的实际感觉，可以说一定程度反映了与政治制度相关的史料分布状况。

进一步来看南宋的状况，初代皇帝高宗以及第二位皇帝孝宗的数值高于平均值，与北宋后期处于程度相当的较高水平，随后是仅在位三年的第三位皇帝光宗，宁宗以后的数值迅速下降，几乎与北宋初期的太祖、太宗齐平。宁宗朝以后的南宋仍有80年，占南宋的一半以上，整个宋朝的几乎四分之一，在这个较长的时段，制度史史料明显不足。再加之缺乏编年史料，构筑这一时期的政治制度史的难度可以想象。换言之，若与南宋中期以前使用相同方法论，相等程度的历史叙述基本无法实现，本文的主题文集史料则是弥补这一不足的不可或缺的材料。

（二）文集史料与电子检索系统

一般所谓的文集史料指子孙或弟子等后世的人将未作为单行本流通的各种文章收集起来编纂出版的著作，也存在以本人生前所编纂内容为基础整理的史料，以及本人至晚年实际刊行的著作。这一类著作内容繁杂，比较难下一以概之的定义，从外在形式来看，可以将属于四部分类集部别集类的著作视为文集。当然，这一处理也存在问题，比如传统的四部分类中，偶尔将文集归入其他类别，收有程颐、程颢文章的《河南程氏遗书》以及黄震的《黄氏日抄》，就被归为子部儒家类。为了确认这些文集长时段内的分布，可参照表3所列出的《四库全书》目录中集部别集类的历代文集的状况。

表 3 《四库全书》集部别集类目录

汉至五代	112 部	1518 卷
北宋	122 部	3370 卷
南宋	277 部	4978 卷（附录 1 部 6 卷）
金元	175 部	2112 卷
明	240 部	4254 卷
国朝（清）	43 部	1661 卷

首先值得注意的是，时代区分上汉至五代为一个阶段，宋代则分为南宋、北宋，随后是金元、明、国朝（即清）。其次可看到北宋及南宋合在一起占了全体的近一半（47%），特别是南宋所收录的数量高于明代。当然，这里的数值仅限于《四库全书》所收入的著作，我们今天所能看到明清两代的文集史料远远高于这里所显示的数值，然而即便如此，南宋约 150 年间收录的文集史料超过明代约 280 年间所收，两宋约 320 年间的数值则几乎是明代的两倍，这不得不令人惊讶。此外，金元时期方面，金代的文集仅有 5 部共 111 卷，元代则有约 2000 卷。如此计算可得，南宋灭亡后至明朝成立的约 90 年间，文集史料的密度虽然略逊于南宋，但是却高于北宋以及明代。相对来看，元代也存在丰富的文集史料，同时考虑到这一时期和南宋后半期一样缺乏编年史料以及制度史史料等其他史料，将南宋至元的时期称为"文集史料的时代"也未尝不可。

文集史料虽然数量上丰富，但也存在极大弱点。文集所收录的史料群对于确定历史事实来说信息密度较低，无法充分弥补《长编》以及《要录》的不足。进一步说，对历史研究有用的部分与用处不大的部分之间存在巨大数量上的差异，同时无法否认在提取有用的信息时需要付出极大努力。以往南宋史相较北宋史整体研究进展较慢的一大原因，可以说就在于史料上的困难。下文将介绍包括电子检索系统登场在内，史料的可使用性方面所产生的变化，这一定程度上成为了克服上述困难的原动力。

电子文献方面，包括小规模的在内，目前存在多种。最具代表性的就是两个大规模数据库——《四库全书》以及《中国基本古籍库》，两者皆未收录的宋代史料只有极少部分。实际使用时需要注意的问题有很多，包括版本、错别字、异体字的问题等，另外《四库全书》与《中国基本古籍库》也各有长短，但无论如何在能够实现瞬时把握特定文字组合的存在这一点上，其益处是毫无疑问的。然而需要注意的是，随着电子文献的登场，给史料的利用方法，具体来说给史料的可使用性带来了巨大的变化。若从以往的研究方法来考虑，文集史料主要用于以特定人物为中心的研究，以加深对某一个主题的理解为目的，然而随着电子检索系统的登场，对某一个事件进行大范围的全面调查变得可能。此外，2006 年《全宋文》刊行，进一步使这一研究方法变得容易。换言之，这些史料上的变革，使通贯使用原本出处以及性质不一样的多数史料变得可能，出现将巨大史料集合完全当作一种合编史料来使用的倾向。以往，史料的重要程度决定了其被出版、校勘的积极程度，这不仅使得重要史料容易为多数人所使用，更使专业研究者在使用史料时的顺序也几乎是固定的。与此相对，目前通过电子检索，几乎所有的史料的可使用性被均一化，从而使由于使用者主观意见出现的差异最小化。宋史领域中电子检索系统未收录的新出史料较少，可以说这一变化相较其他领域对宋史研究影响相对较大，甚至可以说是近 20 年来围绕史料所出现的最大变化。新出史料较少，反过来则意味着在将来较长时间内，史料整体的构成不会产生太大变化。若果如此，切实把握我们在当下环境中所面对的史料整体上的分布则变得极为必要。例如，在电子系统中检索特定词汇以及事件时，能够瞬间把握有多少史料存在，同时也能观察到时间、空间分布的不平衡。然而，这里可以观察到的不平衡是否是真正存在的不平衡，必须先对史料整体原本存在的不平衡进行考察，前提就是有必要把握史料分布情况。

三、宋元时期文集史料分布的分析

（一）分析方法

　　基于以上背景，本文着眼文集史料，试图具体究明其时期及地理分布。若考虑与电子检索相关联的问题，应以《四库全书》以及《中国基本古籍库》为对象，但本文考虑到若干原因，以《全宋文》、《全元文》、《全辽金文》为对象进行考察。

　　这里首先介绍考察对象的基本版本情况。《全宋文》是多达 360 册的大宗丛书，整体分为 8345 卷，根据其版本信息介绍可知全书超过 1 亿字。该书的编纂方针是收录除去单行本外所有可确定著者的宋人文章，几乎全部收录了作为文集属于《四库全书》中集部别集类的著作，此外，只要是能确定著者的文章，除了《长编》、《会要》，还从各种地方志等著作中广泛收集，收录范围比《四库全书》广。同时，该书虽然收录了历史研究经常使用的上奏文、书简、记文、墓志等以及皇帝的诏敕，但由于诗、词、曲等韵文作品大多已收录于《全宋诗》[1] 中故不再重复收录 [2]。此外，被认为以单行本流通的笔记史料编纂而成的《全宋笔记》[3] 也未包括在《全宋文》中。不收诗、词这一方面与《四库全书》集部别集类特征相异，《四库全书》中除了完全由诗构成的文集，还有大部分由诗构成的文集。由史学界较少将诗歌作为研究对象，本论文分析中将其排除在外。若重视《全宋文》也收录文集史料外的其他各种史料这一点，可以认为其收录内容更接近对历史研究者来说的史料全貌。《全元文》[4] 与

---

[1]　傅璇琮等主编：《全宋诗》，北京：北京大学出版社，1991～1999年。

[2]　赋虽然是韵文，但由于《全宋诗》未收录，故包含在《全宋文》当中。

[3]　上海师范大学古籍整理所编：《全宋笔记》，郑州：大象出版社，2003～2018年。

[4]　李修生主编：《全元文》，南京：江苏古籍出版社（凤凰出版社），1997～2005年。

《全辽金文》[①]编纂完成时间早于《全宋文》，编纂方针基本上与《全宋文》相同。《全元文》分为60册，全1880卷，字数达28421000字，册数虽然只有《全宋文》的六分之一，但每册页数平均起来较《全宋文》多，通过字数来比较的话，整体规模相当于《全宋文》的四分之一。《全辽金文》全三册，不分卷，共2815000字，规模上来说约是《全元文》的十分之一，同时与《全宋文》、《全元文》收录上多有重复，且多收有著者不明的文章，这一点不同于《全宋文》与《全元文》。

下面将介绍使用这些材料所进行的考察，具体来说是将各部丛书中所收录文章数超过一卷的人物提取出来，然后计算卷数[②]，再对提取出来的材料按照时期（时间）、地域（空间）分类。计算卷数时，《全宋文》以及《全元文》直接利用原有卷数，对于不分卷的《全辽金文》，则考虑到尽可能按照与以上两者的对等的条件，将20页换算为1卷。这样提取出来的人数包括若干重复在内，《全宋文》为608人，《全元文》为216人，分别涉及占《全宋文》整体约79%的6629卷、《全元文》整体的82%的1534卷，《全辽金文》则为22人。这里的79%以及82%的数字包含了本次分析中未计在内的宋代皇帝15人（608卷）与元代皇帝8人（37卷）[③]，若将其剔除后，本次分析所涉及的内容占《全宋文》的86%以及《全元文》的83%。也即本次分析将囊括整体的大约85%的内容。

表4汇总了《全宋文》、《全元文》、《全辽金文》中卷数最多的前五位。其中朱熹最多，为263卷，占据《全宋文》整体的约3%，可见其量之大。出现在此表中的人物也皆是实际研究中所占比重较

---

① 阎凤梧主编：《全辽金文》，太原：山西古籍出版社，2002年。

② 《全宋文》中在同一著者的文章不满一卷或虽满一卷而不满两卷的情况下，出现同一卷中收录有多名不同著者的文章。不满一卷的情况不列入本论文的计算。

③ 有关皇帝所收录的内容几乎全是诏敕，这些史料对于明确时间及地区信息皆无太大意义。

表 4 《全宋文》、《全元文》、《全辽金文》中卷数最多前五名作者

《全宋文》	《全元文》	《全辽金文》*
1. 朱熹（263 卷）	1. 虞集（90 卷）	1. 元好问（相当于 30 卷）
2. 周必大（192 卷）	2. 杨维桢（55 卷）	2. 李俊民（相当于 5 卷）
3. 刘克庄（174 卷）	3. 黄溍（52 卷）	3. 王若虚（相当于 3 卷）
4. 苏轼（156 卷）	4. 吴澄（50 卷）	
5. 楼钥（117 卷）	5. 王恽（40 卷）	

* 把《全辽金文》20 页换算《全宋文》1 卷。

大的人物。而《全辽金文》中几乎没有留存一定规模数量文章的人物，排位靠前的元好问以及李俊民的文章《全元文》中也有收录，因此可以说在与《全宋文》与《全元文》一起使用来进行分析时，《全辽金文》几乎对整体没有影响。

其次是介绍将提取出来的人物群按照时间及空间分类的方法。时间方面依据著者出生年为基准每四分之一世纪（25 年）为一区间，如此除去一位 9 世纪出生的人物①，共设 18 个区间，起自 10 世纪的第一个 25 年（901～925 年），至 14 世纪第二个 25 年（1326～1350 年）。下文中将以 10a、10b、10c 至 14a、14b 来表述。无法确认生年的人，《全宋文》中有 142 人，《全元文》有 37 人，然而大部分人物能够根据卒年以及进士及第年等周边信息来推测大约的生年，因此所有人都可以被分进 18 中区间中的一个。因为收录文章数越多的人物越容易推定时期，产生的误差极小，可以说对整体分析几乎没有影响。

另一方面，地域分类的问题则不是那么简单。因为移居他地对于当时的人们来说并不少见，论及主要活动地之时，往往很难确定具体的地区。有鉴于此，本文以人物出生时其家庭的主要活动地为

---

① 张昭，生于 894 年，京东西路濮州范县（今河南濮阳市范县）人。文章收于《全宋文》卷九与卷一〇的一部分（第一册）。

该人物的地区，再将其据现在的行政区划按省分类。^①宋元必须采用一贯基准，而行政区划在不同时期有所变化，且再进一步细分也得不出有益于说明问题的数据。有关主要活动地的判定，除《全宋文》《全元文》中所收略传，还参考各种传记资料索引^②以及 CBDB（China Biographical Database Project）^③等，有多种说法存在的情况，在确认其所依据的传记史料、墓志、地方志、年谱等基础上，根据上述基准选择合适的地区。

下面将通过《全宋文》以及《全元文》分别所含卷数最多的朱熹以及虞集为例来说明具体如何确定主要活动地。《宋史》朱熹传中记录其为歙州婺源人，今属江西，这是朱熹的父亲朱松出生成长之地。实际上，朱松前往今属福建省的建州为官之后，便定居于此，朱熹在朱松移居之后出生。故本论文视朱松为江西人，视朱熹为福建人，来进行分析。另一方面，虞集一般被认为是抚州崇仁人，今属江西。根据今存欧阳玄所撰虞集的神道碑^④，虞集的祖父一代移居崇仁，而虞集则于父亲在今属湖北的黄州黄冈为官时出生。然而，其父移居黄冈后并未成为黄冈人，任期结束后又返回了崇仁，故此，本文分析中将虞集视为江西人。

事实上，移动经常由于各种原因发生，无法截然区分的情况也不少。此外大部分情况下，墓志史料是了解家庭成员动向最详细的

---

① 处理上今北京市包含于河北，今上海市包含于浙江，今重庆市包含于四川。

② 昌彼得等编：《宋人传记资料索引》第一～六册，北京：中华书局，1988年；李国玲编：《宋人传记资料索引》补编第一～三册，成都：四川大学出版社，1994年；王德毅、李荣村、潘柏澄编：《元人传记资料索引》，北京：中华书局，1987年。

③ 该数据库为中国近代以前传记史料数据库，以美国哈佛大学与中国北京大学为中心构筑，可通过网络访问（https://projects.iq.harvard.edu/cbdb/home。网页地址于 2019 年 1 月 6 日确认。但本论文分析所用信息为 2016 年 6 月～ 8 月阅览所得）。该数据库中偶尔可见"据郝若贝数据"的注释，可知其是基于前文所提郝若贝的研究所收集的数据所构筑。

④ 欧阳玄：《圭斋文集》卷九，"文渊阁四库全书"本。

资料，故在存在墓志与不存在墓志的人物之间可能产生信息精度的差异。如此，有关实际移动情况以及史料的处理方法，如何进一步完善统计信息的精度仍是问题，目前仅基于能够使用的史料，作出尽可能妥当的判断，进而进行分类。同时还有一个本质问题，由于当时的官僚作为地方官移动频繁，按照主要活动地的分类对于史料整体分析究竟有多大意义还有讨论空间。目前情况下，下面的数据仅显示以某一地区为主要活动地的人所撰写的史料在现存史料中所占比例，能够观察到明显的分布不平衡的问题，某种程度上来说对本文所论也有一定意义。

（二）分析结果

下面将介绍根据上述方法分类后的结果。

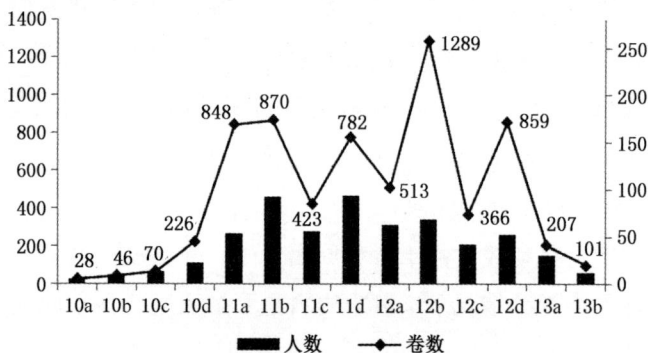

图 1 《全宋文》按时段的分布

图 1 显示了《全宋文》整体的时段分布。南宋起自 1127 年，假定各人物在历史舞台活动的时间以 50 岁前后为中心，11c 至 11d 的附近则为两宋的分界。北宋在 11a 及 11b 迎来全盛期，11c 相较其前后的时期数值较低，或与战乱有关。南宋在 12b 时达到峰值，这一时期的代表人物有朱熹、周必大、楼钥等，12 世纪末显示出南宋中期乾道、淳熙年间活跃的人物群。若视南宋在 1279 年灭亡，在宋元过渡期活跃的人物大致相当于 13a 以及 13b，这之前的 12d 的时期出现了南宋的第二个高峰。这一时期有刘克庄、魏了翁、真德秀等在

南宋后期的宁宗朝以及理宗朝活跃的人物群，这些人物都是南宋后期研究的核心对象，通过此图来看近年的研究动向 ① 便能够理解为何这一时期的研究有所进展。

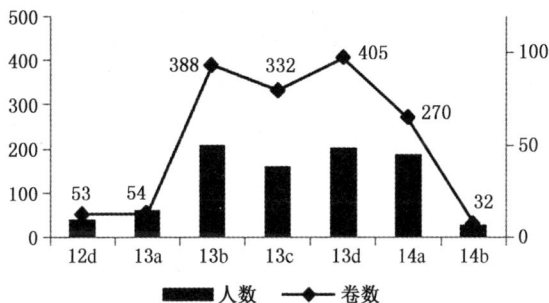

图 2　《全元文》时期的分布

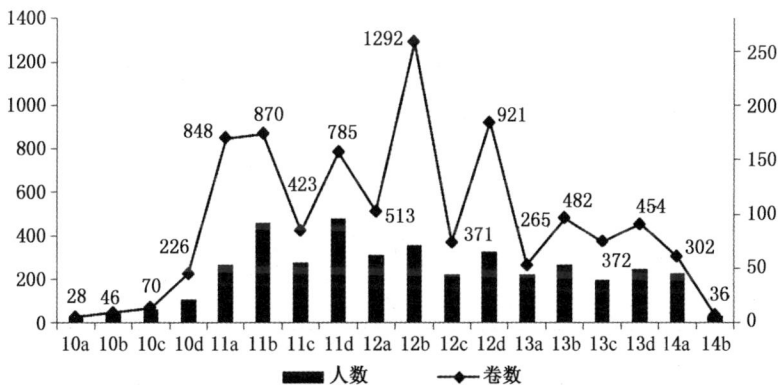

图 3　共计时期的分布

图 2 是对《全元文》进行同样分析后所得结果。13a 至 13b 为宋元过渡期，此前为金、南宋时代，故 13a 之前大部分内容都包括在《全宋文》中，同时 14b 既已进入明初，除去首尾两端，总体印象是比较平均。图 3 是将《全辽金文》与《全宋文》、《全元文》一起计算后所得结果，通过该图可知，宋元过渡期后虽然卷数减少，但人

数的基础没有显著下降，与南宋相比，元代大宗文集数量减少的推论可能成立 ①。

其次是地域分布的统计结果。

表 5　《全宋文》的地域分布（卷数）

江西	1348	20%
浙江	1195	18%
福建	1176	18%
四川	869	13%
江苏	786	12%
河南	452	7%
山东	208	3%
安徽	196	3%
湖北	94	1%
山西	89	1%
河北	73	1%
湖南	43	1%
其他	97	1%

表 5 是将《全宋文》整体按照不同地区分类后的情况。前三位从高到低依次是江西、浙江、福建，三地区合计达 56%，占整体的一半以上。其次是四川、江苏，再其次是河南，江苏为止的排名前五个地区的总和占整体的八成以上。然而，该表是根据目前的行政区划所作分类，这里的江西在当时不仅包括江南西路，也包括属于江南东路的饶州、信州及歙州一部。此外，如下文还将论及，该地区所占比例约二成，实际上即使仅限于江南西路，也可知其水平与浙江、福建几乎相当。另一方面，当时的两浙路在南宋时分为以临

---

① 然而，由于《全宋文》与《全元文》从书籍信息计算所得 1 卷的字数不同，本文中将《全元文》的 1 卷换算为《全宋文》的 1.12 卷。

安府、平江府为中心的两浙西路与以绍兴府、庆元府为中心的两浙东路，然而两浙西路方面除今浙江省外，也包括今江苏省的一部分，有必要注意到随着行政区划的变化数值也将发生大的变动。

表6 《全元文》的地域分布（卷数）

江西	432	28%
浙江	425	28%
河南	120	8%
河北	100	7%
安徽	98	6%
江苏	66	4%
山东	62	4%
山西	59	4%
福建	54	4%
湖南	46	3%
其他	63	4%

　　表6则是《全元文》的地理分布情况。最靠前的两地区仍然是江西与浙江，且两地区的所占比例都高于其在《全宋文》中占比，合计占整体的56%，超过一半。然而，随后的地区群有所变化，位于江西、浙江以后的三个地区在《全宋文》中占较大比重，而在《全元文》中所占比例下降，江苏从12%降至4%，福建自18%降至4%，四川从13%几乎降至0%。与此相对，北方地区占比增长明显，河南、河北排名仅次于浙江、江西，安徽紧随其后。尽管如此，河南、河北、安徽皆仅占6%～8%，因此，《全元文》的整体特征是集中于江西、浙江。

　　下面将时期分布与地域分布结合起来来看各主要地区不同时期的变化。

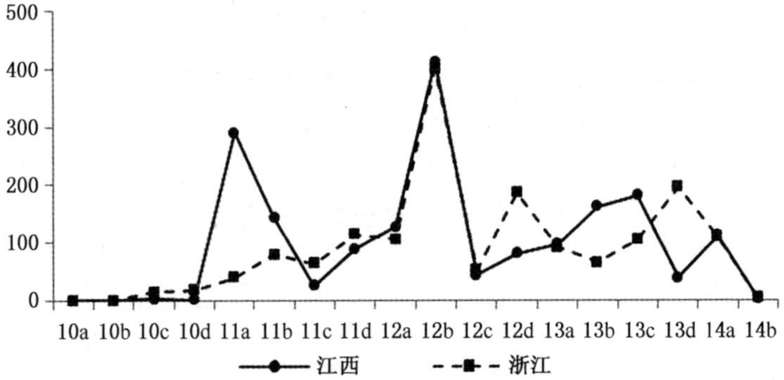

图 4　江西　浙江

　　图 4 是排名一、二的江西与浙江的情况。两者的峰值都出现在 12b，其他时期较为安定，整体来说两者情况比较类似，江西所涉及的时期比较广，浙江在北宋时期较少而南宋至元时较多，时间分布上来看呈现出靠后的倾向。

　　宋代在江西、浙江之后数值较高的是福建、四川、江苏三地区，其情况可参见图 5，从该图可知三地区的峰值以及整体走向皆不相同。福建为北宋较低南宋出现高峰，四川则北宋较高而南宋较为平坦，但是在南宋后半时期（12d）出现第二个峰值。江苏则较为特殊，在两宋过渡期出现峰值，南宋后半则大幅下降。三者虽特征各异，但都在宋元过渡期（13a）出现骤减，其变化不可谓不剧烈。

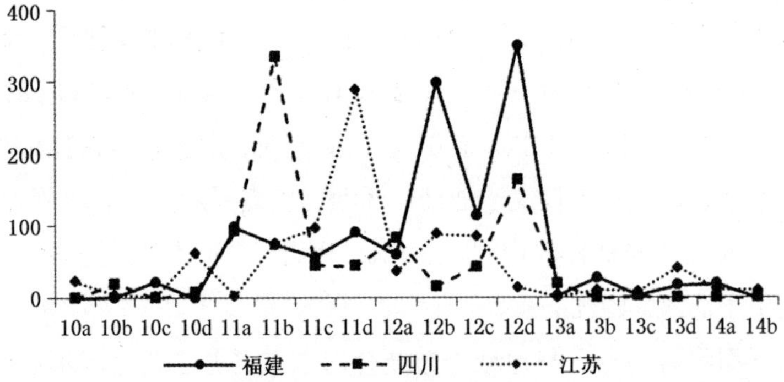

图 5　福建　四川　江苏

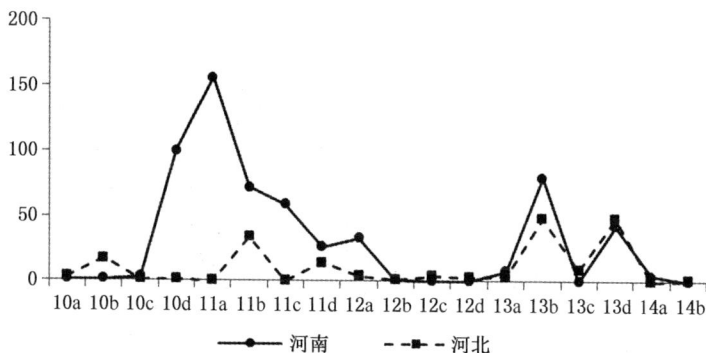

图 6　河南　河北

图 6 是河南与河北的情况。整体规模相较以上五个地区缩小许多，河南在北宋时期呈现较高数值，进入金代后趋于低调，元代后再次有所增加。另一方面河北元代的数值高于宋、金时代，河南、河北两者皆是在被定为首都时有所增加，然而金代（12b～13a）时两地区的数值都非常低，可知史料不足可能对历时分析造成极大影响。

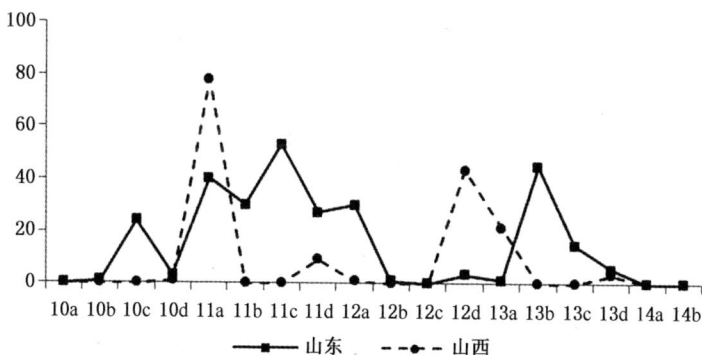

图 7　山东　山西

图 7 是山东与山西的情况。山西倚赖司马光以及元好问，在北宋和金代的比例较高，其他时期不得不说较为低调，而山东则在金代出现明显低潮，呈现北方地区典型的形态。图 8 为位于长江中游的安徽、湖南、湖北的情况。湖北的数据在北宋至南宋初期较为集中，相反，湖南、安徽集中在南宋以后，特别是安徽到元代为止都保持着较为稳定的数值。这一地区是明代以后推进开发的前沿地区，若能获取

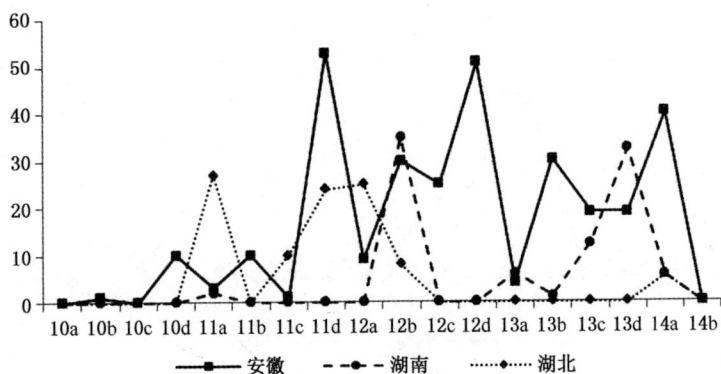

图 8　安徽　湖南　湖北

明代以后变迁的数据将极为有益，但仅从此表也可窥得一二。

最后，本文将对宋元两代文集史料最为集中的江西与浙江两大地区进行进一步细分并展开考察。

表 7　江西的详细内容

吉州	651	36%
抚州	362	20%
饶州	184	10%
洪州	178	8%
建昌军	148	6%
临江军	107	3%
信州	57	3%
筠州	45	2%
歙州	44	1%
南康军	25	1%
其他	15	1%

表 7 是将江西地区按照州的级别 ① 进行区分，整合《全宋文》

---

① 主要依据南宋的"府、州、军"。入元后，不仅行政区划有变化，还有升级至"路"的情况。

与《全元文》数值后的结果。江西方面，吉州占比 36%，超过全部的三分之一，其后是占 20% 的抚州，接下来依次是饶州、洪州、建昌军。其中列于第三的饶州、第七的信州、第九的歙州至南宋时在行政区划中属于江南东路，而占据明显地位的吉州、抚州属于江南西路。吉州的数值即使不及江苏也几乎与河南整体相匹敌，从州级别来看在全国都处于非常高的水平。

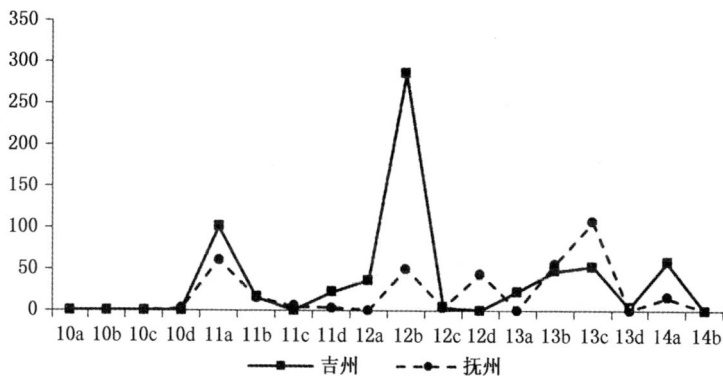

图 9　吉州　抚州

图 9 是仅限吉州与抚州的时期分布情况，吉州在 12b 因周必大（192）的影响而呈现峰值，除去周必大也几乎与其他时期保持相同程度的数值，整体上来说至元代为止呈现较为平稳的走向。这对于历时分析来说条件理想，众多研究者都关注该地区的原因也在于此。抚州也基本上呈相同情况，韩明士选择抚州为分析对象或许是通过郝若贝的数据了解到了这一情况，然而仔细看该图可以发现实际上抚州元代的数值高于南宋后半期，这与全国的趋势稍有差异。如上所述，李锡熙曾指出韩明士在史料处理上的问题，若考虑到元代的史料更为丰富，韩明士可能因过分重视比较南北两宋的情况而导致其分析出现偏差。

位于江西之后的浙江的细分情况如表 8 所示。与江西一样，也将《全宋文》与《全元文》合并计算，得出的数值从高到低依次为明州（庆元府）、婺州、温州、杭州（临安府）、越州（绍兴府）。其

表 8 浙江的详细内容

明州	406	25%
婺州	331	20%
温州	224	14%
杭州	177	11%
越州	163	10%
湖州	90	5%
台州	82	5%
秀州	78	5%
衢州	45	3%
睦州	21	1%
处州	20	1%

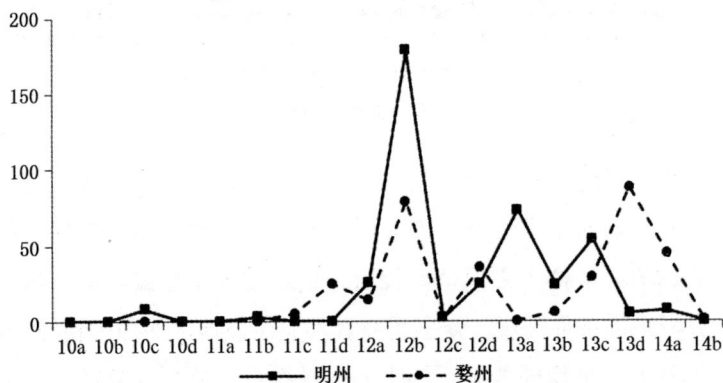

图 10 明州 婺州

中除去杭州，在南宋都属于两浙东路，并且除婺州以外都集中于沿海地区。其中前两位的明州与婺州合计占45%，几近半数，其时期分布如图10所示，从该图可知，虽然其总量大但北宋时期相对低调。从另一方面来说，不仅在南宋，进入元代后也存在充足的文集史料，与其他地区相比这一特征尤其明显。也即，这些地区对进行南宋至元的历时研究来说具备极为完善的基础，如果选择这些地区为研究对象，必然将以南宋至元时期为中心进行论述。实际上，本论文前面所举李锡熙的研究虽然对于南宋以后有充分的论述，但对于北宋时期的论述则相对较少，因此给人留下未充分对南北两宋进行比较的印象。李锡熙的论述不得不有所偏向的原因从以上所列数据可见一斑。

结　语

以上是从《全宋文》与《全元文》整体来看的宋元时代文集史料的分布情况。可以再次明确，以往的地方史研究如何受到了史料状况，特别是文集史料有无的影响。有关南宋以后的研究由于缺乏如政治史、制度史的系统的史料而多用文集史料，纳入思想研究的社会史等特定领域的研究因此盛行。地方史研究盛行对于如何活用丰富的文集史料这一现实问题，可以说提供了一种解答。

然而，通过本文的分析也能看到上述方法论存在不得不引起注意的问题。由于史料分布在时间、空间两方面都极不平衡，在选择作为研究对象的地区时，实际上也已经基本确定可以分析的时期，某些情况下对得出的结论也会产生影响。如果希望得出优质研究成果，无论如何都得限定在留存有丰富史料的时代以及地区，需要提前充分考虑清楚这一选择能够得出何种结果，是否具有比较的可能性。

此外，研究者都倾向于关注并强调他所选定的地区的特殊性。例如，许多研究都选定江西作为研究对象，然而如果不能像本文那样，明确指出江西地区在宋元时期史料中处于中心地位这一前提，确定某种标准，以此定位地方史研究的成果，将极有可能对宋元时代的整体面貌形成错误的印象。特定地区的历史如何能够应用于时代整体面貌的研究不是能够简单解决的问题，今后也需要积极展开地区间的比较，继续摸索下去。

因为人们通常透过史料观察过去，史料的质的变化将直接影响人们从中看到的历史整体面貌。究竟是由于社会产生变化而使得残存的史料发生质的变化，还是史料发生的质的变化使得社会看起来变化了？这也是无法解决的问题，然而无论是前者还是后者，以编年史料、制度史史料为中心的北宋史研究，与不得不以文集史料为中心的南宋史、元史研究之间，必然会使人看到相异的世界，笔者再次感受到，在试图描绘长期变迁时必须意识到这一情况并进行比较。

本文一定程度上明确了史料分布不平衡以及史料的界限，笔者期待能够以此为基础，推进地区间的比较研究以及构筑历史整体面貌。此外，本论文在数据处理等方面尚存在值得改善之处，也还有可以从其他方面展开的分析，这些方面有待将来的进一步研究。

附记：本文为梅村尚树《从文集史料分布看宋元时代的地方史与断代史》(「文集史料の分布から見る宋元時代の地域史と断代史」) 一文的中译，日语原文收录于宋代史研究会编《宋代史料的回归与展开》(『宋代史料への回帰と展開』，汲古书院，2019 年)。

察合台汗国的疆域与边界观念
——基于乌马里《公文术语指南》记述的一则考察

邱轶皓

一、导　言

　　察合台汗国因 1260 年忽必烈和阿里不哥的内战而获得独立，并自此深陷与周边各汗国长期的军事冲突中。然而正如研究者所指出的，察合台汗国的成立是之前的一系列政治事件演进的结果，反之也深受其影响。换言之，作为蒙古帝国在中亚利益的主要继承者，察合台汗国也继承了该地区原有的大部分镇戍、管理机构。但这是以大汗权力受损害为代价的，而同时丧失的还有在大汗权威下对各家族矛盾进行裁决与协调的机制。最终，原本地区内部的家族利益冲突演化为汗国之间的冲突。[①]

　　回顾察合台汗国与周边政治体的冲突历史，可以发现绝大部分的军事冲突是围绕着对特定地区的领属权而展开。但因为察合台汗国历史文献构成的特殊性质——除贾玛儿·合儿昔（Jamāl al-

---

[①]　Peter Jackson，"The Dissolution of the Mongol Empire，"*Central Asia Journal*，Weisbaden，1978，vol.22，pp.208-235. Michal Biran，*Qaidu and the Rise of the Independent Mongol State in Central Asia*，London：Curzon Press，1997，pp.21-27；刘迎胜《蒙哥即位风波中的察合台、窝阔台系诸王》，南京大学元史研究室编，《内陆亚洲历史文化论集：韩儒林先生纪念文集》，南京：南京大学出版社，1996 年，第 69～96 页；巴托尔德（V. Barthold）《蒙古入侵时期的突厥斯坦》（*Turkistan down to the Mongol Rule*），张锡彤、张广达译，上海：上海古籍出版社，2007 年，下册，第 564～596 页。

Qarshī）所著《苏剌赫词典补遗》（*al-Mulḥaqāt bi-l-ṣurāḥ*，c. 1303）
外 ①，我们至今未能发现任何写作于察合台汗国境内的历史著作；同
时察合台汗国在结构上很大程度上保留了兀鲁思复合体的特征 ②，
并没有在其领土上实施明确的行政区划及管理，而传统的伊斯兰地
理著作也未能对其疆域四至有比较详细而可靠的记述 ③。那么，疆
域观念究竟在多大程度上导致了察合台汗国与周边政权之间的紧张
关系？

　　这篇论文旨在通过分析 14 世纪马穆鲁克作家乌马里（al-ʿUmarī,
1300–1349）《公文术语指南》（*al-Tāʿrīf bi-l-muṣṭalaḥ al-sharīf*）④ 一书中
对伊利汗国和察合台汗国疆域四至的描述，观察双方主张和认识上
的差异和矛盾之处，并进而对双方长期冲突的动因进行探讨。本文
拟讨论下列几个问题：一、察合台汗国对自身边界的主张；二、其
边界主张的理由；三、伊利汗国对自身边界的主张及双方的重叠处；

---

① Jamāl al-Qarshī, *ал-Мулхакат би-с-сурах*, Муминов Аширбек, Вохидов
　　Шодмон, Бабур Аминов（eds.）, Алмат：Дайк-пресса, «история
　　казахстана в персидских источниках», 2005.

② 关于蒙古帝国实际上是一系列"兀鲁思复合体"的叠加，参看金浩东《蒙
　　古帝国与"大元"》,《清华元史》第二辑，北京：商务印书馆，2013 年，
　　第 3—32 页。

③ Michal Biran, "The Mental Maps of Mongol Central Asia as Seen from the
　　Mamluk Sultanate," *Journal of Asian History*, vol.49/1-2, "Chinese and
　　Asian Geographical and Cartographical Views on Central Asia and Its Adjacent
　　Regions," Weisbaden, 2015, pp.31-51.

④ 乌马里 1300 年出生于大马士革一官僚家庭，其父曾担任马穆鲁克的书记
　　处长官（kātib al-sirr），乌马里本人早年曾充当过其父亲的助手。他于 1337
　　年被解职并遭逮捕，于 1339 年释放并接替其父的职务，但旋即于 1342 年
　　再度遭解职。他撰写有两部著作：一即《公文术语指南》，该书为马穆鲁
　　克行政管理制度的介绍；一为百科全书《眼历诸国行纪》（*Masālik al-abṣār
　　fī mamālik al-amṣār*）。乌马里的《公文术语指南》大量取材于收藏于马穆
　　鲁克档案馆的外交信件，具有第一手的价值，也因此而为后来的同类著
　　作，如 Aḥmad b. ʿAlī al-Qalqashandī 和 Ibn Nāẓir al-Jayshī 等人的著作所引
　　用。Aḥmad b. Yaḥya b. Faḍlallāh al-ʿUmarī, *al-Tāʿrīf bi-l-muṣṭalaḥ al-sharīf*,
　　Beirut：Dār al-Kutub, 1988.

四、察合台和伊利汗国的边界争议的原因和对策。

二、"中央帝国"与"土兰君主"：
察合台汗国对其疆域的认知

迄今为止，我们只掌握了相当有限的关于察合台汗国疆域的资料。其中"中央蒙古兀鲁思"（Dumdadu Mongγol Ulus）这一概念，也许可以反映出汗国内部对自身地理位置的看法。这一名称首先由松井太举出并加以分析。[1] 他在敦煌出土 14 世纪蒙古语文书中找到了这一术语的用例。他指出这可能是汗国臣民对自己国家的称呼，来自察合台汗国相对于其他汗国所处的地理位置。该术语也被认为是拉丁语文献中"中部帝国"（Imperium Medorum）[2]，以及乌马里的《公文术语指南》中称察合台汗国"位于中部"（ʿala samtu al-wasaṭin）这一说法的来源。而与乌马里同时代的伊本·白图泰（Ibn Baṭṭūta）则给出了更为具体的描述——他说"（答儿麻失里所统治）的国度位于世界上四位强大君主［国土］的中央"（wa bilādhu mutawasaṭin baina ʿarabʾatin min mulūku al-duniyā al-kibāri）。[3]

对汗国统治下各地较为详细的介绍见于贾玛儿·合儿昔的《补遗》。但《补遗》所记地名，如：和阗、忽毡、费而干纳、察赤、巴耳赤邗、毡的等，均集中于突厥斯坦地区。此外，同时代的旅行者大多只留下了简单的记述。马可·波罗笔下的"大突厥"（Great

[1] 松井太（Matsui Dai），"Dumdadu Mongyol Ulus：The Middle Mongolian Empire," in Volker Rybatzki（eds.），*The Early Mongols：Language，Culture and History. Studies in Honor of Igor de Rachewiltz on the Occasion of His 80th Birthday*，Bloomington：Indiana University Press，2009，pp.111-119.

[2] Karl E. Lupprian，*Die Beziehungen der Päpste zu Islamischen und Mongolischen Herrschern im 13 Jahrhundert an Hand ihrer Briefwechsels*，*Vatikanische Apostolische Bibliothek*（Studien und Texte，291），Vatikanstadt，Nr. 55，1981，pp.258-259.

[3] Ibn al-Baṭṭūta，Muḥammad Ibn ʿAbdallāh，*Raḥlat Ibn Baṭṭūta*，Beirut：Dār Bayrūt；Dār al-Nafāʾis，ed. al-Tazi：1997，vol.3，p.33.

Turquie），其疆域从阿母河（Gion）直到阿勒台山（Tramontaine），符合 1260 年忽必烈对阿鲁忽所领疆域的描述，代表了元代官方的看法。① 而景教僧侣拉班·扫马（Rabban Sawma）的传记中对察合台汗国最有价值的记录在于，他明确指出"穿过徒思（Ṭus）即进入伊利汗国的领土"。②

在乌马里的《公文术语指南》中，作者两次提到察合台汗国的疆域范围。第一次是在介绍 14 世纪初在位的察合台汗答儿麻失里（Tarmashīrīn），他称之为"哥疾宁、不花剌、撒马尔罕，以及全部河中地的君主"③。而更为详细的一次则见于书中收录的马穆鲁克算端致察合台汗国君王的外交文书范本，他说：

> 关于土兰（Tūrān）君主：
>
> 在突厥君主阿甫剌昔牙卜（Afrāsiyāb）手中的合汗尼牙王国（Khāqāniya），其国土起自巴里黑河（nahr al-Balkh）直至东方（太阳升起处），位于中部；其东方是印度（Hindū）与信德（Sind），北方是钦察地区——也被称作克普察乞王国，斯拉夫人的地区，萨尔克思人（Jahārkas < Siraces）和罗思人（Rūs）、马札儿人（Mājār），他们和前述王国相毗邻。
>
> 有众多的王国，不计其数的各类民族进入到土兰［地区］。包括有哥疾宁、八迷俺、畏吾儿、［花剌子模和钦察草原］④，以及河中地——此处所言之河为阿母河（Jayḥūn），如：不花剌（Bukharā）、撒马儿干（Samarqand）、粟特［之地］（al-

---

① Marco Polo, *The Description of the World*，A.C.Moule & P. Pelliot（ed. and trans），New York：AMS Press，1976，p.447.

② Alexander Toepel, *Die Mönche des Kublai Khan*：*Die Reise der Pilger Mar Yahballaha und Rabban Sauma nach Europa*，Darmstadt：Wissenschaftliche Buchgesellschaft，2008，p.56.

③ al-ʿUmarī, *al-Tāʿrīf*, p.63.

④ 整理者注："花剌子模和钦察草原"仅见于一种抄本。

Ṣughad)、忽毡（Khujand），另外还有：突厥斯坦地区（bilād al-Turkistān），兀失鲁撒纳（Ushrūsina），拔汗那（Farghāna），八剌沙衮（bilād-Ṣāghūn)、塔剌思（Ṭaraz）和赛蓝（Ṣayram）。

乞台地面（bilād al-Khiṭā）包括别失八里（Bish-māliq）、阿力麻里（Alimāliq）直至哈剌和林——这是成吉思汗出生并安葬的地方，而在此地区之外，是中国（Ṣīn）和南中国（Ṣīn al-Ṣīn）。①

按，乌马里书中所谓的"合罕尼牙"为一地理概念，其所指大致相当于突厥斯坦。② 该词最初出现于喀什噶里的《突厥语大词典》(*Dīwān lughat al-turk*) 一书中，被用来指称以喀剌汗朝王庭所在的喀什（Kashghār）地区为核心的突厥语方言。喀什噶里认为以喀什的喀剌汗宫廷语为例的"合罕尼牙"突厥语是东部突厥语的典型，而黠戛斯（Kirghiz)、样磨（Yaghma）等部族的语言则被认为是一种更为"纯粹的"突厥语（相对于其伊斯兰化程度而言）。③

上揭文本中提及的部分地名——主要是突厥斯坦境内的几个大州和名城，在同一作者的《眼历诸国行纪》中有着更为具体的描写。④ 综合两者所记录，可以看出，乌马里笔下的察合台汗国疆域和另三个汗国的领土存在着明显的重叠：包括了一部分伊利汗国、

---

① al-'Umarī, *al-Tā'rīf*, p.65.

② 按，本节在俄人齐曾高曾（V. G. Tizengauzen）编译的《金帐汗国资料汇编》（第一卷）所引用的抄本中，被误删节作"图兰王国——合罕尼亚，即成吉思汗的地方"。В. Г. Тизенгаузен, *Сборник материалов. относящихся к истории Золотой Орды*，St. Petersburg，1884，vol.1，p.332.

③ Mehmet Fuat Köprülü, *Early Mystics in Turkish Literature*，Abingdon：Routledge，2012，pp.130-1，153.

④ al-'Umarī, *Das Mongolische Weltreich：al-'Umari's Darstellung der Mongolischen：Reiche in seinem Werk Masalik al-absar fi mamalik al-amsar*，K. Lech（ed. and trans.），Wiesbaden：Harrassowitz，1968，vol.2，p.116.

金帐汗国的领土，甚至将北印度的一部分也囊括其中。由于乌马里的信息除了历史著作外，还搜集了部分来自察合台汗的外交书信和商人的报告，因此很大程度可以被看作是察合台汗国内部对疆域的认知。①

三、察合台汗国的边界主张

（一）察合台家族在中亚地区最初的扩张

有关察合台中亚分地最为人熟知的记录来自志费尼（Juvaynī）的报道。他说，"察合台受封的领域，从畏吾儿地之边起，至撒马儿干和不花剌为止，他的居住地在阿力麻里境内的忽牙思"——即以伊塞克湖（Issyk Kul）和伊犁河流域为中心，并包括了河中地区的草原部分（城市如不花剌等则为黄金家族公产）。②

但我们不应忽视的一点是，志费尼的记录反映的是 13 世纪 60 年代成吉思汗家族内部对各支势力范围的叙述，也就是基于当日的政治现实对各家的势力范围的合法性进行的追溯性表述。而实际上察合台家族控制的土地大小始终随着蒙古帝国的对外扩张和内部权力斗争而变化。而《瓦萨甫史》提供了察合台诸王一侧的看法。根据这种意见，窝阔台在位后于（伊历）628/（公历）1231～1232 年召开的"第二次忽邻勒台"上颁布的"新札撒"（*tajdīd yāsā*）成为安

---

① al-ʿUmarī，*Das Mongolische Weltreich*，pp.21-28.

② 《世界征服者史》中"畏吾儿地之边"一词为 Boyle 漏译，讨论参看 Thomas T. Allsen，"The Yüan Dynasty and the Uıghurs of Turfan ın the 13th century," *China Among Equals：the Middle Kingdom and Its Neighbors*，*10th-14th Centuries*，Morris Rossabi（ed.），Los Angle：University of California Press，1987，pp.30-36。本节文字记载在瓦萨甫、乌马里等人的著作中均被忠实迻录。ʿAbdallah ibn Faḍlallāh Sharaf al-Dīn Shīrāzī（Vaṣṣāf al-Ḥadrāt），*Tārīkh-i Vaṣṣāf*（*Tajzīya al-amṣār va tazjīya al-aʿsār*），Muḥammad Mahdī Iṣfahānī（ed.），Bombay：1853，repr. Tehrān：Ibn Sīnā，1959-60，p.50；al-ʿUmarī，*Das Mongolische Weltreich*，p.13.

排各家族势力范围的主要依据。①

　　不过有一点可以肯定的是，直到贵由统治时期，察合台家族一直是蒙古人在中亚扩张的最大获益者。在此期间，察合台家族的势力越过最初的分封范围，向西、南两个方向扩张。并在阿富汗东北部、中西部经常性地与代表尤赤家族的势力展开争斗，这种争斗的结果常常是以处死对方代理人为结局的，而当地的篾力们则摇摆不定于两个家族之间寻求出路。②

　　当时出使汗庭的东西方使节均观察到，察合台家族在中亚（"回回"地区）拥有超过其他各家的影响力。1235～1236 年出使蒙古草原的徐霆记述当日蒙古出镇各地的诸王势力时称："其头项分成……茶合䚟之兵在回回。"③《史集》提及察合台曾吞没河中地区的一片原属大汗的领土；④ 而志费尼则抱怨称"因为察合台颁布的札撒，在呼罗珊没有人敢于公开宰羊"，更显示出其势力已覆盖了河中及呼罗珊的大部分区域。⑤

　　这个势头止步于蒙哥汗的上台。察合台家族在推举新大汗的竞争中站在了窝阔台一方，随着政治上的失败，他们未能幸免于大汗发起

---

① Vaṣṣāf, *Tārīkh-i Vaṣṣāf*, p.453. 志费尼也提到过窝阔台继位后举办的"第二次忽邻勒台"，指的却是 1235 年（太宗六年）的那次。ʻAlī al-Dīn ʻAta Malik Juvaynī, *Genghis Khan: The Hsistory of the World Conqueror*, J. A. Boyle（trans.）, Manchester: Manchester University Press, 1997, pp.196-197.

② Sayf ibn-Muḥammad Sayfī Haravī, *Tārīkh-nāma-yi Harāt*, Qulamriza Tabataba'ī Majd（ed.）, Tehrān: Asatir-Goftogoye Tamaddunih. Herrmannn, 2004, p.164, pp.197-198; Juvaynī, *The Hsistory of the World Conqueror*, vol.2, pp.489-504. 邱轶皓：《元宪宗朝前后四兀鲁思之分封及其动向：大蒙古国政治背景下的山西地区》，《"中央研究院"历史语言研究所集刊》，2011 年，第八十二本第 1 分，第 14～18 页。

③ 彭大雅著，徐霆疏：《黑鞑事略校注》，许全胜校注，兰州：兰州大学出版社，2014 年，第 47 则，第 184 页。

④ 拉施特：《史集》，余大钧、周建奇汉译，北京：商务印书馆，1997 年，第二卷，第 186～187 页。

⑤ Juvaynī, *The Hsistory of the World Conqueror*, vol.1, p.302.

的政治清洗。察合台家族的分地被褫夺、势力遭削弱。直到 1260 年蒙古帝国的内战爆发，阿鲁忽成为了忽必烈、阿里不哥双方所争取的对象，以及控制中亚的代理人。他先是从阿里不哥处得到了对忽阐河（Syr）以东和阿母河以北地区的控制权，又从忽必烈处得到了对阿勒台山以西直到阿母河所有百姓和部落的支配权。阿鲁忽遂趁机侵吞了一部分先前属于尤赤家族的领地，以及当时仍直属于大汗的部分河中地区的城市，这一事件最终使察合台汗国走上独立的道路。

（二）察合台家族与印度

《黑鞑事略》中一则有争议的段落称，"癸巳年（1233），茶合罅尝为太子，所劫曰脘笃"①。这是较早将察合台家族和（北）印度地区联系的起来的记载之一。而这也可得到波斯语文献的佐证。13 世纪 30 年代前期，代表察合台系的塔亦儿拔都（Ṭāhir bahadur）就已经被从也里（Harāt）边境上的八的吉思（Badghīs）派往邻近印度的昔思田（Sīstān）地区平叛。志费尼说他在绰儿马浑（Chormaqan）西征后，成了呼罗珊和祃掅答而两地的统帅。②1234 年，蒙古人

---

① 彭大雅：《黑鞑事略校注》，第 48 则，第 194～195 页。本句在另一些研究者看来，当读作"癸巳年，茶合罅尝为太子所劫，曰脘笃"。然史料中没有可以与之相互印证的记载。见 Peter Olbricht, Elisabeth Pinks (ed. and trans.), *Meng-ta pei-lu und Hei-ta shih-lüeh: chinesische Gesandtenberichte über die frühen Mongolen 1221 und 1237*. Nach Vorarbeiten von Erich Haenisch und Yao Ts'ung-wu. (Asiatische Forschungen, Bd.56.), Wiesbaden: Otto Harrassowitz, 1980, p.218, n.18.另可参看刘迎胜《察合台汗国史研究》，上海：上海古籍出版社，2006 年，第 68 页。

② 塔亦儿，晃豁坛（Qonqotan）部人。他和察合台家族的关系也可从《也里史志》的另一处记载中看出：舍里甫丁（Sharaf al-Dīn）必阇赤先后赶赴塔亦儿帐前和察合台斡耳朵效力。Haravī, *Tārīkh-nāma-yi Harāt*, p.208.此人在《史集》《五族谱》中被拼作：Dāyir. Rashīd al-Dīn, *Джами' ат-Таварих*, Alizade (ed.), Баку: Издательство Академи наук Азербайджанской ССР, 1957, vol.3, p.424;《史集》第一卷，第 1 分册，第 275 页。Rashīd al-Dīn, *Shu'ab-i panjgāna*, İstanbul, Topkapı-Sarai Müzesi kütüphanesi, MS. Ahmet Ⅲ 2932, f. 124a.

开始大举入侵印度，忽合秃（Hūqātū）是窝阔台时期委任驻的"怯失迷儿和忻都思坦"将领。但其麾下应该包括了除拖雷外的其他三家的参与。《也里史志》提到"窝阔台皇帝时期"，他将自己身边的阔阔（Kūkā）那颜；拔都处的忽鲁勒真（Qūruljīn）和捏古迭儿（Nakūdar）；察合台处的塔亦儿拔都（Ṭāhir bahadur）和不者（Būjāy）那颜派到欣都斯坦，他们是渡阿母河向南进入印度的。同时史料也指出，塔亦儿担任着"怯失迷儿和忻都思坦"探马赤军队的统帅。此后，他在北印度方向上的一系列征服活动中表现积极。

13 世纪 50 年代察合台家族从大汗处再次获得征服印度地区的机会。《瓦萨甫史》载 1301 年海都死后，都哇（Du'a）和其子察八儿（Chapar）试图与元朝和谈，此时都哇一再援引成吉思汗以来对四子进行分封的札撒和圣旨，说明每个家族都被赋予了相等的权利，并被安排以不同方面的征服任务。大汗的军队负责征服"蛮子地区和摩秦"（*bilād-i Manzī va Māchīn*）；赛因·额毡（Ṣāyin Ajan，即旭烈兀）转而进攻"马格里卜地区、密昔儿、鲁木和拂朗"（*diyār-i Maghrib va Miṣr va Rūm va Farang*），而对海都家族（Qaydū'yān）和八剌家族（Barāqiyān）而言，预期的目标中包括"印度、信德、昔思田和德里"。[①] 作者没有提供具体的日期，但根据《征服者史》《史集》所载，可以推断这就是指 1252 ～ 1253 年蒙哥分别指派自己的兄弟忽必烈与旭烈兀向东、西两个方向征讨南宋和哈里发政权的事件。

对于察合台家族（拼作：Cagaday）的这一安排不见于《世界征服者史》和《史集》，却在基督教世界中传播甚广。亚美尼亚史家海屯（He'tum）称"察合台是成吉思汗（原书误为"窝阔台"）的第三子，他率领其父分给他的鞑靼人向南入侵了小印度（the parties of

---

① Vaṣṣāf, *Tārīkh-i Vaṣṣāf*, p.453. *Tārīkh-i Vassāf al-Hadrat. Jeld-e Chahārom*, Ali Rezā Hajyān Nejād（ed.）, Tehran: Tehran University Press, 2009, p.135.

Inde the Leest）"。① 而被誉为"十字军历史学家"的马里诺·萨努多·托尔塞洛（Marino Sanudo Torsello）也在自己的著作中给出了几乎一样的记载。②

　　这点是否能在汉文史料中找到印证呢?《元史》的记载表明：宪宗二年（1252）"七月，命忽必烈征大理，诸王、秃儿花撒立征身毒，怯的不花征没里奚，旭烈征西域素丹诸国"。③ 按，此处"诸王"和"秃儿花"（turqaq，指散班卫士）当点断，唯《元史》未具录诸王名字。④ 我则倾向于将此处的诸王比勘为察合台系诸王哈剌旭烈兀（Qara-Hülegü）。据波斯文献，此人又被称作："旭烈兀·哈剌"（Hūlāgū-Qarā）或"哈剌·斡兀立"（Qarā-ughūl）。⑤ 宪宗二年所安排的征服方向为"身毒"，而在同卷宪宗三年（1253）纪事中此则委任又被重复记载作"塔塔儿带撒里土鲁花等征欣都思、怯失迷儿等国"，均与上揭《瓦萨甫史》中所载的"印度、信德、昔思田和德

---

① Hetoum（Hayton, Frère）, *A Lytell Cronycle: Richard Pynson's Translation (c 1520) of La Fleur Des Histoires de la Terre D'Orient (c 1307)*, Glenn Burger（ed.）, Toronto: University of Toronto Press, 1988, p.36.

② Marino Sanudo Torsello, *The Book of the Secrets of the Faithful of the Cross: Liber Secretorum Fidelium Crucis*, Peter Lock（ed.）, Cornwell: Ashgate Publishing, 2011, Crusade Texts in Translation, p.376.

③ 《元史》卷二《宪宗本纪》，北京：中华书局，1976年，第46页。

④ 按，撒立（Sali），塔塔儿部人，非诸王。伯希和已考证出此处"秃儿花撒立"（turyaq Sali）当连读，"秃儿花"为散班卫士之意。Paul Pelliot, *Notes on Marco Polo*, Paris: Imprimerie Nationale, 1959, vol.1, p.189. 旭烈兀西征时，他受蒙哥合罕派遣出任怯失迷儿驻军长官，负责将在怯失迷儿（克什米尔）、北印度前线所并虏获了大量的战利品和奴隶（驱口），送到旭烈兀汗处。Rashīd al-Dīn, *Shu'ab-i panjgāna*, f.139a; Vaṣṣāf, *Tārīkh-i Vaṣṣāf*, p.12.

⑤ 哈剌旭烈兀为察合台长子木秃坚（Mo'atukan）之第四子。"旭烈兀·哈剌"的写法见穆思妥菲《武功纪》。Ḥamdallāh Mustawfī Qazvīnī, *Ẓafar-nāma*, Tehran: Pazhuhishgāh-i 'Ulūm-i Insānī va Mutāli'āt-i Farhangī, 2010-1, vol.8, p.44, 109. "哈剌"的写法见于 Juvaynī, *The Hsistory of the World Conqueror*, vol.1, pp.273-274。

里”范围相吻合。可以认为蒙哥当时的计划，察合台家族和忽必烈、旭烈兀一样，将各自负责一个方面的军事行动，其目标则是征服哥疾宁地区往南，直到印度的这一整片地区。

不过按照志费尼的说法，哈剌旭烈兀在接受蒙哥指令，同时被委任为察合台兀鲁思家长后不久，未及返回封地便已去世。[①]而《元史》同年纪事除有“诸王合剌薨”外，复有“诸王旭烈薨”，所指当为哈剌旭烈兀之死。哈剌旭烈兀的去世打乱了原有部署。蒙哥汗 1253 年新颁布的任命反映出拖雷系将全面主导此次征服行动，而其他各家的利益则受到了损害。例如：新的任命中不再有对察合台系诸王的委任。撒里那颜则取而代之，成了负责印度、怯失迷儿方向军事行动的主帅。

1252 年的任命虽然时效甚短，但它却将察合台家族和“印度”（阿富汗中南部到北印度）地区联系起来。而 1260 年趁忽必烈、阿里不哥争位之际，阿鲁忽再度从撒里手中夺取了印度、怯失迷儿万户控制权一事，更使之成为现实。[②]此后在与伊利汗的冲突、谈判中，他们不断强调自己对哥疾宁、八迷俺（今阿富汗巴米扬）直到信德的领属权。显然 1252、1253 年任命调整导致的领属权变更，成为了此后察合台汗国和伊利汗国间持久冲突的起点。

察合台汗的观点可由 1270 年八剌与秃卜申之间的对话获知。八剌说：“八的吉思草原直到哥疾宁和辛河（Sīnd）之滨乃是我们祖上的牧场。”[③]这段话显然无法上溯至更早的年代。因为即便是察合台的长子木秃坚（Mū'ātukān）参与了攻打“范延”（即八迷俺，Bāmiyān）的行动并战死当地这一事件，可能促使他们将八迷俺看做自己领地，[④]但在窝阔台在位时期，从沙不儿干（Shaburqān, Shibergan，巴里黑河旁一城市名，属 Jūzjān 省）向南到哥疾宁、八迷俺的整片地区（其地理位置包括了今阿富汗的大部分），一直由成

① Juvaynī, *The Hsistory of the World Conqueror*, vol.2, p.595.

② Vaṣṣāf, *Tārīkh-i Vaṣṣāf*, p.12.

③ 拉施特：《史集》第三卷，第 113 页。在《也里史志》中，八剌所主张的领土是则从“阿母河至哥疾宁”。Haravī, *Tārīkh-nāma-yi Harāt*, p.332.

④ Juvaynī, *The Hsistory of the World Conqueror*, vol.1, p.201.

吉思汗的四位长子所共管。①

而在察合台汗国之外，他们对哥疾宁与八迷俺地区的权利也为历史学家所知晓。在苫思丁·喀山尼（Shams al-Dīn Kāshānī, d.1320）的《成吉思之王书》（*Shāhnāma-yi Chinggīzī*）中曾记载察合台从父亲那里获得分地"从阿母河地区（Āmū-zamīn）直到八米俺"。② 虽然这部作品完全改编自《史集》，但在后者（包括更早的史料）中却没有相似的记载，所以这反映的是当时人的理解。《武功纪》也说："自阿母河至八米俺之国，从彼邦到秦和忻都斯坦"（*va z ān rū ba Chīn tā ba Hindūstān, az Āmūya tā kishvar-i Bāmiyān*）均为察合台的领地。③ 乌马里在《行纪》中则将哥疾宁看成是察合台汗国内的一个大州。同样的，他将答儿麻失里汗（Tarmashīrīn）称作"哥疾宁、不花剌、撒马尔罕以及全部河中地的君主"。④

此处需要顺带提到的是，14 世纪马穆鲁克史书中屡次将朮赤之长子斡儿答（Orda）后裔称作"哥疾宁与八米俺之王（ṣāḥib）"，曾令研究者相信朮赤家族实际统辖这些地区直至 14 世纪。⑤ 但这看来

① Vaṣṣāf, *Tārīkh-i Vaṣṣāf*, p.12.

② Shams al-DīnKashānī, *Shāh-nāma-yi Chinggizī*, Tehran: Ms. Madrese-ye ʿAlī Shahīd Muṭaharī, f.168. 对其卒年的考证和作品评价见: Charles Melville, "Between Firdausī and Rashīd al-Dīn: Persian Verse Chronicles of the Mongol Period", *Studia Islamica*, No.104/105, 2007, pp.52-61.

③ Mustawfī, *Ẓafar-nāma*, vol.8, p.108.

④ al-ʿUmarī, *Das Mongolische Weltreich*, p.116.

⑤ Baybarsal-Manṣūrī, *Zubdat al-fikrah fī tā'rīkh al-hijrah*, Donald S. Richards (ed.), Birut: Klaus-Schwarz-Verlag, Bibliotheca Islamica, Nr. 42, 1998, p.365; ʿAmād al-Dīn Usmā ʿAyalAbū al-Fidā, *al-Mukhtaṣar fī akhbār al-bashar: Ta'rīkh Abū al-Fidā*, Bīrūt: Dār al Kutub al Ilmiyah, 1970, vol.4, p.47; Badr al-Dīn Maḥmud b. ʿAlīal-ʿAynī, *'Iqdal-Jumān fī Tārīkh Ahl al-Zamān*, Amīn, Muḥammad Muḥammad (ed.), Cairo: Maṭbaʿat Dār al-Kutubwa-'l-Waṭā'iq al-Qawmīya bi-'l-Qāhira, 1992, p.205. BertoldSpuler, *Die Goldene Horde: Die Mongolen in Rußland 1223-1502*, Wiesbaden: Otto Harassowitz, 1965, p.81; Jackson, "The Dissolution of the Mongol Empire", p.244.

只是将关于捏古迭儿等尤赤系将领悲剧命运的记忆，和 14 世纪初年窝阔台—察合台汗国干涉斡儿答兀鲁思汗位继承事件错误迭加的结果。[①]

（三）察合台家族与起儿漫（Kirmān）

至于和信德地区毗邻的起儿漫（今译"克尔曼"，在伊朗南部克尔曼省）虽然在大部分时间里都处在伊利汗国的统治之下，但也因为另一种渠道成为察合台家族提出主权要求的地区。这是因为在当时蒙古人观念里，"国家"（兀鲁思）并非以领土而是以对人群的支配权为基础的，因此对特定地区（或政治单位）的支配权建立在对特定人群的世袭领属权之上，并很容易地演变成对该地区的领土主张。[②] 蒙古帝国时期，诸王们不仅在新征服地区获得分地、人口，更同当地的统治者家族发生联系。后者除了承担为诸王征集赋税、人力、协同出军等义务外，还以充当质子、缔结婚姻等方式与前者结成更为密切的私人关系。这导致了地方统治者（Malik）和特定家族之间的隶属关系，也造成了诸王在地方上权力的扩张。

同时，这种隶属关系也具有世袭性，且较少受到外部政权更替的影响。起儿漫的哈剌契丹政权和察合台汗国关系就是一个典型案例。[③] 哈剌契丹政权统治者忽都鲁算端（Qutluq Sulṭān，其人本

---

① 同样为马穆鲁克政权服务的乌马里就没有犯这个错误。而穆思妥菲则称"喀布尔、哥疾宁之王是海都和察八儿"，表明这一头衔只与中亚的实际统治者有关。Mustawfī, *Tārīkh-i guzīda*, Nawāyī, ‘Abd-al-Ḥusain（ed.），Tehran：Amīr Kabīr，1960，p.532.

② 符拉基米尔佐夫（Vladimirtsov）：《蒙古社会制度史》（*Общественный строй монголов*），刘荣焌译，北京：中国社会科学出版社，1980 年，第 155 页。

③ Nāṣir al-DīnKirmānī, *Simṭ al-‘Ulā li-l-Ḥaḍrat al-‘Ulyā: dar Tārīkh-i Qarākhtāīyān-i Kirmān ki dar fāṣila-i 715-720 qamarī niwishta shuda*, Tehrān：Shirkat-i Sahāmī-i Chāp，1949，p.25；Muḥammad ibn ‘AlīShabānkāra’ī, *Majma‘ al-ansāb*, Mīrhāshim Muḥadath（ed.），Tehran：Amīr Kabīr，1984，p.196. 此女所生二子分别名纳里忽（Nālighū）和秃忽（Tūqū）。Rashīd al-Dīn, *Shu‘ab-i panjgāna*, f.118b.

名：Barāq Ḥājib，d.1235）之女小云赤·秃儿干（Savinj Turkān）被
嫁给了察合台之子合答乞·薛禅（Qādāqī Sājān）。察合台汗的另一
子木八剌沙（Mubarāk-Shāh）据称亦娶起儿漫算端之女为妻。① 虽
然随着起儿漫地区落入伊利汗国的势力范围，本地的哈剌契丹统治
者也改向伊利汗表示效忠，但旧有的政治领属关系仍不时显示出
其实际效用。譬如，察合台汗曾因此而对起儿漫地区提出领土要
求，同时阿八哈汗也一度对八剌表示，愿将"哥疾宁、起儿漫、八
米俺（*Bamiyān）以迄辛河之滨的地区给你（指当时的察合台汗
八剌）"。②

此后，起儿漫地区一直是察合台势力渗透的目标。675/1276～
1277 年木八剌沙（Mubārak-Shāh）率大批哈剌兀纳思（捏古迭儿）
经起儿漫入侵波斯东南部，其本人战死巴姆（Bam）城下。③ 而在
起儿漫算端家族内部发生权力冲突时，也往往引察合台家族为外援。
1277 年，哈只吉算端（Ḥajjāj Sulṭān，d.1289？）因为对阿八哈要求
与其母忽都鲁·秃儿干（Qutluq Turkan）的决定不满，遂暗中和统
帅哈剌兀纳思军（Qarāūnās）的察合台之孙兀伯都剌（'Abd Allāh）

① Mu'īn al-Dīn Natanzī, *Muntakhab al-tavārīkh-i Mu'īnī*, Jean Aubin（ed.），
Tehrān：Kitab furust-yi Haiyām, 1957, p.85.

② 《史集》巴库校勘本中"八米俺"一词缺少音点，校勘记作：?NĪĀN，
Rashīd al-Dīn, *Джāми' ат-Тавāрйх*，vol.3，Алиэеде，Баку（ed.）：
Йздательство Академи наук Азербайджанской ССР, 1957, p.122. 塔什干
本作：NĀĪĀN. Rashīd al-Dīn, *Jāmi' al-Tavārīkh*, İstanbul, Topkapı-Sarayı
Müzesi kütüphanesi, MS.Revan 1518, f. 215b. Jackson 释读作：Kurramān-i
Binbān（Jackson，"From Ulus to Khanate：The Making of the Mongol States
c.1220-c.1290", *The Mongol Empire and Its Legacy*, Reuven Amitai-Preiss &
David. O. Morgan（eds.），Leiden：Brill, 1999, p.119），但正如前文所论
争的，八米俺和哥疾宁作为察合台汗国南部重镇，一再出现在文献中。故
作者认为此字当读作"八米俺"，而前一词为"起儿漫"。拉施特：《史集》
第三册，第 121 页。

③ Anon., *Tārīkh-i Shāhī Qarākhitayān*, Muḥmmad Ibrāhīm Bāstānī Pārīzī（ed.），
Tehran：Intishārāt-i Buniyād-i Farhang-i Īrān, 1976, pp.248-251, Kirmānī,
Simṭ al-'Ulā, p.49.

勾结，试图谋叛。并在阴谋败露后于 1279 年取道昔思田逃亡德里算端处。[1] 事后阿八哈曾令伊利汗国军队在察儿都（Chardū）带领下进入昔思田追击哈只吉算端。[2] 此事遂招致了 677/1278 ～ 1279 年捏古迭儿人对法儿思（Fārs）地区大规模入侵。1301 到 1311 年间，他们持续地侵袭伊朗南部城市，如法儿思、起儿漫以及忽鲁模思。[3]

四、伊利汗国的边界主张

乌马里的《公文术语指南》中，伊利汗国的疆域被描述为：

关于伟大的君主：

东方地面的伊朗（Īrān）和土朗（Tūrān）两国，自幼发拉底河直至日出之处。

已知忽思老（Kāsrah < Khusraw）的王国伊朗，起自幼发拉底河，迄止于阿母河（Nahr Jayḥūn）畔的巴里黑（Balkh）；起自与印度河相近的法儿思海，迄止于名为红海（al-Baḥr al-musammā bi-l-qulzum）的塔巴里斯坦海。这是旭烈兀家族（*bayt Hūlāgū*）的国家，［他］经由那里（指伊朗）进入了白匈奴的国土（mamlakat al-Heyatalhi）。祃拶答而（Māzandarān）地区直至吉兰——它被称作吉兰（Kīlān）或基兰（Jīlān），为部族领地，塔巴里斯坦实际上在两地之间，也就是位于祃拶答而和吉兰之间，祃拶答而据其东侧，吉兰位于其西侧。[4]

---

① Mustawfī, *Tārīkh-i guzīda*, p.532, Mustawfī, *Ẓafar-nāma*, vol.6, p.377.

② Anon., *Tārīkh-i Sīstān*, Moḥammad Taqī Malik-al-Shuʿarāʾ Bahār（ed.）, Tehran: Intishārāt-i Asāṭīr. 2010, p.405, Shabānkāraʾī, *Majmaʿ al-ansāb*, p.199. 拉施特：《史集》第二卷，第 360 页。

③ 拉施特：《史集》第三册，第 121 页，147 页。Anon., *Tārīkh-i Shāhī Qarākhitayān*, p.207; Vaṣṣāf, *Tārīkh-i Vaṣṣāf*, pp.368-371.

④ ʿUmarī, *al-Taʿrīf*, p.65. 而在《眼历诸国行纪》中，乌马里说："该汗国的疆域从阿母河，即从呼罗珊地区最远的界河到幼发拉底河，即与叙利亚相分的界河为止。" al-ʿUmarī, *Das Mongolische Weltreich*, p.148.

乌马里所记伊利汗国疆域可以和伊利汗国后期官方文书中的描述相勘合。纳黑赤瓦尼（Nakhchivānī）书载，"伊朗国家（*mamlikat-i Īrān zamīn*），起自密昔儿（Miṣr）之边直到阿母河谷之畔（*shāṭ-i vādī-i Amūya*）；自忽鲁模思（Hurmūz）海岸直到打耳班（Bab al-abvāb）"。①

和其他三个蒙古汗国不同，伊利汗国从成立之初即有着明确的边界观念。它的依据是 1260 年忽必烈的圣旨。该圣旨称："从阿母河（Jayḥūn）岸到密昔儿的大门——蒙古军队和大食人地区，应由你，旭烈兀掌管。"② 此后，伊利汗国虽然在叙利亚、安纳托利亚方向发起过一些军事行动，但对其疆域面积的扩张影响不大；而旭烈兀对北印度地区渗透的努力，也因为效忠于尤赤家族的原驻忻都、怯失迷儿万户残部的抵制而告诉失败。③

而在旭烈兀西征之前，这片地区是由直属中央的"阿母河等处行中书省"长官阿儿浑·阿合（Arghūn āqā）负责管理的。旭烈兀本人，根据乌马里的说法，只是大汗蒙哥的"代理人"（*mandūb*）和镇成诸王之首。对应于汉文史料，他的身份相当于"出镇宗王"——即《经世大典·叙录·军制·屯戍》中所谓"命宗王将兵镇边徼襟喉之地（如和林、云南、回回、畏吾儿、河西、辽东、扬州之类）"。④ 因此，当旭烈兀的身份由出镇地方的诸王之首转变为整个

---

① Moḥammad NakhchivānīHīndūshā, *Дастӯрал-КāтибфйТа'йинал-Марāтиб*, критич. текст, предисл. иуказатели, А.А. Али-Заде（ed.）, Москва: Наука, 1964-1976, vol.2, p.10.

② 拉施特：《史集》第二卷，第 299 页。关于伊利汗的疆域认知在其与马穆鲁克外交中的体现，参看 Reuven Amitai, "Mongol Imperial Ideology and the Ilkhanid Was against the Mamluks", *The Mongol Empire and its Legacy*, Reuven Amitai-Preiss and David Morgan（eds.）, Leiden: Brill, 1999, pp.57-72。

③ Jackson, "The Dissolution of the Mongol Empire", pp.241-244.

④ 苏天爵：《元文类》卷四三《经世大典·叙录·军制·屯戍》，国学基本丛书，北京：商务印书馆，1958 年，第 594 页。

波斯地区的统治者（汗）时，忽必烈的授权就成了他得以合法统治这片地区的唯一依据。

1260 年忽必烈的圣旨所划定的伊利汗国边界，大体上也得到了其他汗国的认可。即便是视伊利汗为敌的察合台汗八剌，也认可这是伊利汗国的合法疆域。例如，乌马里就将巴里黑河看成是两国之间的界河。而在 1269 年术赤、窝阔台、察合台三家商议瓜分中亚的聚会上，八剌就将"阿母河至密昔儿之间"的地区视作旭烈兀家族的"因朱"（*īnjū*，分地）。[①] 同时，站在察合台汗的立场上，从阿富汗经北印度（辛河）延伸到伊朗南部的部分地区（如起儿漫），其归属权仍具有争议。

五、小结：察合台和伊利汗国的边界争议原因和对策

察合台汗国的领土建立在分封、身份领属等"典型的"独立游牧政权的发展模式上。反之，伊利汗国则并非那么的"典型"——它更可归因于大汗（蒙哥和忽必烈）个人安排、委任的结果。所以相对于伊利汗国清晰的边界划分，察合台汗国的边界要模糊的多，双方共同边界上漫长延伸的草原地带也使人无法对"入侵"和游牧民常规的迁移作出明确区分。[②] 而沿着这两种不同的发展轨迹逐渐形成的边界认识也成了双方在此后将近半个世纪中长期的军事冲突的原因之一。

譬如，1270 年察合台汗八剌大举入侵呼罗珊时，双方曾就此地的归属权发生争执。驻守当地的旭烈兀之子秃卜申（Tubshīn）声称自己"有三个理由拥有这片土地"（*man az si rū dāram īn būm va barr*），其中之一就是它是英明的忽必烈赐予乃父（*ejen*，蒙古语

---

① 拉施特：《史集》第三卷，第 110 ～ 111 页。

② 乌马里曾如此描述呼罗珊地区的情况：河中地的边境是呼罗珊，其两侧无湖泊、溪流、山脉和沙漠作为分界线，亦无任何可以阻止他们（游牧民）流窜劫掠的屏障。而当河中地区的居民图谋入侵呼罗珊时，他们首先迁往绿洲地区，以使呼罗珊的民众无法查明其意图。al-'Umarī, *Das Mongolische Weltreich*, p.117.

"主人"，在此则是旭烈兀个人的尊号）的。听闻战事爆发后，忽必烈在给阿八哈的外交信件中也重申了让旭烈兀家族领有伊朗的决定。但上述理由显然未能得到察合台家族诸王的认可。

而另一方面，察合台汗的领土要求通常是历史记忆和现实利益交织的产物，它使得汗国边界的判定模糊不清，也使他们能够在冲突中采取灵活的策略。通常情况下，如果伊利汗试图染指被认为是察合台汗国势力范围的不花剌、昔思田时，后者就会利用自己在也里、八的吉思等地哈剌兀纳思军队中的影响袭扰法儿思、波斯湾地区和呼罗珊，并以此迫使前者放弃入侵计划。与之平行的是，每当元朝试图深入畏兀儿地区，并进一步控制和阗时，察合台（包括窝阔台）系宗王就会入侵漠北令其退出。这在十三世纪后期甚至变成了一种固定的模式。

这种形势带来的结果是双向的，在察合台汗国一方，他们总是通过联络某些特定的家族或部族集团，以起到控制该地区的目的。例如，在八的吉思到哥疾宁之间的山区，广泛分布着和察合台家族关系密切的哈剌兀纳思部众，他们成为察合台汗国入侵呼罗珊的前导和同盟。1290 年代末到 1302 年，也里数度成为忽都鲁火者（Qulugh-Khvāja）与合赞汗（Ghāzān）冲突的焦点。这些哈剌兀纳思人对特定地区的联系性甚至要比王朝更为牢固，直到帖木儿时期也里、八的吉思、志费因的草原仍为哈剌兀纳思万户占据，并和察合台（及其继承者帖木儿）保持联系。①

而在伊利汗国一方，除了安置大量卫戍部队外，他们也总是试图让那些背弃了汗国利益的察合台系诸王防守边界。这种利用对峙双方同属察合台家族，希望以族人间的亲属情感来维系边境和平的策略在伊利汗国和元朝被广泛使用。阿八哈令木八剌沙的长子完者不花（Öljei Boqa）戍守哥疾宁，让巴撒儿（Basar）戍守也里。此后

① Beatrice F. Manz, *The Rise and Rule of Tamerlane*, Now York: Cambridge University Press, 1999, p.25, 28, 159-160.

不赛因（Abū Said）也曾允许牙撒兀儿（Yasa'ur）戍守阿母河到襦赞答而。[①] 值得注意的是，这些投靠伊利汗的察合台系诸王所要戍守的地区，本身就是位于察合台势力范围所辐射到的地区。而那些诸王所依靠的也仍是本地土著的、和察合台家族有着隶属关系的部族。例如在上揭案例中，完者不花和巴撒儿得到哈剌兀纳思军队的支持，而牙撒兀儿则获得了八的吉思和昔思田地区世侯（Malik）的支持。与之相对应，在元朝西北边境上从沙州（敦煌）经哈密直至别失八里（北庭）一线均由察合台系诸王防守。他们主要出自阿鲁忽的后裔尤伯（Chübei）家族，尤伯与其弟合班（Qaban）是在八剌死后的混乱中（约 1277 年）投向忽必烈的。[②]

综上所述，在"伊利汗—察合台"边界问题的案例中，我们可以发现一个模糊、开放而又存在重叠的边界，在两国关系中扮演了驱动者的角色。而如果我们能在同一个视野下比较察合台汗国东、西两侧所发生的事件，则会对各蒙古汗国之间政治互动的模式有着更为深入的认识。

[①]　拉施特：《史集》第二卷，第 183 页；第三卷，第 149 页；Haravī, *Tārīkh-nāma-yi Harāt*, pp.685-691.

[②]　松井太「ドゥア時代のウイグル語免税特許状とその周辺」，弘前大学『人文社會論叢・人文科學篇』19，2008 年，第 13—25 页；松井太「東西チャガタイ系諸王家とウイグル人チベット仏教徒：敦煌新発見モンゴル語文書の再検討から」，内陸アジア史學會編，『内陸アジア史研究』23，2008 年，第 22—48 页。

Chaghatai

Mo'atokan — Moči Yaya — Belkiš — Sarban — Yesu Möngke — Baidar

Baiju

Alɣu

Todan — Böri — Yesün Du'a — Qara Hülegü   归顺元朝   Čübei

Baraq   也里   Basar   Mobarak Shah   死于起儿漫

'Abdallah   Qutluq Qoja   Malik Shah   Malik Temür   Ölje Boqa   哥疾宁

驻扎在哥疾宁的
哈剌兀纳思军将领

归顺伊利汗的察合台诸王

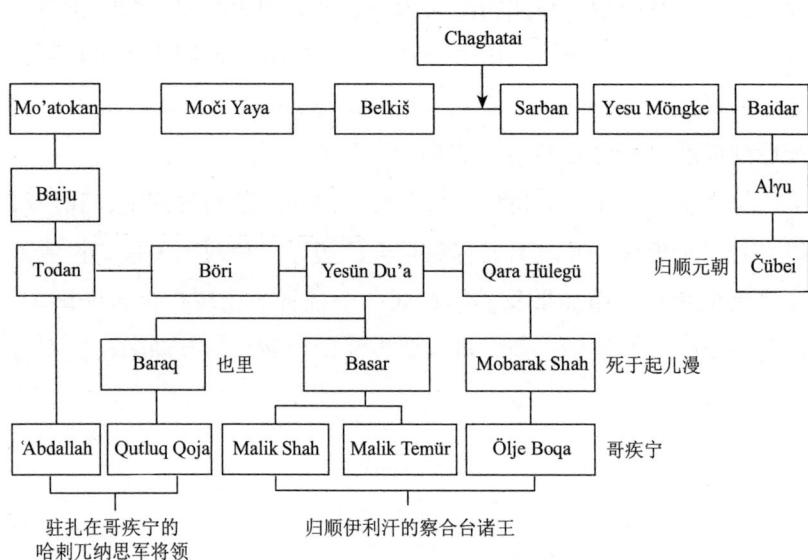

察合台系诸王世系

《经世大典》逸文再讨

渡边健哉

陈　颖　译

前　言

　　近年来关于元代的资料、史料，不断有新发现。尤其有关于石刻资料的研究情况，其进展颇为醒目。其他的资料、史料方面也有一些值得关注的研究成果。

　　比如，纸背文书的研究备受瞩目。①上海图书馆藏《增修互注礼部韵略》，②国家图书馆藏《魏书》中的纸背文书，得到整理和研究。前者整理发现了约 300 余叶 700 户以上的元代湖州路户籍资料。① 后者整理发现了约 1700 余叶浙江行省所辖各路的公文书。②

---

① 王晓欣、魏亦乐：《元公文纸印本史料初窥宋刊元印本〈增修互注礼部韵略〉纸背所存部分元代资料探析》，《清华元史》第 3 辑，2015 年。王晓欣、郑旭东：《元湖州路户籍册初探宋刊元印本〈增修互注礼韵略〉第一册纸背公文纸资料整理与研究》，《文史》2015 年第 1 期。郑旭东：《元代户籍文书系统再检讨——以新发现元湖州路户籍文书为中心》，《中国史研究》2018 年第 3 期。

② 杜立晖：《关于两件公文版本〈魏书〉纸背元代文书的缀合与研究》，《保定学院学报》2014 年第 6 期。张重艳：《别具一格的元代数字式人名从公文纸本〈魏书〉纸背文献谈起》，《河北学刊》2015 年第 6 期。李哲坤：《两件公文纸本〈魏书〉纸背元代倒换昏钞文书初释》，《河北青年管理干部学院学报》2015 年第 2 期。张国旺、杜立晖：《国图藏〈魏书〉纸背文书所见元代县级官员俸额考论》，《宁夏社会科学》2018 年第 5 期。

相信像这样的研究今后也将不断涌现。①

　　以上史料的发现规模虽大，但并不是常见的事情。那么，我们该如何发现新的史料呢。

　　我认为对已知的史料进行重新研读就是一个行之有效的方法。近年比较推崇的方法就是对已经影像化并出版的史料进行重新研读。

　　其中，邱靖嘉的论文《晓山老人〈太乙统宗宝鉴〉所见金朝史料辑考》很具有参考价值。②这篇论文介绍了收录于《四库全书存目丛书》（子部第 67 册）和《续修四库全书》（第 1061 册）中的《太乙统宗宝鉴》。其中有相当数量的、从未被发现的有关于金代末期政治史的一些史料。

　　本文则聚焦于《经世大典》，希望能从《永乐大典》中找出新的史料，并能从已影印出版的《罗氏雪堂藏书遗珍》中得出新的研究成果。

　　元代的史料数量有限。但是，通过对已有文献的重新研读，我们是否也可以发掘出新的史料呢？

　　在本文中，我将对我一直以来所关注的《经世大典》进行重新审视。

一、经世大典的整理、研究

　　《经世大典》是依据唐、宋会要编纂而成的史料。对此，《元史》

---

① 参最近马晓林《2017—2018 年元史研究述评》（《中国史研究动态》2019 年第 5 期）的介绍。孙继民《公文纸印本〈论衡〉纸背元代文书的整理与介绍》（刘进宝、张涌泉主编《丝路文明的传承与发展》，杭州：浙江大学出版社，2017 年）一文中有关于南京博物院藏宋刻元递修本《论衡》一册（卷一四至一七）的 72 叶纸背文书的讨论。还有，张重艳《新出元代浙江工本钞文书探析——以上海图书馆藏〈论衡〉纸背文献为中心》（《宁夏社会科学》2017 年第 6 期）一文中有关于上海图书馆藏宋刻元递修本《论衡》二册（卷二六至三〇）的 64 叶纸背文书的讨论。
② 邱靖嘉：《晓山老人〈太乙统宗宝鉴〉所见金朝史料辑考》，《文史》2016 年第 2 期。

卷三三《文宗纪二》"天历二年（1329）九月戊辰"条记载：

> 敕翰林国史院官同奎章阁学士采辑本朝典故，准唐、宋会要，著为经世大典。

此外，《国朝文类》卷四〇《杂著　经世大典序录》：

> 是年（至顺元年）四月十六日开局，仿六典之制，分天地春夏秋冬之别，用国史之例，别置蒙古局于其上，尊国事也。其书悉取诸有司之掌故，而修饰润色之。通国语于尔雅，去吏牍之繁辞，上送者无不备书，遗亡者不敢擅补。于是定其篇目凡十篇。曰君事四、臣事六。……至顺二年五月一日草具成书缮写呈上。

据史料，其"开局"于元文宗至顺元年（1330）四月，完成于至顺二年五月。编目分为君事（帝号、帝训、帝制、帝系）和臣事（治典、赋典、礼典、政典、宪典、工典）。重点是"臣事"为《元史》中《志》的基础史料。

《明太祖实录》卷三九"洪武二年二月丙寅"：

> 诏修《元史》。上谓廷臣曰："近克元都，得元十三朝《实录》。元虽亡，国事当记载，况史纪成败，示劝惩，不可废也。"乃诏中书左丞相宣国公李善长为监修，前起居注宋濂、漳州府通判王祎为总裁，征山林遗逸之士汪克宽、胡翰、宋禧、陶凯、陈基、赵埙、曾鲁、高启、赵汸、张文海、徐尊生、黄篪、傅恕、王锜、傅著、谢徽十六人同为纂修。开局于天界寺，取元《经世大典》诸书以资参考。

大都陷落后，《经世大典》与元十三朝《实录》被明政府接收。

后成为编纂《元史》的依据。但是，后来遗失了。现在能够看到的《经世大典》只是在《永乐大典》中被引用而留下的部分。

　　从《永乐大典》中摘录《经世大典》的工作从很早以前就已经开始了。例如，由徐松（1781～1848）和文廷式（1865～1904）所摘录的部分如下：

《大元官制杂记》	《永乐大典》卷 1118～1119
《大元毡罽工物记》	《永乐大典》卷 4972
《大元仓库记》	《永乐大典》卷 7511，7517
《大元马政记》	《永乐大典》卷 11678
《大元海运记》	《永乐大典》卷 15949～15950
《元代画塑记》	《永乐大典》卷 18287　等等

以上史料的研究成果，使元代史料的研究得以深化。

　　近年来从《永乐大典》中摘录《经世大典》的尝试仍在继续。现在通行的永乐大典是 1986 年由中华书局出版的缩印本（总计 797 卷，全 10 册）。此外，2003 年还出版了《海外新发现〈永乐大典〉十七卷》[①]：

　　卷 803～806："詩"字卷 8569～8570："生"字
　　卷 10110～10112："紙"字卷 13201～13203："用"字
　　卷 14219～14220："相"字卷 15957～15958："運"字
　　卷 19865～19866："竹"字

之后，栾贵明（编）《永乐大典索引》和衣川强（编）《永乐大典索引》相继问世。[②]

　　从现行的《永乐大典》的记载中收集《经世大典》的相关研究还有，苏绅振《元政书经世大典之研究》、王清源《〈永乐大典〉中元代史料举隅——以文廷式辑元〈经世大典〉佚文为例》、周少川

① 《海外新发现〈永乐大典〉十七卷》，上海：上海辞书出版社，2003 年。
② 栾贵明编：《永乐大典索引》，北京：作家出版社，1997 年；衣川强编『永楽大典索引』，白帝社，2001 年。

《〈经世大典〉辑佚考论》等。① 其中，在周论文中登出了《〈永乐大典〉残本所存〈经世大典〉佚文表》。

我认为有了这些研究做铺垫，便能够找出新的史料。

二、《永乐大典》所引用的《元史》

在上一章中，我们对《永乐大典》中所引用的《经世大典》进行了确认。以下，尝试对《永乐大典》以外的史料中，存留《经世大典》的可能性进行探讨。

《永乐大典》中有一些内容的出处标注为"元史"。但是，经过将这些内容与现行的《元史》进行比对，发现有一些内容是现行《元史》中不存在的。

最早注意这一问题的是陈高华教授。陈教授在其所著《元大都史事杂考》的"第五章　石工杨琼事迹新考"中的注释中指出②，《永乐大典》中所引用的采石局相关内容应是已失传的《经世大典》中的内容。为了强调这一考证，在编纂《元史研究论稿》时，特意对这一部分的论证做了重新修整。此外，陈教授以"温岭"的名义发表了题为《元代政书〈经世大典〉中的人物传记》的文章③，对《永乐大典》中引用的《元史》传记史料进行了介绍，并认为这些内容也应是引自《经世大典》的内容。受这一结论的启发，我发表了「『永乐大典』所引の『元史』について」一文④。

---

① 苏绅振：《元政书经世大典之研究》，台北：台湾中华文化大学出版部，1984 年；王清源：《〈永乐大典〉中元代史料举隅——以文廷式辑元〈经世大典〉佚文为例》，中国国家图书馆编《〈永乐大典〉编纂 600 周年国际研讨会论文集》，北京：北京图书馆出版社，2003 年；周少川《〈经世大典〉辑佚考论》，《文史》2016 年第 2 期。

② 陈高华：《元大都史事杂考》，北京市研究会编《燕京春秋》，北京：北京出版社，1982 年。

③ 温岭：《元代政书〈经世大典〉中的人物传记》，《中国史研究》1992 年第 1 期。

④ 拙论「『永楽大典』所引の『元史』について」，『13，14 世紀東アジア史料通信』第 9 号，2009 年。

我所进行的调查工作并不复杂。只是将《永乐大典》中出处标注为《元史》的内容进行检索，然后将之与现行的《元史》进行比对。

《永乐大典》中出处标注为《元史》的内容总共有 311 项。其中半数以上的内容是与现行《元史》中的记录相一致的。同时，也有一些不一致的地方。

首先，这些不一致的内容中，有一部分是因为出处的标注错误而造成的。

例如，卷 19781/13B《明金局》的内容中有如下记载。

【元史】宦者传：童贯性巧媚，徽宗立，置明金局于杭，贯以供奉官主之。

根据"徽宗立，置明金局于杭"的内容判断，这一部分实际应是引自《宋史》卷四六八《宦者传》的内容。

类似的情况还有，卷 13135/8A《梦嵇侍中》应是引自《纪梦嵇侍中》（《松雪斋外集》），卷 922/3A《万世师》应是引自阎复《加封孔子制》（《国朝文类》卷一一）。

除了以上已经确认出处的例子之外，还有几处是虽然注明出自《元史》，但在现行的《元史》中并没有找到的，如下：

卷 2806/5B《西皋》 卷 10889/14A《别出别》 卷 14608/3B《国子监主簿》

卷 14608/27B《詹事院主簿》

卷 19781/11B《柴碳局》 同卷 /12A《供徽局》 同卷 /13B《金丝子局》 同卷 /14A《貂鼠局》 同卷 /14A《大木小木局》 同卷 /14B《司属彫木局》 同卷 /14B《器物局》 同卷 /15A《采石局》 同卷 /15A《符牌局》 同卷 /15B《毡局》 同卷 /15B《葛布局》 同卷 /16A《织染局》 同卷 /17A《中山局》 同卷 /17A《真定局》 同卷 /17A《别失八里局》 同卷 /17B《荨麻林局》 同卷 /17B《绫锦局》 同卷 /18A《纹

绮局》 同卷 /18A《绣局》 同卷 /18A《帘网局》 同卷 /18B
《铁局》 同卷 /20B《鞍辔局》 同卷 /21A《斜皮局》 同卷 /
21A《双线局》 同卷 /21B《画油局》

卷 22181/13A《瑞麦》

观察这些史料很容易发现，这其中频繁出现了"局"字。因此
可以参照《元史》百官志的内容来进行补充。

这些《永乐大典》中所引用的《元史》内容之所以受到瞩目是
因为从这些史料中可以看到一些关于世祖朝皇太子真金的活动记载。
下面引用其中的三段史料。下表中左侧为《永乐大典》中所引的
《元史》，右侧为《元史·百官志》的原文。

《永乐大典》所引《元史》	《元史》卷八九《百官志五》
① 毡局（卷 1978/15B） 至元十三年，奉裕宗皇帝旨，收集人户为毡匠。二十六年始立毡局，置达鲁花赤、局使、副使、直长各一员。元贞元年，给从七品印。大德十一年，达鲁花赤、局使、副使受敕，而直长受省札。至治三年，罢之，止置提领、大使、副使、直长各一员。提领一员、大使一员、副使一员、直长一员。	① 毡局 毡局，提领一员，大使一员，副使一员，直长一员。至元十三年，收集人户为毡匠。二十六年，始立局。
② 荨麻林局（同卷 /17B） 弘州、荨麻林纳失失局。至元十五年二月，隆兴路总管府别都鲁丁奉皇太子令旨，招收析居放良等户，教习人匠织造纳失失。于弘州、荨麻林二处置局。其匠户则以杨提领管领荨麻林，以忽三乌丁大师管领弘州。十六年十二月，奉旨为以荨麻林人匠数少，以小就大，并弘州局。秩从七品，降铜印一颗。命忽三乌丁通领之。置相副四员。十九年，拨西忽辛断没童男八人为匠。三十一年，以弘州去荨麻林二百余里，轮番管办织造未便，两局各设大使、副使一员，仍令忽三乌丁总为提调。大德元年三月，给从七品印，受荨麻林局。十一年，徽政院奏改受敕，设官仍旧制，各置大使一员，副使一员。	② 弘州、荨麻林纳失失局 弘州、荨麻林纳失失局，秩从七品，二局各设大使一员、副使一员。至元十五年，招收析居放良等户，教习人匠织造纳失失，于弘州、荨麻林二处置局。十六年，并为一局。三十一年，徽政院以两局相去一百余里，管办非便，后为二局。

（续表）

《永乐大典》所引《元史》	《元史》卷八九《百官志五》
③ 绫锦局（同卷 /17B） 至元三年六月，小刘行省献本家人口六十四户于皇太子位下。是年十月奉令旨，于纳锦府李宣差拨到练熟匠二十户，创立局院，令小刘行省亲领之。六年，工部侍郎苦思丁献回回童男四十有一户。八年立绫锦局。九年，以招收析居放良还俗僧道为工匠，二百八十有一户，教习织造之事。今定置大使一员，副使一员。	③ 绫锦局 绫锦局，秩从七品，大使一员，副使一员。至元八年置。九年，以招收析居放良还俗僧道为工匠，二百八十有二户，教习织造之事，遂定置以上官。

真金于至元十年被册立为皇太子，还未即位便去世了。但是据《元史》卷七四《祭祀志三·宗庙上》的记载，"（至元）三十一年，成宗即位，追尊皇考为皇帝，庙号裕宗"据这一记载，成宗追封其父真金为皇帝。另据《元史》卷二九《泰定帝纪一》"至治三年八月癸酉"条记载，泰定帝的"即位诏"中有"裕宗皇帝"的字样。

史料①中表示毡局是奉裕宗皇帝圣旨设立的"奉裕宗皇帝旨"六个字，但在现行《元史》中却被删去了。

史料②中记载在弘州、荨麻林处设荨麻林局。同样的，在现行《元史》中也将至元十五年二月"奉皇太子指令"设弘州、荨麻林纳失失局的记载删去了。

据《元史》百官志记载绫锦局设立于至元八年。但根据史料③中关于绫锦局的记载，在之前的至元三年十月已有奉真金的指令创立局院的记载。这些都是在现行《元史》中所看不到的。

以上三处史料很明显均与真金相关，并且都在现行的《元史》中统一的将真金参与其中的痕迹抹去了。从这一点看，当时政治局势之复杂可见一斑。

根据以上内容，可以认为《永乐大典》中所引的《元史》中还有很多值得再深入讨论的史料。今后将对这些史料进行进一步讨论。

三、《经世大典辑本》

在元代史料中有一本从未被使用过的史料，就是《经世大典辑本》。近年被收录于《罗氏雪堂藏书遗珍》①第七册中。但，在前文提到的王论文和周论文中并未被提及。

作为辽宁省图书馆开馆五十周年纪念活动之一，该馆将馆藏罗振玉藏书中，最有学术价值的抄稿本影印出版，是为《罗氏雪堂藏书遗珍》。书中收录了经部五种，史部十六种，子部四种，集部十二种，丛部一种。其中所收《经世大典辑本》是清代官僚文廷式（1856～1904）从《永乐大典》中抄录《经世大典》所得。

这一史料流传的原委，已在拙稿「『罗氏雪堂藏书遗珍』所收『经世大典辑本』について」，同「内藤湖南によるモンゴル时代に关する史料の蒐集」中进行了详细阐述。②《经世大典辑本》是文廷氏何时从《永乐大典》中抄录的呢？由文廷式本人所述的文章中有记载。文廷式《纯常子枝语》卷三：

> 《永乐大典》，今存于翰林院者，仅八百余册，余乙酉丁亥在京时，志伯愚锐詹事方协办院事，曾借读三百余册，其可采之书，惟宋元地志为最伙。惜未募写官不能尽录，惟集《经世大典》得六七卷。又抄其诗文及说部之冷僻者，得千余纸为《知过轩随录》而已。

文廷式是于乙酉至丁亥，即光绪十一年（1885）至十三年间完成了辑本。他于光绪八年考中顺天乡试，十六年进士及第。也就是说，《经世大典》是在他求学期间所撰。但是，还有另一种说法。叶

① 《罗氏雪堂藏书遗珍》（全16册），全国图书馆文献缩微复制中心，2001年。
② 拙论「『羅氏雪堂藏書遺珍』所收『经世大典輯本』について」，『集刊東洋学』第103号，2010年；以及「内藤湖南によるモンゴル时代に关する史料の蒐集」，『中国——社会と文化』第25号，2010年。

德辉《书林清话》卷八《似丛书非丛书似总集非总集之书》：

> 《永乐大典》有百余本在萍乡文芸阁学士廷式家，文故后，其家人出以求售，我曾见之，皆入声韵，白纸八行朱丝格钞，书面为黄绢裱纸，盖文在翰林院窃出者也。

与文廷式的自述所不同，上文中记载《永乐大典》是他秘密从翰林院偷出，而在他死后被其家人变卖。由此可以看出《永乐大典》此后便渐渐失传于世的原因。

以下将其内容进行介绍。

① 张邦杰 / 张宏（《永乐大典》卷 6387）

② 进士及第唱名仪 / 进士后思议（同卷 14127）

③ 张山（同卷 6388） ④ 张洪（同） ⑤ 张德辉（同） ⑥ 张柔（同卷 6386） ⑦ 张禧（同卷 6388）

⑧ 毡罽之用（同卷 4972）：后《大元毡罽工物记》

⑨ 君谥 / 后妃谥 / 臣谥（同卷 13345）

⑩ 按察司 / 肃政廉访司 / 大司农司 / 行大司农司 / 巡行劝农司 / 都水庸田使司 / 修内司（同卷 1118）：后《大元官制杂记》

⑪ 永福营缮司 / 缮工司 / 广谊司 / 翊正司（同卷 1119）：后《大元官制杂记》

⑫ 仓库官 / 仓库官升转例（同卷 7517）：后《大元仓库记》

⑬ 在京诸仓库 / 通州诸仓 / 河南误诸仓 / 上都诸仓 / 各路（同卷 7511）：后《大元仓库记》

⑭ 高丽（同卷 4446）：后《元高丽纪事》

⑮ 御容（同卷 18287）：后《元代画塑记》

⑯ 阜通七坝（同卷 17595）

⑰ 马政（同卷 1678）：后《大元马政记》

作为一例，以下介绍一条关于"张邦杰"的史料①。

世祖朝初期，在华北有一支被称为四大汉人军阀的势力。济南张氏就是其中之一。对于张荣的儿子、张宏的父亲，亦即张邦杰，《元史》卷一五〇《张荣传》中有记载，但只有如下所示很简短的记载：

> 张荣，字世辉，济南历城人，状貌奇伟。……子七人，<u>长邦杰，袭爵，先卒</u>。邦直，行军万户。邦彦，权济南行省。邦允，知淄州。邦孚，大都督府郎中。邦昌，奥鲁总管。邦宪，淮安路总管。孙四十人，宏，袭邦杰爵，改真定路总管。

《经世大典辑本》却有相对较详细的记载。①

以前，我在拙著中介绍了《②进士及第唱名仪》和《进士后思（恩）议》的全文。②"进士唱名仪"、"进士后思（恩）仪"，不仅是研究科举礼仪的材料，而且是展现元代礼仪的重要史料之一。

这里再对有关"坝河"的史料进行解释。

我们知道由大都向通州运送物资一般情况下是走通惠河的。但这里不能忽视的一点是与通惠河并行的还有一条水路是坝河。

坝河于至元十六年开凿。相关史料有《元史》卷一八三《王思诚传》，至正二年（1342）时任监察御史的王思诚担心夫户逃跑而上奏：

> ……又言："至元十六年，开坝河，设坝夫户八千三百七十有七，车户五千七十，出车三百九十辆，船户九百五十，出船一百九十艘。……"

---

① 《新元史》卷一四〇《张邦杰》，应是根据《经世大典辑本》所纂。

② 渡辺健哉『元大都形成史の研究』，東北大学出版会，2017 年，第 260 ～ 261 页。

据此史料得知。坝河开凿于至元十六年。漕运工作的相关人员有坝夫户 8377 户，此外由车户 5070 户提供车辆 390 台、船户 950 户提供船 190 艘。

《元史》的同一时期记载有卷一〇《世祖纪七》"至元十六年六月辛丑"：

> 以通州水路浅，舟运甚艰，命枢密院发军五千，仍令食禄诸官雇役千人开浚，以五十日讫工。

由于通州的水路很浅，往来船只通行十分不便，便命士兵和劳役开浚河道。这段史料中虽没有明确指出是"坝河"，但因其明确写了是至元十六年疏浚通州河道的事情，就此推断其应该是与坝河相关的史料。

其后，坝河的疏浚河道的工作时有发生。也就是说，坝河因经常出现水量不足的问题，导致其并不能充分发挥漕运的功能。也因此为其取名为"坝"。"坝"是阻塞河水、调节河水流量的设施。[①]之后，因郭守敬对新的河道进行探索，通惠河得以开凿。

通惠河虽然开通了，但是因在大德六年（1302）对坝河进行了大规模的修缮工作，所以，坝河作为运河直至元末仍在使用。

关于坝河的修缮工程，在《经世大典》中有记载。首先我们来看《元史》中是如何记载的。

《元史》卷六四《河渠志一》：

> 坝河，亦名阜通七坝。

---

① 关于"坝"，参看新宫学「通州・北京間の物流と在地社会——嘉靖年間の通惠河改修問題をてがかりに」,『明清都市商業史の研究』, 汲古書院, 2017 年, 第 88 页的解释。另见蔡蕃《北京古运河与城市供水研究》, 北京：北京出版社, 1987 年, 第 45 页。

　　成宗大德六年三月，京畿漕运司言："岁漕米百万，全藉船坝夫力。自冰开发运至河冻时止，计二百四十日，日运粮四千六百余石，所辖船夫一千三百余人，坝夫七百三十，占役俱尽，昼夜不息。今岁水涨，冲决坝堤六十余处，虽已修毕，恐霖雨冲圮，走泄运水，以此点视河堤浅涩低薄去处，请加修理。"自五月四日入役，六月十二日毕。深沟坝九处，计一万五千一百五十三工。王村坝二处，计七百十三工。郑村坝一处，计一千一百二十五工。西阳坝三处，计一千二百六十二工。郭村坝三处，计一千九百八十七工。千斯坝下一处，计一万工。总用工三万二百四十。

关于这一点，在《经世大典辑本》"阜通七坝"中是这样记载的。

　　成宗大德六年三月，京畿漕运司言："岁漕米百万，全藉船坝夫力。自冰开发运至河冻，计八月二百四十日，日运粮四千六百余石，所辖船夫一千三百余人，坝夫七百三十，占役俱尽，昼夜不息。今岁水涨，冲决坝堤六十余处，虽已修毕，迫于期限，多有不固，若不重修，恐霖雨冲圮，走泄运水，以此点视河堤浅涩低薄一十九处，请修理。"都水监差濠寨督军夫。自五月四日入役，六月十二日毕。深沟坝九处，长四千九百二十五尺，计一万五千一百五十三工。王村坝下浅涩一处，长二百步，上阔六十尺，下广三十尺，深八尺，积三十六万尺。坝脑南北两岸一处，长一百三十步，深三尺，阔一丈，积一万九千五百尺。刘家庄后一处，长二百步，阔三尺，深二尺，积三万尺。高岸南一处，长五十步，阔三步，深二尺，积七千五百尺。高岸西一处，长五十步，阔三步，深一尺五寸，积一万六千八百七十五尺。安得前一处，长五十步，阔五步，深三尺，积一万八千七百五十尺。安得西浅涩一

处，长四十步，阔五步，深三尺，积一万五十尺。不落坟西
一处，长五十步，阔五步，深二尺，积一万二千五百尺。牵
道桥西一处，长四百四十尺，上广六十尺，下广三十尺，积
二十二万五百尺。……

将以上的记述整理如下：

① 深沟坝 9 处：4925 尺（约 1.5 千米）、15153 工

王村坝下浅涩 1 处：长 200 步、上阔 60 尺、下广 30 尺、深 8
尺、积 36 万尺

坝脑南北两岸 1 处：长 130 步、阔 1 丈、深 3 尺、积 19500 尺

刘家庄后 1 处：长 200 步、阔 3 尺、深 2 尺、积 3 万尺

高岸南 1 处：长 50 步、阔 3 步、深 2 尺、积 7500 尺

高岸西 1 处：长 50 步、阔 3 步、深 1 尺 5 寸、积 16875 尺

安得前 1 处：长 50 步、阔 5 步、深 3 尺、积 18750 尺

安得西浅涩 1 处：长 40 步、阔 5 步、深 3 尺、积 10050 尺

不落坟西 1 处：长 50 步、阔 5 步、深 2 尺、积 12500 尺

牵道桥西 1 处：长 440 尺、上广 60 尺、下广 30 尺、积 22 万
500 尺

② 王村坝 2 处：长 550 尺、积 38500 尺、40 尺为 1 工、计
713 工

坝脑 1 处：长 350 尺、深 3 尺、阔 1 丈、积 10500 尺

郑村坝下 1 处：长 200 尺、深 3 尺、阔 30 尺、积 18000 尺

③ 郑村坝 1 处：长 500 尺、深? 尺、阔 30 尺、积 45000 尺、
计 1125 工

④ 西阳坝 3 处：长 370 尺、积 50500 尺、计 1362 工

坝房西牵道桥东 1 处：长 100 尺、深 7 尺、阔 40 尺、积 38000 尺

西阳村西北开洗减水口：长 150 尺、阔 1 丈 5 尺、深 6 尺、积
13500 尺

郭村坝下 1 处：长 120 尺、深 3 尺、阔 2 丈 5 尺、积 9000 尺

⑤ 郭村坝 3 处：长 1050 尺、积 79500 尺、1987 工

坝脑 1 处：长 250 尺、深 3 尺、阔 1 丈、积 7500 尺

牵道桥西 1 处：长 600 尺、深 5 尺、阔 1 丈、积 60000 尺

常庆坝下 1 处：长 100 尺、深 3 尺、阔 2 丈、积 12000 尺

⑥ 千斯坝下 1 处：长 2000 尺、深 5 尺、阔 40 丈、积 10000 尺

列表如下：

```
深沟坝 →王村坝下浅涩
       坝脑南北两岸
       刘家庄后
       高岸西
       高岸前
       安得前
       安得西
       不落坟西
       安得西浅涩
       牵道桥西
王村坝 →郑村坝下
郑村坝 →西阳村西北开洗减水口
西阳坝 →坝房西牵道桥东
郭村坝 →郭村坝下
       →坝脑
       →牵道桥西
常庆坝 →常庆坝下
千斯坝
```

"工"指的是人均工作量。②中有"四十尺为一工"的记载，应为挖掘四十尺算一工的意思。

以上记述显示了运河疏浚工程的工作量和地点。

综上所述，可知《经世大典》中还有很多内容未被利用。所以，需要我们今后继续发掘与研究。

结　语

本文主要以《经世大典》中还未被关注的史料内容为中心进行论述。

对于宋、辽、金、元的研究来说，挖掘出新的史料十分困难。为了打破这样的僵局，我提倡对近年出版的影印史料、资料进行重新研读的研究方法。

今后我将重新审视《永乐大典》。虽然现存的《永乐大典》内容有限，但是，仍有许多研究成果是通过从《永乐大典》中挖掘史料来完成的。其中，宋元时代的相关史料被多次引用。因此，我将重新审视《永乐大典》，希望挖掘出新的史料。

　　我们不能一味地重视新刊史料，而忽视那些已经出版的大型影印本资料。影印本资料的好处就是不仅可以足不出户地对原始史料的形式进行确认，还可以对同一书籍的不同版本进行对比，并确认其序文、跋文和版式的异同。以这些蛛丝马迹为线索，我认为找出一些新的史料也是有希望的。

　　在此，赘言一句，有代表性的大型影印本资料有以下这些：《四库全书存目丛书》、《四库全书存目丛书补编》、《四库禁毁书丛刊》、《四库禁毁书丛刊补编》、《续修四库全书》、《四库未收书辑刊》。以上这些资料可通过《四库系列丛书目录·索引》（上海古籍出版社，2007 年）进行检索。

　　此外，值得关注的研究成果还有《新中国古籍影印丛书总目》（国家图书出版社，2016 年）。这本目录，汇总了自 1949 年以来中国大陆地区所出版的影印书籍（443 种）。我将借助这些丰硕的研究成果为探索出新的史料而努力。

元代各从本俗下的风俗议论与法律走向[*]
——以汉族婚姻法与婚俗为例

洪丽珠

一、序　言

关于元代法律的主要特色，最常被提及的是"各依（从）本俗"原则。[①] 此原则之下，婚俗与法律的研究以收继婚的成果最为丰硕[②]，有学者概括收继婚在元代经历了针对性禁止、强迫收继以及限制性收继等变化过程[③]，这主要因为收继婚被认为是异族文化的渗透，与代表汉人"本俗"的贞节观有所冲突，故成为观察各从本俗在元代法律上如何运行的焦点。与此同时，各从本俗也普遍代

[*] 本文为四川大学一流学科"区域历史与边疆学"学科群成果，同时接受四川大学中央高校基本科研业务费专项资金资助（项目编号：YJ201716）。承蒙三位匿名审查者斧正，获益良多，谨此致谢。

[①] 胡兴东：《元代民事法律中的习惯法因素》，《法史学刊》2007年第一卷，第32～43页；刘晓：《元代司法审判中种族因素的影响》，收入柳立言主编《性别、宗教、种族、阶级与中国传统司法》，台北"中央研究院"历史语言研究所，2013年，第217～220页。

[②] 关于收继婚的研究数量极多，例如王晓清《元代的收继婚制述论》，《内蒙古社会科学》1989年第6期，第73～78页；洪金富《元代的收继婚》，收入《中国近世社会文化史论文集》，台北"中央研究院"历史语言研究所，1992年，第279～314页；柏清韵（Bettine Birge）《元代的收继婚与贞节观的复兴》，柳立言译，收入柳立言主编《宋元时代的法律思想和社会》，台北编译馆，2001年，第387～428页。

[③] 刘晓：《元代司法审判中种族因素的影响》，第224页。

表元法的多元性与弹性，成为一代特色。① 与唐、宋、金对比，元代长时段国家法典缺位，用法总强调酌古准今、因地制宜等指导思想，张佳曾言："各从本俗的统治原则，并不试图以某种单一的意识形态规范全国，这无疑为各民族习俗的交流与融合提供宽松的环境。"② 并借此分析收继婚俗在元代得以扩散的背景，暗示各从本俗促使各族之俗的界线走向模糊。曾在元代统治下生活过的朱元璋（1328～1398）也说："胡元以宽而失，朕收平中国，非猛不可。"③ 宽与猛，有时泛指政治风气，但此处显然也涉及了元代法律相对宽松的问题。

各从本俗除了展现为对文化差异较大的各民族传统的包容外，更是从统治方便的立场出发，避免社会的冲突与对立。以往的研究，较为关注各从本俗的影响与落实的情况，对于何为本俗，谁来诠释本俗，以及各依本俗原则是否必然造成律法走向宽松，缺少关注与讨论。俗的定义，广义上可以包含法律、道德规范与地方习惯，因此在法律判决上，"本俗"怎么认定，更关系各依本俗的法律原则如何运行。当然，从常识上理解，从本俗更可能是一种笼统的原则，实际上难以全盘适用。④ 但应当注意此原则之下，法律的判决过程，往往牵涉"俗"的再认知，更由于"本俗"边界本就模糊，因此为了使诉讼能够顺利解决，就会经历因案而释（界定）的过程，表面上呈现的是法律的不稳定与弹性，更重要的是谁对于本俗有议论与话语权，能够说服都省、六部在判决过程中采用，进而对法律发展产生影响。众所皆知，以朱熹为代表的理学观，在元代

① 王晓清：《论元代户婚律体系》，《江汉论坛》1992 年第 2 期，第 43～49 页。白翠琴：《略论元代法律文化特色》，《民族研究》1998 年第 1 期，第 56～67 页。

② 张佳：《再叙彝伦：洪武时期的婚丧礼俗改革》，《"中央研究院"历史语言研究所集刊》第八十四本第一分，2003 年，第 87 页。

③ 刘基：《诚意伯文集》，收入张元济辑《四部丛刊》卷一《皇帝手书》，台北：（台湾）商务印书馆，1979 年，第 3 页。

④ 刘晓：《元代司法审判中种族因素的影响》，第 226 页。

开科之后，成为唯一的官方哲学，并非蒙古统治者对朱熹一派理学的理解与偏爱，而是那些在蒙元官府中任职的理学拥护者努力的结果。

故此，本文选择以元代婚俗与婚姻法为例，分析时人如何讨论汉人婚俗，谁向当政者提出议论，以及本俗界定过程中婚姻法的发展情况。婚姻纠纷多属细事，但在元代上诉、越诉之风盛行的背景下，婚俗问题进入了都省六部的视野之中，处于司、县与中央之间的路、廉访司官员，对于何谓汉人本俗提出了各种意见，都省、六部对于汉人婚俗的认定，是透过这些议论而来，无形中少数人的意见成为界定本俗的依据，判例即法，法律走向也因议论而行，借以反思学界习以为常的各从本俗概说，在运行时的复杂性，同时各地风俗又如何在此过程中与法律、道德规范相斥与相容。

二、上下文烦

大小案件涌进庙堂，听待都省、六部裁决的现象，从元初到元中期，皆可透过中央下达的文书窥得。至元十年（1273）户部下给路的符文提到：

> 契勘本部上承都省，下临随路诸司局，及遇诸王位下、各投项一切民间大小公事。照得自中统建元（1260）以来，累降诏条及省部格例，莫不遍下各路通知。其应断驱良诸色户计，定夺差发、税粮、课程、盐法诸项钱谷、祗待军马盐粮、草料，理断婚姻、地土、公私债负，各路自合依条处决。今随路所申，止是备据府州司县文解，一听本部裁决。为见不完，必当勘当，又须频举连催，徒费纸札而已。及诸赴部告状人等，其中事理至甚明白，往往称说本路不肯依归断，致令往复生受。兹盖判署官吏不为用心，以致上下文烦，事因稽缓，不副朝廷选任之意。今后，凡事其有关碍上司，必合申覆者，须要勘会完备，照依拟定申呈。其余事务，并听各路依条处决。其或所拟不完，

　　所申不当，定将判署官吏依例责罚施行。①

　　户部不满各路将府、州、司、县的民事诉讼，径自申上中央，不肯归断，造成告状人反复折腾。显示许多案件至少在路一级，就应当依条裁决，不需上下文烦，增加中央六部的公务负荷与文书往来的成本耗费。

　　此种现象的发生，可以从地方官府对诉讼决断权限，以及判决时能依何法两方面来理解。根据《元典章》所录《至元新格》的条款："诸杖罪，五十七以下，司、县断决；八十七以下，散府、州、军断决；一百七（下）以下，宣慰司、总管府断决。"②而根据五刑的新例"五十七以下用笞，六十七以上用杖"③，可以得知，路级总管府能断决的已是涉及杖罪的犯行，但关键还不仅在于权限，而在于适用何法。元人形容《至元新格》为"宏纲大法，不数千言"的简编④，是在至元八年（1271）废止金朝《泰和律》后，历经廿年，天下一统，才由汉人宰执何荣祖（1221～1299）着手整理，汇编多年来零星颁下的圣旨条画与判例，于至元廿八年（1291）正式颁行。学者曾评论："《至元新格》过于简了，在许多情况下犹如无法，造成了治理的严重紊乱。"⑤《唐律疏议》载："徒罪断于州，杖罪断于县。"⑥比较之下，元代的录事司、县的判决权上限明显缩减，只能

① 《元典章》第一册《朝纲卷》之一"依例处决词讼"，第 278 页。本文所引《大元圣政国朝典章》内容，概依（元）佚名撰，洪金富校订《元典章》，台北"中研院"史语所，2016 年。同时参照佚名《大元圣政国朝典章》，台北故宫博物院景印元本，1976 年。
② 《元典章》第三册《刑部卷》之一"罪名府县断隶"，第 1197 页。同时参见《元典章》第一册《朝纲卷》之一"省部减繁格例"，第 275 页。
③ 《元典章》第三册《刑部卷》之一"五刑之制"，第 1196 页。
④ 苏天爵：《滋溪文稿（点校本）》卷六《至元新格序》，北京：中华书局，1997 年，第 85 页。
⑤ 完颜纳丹：《通制条格》"点校说明"，黄时鉴点校，杭州：浙江古籍出版社，1986 年，第 2 页。
⑥ 刘俊文：《唐律疏议笺解（上）》卷一《名例》，北京：中华书局，1996 年，第 2、13 页。

归断五十七以下的笞罪。①《元史·职制》：

> 其斗讼、婚田、良贱、钱债、财产、宗从继绝及科差不公，自相告言者，从本管理问。若事关民户者，从有司约会归问，并从有司追逮，三约不至者，有司就便归断。诸州县邻境军民相关词讼，元告就被论官司归断，不在约会之例。断不当理，许赴上司陈诉，罪及元断官吏。②

可知一般的婚姻、钱债诉讼，涉及的刑责不高，在司、县应可决断。惟元代如涉及不同户计、民族，就需要约会官员，流程上较为繁复。且诉讼结果如当事者认为"断不当理"，就允许继续往上一级告诉。所谓的"当理"与否，字面上显得相当笼统，尤其在缺乏统一法典、治下区域、民族广袤复杂，南、北又经过长时间政权分治的情形下。常理而言，地方官员对决断诉讼很容易失去积极性，毕竟归断就可能产生"断不当理"的质疑，不判决反倒能避免上诉之后推翻原判的追责，且地方官府在现实上无法可据也是事实，这是民间细事透过合法管道上诉，路府直接申呈六部，以致出现户部所言上下文烦，告状人往复生受的景况。

除了合法的上诉，大量民间斗讼涌入中央的原因，还在游走于违法边缘的越诉之风。元中期（1313），为了替都省"减繁"，针对越诉之风再出榜文，详细抄录历任皇帝圣旨条画，重申禁止越诉，以及对于上诉的条件规范：

> 诸斗讼之人，往往直赴省部陈告。照得至大三年（1310）六月初八日……先钦奉圣旨条画："诸告人罪者……不得越诉。经官告事，越本管官司者，笞五十。若本处官司理断偏屈，及

---

① 陶宗仪：《南村辍耕录（点校本）》卷二《五刑》，陈高华点校，北京：中华书局，2008年，第25页。

② 《元史》卷一〇二《刑法一》"，北京：中华书局，1976年，第2620页。

应合回避者，合赴上司陈告。"……至元十四年七月，钦奉圣旨条画内一款："诉讼人，先从本管官司，自下而上，依理陈告。若理断不当，许赴提刑按察司陈诉。又，〔越诉及〕诬告者亦仰治罪。"……近年以来，上下官府，因循苟且。凡民间争讼，不为用心裁决，变乱是非。风宪之官，失于检察。宣慰司、廉访司，莫为伸理。致使告人不问事之大小，途之远近，往复赴都省陈诉。……拒之，恐负屈莫伸；受之，虑挟奸欺罔。……诸诉讼人等，应告一切公事，钦依累降圣旨条画，自下而上陈告。……所在官司须要照例疾早归断。或理断不当，许经所属上司以次陈告。……故延其事，日久不行结绝，许赴本管上司陈诉，量事立限归结。……仍多出榜文晓示。①

此段元代中期的史料透露出几点讯息：一是越诉虽明文禁止，更有明确刑责，却不乏敢于越诉者，甚至直赴省、部陈告。二是合法的上诉依然以是否理断偏屈、当不当理为标准，但关于何谓偏屈？是否当理？在法网疏漏的情况下，几乎视诸告状者能否接受判决结果而定，这使上诉与越诉之间存在模糊地带。三是中央认为告诉人"事无大小"，不惜甘冒违法之罪，径往大都陈告，原因在于地方官府的消极不作为，这也透露告诉人高度预期本管官司必定失能，而这种预期的失望感已经超过对越诉问责的恐惧。

民间细事涌入都省六部待决的烦恼，从元初到元中期毫无减缓迹象，省臣依然向皇帝奏告着这个困扰："大小告争词讼，自下而上，不得越诉。如今，他每往往地推调着，不肯与决，作疑呈禀，致使百姓赴上陈告，文繁"②，也间接佐证《至元新格》出台后，地方无法可据的现象依然存在。元武宗（1307～1311在位）即位时，中书省臣向新皇帝上奏：

---

① 《元典章》第一册《朝纲卷》之一"省部减繁格例"，第275～276页。
② 《元典章》第一册《朝纲卷》之一"省部减繁格例"，第274页。

　　　律令者，当以时损益。世祖尝有旨，金泰和律勿用，令老
　　臣通法律者，参酌古今，从新定制，至今尚未行。臣等谓律令
　　重事，未可轻议，请自世祖即位以来所行条格，校雠归一，遵
　　而行之。①

　　此处省臣所奏"至今尚未行"者，非指《至元新格》,《新格》
有明确的史料证明已经颁行，但它的性质仅是简易版法例汇编，从
中书省臣的奏文，显示从忽必烈即位以来，编纂正式国家法典意向
已定，惟因种种原因延宕，故中书省臣必须向元朝第三位皇帝请求
支持这个未完成的法律工程。也间接证明《至元新格》的颁行，无
法填补《泰和律》停用之后的成文法缺位问题。

三、何为汉人婚姻的本俗

　　省部苦恼于地方细事涌入庙堂，尤其是大多数涉及婚姻、田土、
债负的争讼，以致上下文烦，不堪其扰。但同时，与各地习惯、伦理
道德相关的争讼，透过居中传递文书的路级、廉访司官员的议论，与
诉讼文件一起进入省、部官员的视野之中，关于本俗的再诠释与中央
官员的选择性采用，法律、道德与风俗上升到庙堂中，进行相斥与兼
容，本属于一地的习惯与属于某些群体的道德观，在各从本俗的大原
则之下，进入了本俗的范围之内，并纳入了法律的发展之中。

　　至元八年（1271），废止泰和律的同时，朝廷议定遍行七条关于
汉族的婚礼定式，称为《（至元）婚姻礼制》，依据的是汉儿人（北
方汉族）旧例与朱熹的《家礼》内关于婚礼的规范，酌古准今而成。
先由礼部官员提出界定汉人婚俗的意见后，再经翰林国史院官批详，
得到主政者奏准施行。②礼部与翰林国史院官具体是哪些人，无法

---

① 《元史》卷二二《武宗一》，第 492 页。
② 《元典章》第二册《礼部卷》之三"婚姻礼制"，第 972 页。

细究，根据学者研究，翰林国史院的三大功能为修国史、典制诰、备顾问，是汉人儒士群体在朝中的重要据点。① 另根据日本学者不完全的统计，翰林国史院中汉人比例至少过半。② 所谓的汉儿人旧例之外，朱熹《家礼》的具体提出，显示礼部或翰林国史院中有朱文公《家礼》的推崇者。

值得注意的是，这次婚姻法的制定，进行了女真人、汉人婚俗的区别，可说是一次何为汉人本俗的局部"清洗"，元代的汉人，本应包含华北地区的女真人，但在婚俗的定义中，礼部却提出"拜门"为女真旧有之俗，应排除于汉人婚俗之外，亦即汉人的"本俗"，不包含女真之俗。此事的意义至少有二，首先是各从本俗原则看似带给法律宽松的外衣，但在各种本俗之内，透过具有话语权与认定权的少数人，对本俗内涵进行添加或去除，反倒走向严格化；再者，俗的分类显然远比所谓四等（类）人细，故华北女真人与汉人之俗，得分而论之。

除了透过婚法定义本俗之外，酌古准今则是根据现实需求进行局部修改，这是元朝统治对汉人婚俗影响的发挥之处。像是"纳币"一节最后提到："去世俗出羞之弊"，所谓的"出羞"，洪金富校订的《元典章》中据吴国钦所注《关汉卿全集》（第564页）曰："许出羞、下红定，为当时的婚礼手续。许出羞，指定亲的许口酒；红定，定婚的礼物"，从字面上无法得知"弊"何在，为何需要革去。它本又有"币"之差异，③ 这不免产生究竟是"弊"还是"币"之疑。前揭《（至元）婚姻礼制》中纳币的规定在《通制条格》中载：

---

① 张帆：《元代翰林国史院与汉族儒士》，《北京大学学报（哲学社会科学版）》1988年第5期，第75～83页。
② 山本隆義「元代に于ける翰林学士院について」，『東方學』11号，1955年，第19～28页。张帆前揭文认为山本氏的统计比例应当是低估了。参见张帆《元代翰林国史院与汉族儒士》。
③ 《元典章》第二册《礼部卷》之三，第973页，注释5。洪金富认为应当为"弊"，以它本"币"字疑误。

　　纳币。（方注：系今之下财也）。拟合酌古准今，照依已定
筵会，以男家为主，会请女氏诸亲为客，先入坐。男家至门外，
陈列币物等，令媒氏通报，女氏主人出门迎接。相揖，俟女氏
先入，男家以次随币而入。举酒，请纳币，饮酒，受币讫。女
氏主人回礼，婿家饮酒毕，主人待宾如常礼，许婿氏女子各各
出见，并去世俗出羞之币。①

　　由于此节所涉皆为"纳币"仪礼，即男方对女方所下聘财，且
《大元通制条格》的编纂严谨度高于《元典章》，虽说不能排除传抄
中将弊抄为币，但反向错误亦有同等可能，《庙学典礼》原文亦载为
"币"②，学界前辈皆采用《元典章》"弊"字，忽略行文逻辑与直觉排
除《元典章》的错误可能。法律政书的内在联系明显，从整段记载
理解，既是规范纳币，最后一句话极有可能与纳币有关，需要辨明
的是，出羞是一种弊，还是出羞中涉及的币才是要革去的"弊"。许
口酒是一种地方性民俗，其中涉及了"红定"（财），而元代制定婚
姻礼制时，明确指出财是婚姻纠纷之源，故对聘财特别着意规范内
容与等级，既有法规，出羞本身可为法外之俗，但涉及的红定就违
反了纳币之法，"并去世俗出羞之币"与前后文接续，应翻译为"并
且（在纳币的制度之下）革去出羞时的定礼"，或更允当。需要辨别
弊或币的原因是，格去的究竟是出羞（许口酒）之俗还是出羞中涉
及的财，私以为出羞中涉及的定礼（币）才是立法者在意之处。

　　另外，"登车乘马、设次奠雁之礼，近下贫穷之家不能办者，从

① 方龄贵校注：《通制条格校注》卷三《婚姻礼制》，北京：中华书局，2001
　年，第138页。方校注本以《元典章》为"弊"，认为"币"即是"弊"，
　未有其他佐证。郭成伟《大元通制条格》卷三《婚姻礼制》作"币"，北
　京：法律出版社，1999年，第36页。
② 佚名：《庙学典礼（外二种）·至元婚礼》，王颋点校，杭州：浙江古籍出版
　社，1992年，第150页。

其所便"①，也是酌古准今的现实变通，《家礼》的婚礼本是仕宦阶层的价值观产物，以此为婚姻礼制法规，必须顾及社会上不同经济阶层的差异。

虽然官方针对汉人婚俗，以旧例与《家礼》为据，制定出《婚姻礼制》，以期民间因各地婚俗差异产生争讼时，有法可据，不致衍生上诉或越诉到中央省部。但法律作为一种标准，往往只能在诉讼发生时发挥效果。故有地方官员提出应当恢复《唐律》，以法律介入，以达移风易俗的效果。晋宁路（今山西临汾）石姓总管，抨击民间以聘财凌驾于婚约之上的不良风气：

> 今百姓之家，始于结亲，家道丰足，两相敦睦。在后不幸男家生业凌替，元议财钱不能办足，女家不放婚娶，遂生侥幸，违负元约，转行别嫁。亦有因取唤归家等事，遂聘它人者。经官辨讼，迁延月日。至有所出，遵已婚为定而断焉。启侥幸之路，成贪鄙之风。不惟紊烦官府，实为有伤风化。其妇无再醮之理，一与夫合，终身不改。当职照得，唐制，许嫁女已报婚书，及有私约，而辄悔者，杖六十；虽无许嫁婚书，但受聘财，亦是；若更许他人者，杖一百；已成者，徒一年半。后娶者，知情减一等。女各追归前夫。今略举见行事发到路者一十余家，州县往往习已成俗。以此参详，除五年无故不成娶，听许经官告给执照改嫁外，据已到官者，罪经钦依诏书释免，余依唐律归结。已后敢有犯者，比照唐律量减二等〔断〕罪归结，女追归前夫。如此庶革侥幸之风，似为长便。②

从石总管的意见来看，他最关心的是百姓之家因利益不守婚约的后果，衍生一女许二人，或不免再醮，有伤风化。认为应以《唐律》为据，以婚书、私约、聘财三者有其一，即成立婚约，除五年（男方）无故不成娶，可由官方给予（女方）执照改嫁，之后再有违

---

① 《元典章》第二册《礼部卷》之三 "婚姻礼制"，第 972 页。
② 《元典章》第二册《户部卷》之四 "定婚不许悔亲"，第 667 页。

约者，以婚约为准，女追归前夫，不再以各别习俗进行归断，以去佹幸之风。石总管上呈的关文，是依据层出不穷的婚约争讼，提出《唐律》原有的定婚不许悔亲为汉人之"本（良）俗"，现今风俗沦落，争讼百出皆因贪鄙所致，这是一次由地方官员议论风俗，六部官员附和，最终由中书省奏准，立法规范定婚悔亲应负刑责的过程。礼部给中书省的呈文中，认同石总管的意见，附和道：

> 夫妇乃纲常之道，人之大伦，礼之大节也。近年以来，民间婚姻词讼繁多，盖缘佹幸之徒，不守节义，妄生嫌疑，弃恶夫家，故违元约，以致若此，实伤风化。今晋宁路石嘉议（按：嘉议大夫）所言，诚为中理。①

会同拟出呈文的刑部谢尚书亦曰："男女婚配，人之大伦，愚民无知，往往悔亲别嫁，引讼不便，若不立法禁约，无以敦劝民俗。"②晋宁路的石总管、礼部官员、刑部谢尚书共同构成的意见，最终形成《悔亲别嫁断例》：

> 今后，许嫁女已报婚书，及有私约，或受财而辄悔者，笞三十七下；若更许它人者，笞四十七下；已成者，五十七下。后娶者，知情减一等，女归前夫。男家悔者，不坐，不追聘财。外，据五年无故不娶者，照依旧例，听许经官出给执照，别行改嫁。③

此断例仅针对女方悔婚定下相应刑责，延续《唐律》对受聘财方的约束，但刑罚按照石总管的建议，减二等断罪。值得注意的是，男方定婚后无故拖延不娶，最大的损失就是聘财，而女方得经过五

---

①② 《元典章》第二册《户部卷》之四"定婚不许悔亲"，第 667 页。
③ 同上。同时参见同卷"婚姻断例"表格，第 652 页。第四册《典章新集·户部·婚姻·悔亲别嫁断例》第 1817～1818 页，再次抄录了关于这次立法前的议论，以及完整的断例法规。

年，才能告官取得改嫁凭证，这使得原来地方官员循情、循俗裁判
的空间在制度上限缩，如严格按照法律，即使别嫁造成与后夫的夫
妻之实，或者已生下子女，悔婚别嫁之女也必须追归前夫。

　　石总管的意见，反映的是他对治下地区风俗的感受。晋宁路属于
腹里地区，辖六县、一府、九州岛，府、州之下还领四十余县，人口
约三十万，① 一位地方三品官员对俗的议论，促成针对许婚改嫁的立法，
成为法律定义的"本俗"，普行于大江南北。这个过程在史料上颇为清
楚，先是晋宁路总管上关文，一路呈到礼部，礼部添附意见后，呈给
中书省，中书省臣原则同意之后，要求礼部约会刑部官员拟出刑罚条
款，再由都省奏准，发出咨文给各行省，正式施行于地方。这份文书
于皇庆二年（1313）从江浙行省被抄出，刊印于《元典章》之内。《唐
律》的部分内容，在各从本俗原则下以本俗的角色再度恢复与添加。

　　相较于《唐律》，元代的罚则较轻。根据现有研究，与徒刑、杖
刑减等的替换，大致符合。② 以下对于《悔亲别嫁断例》与《唐律》
内容进行比对：

悔亲别嫁断例	唐　　律
许嫁女，已报婚书及有私约或受财，而辄悔者，笞三十七下；若更许它人者，笞四十七下；已成者，五十七下。后娶者知情，减一等，女归前夫。男家悔者，不坐，不追聘财。外，据五年无故不娶者，照依旧例，听许经官出给执照，别行改嫁。	诸许嫁女，已报婚书及有私约（约，谓先知夫身老、幼、疾、残、养、庶之类），而辄悔者，杖六十（男家自悔者，不坐，不追娉财）。虽无许婚之书，但受娉财，亦是。（娉财无多少之限，酒食非）。若更许他人者，杖一百；已成者，徒一年半。后娶者知情，减一等。女追归前夫，前夫不娶，还娉财，后夫婚如法。

　　资料来源：《元典章》第四册《新集·户部·婚姻·悔亲别嫁断例》，第
1817—1818 页；刘俊文《唐律疏议笺解（上）》（中华书局，1996 年）卷十三，
175《许嫁女辄悔》，第 1009 页。

――――――――――

① 《元史》卷五八《地理一》，第 1379 ～ 1382 页。

② 关于杖刑、徒刑减等的易代替换与减等，参见陈昭扬《金代的杖刑、杖
　　具与用杖规范》，台湾师范大学历史学系等主编《新史料·新观点·新视
　　角――天圣令论集》，台北：元照出版公司，2011 年，第 73 ～ 93 页。

对于许嫁女悔婚的同一行为，元代的罚则确实轻了许多。但从元代立国以来的法律发展来看，汉人官员以减少争讼作为说点，对于其认为有伤风化的民情，以议论推动立法的方式执行矫正，实则是对何谓汉人本俗的再界定，从议论内容来看，投射的无疑是儒士的价值观。"许嫁"的成立有三种，即婚书、私约与受财，根据《唐律》释文："聘财无多少之限，酒食非"，聘财内容还是较为笼统，事实上不仅是悔亲别嫁有断例，对于聘财内容也进行了详细的规范，容后再述。

其中关于许婚之后，男方必须在五年之内履行婚约，否则女方就可告官给据，解除婚约，且从前后文意来看，这种情形下，女方应当不需要归还聘财。唐律中并未发现类似法条，断例中有"照依旧例"四字，旧例何来？目前仅可在宋代的法律文书中找到"诸定婚，无故三年不成婚者，听离"的判例，显示定婚后对男方履行婚约的年限规范，并非元代之创，元廷是延长了男方履行婚约的年限，而在男方自悔的判例中，南宋的地方官司法之时，还是劝说女方归还聘礼，以便"两尽人情，可无词说"。①

四、依理成亲

元朝统治者对民间婚姻的管理，接受了地方官员的建议，对受聘财的女方悔婚再度设定防范式刑罚，并且有各种相应的配套办法产生，例如采用近似商业契约，给出官方认可的婚书模版，以形式正确作为发生争讼时所需的必备条件。透过格式化的婚书内容，不仅可以执行官方颁行的婚娶规范，也能透过婚书的形式审查，先排除掉部分诉讼案件的成立。关于《嫁娶礼书》的规定：

凡婚书，不得用彝语虚文，须要明写聘财礼物，婚主并媒

---

① 赵惟斋：《名公书判清明集》之"诸定婚无故三年不成婚者听离"，中国社会科学院历史研究所宋辽金元史研究室点校，北京：中华书局，1987年，第349～351页。

人各各画字。女家回书，亦写受到聘礼数目，嫁主并媒人亦合画字。仍将两下礼书背面大书"合同"字样，分付各家收执。如有词语朦胧，别无各各画字并"合同"字样，争告到官，即同假伪。①

《事林广记》中收有婚书范式，其中有"谨依上司新降条例"字样：

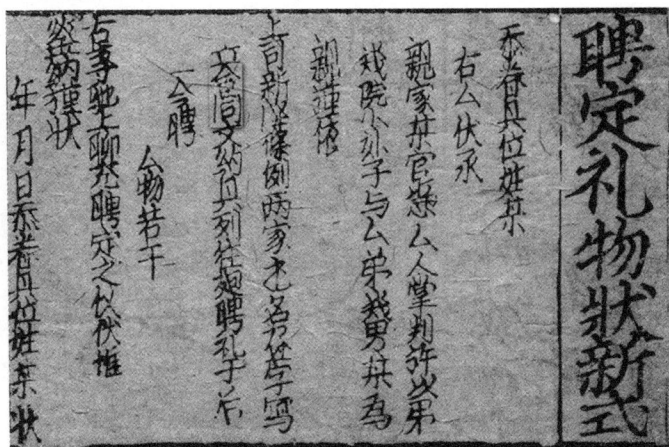

资料来源：（宋）陈元靓辑《事林广记》之《乙集卷下家礼·聘定礼物状新式》，北京：中华书局，1999年，元至顺间建安椿庄书院刻本复印件，第41页下。

元代嫁娶礼书的内容与唐、宋以来各地通行的婚书差异何在，无从比较。但由官方颁下婚约格式，要求民间遵行，以之为诉讼成立的要件，这种预防争讼的方法，无疑是一种创举。统治者深信小民婚姻纠纷多因财而起，故婚书内容不可有任何的"彝语虚文"，不讲究文采艺术，务必写明聘礼，使婚书成为一种准公文书，精神上则将唐律的婚书、私约、受财三者合而为一，把商业契约精神导入汉人婚俗之中。

---

① 《元典章》第二册《户部卷》之四"嫁娶礼书"，第652页。

最早在至元六年（1269），朝廷就议定过强制订立婚书：

> 据各处见行礼数，事体不一。有立婚书文约者，亦有不立
> 元议婚书，止凭媒妁为婚者。已定之后，少有相违，男家为无
> 婚书，故违元议，妄行增减财钱，或女婿养老、出舍，争差年
> 限，诉讼到官。其间媒证人等循情偏向，止凭在口词因，以致
> 词讼不绝，深为未便。省部公议得：今后但为婚姻，议定写立
> 婚书文约，明白该写元议聘财钱物。若招召女婿，指定养老或
> 出舍年限。其主婚、保亲、媒妁人等画字，依理成亲，庶免
> 争讼。①

《嫁娶礼书》格式的确立，与这次议决时间应相近。省部对于婚姻词讼不绝与判决依据不一，认定纠纷根源即为不立明确婚书，以致聘财钱物无白纸黑字之据，规定包含女方许嫁与男方入赘，都要写立婚书文约，发生争端时，婚书是官方唯一认可的凭据。但就现实来说，婚俗的本质纷杂多元，地方特性强，民间是否采用，并没有真正的强制性。故涉及刑罚规定的《悔亲别嫁断例》，依然是将婚书、私约与聘财三者并列要件，有其一许嫁即成立。颁下官方礼书，希望百姓缔结婚姻时采用，以预防词讼无据，本质上是为地方官判决时，能有明确根据，避免作疑上呈的机会，造成省部负担。这些立法结果，却是对汉人婚俗的介入。《嫁娶礼书》出自谁手并不清楚，与礼书相关的聘财等级规定，明确地把蒙古、色目人除外，是专门规范汉族之用。

为了辅助民众写立婚书内容，政府随之颁布汉族百姓专用的聘财三等第，从"愿减者听"，可知这些聘财等第应为上限：

---

① 方龄贵校注：《通制条格校注》卷三《婚姻礼制》，第138页；《元典章》第二册《户部卷》之四"嫁娶礼书"，第654页。

嫁娶聘财等第					筵席
上户	金一两	银五两	彩段六表里	杂用绢四十疋	不过三味
中户	金五钱	银四两	彩段四表里	杂用绢三十疋	不过三味
下户		银三两	彩段二表里	杂用绢一十五疋	不过二味
正婚，依上例聘财等第，以男家为主，愿减者听。					省部定例：但有筵会，白日至禁钟已前罢散。
养老女婿，依例聘财等第减半。须要明立媒妁、婚书。成亲则女家下财，男家受礼。					
年限女婿，依上聘财等第验数，以三分不过二分。女家受财。期以几年为满日，方听出离。					
有妻不得求娶正妻。若娶妾者，许明立婚书求娶。					
蒙古、色目人各依本俗。					
又，未过门，夫死，回财一半。品官别行定夺。					
民户娶军妻女，从其所愿。					

资料来源：《元典章》第二册《户部卷》之四"嫁娶聘财等第"，第652页。

关于聘财等第，至元八年（1271）之前，应当就存在相似法规。根据户部给中书省的呈文，议及招女婿的聘财时，说道"招召养老女婿，照依已定嫁娶聘财等第减半，须要明立媒约婚书成亲"①，换言之，此时就有可以比照的聘财等第条例，是金朝旧例还是更早的唐律，并不清楚。经过廿余年后，《大德聘礼》又提到：

> 大德八年（1304）正月一款：男女居室，人之大伦。近年聘财无法，奢靡日增，至有倾资破产，不能成礼，甚则争讼不已，以致嫁娶失时。除蒙古、色目人各依本俗，品官别行定夺，其民间聘财，令中书省从宜定立等第，以男家为主，愿减者听，亲礼筵会，从省约。上户：金一两，银五两，彩段六表里，杂用绢四十疋。中户：金五钱，银四两，彩段四表里，杂用绢

---

① 完颜纳丹：《通制条格》卷四《嫁娶》，黄时鉴点校，第52页。

三十疋。下户：银三两，彩段二表里，杂用绢十五疋。①

因"近年聘财无法"，再度颁下等第，显示民间聘财依然有不守法或无法可守的乱象，至元时期提过的聘财等第，未能遵行。《大德聘礼》除了将百姓依照户等，规范聘财上限之外，对于筵席（会）的规模、菜色与举行时间，都有条款，但没有相应罚则，严格说来，只是一种范式，是对汉人百姓婚俗细节的软性限制。大德八年的条例再度提到聘财风气的奢靡，导致"争讼不已"，显示婚姻礼制与婚书契约，在运行上都没能收到减少婚讼涌入中央的效果。地方官员诊断的病因还是归于风俗浇薄，大德八年条款以《孟子》的"男女居室，人之大伦"开头议论，② 昭示涉及汉人婚俗的讨论，儒家的主流价值一直在介入指导，更被视为移风易俗的良药。由于各从本俗的空间，在上下文烦的制度环境之下，省部官员对于透过儒学主流来改良风俗，以收简讼的传统思考路线，几乎是照单全收，故针对许嫁悔婚恢复处以刑罚、延长改嫁年限、要求定立婚姻契约、界定百姓聘财等第、约束婚筵规模等，都显示立场强烈者更有机会对何谓汉俗发出议论、介入与调整，这是以往各从本俗之下，未被注意的内部发展。

五、法律之下地方官的判决动态

应注意的是，立法与司法往往是两回事。地方官面对诉讼现场，如何适法判决，挑战极大。陕西地区有一特殊婚俗，引起了当地廉访司官员的注意与反感。大德元年（1297）五月，汉中道肃政廉访司某官透过行台向中书省呈文，要求下令禁止陕西吃干羊婚俗，以正风气，其曰：

---

① 佚名撰：《庙学典礼（外二种）》之《大德聘礼》，王颋点校，第 153 页。
② 台湾开明书店编辑部编：《断句十三经经文·孟子·万章上》，台北：开明书店，1984 年，第 28 页。

陕西民俗，婚姻之家，召媒求聘，未尝许肯，先吃干羊，
此家未已，彼家复来，不惟风俗不厚，而亦婚嫁艰难。拟合遵
用礼部定到汉人议婚、纳采等例；又照得至元八年钦奉圣旨，
定到民间嫁娶婚姻聘财等事内壹款："诸色人同类自婚姻者，各
从本俗法，递相婚姻者，以男为主，蒙古人不在此例。"并其余
民间议结婚姻，明立婚书，已有元行定例。其干羊一节，虽是
陕西习俗，比附拜门，亦合禁断，庶免词讼。①

这位监察官员的批评，不在吃干羊这件事情，而在于有碍婚嫁，
风俗浇薄，更造成男家生计艰难。这与许口酒类似，在法规之下，
要革去的弊主要是许口酒时的红定，不符朱熹《家礼》为核心的纳
币规范。值得注意的是，这位官员最初仅指针对风俗问题，御史台
的呈文添入了汉人议婚、纳采、聘财等已颁行的法规圣旨，再提出
各从本俗法原则，从而议论吃干羊的方俗和女真拜门婚俗类似，暗
示非汉人本俗。此议一出，礼部附议："男女婚姻，各有常礼，所据
陕西习俗，合准台拟禁约。"故都省毫无悬念地下诏禁止这个地方习
俗。此例昭示，不仅是"庶免词讼"的需求所致，而是监察官员个
人或者几人对于西北地区汉族"异俗化"的不满，而御史台也关注
到这已经牵涉到各从本俗的原则，汉人婚俗应当以《唐律》《家礼》
为核心，可以说是俗之内界线的严格化，也呈现各从本俗之下，汉
俗所经历的复原、添加与剔除过程。

前述《悔亲别嫁断例》的立法时间，并不明确，只知是由山西
晋宁路石总管提出以唐律减等归断，而于皇庆二年从江浙行省抄出。
以下有一则判例，可说明《悔亲别嫁断例》颁行之前，违限不娶，
如何适法判决：

---

① 方龄贵校注：《通制条格校注》卷四《户令》，第169页。

　　至元七年（1270）四月，尚书户部：来申：刘泉告：元凯凭媒说合女伴姨与伊男为妇，占固一十一年，见今女伴姨二十四岁，已过嫁期，并不来娶。乞照验事。得此。照得先据太原路申吴贵状告，即系一体事理。备词呈到中书省批奉都堂钧旨：部符到日，限三十日下财来娶，如违限不娶，别行改嫁。①

　　这又是一起从地方上诉到中央的婚嫁争讼。告状人刘泉宣称与女儿有婚约的元家拖延多年不娶，户部翻捡出太原路的吴贵案为例，判决符文到达之日三十天内，男方如不下聘迎娶，女方就可改嫁。这个案件一方面可证实无涉刑责，可于州县归断的细事，确实会一路上诉到中央，等待判决。另外，都省户部未曾提到《悔亲别嫁断例》中所订出的五年不娶可改嫁的期限，还再给男方一个月，包含中央公文到达需时，恐怕又是一段不短的时间。显见此案应在断例之前发生，婚约的成立仅凭媒妁，未有聘财、婚书。

　　延祐六年（1319）有桩交门换亲的纠纷，演示了有法可据，但是伦理、风俗在判决时的效用。时间点上，当时官方已确立婚书至上、婚姻通例归断的标准，依法论法，女子应归后夫。但问题在于前夫抢女圆房，造成"既定事实"，即女方失去贞操，是否能归后夫，以及后夫能否接受的常情。地方理问所到礼部，在讨论过程中，都着意于此女贞操已失，不应再醮，即便法律上与前夫的婚书合同早已休弃，并无婚约，抢女成婚是违法之举，甚至曾经断罪，只是遇赦释免。但按既成事实，判女归前夫，又恐助长不良风气，并且有曲法问题。几经辩论之后，女子贞操问题占了上风，这是明显的理学道德观凌驾于国家法律的适用之上。案由过程整理如下表②：

----

① 《元典章》第二册《户部卷》之四"定妻不娶改嫁"，第657～658页。
② 《元典章》第二册《户部卷》之四"丁庆一争婚"，第667～668页。

时间 地点	延祐六年（1319）四月判决 平江路辖吴江州（今江苏苏州）
关系人	媒人周千二 男方家长徐千三。女方家长丁庆一、丁阿丘。 夫徐伴哥（婚书已休弃，强行违理成婚，曾经判刑，遇赦释免） 妻丁阿女（归前夫与婚姻通例不侔，前夫亦违法在先。归后夫则一女事二夫） 倪福一（后夫，已下聘财）
案由	1. 各受聘财，丁徐两家交门换亲（丁阿女嫁徐半哥；徐二娘嫁丁阿孙），未曾成亲。 2. 延祐元年，水淹田禾，缺食生受，各立合同文字休弃。 3. 延祐三年（1316），丁庆一将丁阿女定与倪福一为妻，未曾过门。徐千三同妻阿丘、男徐伴哥（前夫），驾舡将丁阿女强抱上舡还家，违理成婚。
判决过程	江浙行省理问所：依至元二十一年（1284）户部例，断令（丁阿女与徐伴哥）离异（其丁阿女宁免再醮他人）。依皇庆二年婚姻例（晋宁路石总管言婚姻例，定婚不许悔亲），断令完聚。比例不侔。徐半哥所犯，缘吴越之风，恐递相仿效。 礼部：议得丁庆一、徐千三互受聘财，各以男女交门换亲。后因缺食，写立休书。其徐伴哥追续节礼，终未知会，不应强将丁阿女抱扳还家，自行违理成婚，罪经释免。若拟离异，必致一女连适二夫，甚非所宜。看详，合令各家依旧换亲，所据倪福一元下财礼，依数追给。 →按：徐伴哥虽违理成婚，但一女不宜连事二夫，故不用皇庆二年（1312）婚姻通例，建议判决履行已休弃合同，依旧交门换亲，女家退还倪福一（后夫）聘礼。 都省：除丁庆一、徐千三争婚事理，依准部拟。今后若有许嫁女已报婚书，及有私约，或受财者，并依皇庆二年元定婚姻通例归断，违者依例断罪。

　　这个案件发生在晋宁路石总管建议成立的定婚不许悔亲的婚姻通例之后，从吴江州一路上诉到江浙行省，故有行省理问所官员的意见，同时呈上礼部。理问所拟了两种判决意见，也分别提出两种判决造成的疑义，其一判徐伴哥、丁阿女离异，丁阿女依合法婚约再嫁倪福一，但会造成一女事二夫的情况；其二依皇庆二年石总管建议下颁布的婚姻例，以悔婚对女方断罪，然后丁阿女归徐伴哥，但此案与婚姻通例有不符之处，加以徐伴哥违法抢婚，如从其所愿，

对风俗浇薄的吴越地区，恐有仿效之忧。礼部的意见则着眼在"一女连适二夫，其非所宜"，加上徐伴哥之罪也已释免，对女子的贞操与理学道德观放在法律之上考虑，中书省没有异议地接受礼部的拟判，仅重申此后还是必须按定婚不许悔亲法例归断。

这是一次女子不适二夫的观念与法律的竞争，虽说都省下令之后必须按婚姻通例判决，但是这个判决也同时会成为一个之后能沿用的案例，在女子悔婚改嫁条件趋于严格之后，各从本俗之内的汉人婚法，贞节观也成为优先考虑的条件。当然，理问所与礼部官员，或许也思考过一个现实问题，只是没有宣诸于文字，如勉强依法，倪福一能否接受再醮的丁阿女？如否，那么官方强制判决丁阿女按聘财婚约与倪福一完婚，恐怕又造成另外一桩家庭问题，乃至婚姻争讼。

这种民风、道德与法律的相互运行，在各从本俗的空间下，常常是掌握何为汉俗话语权者，透过对民风的异议，以自己推崇的道德观左右立法或判决。浙东海右道肃政廉访司王姓副使，上牒批评典雇妻妾的恶俗，指为江淮特有，应当明令禁止，曰：

> 盖闻夫妇乃人之大伦，故妻在有齐体之称，夫亡无再醮之礼。中原至贫之民，虽遇大饥，宁与妻子同弃于沟壑，安得典卖于他人。江淮混一十有五年，薄俗尚且仍旧，有所不忍闻者。①

王副使的口吻，暗示他是以北方汉人的立场，表达对南方江淮民风的不满与鄙视，不免带有地域偏见。他的建议如预期地得到大都御史台的附议，还赞扬王副使之论"诚厚风俗"，都省为此特别下令禁止当地典雇有夫妇人之俗。

虽不知道是否为史料陷阱，目前看来，地方官员对于地方风俗

---

① 《元典章》第三册《刑部卷》之十九"禁典雇有夫妇人"，第1635页。

的批评、汉人本俗的议论，几乎都能得到当政者的支持，这种气氛之下，道德激烈派往往更容易在法律上对汉俗进行修改与恢复，并且将他们不满意的地方习俗强行禁止。例如，山东东西道安姓（正奉大夫）廉访使批评民间兄弟，在父母亡殁、未曾大葬之前就争讼分家，是无孝悌之心，风俗浇薄之事。① 但宋代，虽说"父母未葬者，不得析居"，也还有"若期尚远，即听以所费钱送官，候葬日给之"的弹性条款，没有完全禁止未葬之前分家。② 但元廷则支持了这位安廉访使对风俗浇薄的忧虑，下诏："凡民间弟兄，遇父母亡殁，未曾大葬者，不许析居，须候葬毕，方许分另。"这几乎可以说是唐律以来，对于父母未葬最严格的分财析居规定了。

六、小　结

本文梳理元代的婚姻法在各从本俗之下的发展，在看似宽松有弹性的法律气氛，以及上下文烦的制度背景下，对何为汉俗有话语权的官员，以自己的道德观来说服中央，透过案件判决的过程，立法界定汉人之婚俗，或禁止其所认为的陋习。

元朝特有的法律环境之下，细事以上诉或越诉的方式，不断涌进中央省、部，原因包含无法可据下较易发生的理断偏屈，以及上诉定义条件过于宽松，告诉人事无大小，对地方官失去期待，转而希望诉讼在都堂上毕其功于一役，这是婚姻细事能够由下往上进入中央视野，产生介入空间的背景。再者，由于判决各种汉人婚姻案件的需求，负责传递文书的中间机构，路、廉访司官员，能够在案件上呈的过程中，更有凭借地议论地方风俗或法律缺位问题，而中央六部与中书省宰执，在各从本俗的国家原则之下，对于官员站在汉俗圈内人立场上的意见，几乎是照单全收，从善如流。

---

① 《元典章》第二册《户部卷》之五"父母未葬不得分财析居"，第712页。
② 《续资治通鉴长编》卷一二〇《仁宗景祐四年》，北京：中华书局，2004年，第2820页。

　　最终的影响是，对何为汉人本俗以及改良地方风俗特别关注的官员，在这个上下文书的管道中，透过议案、议俗、议法来界定汉人的本俗，其结果呈现为某些婚俗被视为女真人所有，排除出汉俗之外；恢复《唐律》对受聘财一方的悔婚行为设立刑罚，改变之处则是延长了男方悔婚的时间限制，对女方更为不利；以官方认定的契约格式约束婚书效力，以朱熹《家礼》为核心，酌古准今，将其中的成婚流程定为法律，在各从本俗之下，介入汉族百姓的婚俗，包含婚宴规模、聘财等级等。显示各从本俗的宽松框架之下，汉人婚俗与婚姻法并不必然走向包拥不同来源的习俗，俗的边界也未必模糊化，反倒是往较为严格的方向发展。

　　汉人婚姻法的恢复、排除（界定）与添加过程，官员也勇于议论风俗，对儒家主流观念下的风俗浇薄现象、陋习问题，提出立法禁止。但在发生已颁行的婚姻法与女子不事二夫的观念冲突案件中，地方官与礼部官对于适用法律产生的不道德结果感到犹豫，最终女子不事二夫取得胜利，都省也毫无悬念地接受礼部的意见，这使得虽有相应的婚姻法，但"妇无再醮之理，一与夫合，终身不改"的观念，在个别的案子中超越了现有法律，最终也成为了判例，进入了法律的范围。

　　综言之，以往元朝的入主，较受关注的是文化的断裂面，"胡风"的渗透，使得学界对汉人的法律与社会研究聚焦于收继婚等异文化影响。但也应当注意"各从本俗"之下，本俗内部的法律发展与驱动力量。蒙古的统治提供了汉族内部较为宽松的空间去抉择与调和本俗，但宽松之内的发展，必须仔细分梳，才不致隐没潜在的连续性。

新见元代徽州儒户帖文及其相关问题研究[*]

于　磊

儒户和儒学是元代户籍、教育制度中较为重要且极为典型的组成，同前后时代相比又颇具特色。不仅保证了元代知识人的知识谱系及学统传承，同时作为选官制度之一途亦发挥了不可替代的作用。由于《庙学典礼》《元典章》等公文书资料的存在，学界对于元代儒户的研究已有颇多积累，特别是儒户甄选、编成的过程及其所享特权和义务等问题皆已基本澄清。[①] 而儒户同地方官学的关联以及世代承袭等问题尽管在政策、制度层面亦有所论列，[②] 但其具体样态则

[*]　本文为 2015 年度国家社科基金青年项目 "元代江南知识人群体的社会史研究"（15CZS024）及南京大学人文社科双一流建设 "百层次" 项目 "'江南'在中国历史中的位置" 阶段性成果。

[①]　萧启庆：《元代的儒户：儒士地位演进史上的一章》,《东方文化》第 16 卷第 1、2 期, 1978 年, 后收入氏著《元代史新探》, 台北：新文丰出版公司, 1983 年；大岛立子「元代の儒戸について」,『中嶋敏先生古稀記念論集（下）』, 汲古書院, 1981 年；大岛立子『モンゴルの征服王朝』第二篇第二章「元朝の徭役と戸籍」, 大東出版社, 1992 年；大岛立子「元朝の戸籍」, 利谷信義、鎌田浩、平松紘編『戸籍と身分登録』, 早稲田大学出版部, 1996 年；高树林《元代赋役制度研究》, 保定：河北大学出版社, 1997 年。

[②]　黄清连：《元代户计制度研究》, 台湾大学文史丛刊, 1977 年；牧野修二「元代の儒学教育—教育課程を中心にして—」,『東洋史研究』第 37 卷第 4 号, 1979 年, 后收入藤野彪、牧野修二『元朝史論集』, 汲古書院, 2012 年；陈高华《元代的地方官学》,《元史论丛》第五辑, 1993 年；胡务：《元代庙学——无法割舍的儒学教育链》第四章《元代庙学的（转下页）

仍有进一步探讨的空间，特别是对更为下层的职事人斋谕及直学的关注则更是付之阙如。进而，即便是此类元代下层学官在当时地方社会处于何种地位，乃至明清以后对此认知的变化都是值得深入探讨的问题。

长期以来未引起特别注意的元代公文书《休宁县儒学教谕刘文新袭儒户帖文》(后文略称《儒户帖文》) 即是与此相关的重要资料。本文即欲通过对该《儒户帖文》的解读来对上述诸问题作具体而微之补充。同时，作为广义徽州文书的研究，本文亦在近年相关研究基础上 [①] 对此作初步探索。

一

《儒户帖文》收录于日本东京大学东洋文化研究所藏《休邑敉宁刘氏本支谱》中。该谱历经数次编修，最后成于明嘉靖三十六年 (1557)，共十三卷 (本文即据此本)。谱前有虞集作于至大四年 (1311) 和朱升作于洪武三年 (1370) 的谱序。该《儒户帖文》则同《刘氏历世迁居图》、始祖刘依仁及明代刘氏宗祠绘图、《休宁刘氏祠堂创修始末》相编排作为凡例，置于正文分卷之前。现对该《儒户帖文》的往来层级格式加以整理后，抄列如下：

皇帝圣旨里徽州路

　　准本路儒学关

　　　　据休宁县儒人刘文新状：

（接上页）管理》，成都：巴蜀书社，2005 年；申万里：《元代教育研究》第六章《元代学官制度（一）》，武汉：武汉大学出版社，2007 年。

① 如周绍泉《徽州元代前后至元文书年代考析》，《江汉论坛》1994 年第 4 期；赵华富《元代契尾翻印件的发现》，《安徽大学学报（哲学社会科学版）》2003 年第 5 期；宫纪子「徽州文书新探：『新安忠烈廟神紀實』より」，『東方学報』77，2005 年；阿风、张国旺《明隆庆本休宁〈珰溪金氏族谱〉所收宋元明公文书考析》，《中国社会科学院历史研究所学刊》第九集，2015 年；拙稿《元代徽州家族与地方社会秩序的构建——以歙县双桥郑氏为中心》，《中国史研究》2016 年第 4 期等。

见年三十五岁，并无疾病。系本县东北隅住坐，系本学附籍儒人。承父福龙元一贡斋谕，至元十八年本县儒学出给文凭。至元二十六年不幸父福龙身故。至元二十七年抄籍时分，曾作文新名字，抄定儒户，供报在官。告乞承袭肄业施行。得此。

照得，至元二十六年蒙路学发下印信，儒籍数内有斋谕刘福龙正籍。儒人刘文新系本人亲男，至元二十七年已供作儒户，肄业。申乞施行。得此。

除已依准所申，令刘文新依例承袭斋谕，赴学讲课及申覆上司照验关外 ①，请照验施行。准此。

至元二十七年抄定户籍册内查得，刘文新的是儒籍，系斋谕刘福龙亲男，即与来文相同。据此。除外，合下，仰照验，依备去事理，刘文新依例承袭斋谕肄业施行。须至指挥。

并不差人

右下在城东北隅刘文新承袭

大德五年二月日司吏刘芳承行^{背写}

帖^押

由该文书于不同层级之间的传达体系可知其程序为：①大德五年（1301）儒人刘文新状申休宁县学，请求承袭其父斋谕身份及儒学户籍。②县学通过查证至元二十六年徽州路学文件认为，儒籍内确有斋谕刘福龙其人，而其子刘文新在至元二十七年抄籍时确实抄

---

① 此处"关外"，从文书行用格式看，似乎有误。据文书层级往来分析，"得此。除已依准所申，令刘文新依例承袭斋谕，赴学讲课及申覆上司照验关外，请照验施行。"属于徽州路儒学发给徽州路总管府的关文内容。故而，此处标点似应调整为"得此。除已依准所申，令刘文新依例承袭斋谕，赴学讲课及申覆上司照验外，关请照验施行"。

作儒户，并在学。县学以此呈送徽州路学。③徽州路学准县学意见，同意其依例承袭，并关请徽州路总管府。④最后徽州路总管府对上述内容加以最终确认后，下发该帖文。即：刘文新→休宁县儒学→徽州路儒学→徽州路总管府。同时，通过此传达体系中不同官署间的意见可知，该文书乃是徽州路总管府确认休宁县儒人刘文新儒户身份，并同意承袭其父刘福龙斋谕肄业的帖文。

二

由此帖文中可明确两点：其一，至元二十七年（1290）抄籍于元代儒户认定的决定性作用。其实，这也是当时重新登录江南户籍之一环。①至元二十六年（1289）二月辛亥朔，"诏籍江南户口"②。本次籍户，除登记丁口外，同时对包括土地在内的"事产"进行登记。③儒籍的不同之处在于更注重对儒户的甄别、筛选。虽然此次籍户后来记载鲜有提及者，其过程中对土地登记并不认真，但是儒户抄籍却影响重大。该年抄定在籍的儒户，便永为儒户，此后江南儒户即未有较大变动。④据《庙学典礼》，"腹里儒户，至元十三年试中者，止免一身差役。所据江南儒人，比及选试分拣定夺以来，将归附之初元籍儒户于儒户项下作数"，"尽从供具手状俱作儒户"⑤。由此可知，刘福龙于宋亡后即已供作儒户（手状），官府为之立籍造册（户籍册）。⑥至元二十七年便据此重新"抄数南北诸色户本管儒

---

① "行下各道随路，钦依尽实抄数，札付本司，令当该官吏县村坊，一应干照文凭，赴省攒报。"王颋点校《庙学典礼（外二种）》卷三《抄户局攒报儒籍始末》，杭州：浙江古籍出版社，1992年，第57页。

② 《元史》卷十五《世祖十二》，北京：中华书局，1976年，第319页。

③ 陈高华：《元朝的土地登记和土地籍册》，《历史研究》1998年第1期，后收入氏著《元史研究新论》，上海：上海社会科学院出版社，2005年，第32页。

④ 参见前揭萧启庆《元代的儒户：儒士地位演进史上的一章》，第15页。

⑤ 《庙学典礼（外二种）》卷三《抄户局攒报儒籍始末》，第57页。

⑥ 关于元代户籍供具、抄定造册及其后发给的户帖等程序考述，参见王晓欣、郑旭东《元明时期户籍文书系统及其演变》，《元明江南社会学术研讨会论文集》，南开大学，2016年1月9日，第105～107页。

户花名"，分拣儒籍和民户。此后凡涉及查勘儒籍户口之时，即多以次为准。该件文书则以具体例证印证了至元二十七年抄籍后的实际法律效力。

其二，元代的斋谕及其承袭问题。斋谕是源于宋代的学校职事。较为明确定位斋谕作为职事身份的史料是《宋会要辑稿》对蔡京等推行三舍选考法的记载：

> 外学官属：司业一人、丞一人、博士十人、学正五人、学录五人，职事人系学生充。学录五人、学谕十人、直学二人，斋长、斋谕每斋各一人。外舍生三千人，太学上舍一百人，内舍三百人。①

龚延明《宋代官制辞典》对斋谕的解释为："职事名。两宋诸学分斋建制，通常以三十人为一斋。每斋均设斋长、斋谕。斋谕佐斋长管理本斋事，为学生做表率、倡导，按斋规五等罚处罚斋生违反规矩的行为，月考斋生行、艺，登记在籍等等，职事与斋长同。斋谕由学生充，为职事人。"② 由此可知，斋谕在宋代学校中可以称作最为"基层"的职事人，完全由学生充任。此外，学录、学正、学谕、直学等多数情况也由学生担任来协助教学。③

而至元代，学录、学正、直学等已正式纳入到学官体系之中，斋谕则仍作为职事人之一在路、府、州、县学及书院中被继承下来：

> 省府：除外，今将拟定设各名员数开坐前去，合下仰照验

---

① 刘琳、刁忠民、舒大刚、尹波等点校：《宋会要辑稿·职官》二八"国子监"，上海：上海古籍出版社，2014年，第3764页。

② 龚延明：《宋代官制辞典·五监、国子监门》，北京：中华书局，1997年，第359页。

③ 袁征：《宋代教育——中国古代教育的历史性转折》，广州：广东高等教育出版社，1991年，第199～200页。

施行。总管府：教授二员，钱粮官二员，学录、学正各二员，斋长、谕各一员。散府：教授二员，钱粮官一员，学录、学正各一员，斋长、谕各一员。书院：山长二员，钱粮官一员，学录、学正各一员，斋长、谕各一员。县学：教谕二员，钱粮官一员，斋长、谕各一员。①

这是至元十九年中书省札付的节选内容。该件札付发出的背景乃是当时学官"职员数"的冗滥问题，故基本确定了各级学官职员的名数。但关于"斋谕"、"斋长"等职事人是否属于学官体系，并未明确。但随着元朝在此基础上进一步完善学官晋升体系，特别是至元二十一年"省部定到格例"②的定型，相关问题便基本明确：

至元二十一年二月呈准中书省付札：腹里儒学教官例：……江淮儒学，各路拟设教授一员，学正一员，学录一员，直学二员，散府、诸州并各处书院拟设教授一员，学正一员，学录一员，直学一员，各县拟设教谕一员。上项合设教授祗受敕牒，学正受行中书省札付，学录、教谕拘该行中书省亲临路分拟受本省札付。外据宣慰司所辖去处，并受本司付身。直学于本学在前执事人内，保选性行端方、才干通敏者，止从本路出给付身勾当。散府、诸路并各处书院教授有阙，各处学正一考之上者升补，直学于本学在前执事人内，选保性行端方、才干通敏者充，依例体覆申呈。未有阙员，依旧勾当。③

---

① 《庙学典礼（外二种）》卷一《郡县学院官职员数》，第 17 页。

② 《庙学典礼（外二种）》卷六《山长改教授及正录教谕格例》。关于该格例的单独文书，现在史料未见。但后世大凡涉及学官整顿的条例、文书，大多引用该年所定格例。至元二十五年"学官格例"开头即明言："至元二十一年翰林国史、集贤院例，甚为详备，若准所呈，似为长便，仰与集贤院一同议拟呈省。"参见《庙学典礼（外二种）》卷二《学官格例》，第 38 页。

③ 《庙学典礼（外二种）》卷六《山长改教授及正录教谕格例》，第 137 页。

其中明确规定："直学，于本学在前执事人内选保性行端方、才干通敏者充。"① 而不同学官间的晋升途径也基本定型为："直学—教谕、学录—学正、山长—州、府学教授—路学教授。"②

由此可以认为，同宋代的情况不同，对于元代底层的儒人来说，直学可以视作其踏入学官的起点。而"斋谕"、"斋长"等职事人尽管并不属于正式的学官体系，但又是直学保举的重要来源。或可将其视为准学官。对此，《南村辍耕录》的记载可以作为佐证："凡学官朔望讲说，乃礼之常。所属上司官或省宪官至，自教授、学官暨学宾、斋谕等皆讲说一书。然儒生未达时宜，往往迂意多矣。"③ 上司前来视察，学官讲书，理属应当，而"学宾、斋谕等"亦被一体视之。

另检核现存地方志所收录元代碑刻资料，亦有数则可佐证斋谕作为准学官在元代地方学校中的地位。其一，河北真定路三通碑刻《真定路加葺宣圣庙碑》、《真定路学乐户记》、《井陉县增修庙学记》④ 皆在碑阴详细开列参与修庙、立碑者名单。其中诸学官顺序皆为斋谕（斋长）、直学、学录、教授等，尤其《真定路加葺宣圣庙碑》中更是分诸斋详细胪列斋长、斋谕等职事官以及诸生员，极为珍贵。其二，湖南郴州路永兴县《飞鹅砦碑》中亦提及"至正二十二年六月朔，邑人乡贡进士陈瀚记，乡贡进士汪云书，县学斋谕楚大（天）俊篆额"⑤。斋谕作为县学准学官头衔同乡贡进士一般皆可正式出现在地方碑刻之上，亦即，斋谕在地方社会中也可视作

---

① 《元典章》卷九《吏部三·官制三·教官·正录教谕直学》亦有相同记载。
② 前揭陈高华《元代的地方官学》，第 171 页。
③ 陶宗仪：《南村辍耕录》卷三〇《学宫讲说》，北京：中华书局，1959 年，第 377 页。
④ 沈涛：《常山贞石志》卷二〇《真定路加葺宣圣庙碑》，《石刻史料新编》影道光二十二年刊本，第 13526 ～ 13527 页；卷二二《真定路学乐户记》，第 13557 页；卷二四《井陉县增修庙学记》，第 13601 页。
⑤ 光绪《永兴县志》卷四九，《中国地方志集成》影光绪九年刻本，第 608 页。

某种身份的象征。其三，浙江处州路《丽水县学教官题名碑》在碑铭最后记载："延祐丙辰十一月庚申，天台郏士凯记，处州路儒学教授旷奎书，承务郎处州路丽水县尹兼劝农事侯□题额。训导商天佑，学宾郑泽孙，斋长王梦虎、王必捷、吴彦秀、姜德秀，斋谕祝立祖、杨惟佑，直学张国宝、陈嗣宗、祝大明等立石，学吏姜德泽眠工。"①尽管此处并未如真定路诸碑刻完全反映元代定型后的学官顺序，但斋谕作为准学官同县尹、教授一同厕身于地方名望的地位是显而易见的。

　　正是由于上述元代"斋谕"等职事人在学官体系中的准学官地位，故而本件文书中刘文新在请求确认其儒户身份的同时，并"告乞承袭"其父作为"职事人"的斋谕。对此，徽州路总管府下达文书明确："刘文新依例承袭斋谕肄业施行。"同时亦如文书所明示，其父刘福龙至元二十六年既已去世，而他在时隔十一年后方才提出确认儒户身份并承袭斋谕肄业的申请。如果不从上述学官的晋升体系中寻求线索，实难对此加以理解。

三

　　由上基本可以明确，刘福龙去世前的身份即是休宁县学斋谕，而其子刘文新于大德五年申请承袭的也是斋谕身份。但收录该件文书的明嘉靖时期的《休邑敉宁刘氏本支谱》中对二人则一致记载刘福龙为徽州路学教授，刘文新为休宁县学教谕，与其本来的斋谕身份有不小的距离。②不仅如此，遍检元代乃至明初徽州特别是休宁相关文人文集，《乐耕刘处士传》所谓"名卿巨儒有若朱文公、方虚谷、提举胡云峰、倪道川、侍郎朱大同、春坊汪仲鲁、赵东山辈"③

---

① 光绪《处州府志》卷二六《艺文志·金石·元》，《中国地方志集成》影光绪三年刻本，第961页。

② 如《休邑敉宁刘氏本支谱》卷二《十一世刘福龙小传》和《十二世刘文新小传》，叶2、叶3；《休邑敉宁刘氏本支谱》卷九《乐耕刘处士传》，叶1等。

③ 《休邑敉宁刘氏本支谱》卷九《乐耕刘处士传》，叶1。

所留存的文献，皆未见刘福龙、刘文新的记载。

　　同时诸如保存宋元以来徽州地方较为重要的文献《新安文献志》、《弘治徽州府志》等亦未见著录。甚至《新安名族志》记载休宁刘氏亦仅及凤湖刘氏，且极简略。[①] 相较之下，《休宁名族志》则着重记载了邑前和籹宁刘氏，并且提及："十一传曰福龙，徽州路教授，始居籹宁坊。子曰文新，国初本学教谕，习父儒教，文业立身。"[②] 其中关于刘文新明初为"本学（休宁县学）教谕"的记载与《休邑籹宁刘氏本支谱》中所记皆有所不同，但进一步检核汇集休宁历代职官较丰富的《道光休宁县志》所载元明教谕人员名单[③]，亦未见其名姓。

　　此外，除却收录《儒户帖文》的《休邑籹宁刘氏本支谱》外，现存有另一部亦成于嘉靖三十七年的《休宁邑前刘氏族谱》。前文曾提及，《休邑籹宁刘氏本支谱》前收有虞集作于至大四年（1311）和朱升作于洪武三年（1370）的谱序。而《休宁邑前刘氏族谱》则收有刘侣作于大德六年（1302），虞集作于致和元年（1328）以及汪克宽作于至顺三年（1332）的谱序。尽管两谱所收虞集、汪克宽、朱升诸人序文在相关文集中失载，但基本可信。如虞集致和元年所撰《休宁邑前刘氏族谱序》中明确提及，编者刘侣通过中介者认识虞集并请其作序的详细情况，不似作伪。这就是说，至迟在大德六年元代休宁刘氏（籹宁、邑前）应当分别断续纂修过家谱，而再根据《儒户帖文》中所反映的刘福龙、刘文新的情况，当初修谱之时，刘文新应当仍然在世。其中关于刘福龙父子的记载不应当如现存嘉靖年间两谱般出现如此之大的偏差。

①　戴廷明、程尚宽等撰：《新安名族志》后卷"刘"条，朱万曙等点校，合肥：黄山书社，2007年，第549～550页。

②　曹嗣轩编撰：《休宁名族志》卷三"刘"条，胡中生、王亹点校，第605页。

③　道光《休宁县志》卷七《职官·题名》，《中国地方志集成》影道光三年刻本，第118、122页。

　　对此，一般理所当然的考量应该是谱牒纂修者普遍为美饰其祖先而故意曲笔为之。特别是综观现存两谱所载宋元以后休宁刘氏（粏宁、邑前）家族中人物，其中极少显宦者，绝大多数皆以"处士"记之，故而对作为元代休宁粏宁的始迁祖的刘福龙、刘文新二人则特书之。这或许也是《休邑粏宁刘氏本支谱》于谱前收录唯一一件刘文新承袭文书的重要原因。

　　但是，如果考虑到斋谕一职在明代地方官学中即不再存续的事实后，或许《儒户帖文》所反映的情况与谱牒记载之间的矛盾便更易理解。"洪武二年，太祖初建国学，谕中书省臣曰：'学校之教，至元其弊极矣。上下之间，波颓风靡，学校虽设，名存实亡。兵变以来，人习战争，惟知干戈，莫识俎豆。朕惟治国以教化为先，教化以学校为本。京师虽有太学，而天下学校未兴。宜令郡县皆立学校，延师儒，授生徒，讲论圣道，使人日渐月化，以复先王之旧。'于是大建学校，府设教授，州设学正，县设教谕，各一。俱设训导，府四，州三，县二。"由此，明初朱元璋对元代的地方学官系统进一步地简化，同时强化了训导的作用。而作为准学官的斋长、斋谕等则不复存在。以明代绍兴府山阴县为例，"诏废直学、斋谕诸职，乃建教谕一人，训导二人"①。而在上节所引收录《丽水县学教官题名碑》的光绪《处州府志》中，清人在该碑后录文的考证中即明言："尚有学宾、斋长、斋谕、直学诸称，惟直学二字见过他碑，余俱未见。皆当时俗称也。"②可见，作为元代地方准学官的斋谕等职事官至明清以后则已鲜为人所知，只能笼统视作"俗称"了。故而，明代中后期在纂修谱牒之际径将斋谕视作教谕也就不足为奇了。

　　综而言之，通过上述《儒户帖文》及相关问题的分析，在具体而微地明确元代儒户继承中至元二十七年抄籍所起到的实际法律效

---

① 嘉靖《山阴县志》卷四，《上海图书馆藏稀见方志丛刊》影嘉靖二十二年修三〇年刻本，第 729 ～ 730 页。

② 光绪《处州府志》卷二六《艺文志·金石·元》，第 962 页。

力的同时，也更为清晰地展现了作为职事人、准学官之一的斋谕在元代地方学官，乃至地方社会中的地位。特别是通过明清以后对斋谕认识的概析，更加凸显了《儒户帖文》作为元代地方文书的重要价值。

"国史兴丧是吾职":元好问修史研究三题

邱靖嘉

元好问字裕之,号遗山,[①] 是金元之际的北方文坛领袖,被誉为"一代宗匠"。[②] 因其盛名,故自清代以来,关于元好问的研究便是文史学界的一个热点,不仅有多人为其修纂年谱[③],编写

① 元好问生平,详见郝经《郝文忠公陵川文集》卷三五《遗山先生墓铭》,《北京图书馆古籍珍本丛刊》影印明正德二年李瀚刻本,北京:书目文献出版社,1998 年,第 91 册,第 788 ～ 789 页;《金史》卷一二六《元好问传》,北京:中华书局,1997 年,第 2742 ～ 2743 页。

② 徐世隆《遗山先生文集序》云:"窃尝评金百年以来得文派之正而主盟一时者,大定、明昌则承旨党公(怀英),贞祐、正大则礼部赵公(秉文),北渡则遗山先生一人而已。"(《四部丛刊》本,叶 1b)"一代宗匠"之誉出自郝经撰《遗山先生墓铭》。

③ 施国祁:《元遗山诗集笺注》卷首《元遗山全集年谱》,北京:人民文学出版社,1989 年;余集:《遗山先生年谱略》一卷,《北京图书馆藏珍本年谱丛刊》影印清道光十年刻《得月簃丛书》本,北京:北京图书馆出版社,1999 年,第 35 册;凌廷堪:《元遗山先生年谱》二卷,《北京图书馆藏珍本年谱丛刊》影印清道光二十九年泾县潘芸阁刻《校礼堂全集》本,第 35 册;翁方纲:《元遗山先生年谱》三卷、附录一卷,《北京图书馆藏珍本年谱丛刊》影印清道光、光绪南海伍氏刻《粤雅堂丛书》本,第 34 册;李光廷:《广元遗山年谱》二卷,《北京图书馆藏珍本年谱丛刊》影印清同治五年番禺李氏自刻本,第 35 册;缪钺:《元遗山年谱汇纂》,《国风》(半月刊)第 7 卷第 3、5 期,1935 年 10、12 月,见姚奠中编、李正民增订《元好问全集》附录五,太原:山西古籍出版社,2004 年,下册;狄宝心:《元好问年谱新编》,中国文联出版社,2000 年。

传记 ①，而且还有十分丰硕的研究论著 ②。这其中，学者们除推崇元好问的文学成就之外，亦对其史学贡献颇津津乐道。元好问于金末尝为权国史院编修官，后金亡不仕，"以著述自任"，秉承"国亡史作，己所当任"的传统史家精神，立志编纂金史，并曾通过顺天万户张柔向蒙古朝廷奏请开馆修史，却因人谏阻而作罢，好问遂愤而隐居"野史亭"径自编修，"凡金源君臣遗言往行，采撷所闻，有所得辄以寸纸细字为记录，至百余万言"。③ 不过，元好问的这部《金史》最终未能修成，但他留下了《中州集》、《壬辰杂编》等多种著作，保存了大量金朝史料，成为后来元末修《金史》的重要文献来源。对此有关元好问的各种传记作品均有浓墨重彩的叙述，同时亦有不少学者专门针对元好问的修史过程及其史学成就做过考证研究。④ 尽管前人所做的这些工作已基本梳理出元氏修金史的大致经

---

① 吴天任、荔庄：《元遗山评传》，见朱传誉编《元好问传记资料》，台北：天一出版社，1982 年，第 3 册；郝树侯、杨国勇：《元好问传》，太原：山西人民出版社，1990 年；郭杰：《元好问》，沈阳：春风文艺出版社，1999年；刘明浩：《元好问传》，北京：东方出版社，1999 年；朱东润：《元好问传》，《朱东润传记作品全集》第 3 卷，上海：东方出版中心，1999 年；钟屏阑：《元好问评传》，台北：文津出版社，1999 年。

② 相关研究综述参见李正民《元好问研究论略》，北京：社会科学文献出版社，1999 年；狄宝心《20 世纪以来的元好问研究》，《山西大学学报》第 28 卷第 1 期，2005 年，第 78～83 页。

③ 《金史》卷一二六《元好问传》，第 2742～2743 页。

④ 藤枝晃「『金史』ご元遗山」，『征服王朝』，秋田屋，1948 年，第 55～118页；续琨：《元遗山研究》，台北：中华书局，1974 年；李冠礼：《诗人元遗山研究》，台北：正中书局，1977 年；张博泉：《元好问与史学》，《晋阳学刊》，1985 年第 2 期，第 92～98 页；王德毅：《元好问的生平及其史学》，《纪念元好问八百年诞辰学术研讨会论文集》，台北：文史哲出版社，1991 年，第 19～39 页；孟繁举：《元好问与金源史学》，原载台北《山西文献》第 37 期，1990 年，收入《忻州文史资料》第 6 辑，中国人民政治协商会议山西省忻州市委员会文史资料研究委员会编，1990 年 8 月，第 80～86 页；辛一江：《元好问在元初的文化活动》，《文学遗产》1994 年第 5 期，第 87～94 页；周宝荣：《略论元好问的史学成就》，《史学月刊》1995 年第 4 期，第 65～72 页；萨兆沩：《元好问在金代灭亡以后的活动历程》，《北京行政学院学报》2001 年第 6 期，第 80～84 页。

•

过，但对其中的某些细节问题存在一些误解。例如，元好问与张柔的关系如何，张柔取金实录是出于元好问的建议吗？元好问著述之"野史亭"究竟是什么样的场所，建于何时何地？尤其需要讨论的是，旧传元好问奏请修史"为武安乐夔所沮而止"，但事实果真如此吗？鉴于以上这些疑点，我们有必要对元好问修金史之事重新加以考察，以期发前人未发之覆。

一、元好问与张柔关系辨析

元好问，金太原秀容（今山西忻州）人，生于明昌元年（1190），师从郝天挺，登金宣宗兴定五年（1221）进士第。哀宗正大初，授儒林郎、权国史院编修官，①这段史职经历乃其修史生涯之肇端。后好问擢尚书都省掾，虽落史职，但仍忧心史事。天兴元年（1232），汴京被蒙古军围困，哀宗欲出城避敌，②好问时任东曹都事，"知舟师将有东狩之役，言于诸相，请小字书国史一本，随车驾所在，以一马负之。时相虽以为然，而不及行也"③。其所谓"小字书国史"，是建议将史馆所藏金朝诸帝实录择要节编为一部"国史"，以小字抄写，便于随皇帝车驾马驮转运，从而保存这批重要的历史文献。由此可见，早在金亡之前，好问即有力存国史之心，但由于当时军事形势紧迫，此议最终未能实行。

此后不久，崔立之变，汴京沦陷，蔡州城破，金朝灭亡，元好问痛心不已。一方面，他为国家丧乱而无比悲愤，其《甲午除夜》诗即谓"神功圣德三千牍，大定明昌五十年。甲子两周今日尽，空将衰泪洒吴天"④。另一方面，他最为揪心的则是简册散佚，国史无

---

① 元好问：《遗山先生文集》卷三三《吏部掾属题名记》末署"正大二年五月日儒林郎、权国史院编修官元某记"（《四部丛刊》本，叶 4a）。同书卷三七《太原昭禅师语录引》亦称"正大初，予在史馆"（叶 15a）。

② 《金史》卷一八《哀宗纪下》天兴元年十二月甲申，"诏议亲出"。乙酉，"再议于大庆殿"。庚子，"上发南京"（第 395 页）。

③ 《遗山先生文集》卷三七《南冠录引》，叶 9b。

④ 《遗山先生文集》卷八《甲午除夜》，叶 17a。

存。其所作《故金漆水郡侯耶律公（贞）墓志铭》云：

> 呜呼！世无史氏久矣。辽人主盟将二百年，至如南衙不主
> 兵，北司不理民，县长官专用文吏，其间可记之事多矣。泰和
> 中诏修《辽史》，书成寻有南迁之变，简册散失，世复不见。今
> 人语辽事，至不知起灭凡几主，下者不论也。《通鉴长编》所
> 附见及《亡辽录》、《北顾备问》等书，多敌国诽谤之辞，可尽
> 信邪。正大初，予为史院编修官，当时九朝实录已具，正书藏
> 秘阁，副在史院，壬辰喋血之后，又复与辽书等矣，可不惜
> 哉。故二三年以来，死而可书，如承旨子正、中郎将良佐、御
> 史仲宁、尚书仲平、大理德辉、点检阿散、郎中道远、右司
> 元吉、省讲议仁卿、西帅杨沃衍、奉御忙哥、宰相子伯详，节
> 妇参知政事伯阳之夫人、长乐妻明秀、孝女舜英，予皆为志
> 其墓。夫文章天地之元气，无终绝之理。他日有以史学自任
> 者，出诸公之事，未必不自予发之，故不敢以文不足起其事为
> 之辞。①

此文盖作于天兴三年金朝亡国之初②，元好问痛诉道，辽朝立国二百
余年，可记之事颇多，然金泰和中所修陈大任《辽史》因贞祐南迁
而散失，以致后人对辽代史事茫然无知，如今金朝官修的诸帝实录
历经壬辰（1232 年）兵燹，又面临与《辽史》同样的命运，散佚不
存，"可不惜哉"。因此在壬辰后的二三年间，好问凡遇"死而可书"
的金朝名臣、节妇，他皆为其撰写墓志，不敢推脱，以期为他日
"以史学自任者"编纂金史提供一手数据。据此可知，元好问自金朝

---

① 苏天爵：《国朝文类》卷五一元好问《故金漆水郡侯耶律公墓志铭》，《四部
　丛刊》本，叶 2a～2b。
② 狄宝心：《元好问文编年校注》卷四《故金漆水郡侯耶律公墓志铭》，北京：
　中华书局，2012 年，上册，第 346 页。

覆亡前夜起即已怀有强烈的修史意识。①

　　从上引这篇墓志铭来看，元好问在写作之时以为"简册散失"，国亡史灭，故而感到痛心疾首，实不知蒙古军入汴，金实录为汉人世侯满城帅张柔所获，并未亡佚。不过，很快元好问就得知了这一消息，在同年所撰《南冠录引》一文中，他即已明确提到"崔子之变，历朝实录，皆满城帅所取"②。次年，好问《学东坡移居》诗八首之六有"国史经丧乱，天幸有所归"句③，表露出对金实录幸免于难、有所归属的一丝宽慰。

　　张柔本为河北地方武装首领，金末累迁为中都留守、行元帅府事，后兵败降蒙，授河北东西等路都元帅，一度徙治满城。壬辰年，随蒙古军渡河伐金，围困汴京。次年，汴京守将崔立发动政变，举城降。史载，此时蒙军诸将入城争取金缯，惟张柔"独入史馆，收金实录、秘府图书"④。其具体卷帙数目亦有相关文献记载，元《经世大典·张柔传》谓"柔收金实录，自始祖至宣宗共四百七十二帙"，⑤囊括了金朝修成的十部诸帝实录。

　　那么，张柔为何独具慧眼，"于金帛一无所取"，而在第一时间收取金实录等图书文献呢？清代学者施国祁认为此举与元好问有关：

　　　　按汴京既下，居民四出，名族皆自拔归。先生眷属不独早为耶律理索，而已缘毛夫人家与蒙古满城帅有连，先生与之为

---

① 缪钺：《元遗山年谱汇纂》谓"观此文可见先生倦念国史，恐其零落，表扬忠义，以备后世修史者之资藉"（《元好问全集》附录五，下册，第1420页）。
② 《遗山先生文集》卷三七《南冠录引》，叶9b。按此文亦作于金天兴三年，当在《故金漆水郡侯耶律公墓志铭》之后。
③ 《遗山先生文集》卷二《学东坡移居八首》之六，叶4b。
④ 苏天爵：《元朝名臣事略》卷六《万户张忠武王》引王鹗《张柔墓志》，姚景安点校，北京：中华书局，1996年，第95～98页；《元史》卷一四七《张柔传》，北京：中华书局，1983年，第3471～3474页。
⑤ 文廷式辑：《经世大典·张柔传》，《罗氏雪堂藏书遗珍》影印清抄本，中华全国图书馆文献缩微复制中心，2001年，第7册，第378页。

宗盟之僚婿，其家必为万户张柔所扶护而出。且柔之独取亡金
实录亦当阴受先生指，虽事不概见，皆无可疑者。①

施国祁指出，张柔与元好问有姻戚关系，故张柔取金实录乃是出于
元好问暗中指点。此说影响很大，今人有关元好问的研究大多袭取
其说，② 但笔者对这一说法颇为怀疑，当时张柔与元好问的关系是
否真的如此亲密，好问有无可能劝说张柔，其实是有待检讨的一个
问题。

首先需承认的是，张柔与元好问确实攀得上一些姻亲关系。张
柔夫人毛氏，其父毛伯朋，原出临清毛氏，两宋之际迁居大名。③ 元
好问原配张氏，卒于金正大八年（1231）④，后再娶榷货司提举毛端卿
之女。⑤ 毛端卿与大名毛氏系同宗，元好问在汴梁时，端卿与毛伯朋
之弟毛仪"通谱牒，相好善已数十年"，故好问称张柔妻为"姨"，自
称"侄婿"。⑥ 施国祁谓好问与张柔乃"宗盟之僚婿"即缘于此。

不过，尽管元好问与张柔二人之妻族确为远表亲，但这并不足
以说明好问一定会通过毛氏妇家与张柔有什么联系，毕竟两者之间
的姻戚关系是十分疏远的。事实上，张柔与元好问，一为蒙古军将
领，一为居守汴梁的金朝命官，在蒙古军入汴之前，两人活动并无

① 施国祁：《元遗山诗集笺注》卷首《元遗山全集年谱》，第 51～52 页。

② 如续琨《元遗山研究》谓"遗山劝张柔取金实录保全国史第一手数据，其
为伟功"（第 136 页），李长生《元好问研究》认为施国祁的上述判断"合
情合理"（台北：文史哲出版社，1979 年，第 14 页）。据笔者所见，仅日本
学者藤枝晃对施氏之说提出过质疑（「『金史』ご元遗山」，第 66 页）。

③ 《郝文忠公陵川文集》卷三五《广威将军潞州录事毛君墓志铭》、《公夫人毛
氏墓铭》，第 793—799 页。

④ 《遗山先生文集》卷二五《孝女阿秀墓铭》谓好问第三女阿秀生于兴定三年
（1219），"年十三，予为南阳令，其母张病殁"（叶 10b），当在正大八年。

⑤ 毛端卿，彭城人，详见元好问《中州集》辛集第八"毛提举端卿"小传，
北京：中华书局，1959 年，第 428 页。

⑥ 《遗山先生文集》卷四〇《毛氏家训后跋语》，叶 13a～14a。参见《元好问
文编年校注》卷五，中册，第 1099～1101 页。

任何交集，无由得见，亦无迹象表明他们有何书信往来。天兴二年崔立以汴降，四月二十日蒙古军入城，① 二十二日元好问曾向主持降城事的中书令耶律楚材上书举荐贤才②，二十九日好问出京北渡③，随被掳之人一并押往聊城羁管，其间有无与张柔接触，不得而知，但可以肯定的是，好问并未为张柔"扶护而出"。当时张柔命其妻弟毛居仁"举夫人族属之留汴梁者北归，令群从安居鸡水之上"④，其中并无元好问及其妻毛氏。

据笔者判断，元好问"阴受"张柔取金实录的可能性不大。最直接的证据就是，上引《故金漆水郡侯耶律公墓志铭》明确表达出元好问对于史册流散的痛惜之情，试想若他曾授意张柔取史馆图书，则应不会作此感慨，后来当他得知金实录下落，遂转悲为喜，呼曰"国史经丧乱，天幸有所归"，从中我们可以体会到其心情的变化。其实，元好问真正见到张柔是很晚的事情。灭金之后，张柔升万户，驻于顺天。蒙古海迷失后元年（1249）冬，好问自燕京还，至顺天，受到张柔幕府的殷勤接待。⑤ 在此期间，他首次面见张柔夫人毛氏，并奉命为其父撰写了《潞州录事毛君墓表》，又作《毛氏家训后跋语》。元好问大概利用此次机会方得以面晤张柔，此后连续两年，好问皆造访顺天，与张柔维持了良好的关系，先后为其撰写《顺天府营建记》及《顺天万户张公勋德第二碑》⑥，

---

① 刘祁：《归潜志》卷一一《录大梁事》，崔文印点校，北京：中华书局，2007年，第130页。

② 《遗山先生文集》卷三九《癸巳岁寄中书耶律公书》，叶1a～3a。

③ 《遗山先生文集》卷八《癸巳四月二十九日出京》，叶14b～15a；卷一二《癸巳五月三日北渡三首》，叶5a～5b。

④ 《遗山先生文集》卷二八《潞州录事毛君墓表》，叶20b。

⑤ 《遗山先生文集》卷四〇《毛氏家训后跋语》云："己酉（1249）冬，某自燕还，幕府馆客勤甚。"（叶13b）

⑥ 《遗山先生文集》卷三三《顺天府营建记》，叶11a～15b；卷二六《顺天万户张公勋德第二碑》，叶10b～20a。按前者作于海迷失后二年（1250）秋七月，后者作于宪宗元年（1251）冬，此二文皆张柔副将贾辅授意元好问所作。

赞颂张柔功德①，从而为元好问借观金实录，并通过张柔奏请朝廷修史创造了契机（说详下文）。

综合以上分析来看，施国祁所谓元好问"阴受"其僚婿张柔收取金实录之说当属臆想，殊为可疑。在金末之时，元好问与张柔恐素未谋面，关系疏远，且好问离京事发仓促，不大可能与张柔有什么钩连。至于张柔入汴，为何独取金实录及秘府图书，盖另有缘由。

二、野史亭著史考略

上文提到，自天兴元年壬辰兵乱始，元好问已预见到金朝历史文献将面临"简册散失"的厄运，甚为忧虑，并表现出强烈的修史意识，且身体力行，着意为金朝名臣、节妇撰写碑志，以备将来纂修国史。不过，说到元好问个人的史著编修，还应从他于聊城拘管期间撰作《中州集》及《南冠录》谈起。

元好问《中州集序》云：

> 商右司平叔（衡）尝手抄《国朝百家诗略》，云是魏邢州元道（道明）所集，平叔为附益之者，然独其家有之，而世未之知也。岁壬辰，予掾东曹。冯内翰子骏（延登）、刘邓州光甫（祖谦）约予为此集。时京师方受围，危急存亡之际不暇及也。明年，留滞聊城，杜门深居，颇以翰墨为事，冯、刘之言日往来于心。亦念百余年以来，诗人为多，苦心之士，积日力之久，故其诗往往可传。兵火散亡，计所存者才什一耳，不总萃之，则将遂湮灭而无闻，为可惜也。乃记忆前辈及交游诸人之诗，随即录之。会平叔之子孟卿，携其先公手抄本来东平，因得合予所录者为一编，目曰《中州集》，嗣有所得，当以甲乙

---

① 全祖望《鲒埼亭集外编》卷三一《跋遗山集》云："惟是遗山以求修史之故，不能不委蛇于元之贵臣，读其碑版文字有为诸佐命作者。"（《清代诗文集汇编》影印清嘉庆十六年刻本，上海：上海古籍出版社，2010年，第303册，第336页）

次第之。十月二十有二日，河东人元好问裕之引。①

该序交代了此书编辑之缘起。金末，魏元道原编、商衡增补的《国朝百家诗略》仅有手抄稿本，藏于商衡家，世所罕见，故天兴元年冯延登、刘祖谦约请元好问重编一部金人诗集，但因时值国家危亡之际而无暇顾及。至次年，好问羁居聊城（属金山东西路东平府），方得以专事翰墨，念及冯、刘之言，感怀百余年来诸多金人诗作亡于兵火，今"存者才什一"，若不编集，将湮灭无闻，遂"记忆前辈及交游诸人之诗，随即录之"，并与商衡子孟卿家传之《国朝百家诗略》抄本合为一编，题为《中州集》。此书虽为金代诗词总集，但好问却"意在以诗存史"②，所录二百五十余位金人诗作，"其例每人各为小传详具始末"③，从而保存了有关这些人物生平履历的基本数据，对元末编修《金史》具有重要的史料价值。④此书后于蒙古海迷失后元年，在真定提学赵国宝的资助下得以锓板刊行⑤，流传较广。

《南冠录》乃是元好问于天兴三年金亡之后所作。此书是在其自编家世谱牒《千秋录》的基础上，附载金朝史事而成。其自序云：

①　元好问：《中州集》卷首《中州鼓吹翰苑英华序》，第 1 页。引文中括号内容为小注。按此文即作于天兴二年（1233）十月二十二日。
②　《四库全书总目》卷一六六《遗山集》提要，北京：中华书局，2008 年，第 1421 页。
③　《四库全书总目》卷一八八《中州集》提要，第 1706 页。
④　参见 Hok-Lam Chan, "YüanHao-wen and His Chung-chou Chi（元好问及其《中州集》）", *the Historiography of the Chin Dynasty：Three Studies*（金史编纂研究三题）, Wiesbaden：Franz Steiner Verlag GMBH, 1970, pp.67-94. 张博泉、程妮娜、武玉环《〈中州集〉与〈金史〉》，《辽金史论集》第三辑，北京：书目文献出版社，1987 年，第 261 ～ 278 页。
⑤　张德辉：《中州集后序》，孔凡礼编《元好问资料汇编》，北京：学苑出版社，2008 年，第 25 页。按张德辉序原载日本五山版《中州集》卷首（见杨守敬《日本访书志》卷一三《中州集》，《续修四库全书》影印清光绪邻苏园刻本，上海：上海古籍出版社，2002 年，第 930 册，第 693 ～ 694 页）。

"先祖铜山府君，正隆二年赐出身。迄正大之末，吾家食先朝禄七十余年矣。……百年以来，明君贤相可传后世之事甚多，不三二十年，则世人不复知之矣。予所不知者，亡可奈何；其所知者，忍弃之而不记耶。故以先朝杂事附焉，合而一之，名曰《南冠录》。"① 由此可见，元好问家族起于金代，对先朝故国有很深的情感，他在文中再次抒发了对百年国史世人将不复知的忧虑之情，并利用修《千秋录》的机会，尽可能将其所知"先朝杂事"记录下来，传之后世。且有诗曰"我作《南冠录》，一语不敢私。稗官杂家流，国风残妇诗"②，说明其史料采择范围包括稗官杂言及民间歌谣，搜罗较广。然而可惜的是，此书在元代即已失传，后未能为修《金史》所用。

不过，无论《中州集》，还是《南冠录》，元好问只是借着他书之机附记史事，尽力保存一些金朝史料，以待"他日有以史学自任者"，当时可能还没有亲自编纂一部《金史》的打算，这一想法应是此后逐渐形成的。《金史》本传对元好问的修史经过有一段比较详细的记述：

> 晚年尤以著作自任，以金源氏有天下，典章法度几及汉、唐，国亡史作，己所当任。时金国实录在顺天张万户家，乃言于张，愿为撰述，既而为乐夔所沮而止。好问曰："不可令一代之迹泯而不传。"乃构亭于家，著述其上，因名曰"野史"。凡金源君臣遗言往行，采摭所闻，有所得辄以寸纸细字为记录，至百余万言。今所传者有《中州集》及《壬辰杂编》若干卷。③

这段记载本自郝经所撰《遗山先生墓铭》④，然文字有所改窜，后人

---

① 《遗山先生文集》卷三七《南冠录引》，叶 9a ～ 9b。
② 《遗山先生文集》卷二《学东坡移居八首》之六，叶 4b。
③ 《金史》卷一二六《元好问传》，第 2742 ～ 2743 页。
④ 按郝经《遗山先生墓铭》有《陵川集》与大德碑两个版本，内容有所不同，说详下文。

多据此论说元好问之史学，或有误解之处。① 笔者拟结合元好问诗文及其活动经历，对其修史始末重新做一梳理。

据上引《元好问传》，好问开始系统搜集金源君臣史料，构筑"野史亭"私著金史，乃是在向张柔表达修史意愿却为乐夔所阻之后的事情，并称其"晚年尤以著作自任"。然郝经《遗山先生墓铭》仅谓元好问"每以著作自任，以金源氏有天下"云云②，未言"晚年"，而且《墓铭》有关好问奏请撰述修史为人阻拦的说法也与《金史》本传有所出入，其中存有很大疑点，留待下节讨论。在此先来解释元好问何时开始着手编修金史，以及与"野史亭"相关的一些问题。

关于元好问立志修史之始末，是有线索可稽的。蒙古太宗七年乙未（1235），元好问迁居大名冠氏县，作《学东坡移居》诗八首。一方面，他庆幸"国史经丧乱，犹幸有所归"，金朝实录尚存，但同时，他仍担忧"但恨后十年，时事无人知"，故对著述存史之事十分重视，称"成书有作者，起本良在兹"③，意谓史书编撰自有史家为之，然需诸如元氏《南冠录》这样的书为其提供基本史料。④ 而且是年冬，元好问在冠氏所建新居即取名为"野史亭"，以与同样寄居此地的中原士人相交游，称"我作野史亭，日与诸君期"⑤，其堂号即寓有修史之义。不过，此时元好问尚无意于系统性地编纂金史，他真正开始筹备这项工作乃是十一年己亥（1239）五十岁之时。是

---

① 如郭杰《元好问》等传记，以及孟繁举《元好问与金源史学》（《忻州文史资料》第 6 辑，第 80～86 页）、周宝荣《略论元好问的史学成就》（第 65～72 页）等研究论著，皆据《金史》本传叙述元好问修史事。

② 《郝文忠公陵川文集》卷三五《遗山先生墓铭》，第 788 页。大德碑本同，见胡聘之《山右石刻丛编》卷二九《遗山先生墓铭》，《续修四库全书》影印清光绪二十七年刻本，第 907 册，第 679 页。

③ 皆出《遗山先生文集》卷二《学东坡移居八首》之六，叶 4b。

④ 参见狄宝心《元好问诗编年校注》卷四《学东坡移居八首》，北京：中华书局，2012 年，第 2 册，第 755 页。

⑤ 《遗山先生文集》卷二《学东坡移居八首》之八，叶 5b。

年正月初一，元好问作《己亥元日》诗，其中有"野史才张本，山堂未买邻"句①，指的就是编修金史一事，凌廷堪《元遗山先生年谱》遂据以将《金史·元好问传》所载晚年构野史亭事系于此年。②但其实，这句诗的意思是说金史修纂工作刚刚开展，连修史的山堂都还没有着落，故缪钺言"细玩诗意，盖先生是年始有此意，尚未真从事撰述也"③。这年夏天，元好问挈家回归故乡太原忻州秀容，居于系舟山下④，遂为其修史事业找到了一个合适的场所，从而使好问得以在此后的十余年间专注于金史资料的搜集与整理。

元好问因此前有撰作《中州集》和《南冠录》的基础，编修金史的前期数据准备工作大概进展比较顺利，几年后他在写给友人白华的书信中谈到：

> 向前八月大葬之后，惟有实录一件，只消亲去顺天府一遭，破三数月功，披节每朝终始及大政事、大善恶系废兴存亡者为一书，大安及正大事则略补之。此书成，虽溘死道边无恨矣！⑤

这封书信盖作于蒙古定宗二年丁未（1247）⑥，据元好问言，他在将

---

① 《遗山先生文集》卷七《己亥元日》，叶8a。
② 凌廷堪：《元遗山先生年谱》卷下蒙古太宗十一年己亥五十岁条，《北京图书馆藏珍本年谱丛刊》，第35册，第83～86页。
③ 缪钺：《元遗山年谱汇纂》，《元好问全集》附录五，下册，第1434页。
④ 《遗山先生文集》卷一三《初挈家还读书山杂诗四首》，叶1a～1b。据诗中小注，系舟山原为元好问之父德明读书之所，故赵秉文遂改名为元子读书山。
⑤ 《遗山先生文集》卷三九《与枢判白兄书》，叶3b～4a。
⑥ 按关于此《与枢判白兄书》之系年，各家说法不一。李光廷《广元遗山年谱》卷下定于蒙古太宗十七年乙巳（1245）（第314页），施国祁《元遗山全集年谱》（第57页）及缪钺《元遗山年谱汇纂》（第1453页）皆系于定宗二年丁未（1247），狄宝心《元好问文编年校注》则认为当在定宗元年丙午（1246）（中册，第937页），今从施、缪谱。

其母张太夫人迁葬归乡之后，惟一的心愿就是要亲自前往顺天府张柔宅邸观看金实录，披阅节抄金代"每朝终始及大政事、大善恶系废兴存亡者"，没有实录的卫绍王及哀宗朝事则以他书补之，从而编成一部首尾完赡的《金史》，此书若成，好问死而无憾。由此可见，当时元好问的修史工作已进入到汲取金实录史料的核心阶段。

那么，元好问后来是否如愿成行呢？上文提及，蒙古海迷失后元年己酉（1249）冬，好问自燕京至顺天，馆于张柔幕府，不仅得见张柔夫妇，而且还结识了郝经。郝经家世与元好问颇有渊源，其祖父郝天挺即是好问之师，所以两人一见如故，郝经遂拜好问为师。① 因郝经时为张柔延请担任家塾，教授诸子，并获特许，可随意阅览张柔家中藏书②，其中当然也包括金实录③，故而郝经在与元好问交谈时想必会涉及篡修金史之事，郝经所作《原古上元学士》诗，其中即有"行行野史成，共为天下庆"句④，表达的就是对元好问立志修史的支持和祝愿。在其后的两年间，好问又两度到访顺天，由于他已与张柔建立了良好的关系，又与郝经有师生之谊，遂得以亲阅金实录，并摘抄其内容记载以备修史，元初刘因即尝谓"汴亡，张蔡公（张柔）以金实录归，遗山尝就公誊录"。⑤ 凌廷堪及缪钺所编元好问年谱，均将"往顺天路万户张柔家观金实录"系于蒙古海

① 狄宝心：《元好问与郝氏祖孙的交往与影响》，《忻州师范学院学报》第 23 卷第 1 期，2007 年，第 1～4 页。

② 《元朝名臣事略》卷一五《国信使郝文忠公》引阎复撰《墓志》云："蔡国张公闻其名，延之家塾，教授诸子。蔡国储书万卷，付公管钥，恣其搜览。"（第 294 页）

③ 郝经著述中即有引金实录的内容，见氏著《续后汉书》卷六六中下列传末"议曰"小注，谓《金实录》，太宗获辽主天祚，降封为海滨王，诏曰"云云（《丛书集成初编》本，中华书局，1985 年，第 785 页）。

④ 《郝文忠公陵川文集》卷二《原古上元学士》，第 510 页。

⑤ 刘因：《静修先生文集》卷五《金太子允恭墨竹》诗注，《四部丛刊》本，叶 4a。张博泉先生认为元好问因乐夔所阻，未得亲自钞节金实录（张博泉《元好问与史学》，《晋阳学刊》1985 年第 2 期，第 97 页），此说有误。

迷失后二年庚戌（1250）七月①，狄宝心则系于上年。②但实际上，从己酉至辛亥年（1251），元好问连续三年前往顺天，他参阅金实录究竟是在其中某一次，还是三次皆有，并不清楚，凌、缪、狄诸年谱之系年不一定准确。不过，可以肯定的是，元好问观金实录应当就是这三年之中的事情，此后他再也没有去过顺天府。

元好问曾于顺天期间，通过张柔奏请蒙古朝廷开馆编修金史，后为人所沮而止。此事并未动摇好问修史的志向，反而更加坚定了其欲凭一人之力保存国史的决心。郝经《遗山先生墓铭》记云：

> 先生曰："不可遂令一代之美泯而不闻。"乃为《中州集》百余卷，又为《金源君臣言行录》，往来四方，采摭遗逸，有所得，辄以寸纸细字亲为记录，虽甚醉不忘。于是杂录近世事至百余万言，捆束委积，塞屋数楹，名之曰"野史亭"。书未就而卒。呜呼！先生可谓忠矣。③

这段文字叙述的就是元好问奏请开馆修史计划遇阻之后的情况，由此可见，好问因之更加奋力汇录各种金朝史料，至百余万言，并专心著述，除《中州集》十卷此前业已刊行，郝经所记不确之外，尚编有《金源君臣言行录》，以及这里没有提到的《壬辰杂编》④、《续夷坚志》、《遗山先生文集》等。但十分遗憾的是，至元好问离世时，他倾尽心力编纂的这部《金史》最终未能成书。⑤不过，当时可能

---

① 凌廷堪：《元遗山先生年谱》卷下，第118页；缪钺：《元遗山年谱汇纂》，第1461页。

② 《元好问年谱新编》，第300页。

③ 《郝文忠公陵川文集》卷三五《遗山先生墓铭》，第788页。大德碑本略同，见胡聘之《山右石刻丛编》卷二九《遗山先生墓铭》，第679～680页。

④ 参见陈学霖《元好问〈壬辰杂编〉探赜》，《晋阳学刊》1990年第5期，第82～88页；《〈壬辰杂编〉与〈金史〉史源》，《台湾大学历史学系学报》第15期，1990年，第185～195页。

⑤ 《郝文忠公陵川文集》卷三《获鹿新居哭元遗山》亦称好问"有书未绝笔，有传未卒业"（第515页）。

留下了部分书稿，元余谦称"遗山著述甚富，其所作《金史》纤悉不爽，蔚为一代鸿笔"①，盖指元好问所修《金史》遗稿。另外，好问所汇录的金代史料亦有散出者，王恽所作《诗呈平章公》，有按语曰"《遗山笔录》载梁氏（斗南）家世甚详"云云②，所谓"遗山笔录"应是元好问搜集抄录的部分资料。

以上通过文献考索，对元好问从准备编修到"书未就而卒"的整个修史过程做了大致梳理。若与今本《金史·元好问传》的记载相对照，我们可以发现《金史》记述所存在的一些问题。

其一，《金史》谓元好问"晚年尤以著作自任"，但事实上，好问着手编修金史始于刚过半百之时，此后又历经十八载春秋，称"晚年"稍嫌不确。大概元朝史官在据郝经《遗山先生墓铭》改写本传文字时，误以为好问修史乃是在向张柔奏请撰述而受阻之后，故加"晚年"二字。

其二，《金史》的记载容易对"野史亭"产生误解。其谓元好问"乃构亭于家，著述其上，因名曰'野史'"，这会让人以为好问乃是在四面敞开的亭式建筑中著书修史，后人歌咏元好问，提及"野史亭"大多也是作此解释③，且有人还在忻州韩岩村元好问墓前仿建了一座"野史亭"，以志纪念。④ 然以常理推想，即可知这是不可能的事情。其实，郝经《遗山先生墓铭》已明确交代，好问因"杂录近世事至百余万言，捆束委积，塞屋数楹，名之曰'野史亭'"，可见所谓"野史亭"指的就是其修史著述、储藏数据之屋舍，并不是一座真的亭。清人樊裕发即称元好问"方其搜罗散轶，究心千古，

---

① 《元遗山诗集笺注》卷首元至顺二年余谦《遗山先生文集序》，第8页。

② 《王恽全集汇校》卷二三《诗呈平章公》，杨亮、钟彦飞点校，中华书局，2013年，第3册，第1117页。

③ 如赵怀玉《忻州刺史守愚汪君重修元遗山先生墓》称"乾坤一亭号野史"（《元好问资料汇编》，第244页），孙德谦《金史艺文略》残稿本《金源野史》提要谓"盖言亭以野史为名"（张云整理：《二十五史艺文经籍志考补萃编》第21卷，北京：清华大学出版社，2013年，第151页）。

④ 张南：《野史亭兴废小考》，《忻州文史资料》第6辑，第178～182页。

并当时遗事，尝名斋室曰野史亭"①，言之确也。

此外，据《金史》本传，元好问建野史亭著史，似乎也是向张柔奏请撰述受阻之后的事情。然上文提到，早在蒙古太宗七年，元好问迁居冠氏时，所建寓舍即已名为"野史亭"。其实，已有学者指出，"野史亭"只是元好问著书修史的一个场所而已，它是随着好问栖居之地的变化而随时迁移的。②除其冠氏宅院名"野史亭"外，十一年元好问归秀容家乡，其居所亦称"野史亭"，尝作有《野史亭雨夜感兴》诗。③后宪宗四年甲寅（1254），好问又欲迁往真定获鹿县，并作诗称"明年高筑野史亭，天已安排看山处"④，知其获鹿新居也取名为"野史亭"。可见元朝史臣编撰的《金史·元好问传》记述修金史事多有失实之处，需参照郝经《遗山先生墓铭》及元好问诗文仔细辨别。

最后，还需附带解释一个困扰杨家骆先生的疑问：所谓"野史"究为"亭"名？抑为书名？⑤既然元好问居所名为"野史亭"，故"野史"为"亭"名，自不待言。那么，它是否又是好问所修史书之名呢？笔者认为这种可能性很大。在元好问自己的诗文及其好友诗作中，提及元氏的金史编修工作，均称其为"野史"。如上引元好问《己亥元日》诗即有"野史才张本，山堂未买邻"句，郝经《原古上元学士》诗亦谓"行行野史成，共为天下庆"。另外，好问所作《小紫玉池砚铭》，以其自用之砚墨打趣，称"子孙保之，他日知野史之

---

① 樊焕章辑：《元遗山志》卷一樊裕发《元遗山诗集说》，国家图书馆藏清光绪三年刻本，叶9b。

② 郝树侯、杨国勇：《元好问传》，第169页；狄宝心：《元好问诗编年校注》卷五《鹿泉新居二十四韵》，第3册，第1462页。

③ 《遗山先生文集》卷二《野史亭雨夜感兴》："私录关赴告，求野或有取。秋兔一寸毫，尽力不易举。衰迟私自惜，忧畏当谁语。展转天未明，幽窗响疏雨。"（叶23b）按此诗盖为元好问晚年乡居时作，参见狄宝心《元好问诗编年校注》卷五，第3册，第1485页。

④ 《遗山先生文集》卷四《鹿泉新居二十四韵》，叶17a。按此诗系年据《元好问诗编年校注》，第3册，第1462页。

⑤ 杨家骆：《金史识语》，见台湾新校本《金史》卷首，台北：鼎文书局，1995年，第10页。

所自"①，他所说的"野史"即指正在编修中的《金史》。元好问将其书取名为"野史"，乃是与官修正史相对而言的，既然好问著史始终凭借个人之力，终未获朝廷准许，故只好题名"野史"了。元苏天爵撰《金进士盖公墓记》言"予尝读《金野史》"，并征引了其中所记金世宗与太史张浩有关废科举及"自古人君有不用文士者"的问答②，观其内容不像出自民间传闻，而当源出金朝官方记载，今《金史·张浩传》即有相同内容。③据笔者推断，苏天爵读到的"金野史"有可能是流散出来的某种元好问编《金史》的节抄传本，其书名或可印证好问之原题名盖即"野史"。④

三、元好问奏请修史"为武安乐夔所沮而止"事发覆

上引《金史·元好问传》："时金国实录在顺天张万户家，乃言于张，愿为撰述，既而为乐夔所沮而止。"这是元好问在编修金史过程中所遇到的一个重大挫折，对其整个修史计划产生了重要影响。关于此事，古今学者无不信从其说，并未有人质疑。然而据笔者所见，此事颇有蹊跷，其中关节尚待仔细考索。

按《金史》元好问本传的这条记载，本出自郝经《遗山先生墓铭》，而这篇《墓铭》实有两个版本，文字不尽相同。蒙古宪宗七年丁巳（1257）秋九月四日，元好问卒于获鹿寓舍，郝经闻讣，奔走三百里哭祭，并将好问送归家乡秀容安葬，遂作《遗山先生墓铭》。大概是由于元好问生前留有遗言："某身死之日，不愿有碑志也。墓头树三尺石，书曰'诗人元遗山之墓'，足矣。"⑤故郝经此文当时并

---

① 《遗山先生文集》卷三八《小紫玉池砚铭》，叶7b。按此文写作年代不明，盖亦为其晚年作品。

② 苏天爵：《滋溪文稿》卷四《金进士盖公墓记》，陈高华、孟繁清点校，北京：中华书局，2007年，第56页。

③ 《金史》卷八三《张浩传》，第1864页。

④ 苏氏所撰《三史质疑》谓元好问"所述野史、名臣言行录，未及刊行，当访求于其家"（《滋溪文稿》卷二五，第423页），应是建议朝廷于元好问后人家中访求"野史"稿本。

⑤ 魏初：《青崖集》卷五《书元遗山墓石后》，《景印文渊阁四库全书》，台北：（台湾）商务印书馆，1986年，第1198册，第784页。

未刻石，后收入氏著《陵川集》，① 是为这篇《墓铭》的第一个版本（简称《陵川集》本）。四十余年后，大德四年（1300）元好问之子元拊、元振在修缮先茔时，又将郝经原撰的这篇《墓铭》刻碑立石，从而出现了第二个版本（简称大德碑本），此碑至清代已剥蚀碎裂，乾隆五十九年（1794）忻州知州汪本直遂重镌一石②，该原碑录文今见明成化《山西通志》及清胡聘之《山右石刻丛编》。③ 这两个版本的《遗山先生墓铭》虽内容大体一致，但却也存在一些明显的文字差异，某些史事记载详略不同，或互有出入，应当是元拊、元振上石时对郝经原文做了一些增删修改所致。此前学者引及《墓铭》，不大注意两者之间的区别，往往将它们等而视之，且多以大德碑本为准。欲辨明所谓元好问修史为乐夔所沮事之真相，需要首先交代两个《墓铭》文本的差异所在。

表 1 《陵川集》本与大德碑本《遗山先生墓铭》对照表 ④

《陵川集》本	大德碑本
岁丁巳秋九月四日，遗山先生卒于获鹿寓舍。十日，讣至，经走常山三百里，已马舁归葬，爇文酹酒，哭于画像之前而已。先生与家君同受业于先大父，经复逮事先生者有年，义当叙而铭之。	岁丁巳秋九月四日，遗山先生卒于获鹿寓舍。十日，讣至，经走常山三百里，以马舁归葬，爇文酹酒，哭于画像之前而已。先生与家君同受业于先大父，经复远事先生者有年，义当序而铭之。

---

① 《郝文忠公陵川文集》卷三五《遗山先生墓铭》，第 788～789 页。按此《陵川集》刊行于元延祐五年（1318）。明弘治十一年李瀚刻本《遗山先生文集》将此篇《墓铭》收入附录。

② 乾隆五十九年《郡侯汪公捐奉重修元墓记》，见《元陵碑碣石刻》，《忻州文史资料》第 6 辑，第 144～145 页。

③ 李侃、胡谧纂修：《（成化）山西通志》卷一五集文陵墓类《遗山先生墓铭》，《四库全书存目丛书》影印民国二十二年影钞明成化十一年刻本，史部第 174 册，济南：齐鲁书社，1996 年，第 555～556 页；《山右石刻丛编》卷二九《遗山先生墓铭》，第 679～680 页。

④ 《陵川集》本以《郝文忠公陵川文集》为底本，据《遗山先生文集》附录校正；大德碑本以《山右石刻丛编》为底本，据成化《山西通志》校正。

（续表）

《陵川集》本	大德碑本
诗自三百篇以来，极于李杜。其后纤靡滛艳，怪诞癖涩，寖以弛弱，遂失其正。二百余年而至苏、黄，振起衰踣，益为瑰奇，复于李、杜氏。金源有国，士务决科干禄，置诗文不为，其或为之，则群聚讪笑，大以为异。委坠废绝百有余年，而先生出焉。当德陵之末，独以诗鸣，上薄风雅，中规李杜，粹然一出于正，直配苏、黄氏。天才清赡，邃婉高古，沉郁大和，力出意外，巧缛而不见斧凿，新丽而绝去浮靡，造微而神采粲发，杂弄金璧，糅饰丹素，奇芬异秀，洞荡心魄，看花把酒，歌谣跌宕，挟幽并之气，高视一世。以五言雅为正，出奇于长句、杂言，至五千五百余篇。为古乐府不用古题，特出新意以写怨恩者，又百余篇；用今题为乐府，揄扬新声者，又数十百篇，皆近古所未有也。汴梁亡，故老皆尽，先生遂为一代宗匠，以文章伯独步几三十年。铭天下功德者尽趋其门，有例有法，有宗有趣，又至百余首。为杜诗学、东坡诗雅、锦机、诗文自警等集，指授学者。方吾道坏烂，文曜曀昧，先生独能振而鼓之，揭光于天，俾学者归仰，识诗文之正而传其命脉，系而不绝，其有功于世又大也。	诗自三百篇以来，极于李杜。其后纤靡淫艳，怪诞癖涩，寖以弛弱，遂失其正。二百余年而至苏、黄，振起衰踣，益为瑰奇，复于李、杜氏。金源有国，士务决科干禄，置诗文不为，其或为之，则群聚讪笑，大以为异。委坠废绝百有余年，而先生出焉。当德陵之末，独以诗鸣，上薄风雅，中规李杜，粹然一出于正，直配苏、黄氏。天才清赡，邃婉高古，沉郁太和，力出意外，巧缛而不见斧凿，新丽而绝去浮靡，造微而神采粲发，杂弄金碧，糅饰丹素，奇芬异秀，洞荡心魄，看花把酒，歌谣跌宕，挟幽并之气，高视一世。以五言雅为正，出奇于长句、杂言，至五千五百余篇。为古乐府不用古题，特出新意以写怨思者，又百余篇；用今题为乐府，揄扬新声者，又数十百篇，皆近古所未见也。汴梁亡，故老皆尽，先生遂为一代宗匠，以文章伯独步几三十年。铭天下功德者尽趣其门，有例有法，有宗有趣，又至百余首。为杜诗学、东坡诗雅、锦机、诗文自警等集，指受学者。方吾道坏烂，文曜曀昧，先生独能振而鼓之，揭光于天，俾学者归仰，识诗文之正而传其命脉，系而不绝，其有功于世又大也。
每以著作自任，以金源氏有天下，典章法度几及汉唐，国亡史兴，己所当为。而国史实录在顺天道万户张公府，乃言于张公，使之闻奏，愿为撰述。奏可，方辟馆，为人所沮而止。先生曰："不可遂令一代之美泯而不闻。"乃为《中州集》百余卷，又为《金源君臣言行录》，往来四方，采摭遗逸，有所得，辄以寸纸细字亲为记录，虽甚醉不忘。于是杂录近世事至百余万言，捆束委积，塞屋数楹，名之曰"野史亭"。书未就而卒。呜呼！先生可谓忠矣。	每以著作自任，以金源氏有天下，典章法度几及汉唐，国亡史兴，己所当为，而国史实录在顺天道万户张公府，乃言于张公，使之闻奏，愿为撰述。奏可，方辟馆，为武安乐夒所沮而止。先生曰："不可遂令一代之美泯而不闻。"乃为《中州集》百余卷，又为《金源君臣言行录》，往来四方，采摭遗逸，有所得，则以寸纸细字亲为记录，虽甚醉不忘。于是杂录近世事至今百余万言，捆束委积，塞屋数楹，名之曰"野史亭"。书未就而卒。呜呼！先生可谓忠矣。

（续表）

《陵川集》本	大德碑本
先生讳好问，字裕之，太原定襄人，系出拓拔魏，故姓元氏。曾大父某，大父某，父某，妣某氏。	先生讳好问，字裕之，太原秀容人，系出拓拔魏，故姓元氏。曾大父春，忠显校尉、隰州团练使。大父滋善，儒林郎、铜山府君，赠朝列大夫。父格，显武将军、凤翔府路第九处正将、兼行陇城县令、骑都尉、河南县开国男、食邑三百户，妣河南县君张氏。
先生七岁能诗，太原王汤臣称为神童。年十一，从其叔父官于冀州，学士路宣叔赏其俊爽，教之为文。年十有四，其叔父为陵川令，遂从先大父学。先大父即与属和，或者讥其不事举业，先大父言："吾正不欲渠为举子尔，区区一第，不足道也。"遂令肆意经传，贯穿百家，六年而业成。下太行，渡大河，为《箕山》《琴台》等诗。赵礼部见之，以为少陵以来无此作也，以书招之，于是名震京师，目为元才子。	先生七岁能诗，太原王汤臣称为神童。年十一，从其叔父官于冀州，学士路宣叔赏其俊爽，教之为文。年十有四，其叔父为陵川令，遂从先大父学。先大父即与属和，或者讥其不事举业，先大父言："吾正不欲渠为举子尔，区区一第，不足道也。"遂令肆意经传，贯穿百家，六年而业成。下太行，渡大河，为《箕山》《琴台》等诗，赵礼部见之，以为少陵以来无此作也，以书招之，于是名震京师，目为元才子。
登兴定三年进士第，不就选。往来箕颍者数年，而大放厥辞，于是家累其什，人嚼其句，洋溢于里巷，吟讽于道涂，巍然坡、谷复出也。正大中，辟邓州南阳令。南阳大县，兵民十余万，帅府令兼镇府，甚有威惠。以太夫人衰疾，辞剧致养，转内乡令。丁艰忧，终丧，诏为尚书都省掾。天兴初，入翰林知制诰。金亡，不仕而卒，春秋六十有八。卒之某月日葬于定襄之先茔。	登兴定五年进士第，不就选。往来箕颍者数年，而大放厥词，于是家累其什，人嚼其句，洋溢于里巷，讽咏于道途，巍然坡、谷复出也。初筮，除镇平令，再转内乡，遂丁艰忧，终丧。正大中，辟邓州南阳令。南阳大县，兵民十余万，帅府令兼镇抚，甚有威惠。诏为尚书都省掾。居无何，除左司都事，再转为中顺大夫、行尚书省左司员外郎、兼修起居注、上骑都尉、河南县开国子、食邑五百户、赐紫金鱼袋。天兴初，入翰林知制诰。金亡，不仕而卒，春秋六十有八。其年月二十七日，葬于秀容之先茔。

（续表）

《陵川集》本	大德碑本
前配太原张氏，再配临清毛氏。子男三人，曰云云。女三人，长适进士程端甫，次为女冠，次适张某。	前配同郡张氏，户部尚书林卿之女；再配临清毛氏，榷货司提举飞卿之女。子男三人：长曰拊，奉直大夫、汝州知州、兼管诸军奥鲁劝农事；次曰振，仕至太原路参佐；次曰揔，尚书都省监印。女五人：长曰真，适进士东胜程思温；次严，女冠，诏为女宫教，号浯溪真隐；次顺，早卒；次某，适成和郎、大都惠民司提点太原翟国才；次某，适建德路织造局大使定襄霍继祖。
铭曰：士子贾技争缀缉，侥幸寸禄奔走急。以为诗文作无益，粪壤掷弃明月璧。先生卓荦有异识，振笔便入苏黄室。开辟文源剪荆棘，大声复完金玉击。烂漫长醉思盈溢，瑞锦秋花乱堆积。险妒护前喘肝膈，群犬狺狺共谗嫉。尘埃野马为鬼蜮，遗山岩岩倚天壁。国史兴衰是吾职，义烈不负董狐笔。定襄高寒拓拔国，马异归来反玄宅。有书有传俱未卒，呜呼，先生端可惜！呜呼，先生不可得！	铭曰：士子贾技争缀缉，侥幸寸禄奔走急。以为诗文作无益，粪壤掷弃明月璧。先生卓荦有异识，振笔便入苏黄室。开辟文源剪荆棘，大声复完金玉击。烂熳长醉思盈溢，瑞锦秋花乱堆积。险妒护前喘肝膈，群犬狺狺共谗嫉。尘埃野马为鬼蜮，遗山岩岩倚天壁。国史兴衰是吾职，义烈不负董狐笔。定襄高寒拓拔国，马异归葬反玄宅。有书有传俱未卒，呜呼，先生端可惜！呜呼，先生不可得！

据上表，除个别文字修正外，大德碑本与《陵川集》本郝经《遗山先生墓铭》的差异主要有以下几处。

其一，元好问籍贯，《陵川集》本作"太原定襄"，而大德碑本改作"太原秀容"，另一处"葬于定襄之先茔"亦相应改为"葬于秀容之先茔"，但铭文中的"定襄高寒拓拔国"则漏改。按金代忻州隶太原府，下辖秀容、定襄二县，[①] 元好问自称其籍贯为秀容。[②] 大概由于好问之号"遗山"，乃定襄名山，元好问尝读书于此，因号遗

---

① 《金史》卷二六《地理志下》，第 630 ～ 631 页；《元史》卷五八《地理志一》，第 1378 页。

② 《遗山先生文集》卷二五《孝女阿秀墓铭》称"奉直大夫、尚书省令史秀容元好问"（叶 10a）。

山，^①故郝经误以好问为定襄人，大德碑本予以更正。

其二，元好问登第年代，《陵川集》本作"兴定三年"，而大德碑本则作"兴定五年"。按金朝科举亦循三年一科之制，宣宗于兴定二年、五年开科取士，三年并无科试，^②大德碑本所改当是。不过，这也不排除《陵川集》版刻错误的可能。

其三，大德碑本补充了有关元好问在金朝历官仕履以及家世配偶、子女仕官婚姻等内容。不过需要注意的是，关于元好问履历，大德碑本叙次有误。据《陵川集》本，元好问丁母丧、终制诏为尚书都省掾，为正大中至天兴初事。而大德碑本则将好问丁忧事误置于任南阳令前，又于"诏为尚书都省掾"后，增补"居无何，除左司都事，再转为中顺大夫、行尚书省左司员外郎、兼修起居注、上骑都尉、河南县开国子、食邑五百户、赐紫金鱼袋"之历官，但事实上，所谓"除左司都事"云云应是"天兴初入翰林知制诰"以后的事情，大德碑本"殊为失次"。^③

其四，《陵川集》本记载元好问修史事，称"国史实录在顺天道万户张公府，乃言于张公，使之闻奏，愿为撰述。奏可，方辟馆，为人所沮而止"，而大德碑本末句则作"为武安乐夔所沮而止"。这是需要重点讨论的问题。根据郝经原文来看，因金朝实录皆为顺天万户张柔所收取，故元好问向张柔进言，一方面如上文所述，欲借观金实录，另一方面是希望张柔向蒙古朝廷奏请编纂金史，好问自告奋勇"愿为撰述"。后张柔上奏获准，但正当将要开馆编修之际，

---

① 安嘉士修、刘绍先纂、王立爱续修、刘国治续纂：《（万历）定襄县志》卷一《地理志·山川》"神山"条云："县治东北十五里。平地垒石，突兀如盘，似所遗而成。元好问尝读书于此，因号遗山。"（《国家图书馆藏明代孤本方志选》影印明万历四十四年刻本，中华全国图书馆文献缩微复制中心，2000 年，第 3 册，第 320 页）

② 李桂芝：《辽金科举研究》，北京：中央民族大学出版社，2012 年，第 184～186 页。

③ 参见《山右石刻丛编》卷二九《遗山先生墓铭》胡聘之按语，第 680～682 页。

却因有人阻拦而突然终止。此人究竟是谁，《陵川集》本并未言明，大德碑本却指明为"武安乐夔"，这其中有两种可能：一是郝经原本即书有"武安乐夔"之名，然编订《陵川集》时出于隐讳，改称"为人所沮而止"，而大德碑本所据为郝经原稿；二是《陵川集》本最初确实未言何人，所谓"武安乐夔"乃大德碑本所改题。那么，哪种情况可能性更大呢？这就要仔细分析这位"武安乐夔"与元好问的关系如何，看他有无可能阻止好问修史。

乐夔，字舜咨，磁州武安人，《金史》无传，仅《元好问传》一见，生平不详。据一些零散史料知其于金末仕至监察御史、中京副留守，金亡后一度馆于张柔门下。① 因《金史·元好问传》沿袭了大德碑本《遗山先生墓铭》的说法②，所以古今学者对乐夔沮元好问修史之事皆深信不疑，还有人对乐夔此举的动机做了大胆猜测，据笔者所见，主要有以下三种解释。

第一，谨言慎行说。姚从吾指出，元好问与乐夔有些交情，尝作有《赠答乐丈舜咨》诗，③ 从该诗内容来看，乐夔应是淡泊乐天之人，把世事看得甚淡，认为私人修史"不有人祸，必有天刑"，况且时值外族入主中国，故建议元好问谨言慎行，劝阻其修史。④ 按此说纯属臆想，且不说乐夔性情如何，以元好问决绝之态度，甘冒风险，立志修史，乐夔是无法劝阻的。事实上，元好问所遭受到的挫折是奏请朝廷开馆修史而未果，此事后好问仍自行编修，不曾中断，姚氏之说并没有解释乐夔阻止官方修金史的原因，未能切中问题的

---

① 《青崖集》卷五《故总管王公神道碑铭》谓张柔"喜收养士类，癸巳河南平，如前状元王鹗、监察御史乐夔、进士敬铉皆在其门下"（第767页）。

② 上引《金史·元好问传》称"时金国实录在顺天张万户家，乃言于张，愿为撰述，既而为乐夔所沮而止"，文义有所跳跃，其中缺失了"奏可，方辟馆"这一重要细节。

③ 《遗山先生文集》卷九《赠答乐丈舜咨》，题名下有小注"中京副留守"，叶17a。

④ 姚从吾：《元好问癸巳上耶律楚材书的历史意义与书中五十四人行事考》，《姚从吾先生全集》，台北：正中书局，1982年，第6册，第179～180页。

要害。

第二，嫉贤害能说。台湾学者续琨认为，乐夔沮元好问修史事，"殊难索解"，推测其原因："律以文人之通病，及其与张柔之亲密关系，近水楼台，似欲攘以自为，且此时遗山文名显耀，独步河朔，不免嫉贤害能，思有以中伤破坏。"并进一步猜想乐夔游说张柔停罢修史的理由，一是指责元好问著史恐有回护金源、贬抑蒙古之处，二是担心元好问将张柔、乐夔等投降仕蒙之金人列入"贰臣传"，以遭千古骂名。① 按这种说法也是完全出于作者的想象，没有任何依据，并不可信。张之翰撰《祭乐御史先生文》称赞乐夔："夫士见称于世者，上乃为材德，次乃为文章。独公文德二者皆具，此所以驰声问而腾辉光。其持身也正，其处心也良，其立志也大，其养气也刚。"② 知乐夔文德兼备，为人刚正纯良，又元好问撰《夹谷土剌神道碑》提到金末御史乐夔上疏奏请哀宗行"贪贤之道"，拔擢重用土剌，③ 由此可见乐夔恐非嫉贤妒能、趋炎附势之辈，而且据张之翰祭文，乐夔于金朝亡国后未出仕，并非贰臣，因此续琨的上述推断似与事实不符。④

第三，正统义例说。我们知道，元朝多次议修辽、金、宋三史，却因三史正统义例如何处理的问题而久修未成，于是遂有人据此反推乐夔沮元好问修史也是由于这一缘故。⑤ 虽然有关宋、辽、金正

---

① 续琨：《元遗山研究》学术篇第四章《遗山之史叶》，第 144 ～ 145 页。

② 张之翰：《西岩集》卷二〇《祭乐御史先生文》，《景印文渊阁四库全书》，第 1204 册，第 522 页。卷六《酬乐御史乡先生五首》又称 "壮我乡间亦岂他，如公才德孰云多"（第 400 页）。

③ 《遗山先生文集》卷二〇《资善大夫武宁军节度使夹谷公神道碑铭》，叶 23a ～ 23b。

④ 胡全福《一寸秋毫成野史》亦称乐夔等人忌妒元好问名扬功高，遂以崔立碑事件为口实，攻击诽谤元好问，阻挠其修史（《忻州文史资料》第 6 辑，第 101 ～ 102 页）。此文演绎想象色彩过于浓厚，绝不可信。

⑤ 马诗凯：《元好问研究三题》，中央民族大学硕士学位论文，2007 年，第 5 页。

统的争议自金亡之日起便已出现 ①，但蒙元时期史书编纂真正面对这个正统义例问题是南宋灭亡以后的事情，在此之前，元好问仅单修金史，后来的王鹗也只是请修辽、金二史 ②，并不涉及辽、金、宋三史义例如何处理的问题。因此这第三种说法也不可取。

以上三种有关乐夔阻拦元好问修史动机的猜测都比较离谱，不足取信。其实，根据元好问诗文提供的一些线索，我们可以了解好问与乐夔之间的关系。他们二人早就相识。好问尝作有一首新乐府《蝶恋花》词，注明"同乐舜咨郎中梦梅"，③ 时乐夔为郎中，尚未显达，应是元好问与其早年交往时所作。后元好问撰《夹谷土剌神道碑》，提到金末御史乐夔上疏奏请哀宗拔擢重用土剌之事。④ 天兴二年四月，蒙古军占领汴京，元好问向蒙方中书令耶律楚村举荐贤才五十四人，其中即有"武安乐夔"。⑤ 金亡后，乐夔居于顺天张柔幕府。蒙古海迷失后元年，元好问初次造访顺天时曾亲见乐夔，作《赠答乐丈舜咨》诗，⑥ 内有"但爱柏台推峭直，岂知梅赋更清新"句，赞誉乐夔在御史台监察御史任上刚正严明，并以早年同乐夔梦梅所作《蝶恋花》勾起旧时回忆。此后，好问对乐夔的情况亦有关注和了解，其晚年作《感寓》诗，称"乐丈张兄病且贫"，⑦ 指友人乐夔、张纬晚景悲凉，贫病交加。由此可见，元好问与乐夔素有交谊，两人关系良好，看不出有什么嫌隙，而且好问去顺天求见张柔

---

① 参见刘浦江《德运之争与辽金王朝的正统性问题》，《中国社会科学》2004年第 2 期，第 198 页。

② 参见赵梅春《王鹗与元代金史撰述》，《史学集刊》2011 年 6 期，第 75 ～ 80 页。

③ 元好问：《遗山乐府校注》卷四《蝶恋花》，赵永源校注，南京：凤凰出版社，2006 年，第 563 页。

④ 《遗山先生文集》卷二〇《资善大夫武宁军节度使夹谷公神道碑铭》，叶 23a ～ 23b。

⑤ 《遗山先生文集》卷三九《癸巳岁寄中书耶律公书》，叶 1a ～ 3a。

⑥ 《遗山先生文集》卷九《赠答乐丈舜咨》，叶 17a。关于该诗撰作年代，参见《元好问诗编年校注》卷五，第 3 册，第 1341 ～ 1342 页。

⑦ 《遗山先生文集》卷一〇《感寓》，叶 20a ～ 20b。

时，乐夔亦当在场，从张柔应允好问之请，上奏朝廷编修金史的结果来看，乐夔可能并未阻拦此事。① 元好问仍推崇乐夔"峭直"刚正，与上引张之翰"持身也正"的评价吻合，说明乐夔实为正人君子，绝非有人想象的那种心胸狭隘之人。总之，从元好问本人的诗文中，我们丝毫看不到他对乐夔有什么怨恨，反而流露出一丝敬重与惋惜，这就不得不让人怀疑大德碑本《遗山先生墓铭》所称开馆修史"为武安乐夔所沮而止"是否属实。

还有另一个疑点也需要注意。此前学者谈论乐夔沮元好问修史事，大多受《金史·元好问传》的误导，认为是乐夔向张柔进言，劝阻其对元好问修史的支持。然而据《遗山先生墓铭》以及上文有关好问修史经过的论述，其实张柔对元好问欲编修金史的态度是比较积极的，不仅允许他参阅金实录，还向朝廷转达了他的修史请求，且"奏可，方辟馆"，知其已获朝廷恩准，正当将要辟馆之时却为人所沮而止。显然，阻拦并终止元好问以官方名义开馆修史的并非张柔，其阻力当来自蒙古朝廷层面，而乐夔金亡未仕，隐居乡里，虽与张柔相善，但无任何政治影响力，根本无法左右朝廷决策。从这一点来说，所谓"为武安乐夔所沮而止"也是十分可疑的。

综上所述，从乐夔的品性为人和身份地位来看，笔者认为他阻拦元好问编修金史并谏止朝廷开馆的可能性不大。郝经《遗山先生墓铭》可能本就为《陵川集》本所见之"奏可，方辟馆，为人所沮而止"，而元拊、元振立大德碑时，不知出于什么缘故，改作"为武安乐夔所沮而止"，但这一说法恐怕是不准确的。

上文说道，准许和停罢元好问修史，其实应该都是蒙古朝廷的旨意，那么所谓"奏可，方辟馆"发生于何时，有没有相关具体的文献记载呢？这个问题前人研究均未触及，亦需着重解释。如上所

---

① 《胡祗遹集》卷六《乡先生乐御史八十索诗为庆》云："汝水波翻沛水微，老臣朝士晚星稀。梦回故国惊南渡，目举新亭又北归。"（魏崇武、周思成点校，长春：吉林文史出版社，2008年，第138页）由此看来，乐夔对金朝故国深为怀念，恐怕是乐见元好问编修金史的。

述，元好问于蒙古海迷失后元年至宪宗元年（1249～1251 年）间接连三次前往顺天，他将纂修金史的愿望言于张柔，"使之闻奏"当在此时，不久获悉"奏可"。宪宗二年壬子春夏间，元好问即与好友张德辉一道北觐忽必烈，奉其为儒教大宗师，事见王恽所撰《张德辉行状》。① 据笔者判断，元好问此次觐见，想必与奏请修史获准有关，并与忽必烈议及开史馆事，这主要依据的是以下两条关键史料。

元世祖中统三年（1262），李冶作《遗山先生文集序》云："主上向居藩邸，挹君盛誉，一见遽以处之太史氏。"② 指的就是壬子年这次元好问北上觐见忽必烈，即被授予史官之职。此事看似突然，但若将其与张柔奏请之事联系起来，便不难理解。既然当时朝廷已同意由元好问组织编修金史，则好问自需亲赴蒙廷，与蒙古高层磋商具体的修史事项，而宪宗元年，蒙哥汗即位，命其弟忽必烈执掌漠南汉地军国庶事，开府金莲川，③ 故修史之事亦当归忽必烈所管。元好问此次面见忽必烈，可能主要就是为修史事而来，且忽必烈亦已闻好问盛名，④ 遂委以太史之任，开始着手准备修纂。

有迹象表明，元好问当时确有开史馆的计划。中统二年，翰林学士承旨王鹗请修辽、金二史，他在给翰林修撰兼国史院编修官王恽的书札中谈论修史事宜，其中提到史馆事务，谓"元裕之、萧公弼奏用银二千定"。⑤ 按"元裕之"即元好问，"萧公弼"为金太一

---

① 《元朝名臣事略》卷一〇《宣慰张公》引王恽《行状》，第 207 页。又见《元史》卷一六三《张德辉传》，第 3824～3825 页。狄宝心《元好问年谱新编》对此行时间有所考证，第 310～311 页。

② 《遗山先生文集》卷首中统三年李冶序，叶 2b。

③ 参见黄时鉴《元好问与蒙古国关系考辨》，《历史研究》1981 年第 1 期，第 127～140 页。

④ 苏天爵《元朝名臣事略》卷一二《内翰王文康公（鹗）》引李恺《言行录》云："初，公侍王邸，屡以史事为言，尝举杨奂、元好问、李冶，宜令秉笔。"（姚景安点校，北京：中华书局，1996 年，第 239 页）按王鹗自蒙古乃马真后三年（1244）起便为忽必烈潜邸幕僚，曾推荐元好问秉史笔，故忽必烈已知好问之名。

⑤ 王恽：《玉堂嘉话》卷八，杨晓春点校，北京：中华书局，2011 年，第 182 页。

道四代祖师萧辅道，据史料记载，辅道亦于宪宗二年壬子夏六月觐见忽必烈于潜邸，"占对称旨"，[①] 并 "首陈修国史、立台省等事"[②]，是年冬卒[③]。元好问与萧辅道早已相识，尝作有《赠萧炼师公弼》诗，[④] 两人为 "修史同志"，[⑤] 恰好于同年面觐忽必烈，或于途中相逢，谈及修金史事，不谋而合，遂合力陈请，并且他们还提出了修史所需费用银二千锭，这估计是元好问被授以史职之后两人联名奏上的，此预算应是指开设史馆的总支出。[⑥] 由此看来，连史馆运行的经费预算这样的工作细节都已在元好问的考虑之中，不难想见，当时确实已有计划准备开局纂修金史，郝经《遗山先生墓铭》称 "奏可，方辟馆"，所言不虚。然而正当此时，不知出于什么原因，这一修史事却突然 "为人所沮而止"。此人究竟是谁，今已难以考索，据上文分析，似乎不大可能是乐夔，恐另有其人，欲彻底解决这个问题，有待今后新材料的发现。

当元好问得知原已商定的修史计划无法施行，蒙古朝廷不再支持其编纂金史之后，甚为激愤，呼曰 "不可遂令一代之美泯而不

---

① 《王恽全集汇校》卷四〇《大都宛平县京西乡创建太一集仙观记》，第5册，第1921页。相关记载又见卷四七《太一五祖演化贞常真人行状》（第6册，第2250页）、卷六一《故真靖大师卫辉路道教提点张公墓碣铭》（第6册，第2664～2665页）。

② 《王恽全集汇校》卷二一《和曲山题太一宫诗韵》有 "粉饰皇图开治道" 句，小注云："'粉饰皇图' 谓（萧辅道）初见今上时首陈修国史、立台省等事。"（第3册，第1013页）按此处 "修国史" 应主要是指修蒙古国史，同时可能也兼及编修金史。

③ 萧辅道生平另见王若虚《滹南王先生文集》卷四二《太一三代度师萧公墓表》，《九金人集》本，台北：成文出版社，1967年，第2册，第494～496页。

④ 《遗山先生文集》卷三《赠萧炼师公弼》，叶12b。按此诗作于蒙古太宗九年丁酉（1237），参见《元好问诗编年校注》卷四，第2册，第802页。

⑤ 陈垣：《南宋初河北新道教考》，上海：上海书店出版社，1989年，第95页。

⑥ 王鹗于此后称 "今即编修、书写请俸，饮食、纸札费用，若作定撰，三五百定都了"，明确指出史馆修史的各项费用开支。

闻"。于是他退居乡里，仍凭一己之力搜集采摭各种金朝史料，亲为记录，埋头撰述，直至宪宗七年（1257）病卒，从而成就了一段"野史亭著史"的佳话。郝经《遗山先生墓铭》之铭文有"国史兴丧是吾职，义烈不负董孤笔"句，正是对元好问史学贡献的忠实评价。

附记：本文系拙著《〈金史〉纂修考》（中华书局，2017 年 11 月）的部分内容，曾于 2017 年 9 月提交第二届中日青年学者宋辽西夏金元史研讨会讨论。承蒙毛利英介先生提示藤枝晃《征服王朝》（大阪：秋田屋，1948 年）一书有关于元好问的重要研究，谨致谢忱。今借会议论文结集出版之机，对拙文略作增补修订，特此说明。

论"大元"国号的内涵及其普适性

李春圆

非汉族王朝的国号,因为关系到政权的性质、民族思想文化的交流等重要问题,历来受到学者的重视。元朝是中国历史上第一个实现大一统的非汉族王朝,也是第一个国号具有明确政治内涵的王朝。[①] 但是"大元"国号的内涵究竟是什么?迄今众说纷纭,尚无真正深入的讨论。同时,元代是中国历史上最具有族群文化多样性的时代,当时的非汉文化人群又是如何看待"大元"这个主要基于中原王朝政治传统而创建的国号?这一点也未见学者专门探讨。本文即着眼于这两个问题,首先提出一种新的阐释理路,重审这一国号的内涵;接着梳理相关史料,探讨当时的非汉文化人群对这个政治符号的接受情况。

一

元世祖至元八年(1271)十一月的《建国号诏》,颁布了"大元"二字作为国号并阐述了理论立场:

> 诞膺景命,奄四海以宅尊;必有美名,绍百王而纪统。肇从隆古,匪独我家。且唐之为言荡也,尧以之而著称。虞之为言乐也,舜因之而作号。驯至禹兴而汤造,互名夏大以殷中。
> 世降以还,事殊非古。虽乘时而有国,不以义而制称。为

---

① 即清人赵翼所说的,"国号取文义"自元朝始。赵翼《廿二史札记》卷二九,曹光甫校点,南京:凤凰出版社,2008年,第449页。

秦为汉者，著从初起之地名；曰隋曰唐者，因即所封之爵邑。是皆徇百姓见闻之狃习，要一时经制之权宜。概以至公，不无少贬。

我太祖圣武皇帝，握乾符而起朔土，以神武而膺帝图，四震天声，大恢土宇，舆图之广，历古所无。顷者，耆宿诣庭，奏章申请，谓既成于大业，宜早定于鸿名。在古制以当然，于朕心乎何有。可建国号曰"大元"，盖取《易经》"乾元"之义。……于戏！称义而名，固匪为之溢美；孚休惟永，尚不负于投艰。嘉与敷天，共隆大号。①

诏书首先称赞上古尧舜夏殷皆有"美名"，批评秦汉以来历朝狃于"权宜"，不能"以义制称"。然后提出本朝复从古制，取《易》"乾元"之意，建立"大元"国号。问题是，诏书并没有明确告诉我们，"乾元"之义究竟是什么。对此，许多学者很重视《经世大典·帝号总序》中的一段解释：

盖闻世祖皇帝初易"大蒙古"之号而为"大元"也……元也者，大也。大不足以尽之，而谓之"元"者，大之至也。②

这是说"元"与"大"是同义词，只不过前者感情更强烈一些。忽必烈建"大元"国号之前，华北汉人经常使用"大朝"来指称蒙古政权，③在《经世大典》文本的影响下，不少学者认为"大元"就是"大朝"的另一种说法，其中以萧启庆先生的论述最有代表性：

"元"字出典于《易经》……《易经》中元字的本义为"大"，

---

① 《元史》卷七《世祖四》，北京：中华书局，1976年，第138～139页。

② 苏天爵：《国朝文类》卷四〇，四部丛刊影元至正刊本。

③ 萧启庆：《说"大朝"：元朝建国前蒙古的汉文国号》，收入萧启庆《内北国而外中国：蒙元史研究》，北京：中华书局，2007年，第62～78页。

元朝应即"大朝"之义。刘秉忠等人建议以元朝为国号时，显然即着眼于此义。《经世大典·序录》有明白的解释……"大朝"与"元朝"两辞的意义，完全相同，后者不过是前者的文义化。①

　　陈得芝先生也说大元国号就是"以前使用的汉文'大朝'之号的提升（从中原权威经典中找到依据）"②。其他具体表述或有不同、但实质上赞同这一观点的学者，还有胡阿祥、葛仁考、金浩东等。③

　　另一种解释更倾向于从《易经》本身出发理解"元"的意义。费正清、赖萧尔《东亚：伟大的传统》一书认为，"元"的意思为 The First Beginning 或 Origin④，即"原始"、"初始"。H. Franke 也采用这个说法。⑤ 陈学霖、J. Langlois 把"元"解释为 the primal force（of the Creative）⑥、the original creative force⑦，可译为"原始造物的力"。罗沙比则把这两点结合了起来：

---

① 萧启庆：《说"大朝"：元朝建号前蒙古的汉文国号》，第 76 ~ 77 页。
② 陈得芝：《关于元朝的国号、年代与疆域问题》，《北方民族大学学报（哲学社会科学版）》2009 年第 3 期，第 7 页。
③ 胡阿祥：《蒙元国号概说》，《中国历史地理论丛》2000 年 1 期，第 69 页。葛仁考：《元朝重臣刘秉忠研究》，北京：人民出版社，2014 年，第 95 页。金浩东：《蒙古帝国与"大元"》，崔允精译，《清华元史》第二辑，北京：商务印书馆，2013 年，第 30 页。
④ Reischauer, E. & John Fairbank, *East Asia*: *The Great Tradition*, Boston: Houghton Mifflin Company, 1960, p.272.
⑤ Franke, H., "From Tribal Chieftain to Universal Emperor and God: The Legitimation of the Yuan Dynasty", *China under Mongol Rule*, Aldershot/Brookfield: Variorum, 1994, p.28.
⑥ Chan, Hok-lam, "Liu Ping-chung 刘秉忠（1216-740: A Buddhist-Taoist Statesman at the Court of Khubilai Khan," *T'oung Pao*, Second Series, Vol.53, Livr.1/3（1967）, p.133.
⑦ Langlois, J., "Introduction," *China Under Mongol Rule*, John Langlois ed., Princeton/Guildford: Princeton University Press, 1981, pp.3-4.

采用一个富有象征意义的中国名字，将能表明忽必烈努
力融入中国传统的愿望……"元"的意思是"发端、起源
（origin）"。但它还有更重要的含义，在《易经》中，"元"指
的是"宇宙之始（origins of the universe）"或"原始力（the
primal force）"。①

上述两类看法都是从汉文化出发探寻"元"的意义，另外有一
些学者试图从蒙古文化中寻找"大元"的根据。陈述先生曾经提出，
"元"有黑色的意思，是蒙古习俗尊天尚黑的反映，即"是以'元'
译'黑'"，并且说"黑代表天色，为草原上各族所尊重，这是和萨
满教的敬天畏天分不开的"②。前述胡阿祥、葛仁考二位先生虽然认
可"元＝大"，但又说它与蒙古民族"敬天"、或信仰"长生天"的
习俗契合。③还有 M. D. Sacchetti 也认为这一国号与蒙古旧俗对天
（tengry）的崇拜有关。④

前述的诸种解释都存在一些问题。首先，"大元"不能仅仅视作
"大朝"在字面上的美化。"大朝"虽然在蒙元前期的华北汉地被广
泛使用，但它显然不是一个正式颁定的国号。元太祖十六年（1221）
出使蒙古的南宋人赵珙告诉我们，早期的蒙古人并没有中原式"国
号"的意识：

---

① Rossabi, M., *Khubilai Khan: his life and times*, Berkeley & Los Angeles：
University of California Press, 1988, p.136. 莫里斯·罗沙比：《忽必烈和他
的世界帝国》，赵清治译，重庆：重庆出版社，2008 年，第 127 页。

② 陈述：《哈喇契丹说——兼论拓跋改姓与元代清代国号》，《历史研究》
1956 年第 2 期，第 75 ～ 76 页。

③ 胡阿祥：《蒙元国号概说》，第 67 页。葛仁考：《元朝重臣刘秉忠研究》，第
95 页。

④ Sacchetti, M. D., "Sull 'adozione del nome dinastico Yüan," *Annali
dell'Istituto Orientale di Napoli*, 31（1971），p.557. 该文笔者未见，转引自
Herbert Franke, "From Tribal Chieftain to Universal Emperor and God：The
Legitimation of the Yuan Dynasty," p.28。

去年春，珙每见其所行文字犹曰"大朝"，……珙亲见其权皇帝摩睺国王，每自称曰我鞑靼人，凡彼大臣、元帅皆自称曰我。彼亦不知其为蒙是何等名字，何为国号，何为年号。今所行文书，皆亡臣识字者强解事以教之耳。①

在灭亡之前的金与西夏，就有用"大朝"自称以示尊敬的习惯。②蒙元初期华北汉人使用"大朝"之名，是在缺乏正式汉文国号的情况下沿袭一个俗成的尊称，既不为当时的蒙古人所理解，也不被南宋人赵珙视为正式国号。③这一情况一直到至元初都没有本质变化，因为王恽的《建国号事状》说得很清楚：

伏见自古有天下之君，莫不首建国号，以明肇基之始。方今元虽纪而号未立，盖未有举行之者，是大阙然。钦惟圣朝统接三五，以堂堂数万里之区宇，垂六十年大号未建，何以威仰万方，昭示后世？④

王恽自中统元年（1260）即进入燕京朝廷中枢机关任职，如果"大朝"是一个正式国号，他不可能不知道。其实，即便我们承认"大朝"之号后来曾经为蒙古统治者所认可，⑤作为一个称呼，它除

① 赵珙著，王国维笺证：《蒙鞑备录笺证》，收入《王国维遗书》第八册，上海：上海古籍书店，1983年，第4～5页。
② 刘浦江：《辽朝国号考释》，《历史研究》2001年第6期，第44页，脚注1。
③ 如果说当时曾经有过正式的汉文国号，那也应当是对外官方文书中一直使用的"大蒙古国"，此可见于郝经写给南宋君臣的外交信件（收入《郝文忠公陵川文集》卷三七，《北京图书馆古籍珍本丛刊》第91册），以及元朝给日本的国书（参萧启庆《说"大朝"》，第74～75页）。
④ 王恽：《乌台笔补》，《秋涧先生大全文集》卷八六，收入王晓欣点校《宪台通纪（外三种）》，杭州：浙江古籍出版社，2002年，第347页。
⑤ 笔者认为"大朝"最初不会是由蒙古最高统治者正式颁定的国号，但并不否认其被广泛使用之后也可能为蒙古统治者被动接受，尽管目前也没有直接证据证明这一点。

了表达尊敬外也没有什么特定意义。① 如果"大元"一名真的与"大朝"的内涵完全相同，那么它不仅不是"以义制称"，甚至还沿用了早期"一时经制之权宜"，而这正是《建国号诏》强烈批评的做法。

其次，把"元"理解为原始、初始、发端、原始力等，仅从《易经》文本本身出发或许可通，但如联系元朝的年号，就会发现其龃龉之处。1260 年忽必烈即位，首先建年号"中统"，五年之后改年号为"至元"，又过了八年才颁定大元国号。傅海波、萧启庆等学者都同意，"'元'之国号，实与至元年号相互呼应"②。如果"元"作"始"解，那么"至元"就是"至始"、"最初"，如此将置"中统"年号于何地呢？ 此外萧启庆更进一步认为，"'至元'的意义又与后来武宗海山汗所采年号'至大'相同"。③ 如果至元、大元、至大都寓意起始、发端，又如何能够连用三次呢？

至于把"大元"国号的设立归因于蒙古"敬天"、"尚黑"等习俗，目前不仅缺乏直接证据，而且也与当时的社会、政治背景不合。首先当时蒙古习俗尚白，是为张德辉、王恽、马可波罗等人所亲见。④ 更重要的是《建国号诏》已经明言，立国号是因为"耆宿诣庭，奏章申请"，提出要颁布国号并给出操作方案的是汉地"耆宿"，他们首先调动的应该是汉地的文化资源。如果需要附会蒙古旧俗，

---

① 贾敬颜：《称"大朝"》，载《民族历史文化粹要》，长春：吉林教育出版社，1990 年，第 62～63 页。

② 萧启庆：《说"大朝"：元朝建号前蒙古的汉文国号》，第 76 页。参 H. Franke, "From Tribal Chieftain to Universal Emperor and God：The Legitimation of the Yuan Dynasty," pp.27-28.

③ 萧启庆：《说"大朝"：元朝建号前蒙古的汉文国号》，第 76 页。

④ 马可·波罗和张德辉都记载，在正月初一贺正之日，蒙古大汗和臣民老少皆着白衣。王恽记载，"国朝服色尚白，今后合无令百司品官，如遇天寿节及圆坐厅事公会、迎拜宣诏，所衣裘服，一色皓白为正服。"叶新民：《〈马可波罗行纪〉中记述的蒙古习俗》，载《"中国蒙古族历史与文化国际学术研讨会"论文集》，云南大学，2003 年，第 40～45 页。王恽：《论服色尚白事状》，《秋涧先生大全文集》卷八六，王晓欣点校《宪台通纪（外三种）》，第 364 页。

那也是为便于蒙古统治者理解，不能成为新国号所得以成立的原意。总之，对于"大元"国号的内涵，仍有探讨的必要。

二

前述的诸种解释主要都是将《建国号诏》甚至"大元"二字抽离出来，然后从其他渠道如《经世大典》《易经》乃至蒙古文化等寻找可能的解释，或可称作"外部化"的阐释理路。笔者认为，要理解"大元"国号之内涵，或许更恰当的应当是一种"内部化"的理路，即在其所得以成立的整体文献与历史语境下探求其意义。由于《建国号诏》本身只是声明了"大元"是"以义制称"，并未进一步解释其"义"究竟为何，因此必须将它与忽必烈即位以来的其他诏书结合起来，方能够呈现出完整的说理脉络。兹节录各诏书如下：

> ［1］中统元年《世祖即位诏》：朕惟祖宗肇造区宇，奄有四方，武功迭兴，文治多缺，五十余年于此矣。……（蒙哥去世后，）求之今日，太祖嫡孙之中，先皇母弟之列，以贤以长，止予一人。虽在征伐之间，每存仁爱之念，博施济众，实可为天下主。天道助顺，人谋与能。……呜呼！历数攸归，钦应上天之命；勋亲斯托，敢忘烈祖之规？建极体元，与民更始。①
>
> ［2］中统元年《中统建元诏》：朕获缵旧服，载扩丕图，稽列圣之洪规，讲前代之定制。……法《春秋》之正始，体大《易》之乾元。……可自庚申年五月十九日，建元为中统元年。……于戏！秉箓握枢，必因时而建号；施仁发政，期与物以更新。②
>
> ［3］《中统元年五月赦诏》：我国家烈祖肇基，先皇继统，

---

① 《元史》卷四《世祖一》，第64页。
② 同上，第65页。

惟图日辟于疆土，未免岁耀于兵威……朕获承丕祚，已降德音，念士卒暴露者久，而人民离散者多……①

［4］至元元年《至元改元诏》：应天者惟以至诚，拯民者莫如实惠。……比者星芒示儆，雨泽愆常，皆阙政之所繇，顾斯民之何罪。宜布惟新之令，溥施在宥之仁。据不鲁花、忽察、秃满、阿里察、脱火思辈，构祸我家，照依太祖皇帝扎撒正典刑讫。可大赦天下。改中统五年为至元元年。②

［5］至元八年《建国号诏》：耆宿诣庭，奏章申请，谓既成于大业，宜早定于鸿名。在古制以当然，于朕心乎何有。可建国号曰"大元"，盖取《易》经"乾元"之义。兹大冶流形于庶品，孰名资始之功；予一人底宁于万邦，尤切体仁之要。③

　　世祖在位前期的"汉法"包括国号、年号等典章制度，绝大多数出自潜邸招纳的旧金文士的建议。上引五道诏书中除第1篇作者不详外，第2、3、4篇在《圣元名贤播芳续集》中均署名王鹗，第5篇在《国朝文类》《圣元名贤播芳续集》中都署名徒单公履。不过诏书都是以第一人称"朕"为主语的，宣示的是最高统治者的旨意，其文本显然都要经过集体讨论，而且应该还要借助翻译得到忽必烈的首肯。④

　　这些诏书一起，为忽必烈即位后的蒙元政权构建起了崭新的政治合法性叙事。它们告诉臣民，太祖虽然"肇造"大业，但他和此后的几任君王都"岁耀于兵威"，以致士卒暴露、人民离散。现在"以贤以长"且"每存仁爱之念"的忽必烈"钦应上天之命"即位为

---

① 《圣元名贤播芳续集》卷六，日本宫内厅书陵部藏洪武刊本。
② 《元史》卷五《世祖二》，第99页。
③ 《元史》卷七《世祖四》，第138～139页。
④ 关于元代诏敕制度，特别是诏敕的翻译，参见张帆《元朝诏敕制度研究》，《国学研究》第十卷，2002年，第107～158页。

君，并且立志"施仁发政"，以改变此前"武功迭兴，文治多缺"的状况。中统元年的大赦、至元元年处死不鲁花一干人等都是"施仁发政"的具体措施，而颁布年号、国号则是在意识形态领域所作的新政宣示。对于这位新君的政治使命，《世祖即位诏》说"建极体元"，《中统建元诏》说"体大易之乾元"，《建国号诏》说"切体仁之要"。这三者很显然是一贯的，换言之，"体大易之乾元 = 体元 = 体仁"，这便是所谓《易》经"乾元"之义。

应该说，这并不是元初士人新出的见解，而是北宋以来理学家们的普遍看法。宋代理学的最突出特点之一，就是"建构了一个形而上的'理'的世界"作为"内圣外王"的依归和重建人间秩序的根据。他们从不同角度赋予了"理"以各种名称，其中就包括比较切近于人间社会的"仁"。① 程颐是这样解释《易·文言》中"君子体仁足以长人"一句的："体法于乾之仁，乃为君长之道，足以长人也。体仁，体元也。"② 《朱子语类》里类似的话比比皆是，如"仁者，天地生物之心，而人物之所得以为心"；"且如恻隐之端……则是此心之仁，仁即所谓天德之元"；"元者天地生物之端倪也，元者生意……若言仁，便是这意思。"③ 元初理学大儒并曾经参与讨论国号方案的许衡也说过，"元者，天之所以为仁之至也"。④ 这与程、朱等人的说法一脉相承，与前引诸书诏书的思想理路亦可谓若合符节。简言之，乾元就是乾之仁，就是上天的仁德；称职的君长应该效法上天的仁德，也就是"体元"。

我们可以从两个方面对前文的解析加以印证：一是世祖忽必烈

① 余英时：《〈宋明理学与政治文化〉自序》，载《宋明理学与政治文化》，桂林：广西师范大学出版社，2006年，第4～5页；钱穆《朱子新学案（一）》，《钱宾四先生全集》第十一册，台北：联经出版事业股份有限公司，1998年，第393页。
② 程颐：《周易程氏传》，王孝鱼点校，北京：中华书局，2011年，第5页。
③ 黎靖德编：《朱子语类》卷九五、卷六八、卷九，北京：中华书局，1988年。
④ 许衡：《鲁斋遗书》卷一，王成儒点校《许衡集》，北京：东方出版社，2007年，第3页。

以后元朝官方文书中的王朝形象，二是元代当时人对本朝国号的解读。相比唐宋时代的华丽辞藻，元代的诏敕普遍"简朴质实"，因而其价值指向也表达得非常清楚。首先，从历次即位、建储、册封等诏书中的德行评语，我们可以看到元朝官方话语中优秀君主（或储君等人）应有的品质。兹节录如下：

　　[1]至元十年册立皇太子：使仁孝显于躬行，抑可谓不负所托矣。

　　[2]至元三十一年成宗即位：先皇帝体元居正以来，然后典章文物大备。

　　[3]至元三十一年册世祖裕宗皇帝谥号：继志述事，答祖宗在天之灵；发政施仁，示民物皆春之意。

　　[4]延祐四年仁宗建储：皇子硕德八剌，地居嫡长，天赐仁孝。

　　[5]延祐七年英宗即位：我先皇帝，至仁厚德，涵濡群生。

　　[6]延祐七年上太皇太后尊号：太皇太后陛下，仁施溥博，明烛幽微。

　　[7]至治三年泰定帝即位：薛禅皇帝可怜见嫡孙、裕宗皇帝长子、我仁慈甘麻剌爷爷根底，封授晋王……遵守正道行来的上头，数年之间，百姓得安业。

　　[8]泰定元年追尊皇后：祗缵皇图，方弘仁孝之化；追崇圣母，永怀鞠育之恩。

　　[9]至顺三年宁宗即位：札牙笃皇帝荐正宸极，仁义之至，视民如伤。

　　所列各诏书中，第1、4为立储君，评语都是"仁孝"；2、5、6、7、9是追述先祖，评语分别为"体元居正"、"至仁厚德"、"仁施溥博"、"遵守正道"、"仁义之至"；3、8是阐述在位君主的志向，分别用了"发政施仁"、"弘仁孝之化"等语。①

其次，除了前文曾经分析过的两次"至元"年号外，元代其他改元的诏书也有对王朝政治价值与使命的宣示，仍节录各诏如下：

> [1]中统建元：建元表岁，示人君万世之传……法春秋之正始，体大易之乾元。
>
> [2]（前）至元改元：宜布惟新之令，溥施在宥之仁。
>
> [3]元贞改元：踰年改元，勉遵于旧典。
>
> [4]大德改元：宜推一视之仁，诞布更新之政。
>
> [5]至大改元：诞布惟新之令，式孚永固之休。
>
> [6]皇庆改元：踰年改元，厥有彝典。
>
> [7]延祐改元：爰布惟新之令，诞敷济众之仁。
>
> [8]至治改元：属兹踰岁，用易纪元，于以导天地之至和，于以法春秋之谨始。……发政施仁，聿广锡民之福。
>
> [9]泰定改元：稽诸典礼，踰年改元。
>
> [10]元统改元：兹图治之云初，嘉与民而更始。
>
> [11]（后）至元改元：天心仁爱，俾予以治……弭灾有道，善政为先。
>
> [12]至正改元：以至元七年为至正元年，与天下更始。

上列各诏在阐述改元必要性时，使用了两种不同的理路。一种主要在新君即位的场合（第3、6、9、10则），改元是遵从"旧典"、表达"谨始"的态度，因为《春秋》王即位，大一统而谨

---

① 泰定帝即位诏书值得稍作补充讨论，这是一篇从蒙古语"硬译"而来的诏书，全文见《元史》卷二九《泰定帝一》（第638页）。它在阐述新君的继位合法性时，说他的父亲是"薛禅皇帝可怜见嫡孙、裕宗皇帝长子、我仁慈甘麻剌爷爷"，除了表明出身正统外，同样以"仁慈"评价其德行。虽然这个词的蒙古语原文目前无法确知，但笔者认为它很可能就是当日汉文"仁"字通常对译的蒙古语词。

始也。盖为政莫大于谨始，未有不正其始而能善其终者"①。另一种主要是君主在位期间改元（第2、4、7、11则），也包括部分新君即位（第1、8则），都明确地宣示了"发政施仁"的政治立场。

无论是德行评语还是改元宗旨，都毫无疑问地说明，世祖之后元代官方文本所表达的同样是仁君、仁政、以仁治天下的王朝形象。这说明中统、至元间忽必烈的儒臣谋士们所建构起来的"儒家式"的王朝政治话语，在元代中后期得到了继承。"大元"这个儒家式的政治符号应当也不例外。

另一方面，元代当时人、至少是接受过理学教养的士人，都毫无疑问地从"仁"这个角度来解读本朝国号。至元十三年南宋知严州方回降元，归附表文便是"大哉元，至哉元，咸仰乾坤之造；会其极，归其极，同依父母之仁"②。乾坤之造、父母之仁，不过是一体的两面。亲身经历了建国号过程、但当时资历较浅的王恽，在元贞元年（1295）以先朝元老的身份奏呈了两份文件，一份是劝导成宗的《守成事鉴》，其中"爱民"一节起首便说："天以至仁生万物，人君代天理物，故当以仁爱为主。"③另一份是《进（世祖）实录表》，文中阐扬世祖功德，有"国号体乾坤之统"一句。④合而观之，乾坤之统不外就是上天的"至仁"。

表述最为直白的，莫过于下列两例：

> 昔我世祖皇帝建国号曰"元"。元者，众善之长，天地生物之仁也。皇元之仁如天地，唯仁足以长人，故能臣妾万方，混

---

① 许有壬：《正始十事》，《至正集》卷七七，《元人文集珍本丛刊》第七册，台北：新文丰出版公司，1985年，第345页。
② 方回：《严州归附表》，《桐江集》卷五，宛委别藏本，南京：江苏古籍出版社，1988年，第346页。
③ 《秋涧先生大全文集》卷七九，《元人文集珍本丛刊》第二册，页354。
④ 《国朝文类》卷一六。

一四海而为天下之君也。①

　　至于渡江临鄂与建元之诏观之，则我国家得天下之本，一仁而已矣。故以曹彬之事命帅臣，而革命之日市肆有不闭；以大《易》之"元"建国号，而中统之绍天下所归心。②

按上引文所述，元朝就像其国号所宣示的那样，以"仁"为本，所以能混一四海、天下归心。在现存为数众多的元代进贺表文中，不断出现"繄尔至元之盛德、优于行苇之深仁"③，"体仁法元、师古合道"④，"运开泰治，仁体乾元"⑤，"道配乾坤、明侔日月"，"扇仁风以春四海、运元气以育群生"⑥之类的赞辞。又如张养浩说"天地之德无过好生，圣元体之以有天下"⑦，王结称颂至治改元"嗣服谨初元，体元以居仁"⑧等，表达的都是本朝"仁体乾元"，因以得天下、治天下的王朝形象。

　　总而言之，有元一代的汉文诏书和元汉地代士人的解读都显示，"仁"是这个政权经由国号而向其臣民传达的最核心的价值指向。换句话说，"大元"之国就是至仁之国，其君主就是体法天道、抚爱万

① 吴澄：《崇仁县元侯木撒飞仁甫字说》，《吴文正公集》卷六，《元人文集珍本丛刊》第三册，页155。
② 余阙：《元统癸酉廷对策》，《青阳集》卷五，《景印文渊阁四库全书》，第1214册，第411页。
③ 王恽：《圣寿节贺表·至元十四年丁丑代中省作》，《秋涧先生大全文集》卷六七，《元人文集珍本丛刊》第二册，第252页。
④ 袁桷：《贺千秋笺》，《国朝文类》卷一七。
⑤ 蒲道源：《贺正表》，《顺斋先生闲居丛槁》卷一五，中国基本古籍库影元至正刊本。
⑥ 王旭：《长芦运司贺正表》，《兰轩集》卷一〇，中国基本古籍库影文渊阁四库全书本。
⑦ 张养浩：《牧民忠告·囚粮》，李鸣、马振奎校点《张养浩集》卷二五，长春：吉林文史出版社，第218页。
⑧ 王结：《雪后伏闻至治改元诞敷明诏覆育群生德至渥谨赋五言古诗一章以形容盛美万一》，《文忠集》卷一，"景印文渊阁四库全书"本。

民的至仁之君。在《建国号诏》结尾处有这样一段话:"称义而名,固匪为之溢美;孚休惟永,尚不负于投艰。"翻译为白话就是:取意义高尚的国号,并不只是溢美;只有长期坚持仁德,才不负上天交予的重任。在某种意义上可以说,这道诏书就是儒臣们为忽必烈拟定的仁政宣言。

最后附带讨论一下元代的两个"至元"年号。据至元元年(1264)改元诏书,当时之所以更改年号,是因为出现了被认为是天在警示"阙政"的灾害异象。为了以"至诚"回应天的警示,必须"溥施在宥之仁",为此诏书一共颁布了三项措施,即处决不鲁花等奸臣、大赦天下和改元"至元"。几乎相同的论述理路也见于后至元元年(1335)改元诏书:

> 属太史上言,星文示微。将朕德菲薄,有所未逮欤?天心仁爱,俾予以治,有所告戒欤?弭灾有道,善政为先。更号纪年,实惟旧典。惟世祖皇帝,在位长久,天人协和,诸福咸至,祖述之志,良切朕怀。今特改元统三年仍为至元元年。……赦天下。[1]

皇帝也是因为天象示警而决定行"善政"以"弭灾",同时因为追慕世祖至元间的"天人协和",所以重启"至元"年号并大赦天下。在这两通诏书的语境下,"元"只有被解读为"仁"才可能与前后文脉贯通。诚如 H. Franke 和萧启庆所言,至元年号与大元国号的确是相互呼应的。

三

现在的问题是,前引《经世大典·帝号总序》中表示"元也者大也"的那一段话应当如何理解。尤其是它被认为可能出自大典总

---

[1] 《元史》卷三八《顺帝一》,第830页。

裁官虞集这样的鸿儒之手①，更增加了其权威性。但这个观点和虞集在其他地方的论述是有矛盾的，例如《饮膳正要序》所写：

> 臣集再拜稽首而言曰：臣闻《易》之《传》有之："大哉乾元，万物资始"；"至哉坤元，万物资生"。天地之大德，不过生生而已耳。今圣皇帝正统于上，乾道也；圣后顺承于中，坤道也。乾坤道备，于斯为盛。斯民斯物之生于斯时也，何其幸欤。②

显然，虞集的认识是理学的，乾元、坤元就是天地之大德，就是"生生"，也就是仁。他在一篇碑铭文字中还直接说过"〔皇〕元以仁让立国，混一区宇"③，这和前引吴澄、余阙的说法相同，而与《经世大典》所强调的疆域广大根本不同。④

可见，《经世大典》的这个观点应当另有来源。这一点，我们从大典序录类文字的写作风格也可以看得出来。《经世大典》全书的总"序录"被收入《道园类稿》，因而基本可以确定为虞集执笔。⑤他在介绍了编修的缘起、组织工作之后，罗列了大典的篇名，并为各

---

① 陈得芝：《关于元朝的国号、年代与疆域问题》，第7页。
② 虞集：《饮膳正要序》，张秉伦、方晓阳译注：《饮膳正要译注》，上海：上海古籍出版社，2014年，第3页。
③ 樊子林、梁小丽：《元故恭人史氏墓碑考》，《文物春秋》2003年第4期，第69～71页。
④ 可能引起误解的是，乾元之"元"也可以被训为广大。但许衡是这样阐释其内涵的："心胸不广大，安能爱敬，安能教思无穷，容保民无疆？"这是将"大"视为一种道德品格，是达至仁的内在要求，大与仁是一体的两面。许衡：《语录上》，王成儒点校：《许衡集》，第3页。《经世大典·帝号总序》在提出国号内涵之前有这样一段铺垫的话："金在中原，加之以天讨，一鼓而取之，得九州之腹心。宋寓江南，责之以失信，数道而举之，致四海之混一。……（其余各国）俯伏内向，何可胜数！自古有国家者，未若我朝之盛大者矣。"说明大典所指的仅限于空间之广大，至多引申为崇高。
⑤ 虞集：《经世大典序录》，《道园类稿》卷一六，王颋点校：《虞集全集》，天津：天津古籍出版社，2007年，第470～471页。

篇分别写了简短的引语。将各篇引语稍作比较就可以发现，臣事各篇格式工整、文词典雅，而君事各篇正相反，不仅文句、篇幅长短不一，词意也甚为简朴。

君事四篇引语	臣事六篇引语
君临天下，名号最重，作帝号第一。	设官用人，共理天下，治其事者，宜录其成，故作治典第五。
祖宗勋业，具在史策；心之精微，用言以宣，询诸故老，求诸纪载，得其一二于千万，作帝训第二。	疆理广袤，古昔未有，人民贡赋，国用系焉，作赋典第六。
风动天下，莫大于制诰，作帝制第三。	安上治民，莫重于礼，朝廷郊庙，损益可知，作礼典第七。
大宗其本也，藩服其支也，作帝系第四。	肇基建业，至于混一，告成有绩，垂远有规，作政典第八。
	政刑之设，以辅礼乐，仁厚为本，明慎为要，作宪典第九。
	六官之职，工居一焉，国财民力，不可不慎，作工典第十。

除了全书的总"序录"之外，大典各篇还另外分别有"总序"。这种行文风格的差异在总序上同样存在。下面引君事总序二篇、臣事总序一篇以作说明：

[君事·帝训]臣闻圣祖神宗之盛德大业，著在简册，昭如日星矣。惟圣心精微，因言以宣者，有不得而具闻焉。采诸大臣故家，有因事而亲蒙教诫，或传诵而得诸见闻，及以文书来上者，悉辑而录之，以发其端。后有可考者，得以次第而补之矣。

[君事·帝制]臣闻古者典谟训诰誓命之文，或出于一时帝王之言，或出于使臣至所修润，其来尚矣。国朝以国语训敕者曰圣旨，史臣代言者曰诏书，谨列著于篇。

[臣事·赋典]《传》曰："有德此有人，有人此有土，有土此有材，有材此有用。"兹古今不易之论也。粤若皇元肇基朔

方，神功大业，混一华夏。好生之仁如天地，无不覆载。此圣
德之昭著也。今赋典之目，有曰版籍……①

以上引"赋典"为例，臣事各篇的总序都包括义理阐释和子目
介绍两部分，前者论证编纂本篇的意义，后者说明本篇的基本内容。
虽然各篇之间也有差异，如治典总序行文极简略、宪典总序以子目
在前、义理在后等，但两部分的基本结构都得到了保持，文句也都堪
称工整。与之相对，君事各篇总序的内容几无共通之处，如帝训总序
主要说明了其采集圣训的来源，帝制总序则解释了本朝圣旨、诏书的
区别。唯一构成君事各篇总序共同点的，就是它们在形式上都以"臣
闻"二字开篇，臣事各篇则没有这一用法。总之，和"序录"中的各
篇引语一样，君事、臣事两类总序的文风也是迥然不同的。

这意味着，君事、臣事两类总序的撰写者是两个文化修养很不
相同的群体。这一点，虞集在《经世大典序录》其实已经有所交代：

（至顺二年）四月十六日开局（编修大典），仿六典之制，
分天地春夏秋冬之别。用国史之例，别置蒙古局于其上，尊国
事也。其书悉取诸有司之掌故而修饰润色之，通国语于尔雅，
去吏牍之繁辞……于是定其篇目，凡十篇，曰君事四、臣事
六。……（帝号、帝训、帝制、帝系）皆君事也，蒙古局治之。②

也就是说，《经世大典》在编纂时，君事、臣事是分成两个班子
进行的，虞集所在的奎章阁学士院的儒士们只负责臣事，君事则另
有"蒙古局"负责。按照这一分工，臣事总序应当出自学士院儒士
之手，君事总序则应当由蒙古局的必阇赤们撰写，儒士的作用至多
是对汉文译本进行润色，即"通国语于尔雅"。与此相应地，前述
"序录"中各篇引语的文风差异也绝不会是因为虞集的笔力不够、前

① 《国朝文类》卷四〇。
② 虞集：《经世大典序录》，《道园类稿》卷一六，《虞集全集》，第470页。

拙后工，而是君事四篇的引语另有所本，其所体现的应该也是蒙古局必阇赤们的意思。①

如果前文的推论成立，那么《经世大典》以疆域广大为依据把"元"释为"大"，主要体现的应该是蒙古局中对汉文化有所认识而又不够精深的蒙古"知识阶层"对国号内涵的理解。回到至元八年时，当汉人儒士们进呈《建国号诏》的文稿时，肯定通过翻译向忽必烈解释过所谓的"乾元"之义，甚至还应当准备一份面向蒙古人群的翻译本。但忽必烈的汉文水平并不高②，可以想见的是，那个解释一定不会像汉文文本中那样复杂、精致，而是有相当程度的简化。具体情形如何已不可考，这里可以引元中期吴澄向元朝皇帝进讲《帝范》"君德"部分的一段"经筵讲义"以为旁证：

> 夫民乃国之本，国乃君之体。人主之体，如山岳焉高峻而不动，如日月焉圆明而普照。兆庶之所瞻望，天下之所归仰。宽大其志足以兼包，平正其心足以断制。非威德无以致远，非慈厚无以怀人。抚九族以仁，接大臣以礼。奉先思孝，处位思恭。倾己勤劳，以行德义。此乃君之体也。
>
> 唐太宗是唐家哏好底皇帝，为教太子底上头，自己撰造这一件文书，说着做皇帝底体面。为头儿说做皇帝法度，这是爱惜百姓最紧要勾当。国土是皇帝底根本，……非威武仁德，远田地国土怎生肯来归附；非慈爱忠厚的心，百姓怎生感戴。皇帝的宗族，好生亲爱和睦者，休教疏远者。朝廷大官人每，好生祗待，休轻慢者。奉祀祖宗的上头，好生尽孝心者。坐着大位次里，好生谦恭近理，

---

① 君事的四条引语文义虽极简单，但也能看出其与相应篇目的总序是有关联的，例如帝训篇的引语是对总序的缩写，帝号篇引语几乎就是移用总序的最后一句话。虞集在《经世大典序录》中先强调蒙古局的存在，又特地点明君事四篇是"蒙古局治之"，似乎就是要表明自己在很大程度上并不能对这一部分的文本负责。

② Franke, H., "Could the Mongol emperors read and write Chinese?" in *Asia Major*, *A British Journal of Far Eastern Studies*, 1953, New Series 3: pp.28-41.

休怠慢者。拣好底勾当尽力行者。这是做皇帝的体面么道。①

　　讲稿包括原文和口语解释两段，其中第二段里有"为……底上头"、"有"、"么道"等具有蒙古语特征的元素，可知它并不是吴澄的汉语口头讲稿，而是从某个蒙古语讲稿重新译写而成的，而那个蒙古语讲稿显然就是元朝皇帝所接受到的内容。可以看到，解释与原文并不对应，虽然基本的脉络还在，但汉文的本、体、仁、礼、德等抽象概念，都被"紧要"、"根本/体面"、"亲爱和睦"、"好生祗待"、"好勾当"等口语词汇所取代。忽必烈和他的蒙古臣民们所能接受的，至多也就是这样的直白化讲解。正如许衡所说，汉文经典中原本就有"训元为大"的情况，尽管儒士们不会简单理解为空间广大，但是在无法充分理解汉文哲学词汇的蒙古人中，将"元"单纯解释为疆域空间之"大"是完全可能的，而《经世大典·帝号总序》中的那段话大概就是这一情况在文本中留下的痕迹。

四

　　作为中国历史上最具世界性和族群文化多样性的时代②，元代的重要特色之一就是思想文化的碰撞、交汇与融通。颁定"大元"国号的主要推动力毫无疑问来自汉文化圈的儒士，那么元代的非汉文化人群是否了解，以及如何定位这一政治符号？回答这一问题，需要考察民族文字史料是否、以及如何使用了"大元"名号。

　　元代的国师或帝师名义上掌管着释教僧徒和吐蕃地方，在现存的元朝颁发的国师/帝师印信中，就有带"大元"国号的。一种印文为"统领释教大元国师"，现存可见的有两方。③另一种印文为

---

① 吴澄：《经筵讲义·帝范·君德》，《吴文正集》卷九〇，《景印文渊阁四库全书》，第 1197 册，第 839 页。

② 萧启庆：《元代的族群文化与科举》，台北：联经出版事业股份有限公司，2008 年，"序论"第 i 页。

③ 照那斯图、薛磊：《元国书官印汇释》，第 6～7 页。

"大元帝师统领诸国僧尼中兴释教之印",根据《元史·释老传》,元
贞元年赐给乞剌斯八斡节儿的就是这一印文。①

这些元代的国师／帝师印信都是正式行用于藏地的。照那斯图
曾经搜集了十四件钤有"大元帝师统领诸国僧尼中兴释教之印"的
藏文法旨,涉及 1286 ～ 1358 年间共计六位帝师。这些法旨中除一
件在广东南华禅寺外,其他都保存在西藏,涉及西藏地区的寺院财
产、官员任命、赋税征收等各类僧俗事务。②法旨上加盖的帝师印
信充分证明,"大元"国号对藏地的民众具有法理上的权威性。

元明时代的藏文史籍《红史》和《汉藏史集》中,都有一段应
当是间接来自《建国号诏》的文本。下表将相应文本与《建国号诏》
作一分段比较:

	《建国号诏》	《红史》③	《汉藏史集》④
1	诞膺景命,奄四海以宅尊;必有美名,绍百王而纪统。肇从隆古,匪独我家。且唐之为言荡也,尧以之而著称。虞之为言乐也,舜因之而作号。驯至禹兴而汤造,互名夏大以殷中。	以前上古尧帝时定国号为"唐","唐"之意义为"国土胜乐"。此后在虞王时,定国号为"舜","舜"之意义为"具有治理国政之大智能"。汤王时,定国号为"殷","殷"之意义为"办一切事情秉公正直"。	古时,唐国之王尧帝之时,国家之名称叫做"唐",其意是国土安乐幸福。此后,禹王之时,国家之名称叫做"夏",其意为国家能够兴盛之福德。

---

① 蔡美彪:《八思巴字碑刻文物集释》,第 323—325 页。《元史》卷二〇二
《释老传》,第 4519 页。
② 照那斯图:《蒙元时期宫廷文书的印章文字》,《民族语文》1997 年第 3 期,
第 43 ～ 50 页。法旨内容见陈庆英《夏鲁的元朝帝师法旨》(《陈庆英藏学
论文集(上)》,拉萨:中国藏学出版社,2006 年,第 371 ～ 397 页)和
西藏自治区档案馆编《西藏历史档案荟粹》(北京:文物出版社,1995 年)。
③ 蔡巴·贡嘎多吉:《红史》,东嘎·洛桑赤列校注,陈庆英、周润年汉译,
拉萨:西藏人民出版社,2014 年,第 114 页。
④ 达仓宗巴·班觉桑布:《汉藏史集》,陈庆英译,拉萨:西藏人民出版社,
1986 年,第 164 页。

（续表）

	《建国号诏》	《红史》	《汉藏史集》
2	世降以还，事殊非古。虽乘时而有国，不以义而制称。……概以至公，不无少贬。	此后为小朝代未有命名。	这以后，以王朝之名称其国家，不再另起国名。
3	我太祖圣武皇帝，握乾符而起朔土，以神武而膺帝图……既成于大业，宜早定于鸿名。在古制以当然，于朕心乎何有。可建国号曰大元，盖取易经"乾元"之义。……	成吉思汗之时，定国号为"大元"，"大元"之意义，在《周易》一书中有"乾元"二字，意为"宽广辽阔，牢固之陆地。"	蒙古成吉思汗皇帝，将国家起名为"大元（ དངག ）"，其义为《易经》一书中说，"乾元（ ཉེད་ཉེན ）"二字为"广大（ ཡངས/ཆེ་བ ）、增长"，引申为"真实、坚固"。

不难看出，尽管《红史》、《汉藏史集》的具体文本与《建国号诏》差异很大，但是有两点特征显示了它们之间的深层关联。首先它们的基本主旨是共通的，都是要指出成吉思汗建立的国家叫"大元"。更重要的是，它们共享了一种"三段式"的说理结构：（1）三代有美名，（2）三代以下没有美名，（3）成吉思汗建立的国家据《易经》而取名"大元"。这表明，《红史》和《汉藏史集》的两段话的源头应该追溯到《建国号诏》。也就是说，《建国号诏》应该在元代（至晚元末明初）就已经传入藏地，并派生出与原文有所差讹的——或口头、或书面的——藏文叙述形式，然后被藏文史籍的作者们郑重地记录了下来。《红史》的另一章节在讲述完"汉地由梁至南宋的历史"以及蒙古攻灭南宋之后还写道："蒙古之国称为大元。以上是依赞巴拉德室利衮所说而写成的"①，这也印证了大元国号在藏地的流传。②

① 蔡巴·贡嘎多吉：《红史》，第19页。
② 值得注意的是，藏文史料将大元解释为广大，这与《经世大典》相呼应。可能藏地的作者并不是直接阅读汉文诏书，而是以蒙古知识圈为中介了解到《建国号诏》的。

元代西夏文文献中也有"大元"国号的使用。李范文先生所编《夏汉字典》解释西夏文"𗾖"字的第二个义项为"元，首也"，并举了"𗾕𗾖𗏇（大元国）"为词例。① 国图所藏元代西夏文《悲华经》（B11·049［3.17］）、《经律异项》（B11·051［di7jian］）、《说一切有部阿毗达摩顺正理论》（B11·050［4·01、4·02］）等都有下面这段原文为西夏文的题款：

奉大元国天下一统世上独尊福智名德俱集当今皇帝圣寿万岁敕印制一全大藏经流行当今皇帝圣寿万岁　太后皇后与天寿等奉敕大德十一年六月二十五日皇太子寿长使见千秋印大藏经五十部流行。②

另，国家图书馆藏皇庆元年（1312）西夏文《过去庄严劫千佛名经》后有一长段发愿文，根据史金波先生的汉译，该文记载元朝皇帝多次敕刊西夏字藏经，其中有"皇元界朝"之说，并在近结尾处题"大元国皇庆元年岁次壬子秋中望日"等语。③ 可见在元西夏遗民中，"大元"国号同样得到承认与使用。

现存元代的蒙文史料中，并没有直接使用"大元"的官方文献或文物，只在涉及显耀人物的碑铭中使用了这一国号。一是后至

① 李范文：《夏汉字典》，北京：中国社会科学出版社，1997年，第400页。字典注明出处为"聂历山《西夏语文学》II卷，莫斯科：东方文献出版社，1960年，第63页"，笔者未克寓目。
② 史金波：《中国藏西夏文文献新探》，《中国社会科学院学术咨询委员会集刊》第3辑，2007年，第234页。崔红芬：《元杭州路刊刻河西字〈大藏经〉探析》，《西部蒙古论坛》2014年第2期，第31页。另据报道，山西省图书馆馆藏元刻西夏文佛经卷首祝赞一面，也有同样的西夏文题款。见段玉泉《元刊西夏文大藏经的几个问题》，《文献》2009年第1期，第43～44页。
③ 史金波：《西夏文〈过去庄严劫千佛名经〉发愿文译证》，《史金波文集》，上海：上海辞书出版社，2005年，第325～326页。

元四年（1338）的《达鲁花赤竹温台碑》，其中有 "Dai-Ön keme：kü yeke Mongghol ulus"（称为大元的大蒙古兀鲁思）；[1] 另一是至正二十二年（1362）《追封西宁王忻都碑》，其中有 "Dai Ön yeke Mongghol ulus"（大元大蒙古兀鲁思）。[2] 其实，这两块碑都不是单纯的私碑，而是所谓的"敕赐"碑，即碑的树立和碑文的写作都是在皇帝的直接授意之下进行的。竹温台碑的汉文面题额"大元敕赐……竹君之碑"，撰文、书丹、篆额都是"奉敕"进行，揭傒斯在正文中明确说"今皇帝尤爱之（按：竹温台之子），诏树碑其父之墓……而以文命臣傒斯。"对应的蒙文碑文也表达了揭傒斯（Ge qioši）是受 "Edüge：qaγa：n（今大汗）" 的命令撰写碑文的意思。[3] 因此上述"大元"国号的使用显然也得到了蒙古统治集团的认可——至少碑文可以向它的读者传达出这样的意涵。

明代已经退回草原的蒙古统治集团仍然长期沿用着早前的各种政治标志，如年号、庙号、官称、玺印等，其中也包括"大元"名号。[4]《阿勒坦汗传》中说阿勒坦汗推动蒙古与明朝议和"使大元国（Dayun yeke ulus）大享其乐"。[5] 多位蒙古汗的汗号中包括"大元"，如著名的"达延（Dayan）汗"就源自汉语"大元"，《明实录》说他"奉番书求贡……自称大元大可汗"[6]。此外还有佚名《黄史》中记载

---

① Tumurtogoo，D. ed.，*Mongolian Monuments in Uighur-Mongolian Script*（*XIII-XVI Centuries*），Taipei：Academia Sinica，2006，p.20.

② Tumurtogoo，D. ed.，*Mongolian Monuments in Uighur-Mongolian Script*（*XIII-XVI Centuries*），p.28.

③ 揭傒斯：《大元敕赐故中顺大夫诸色人匠都总管府达鲁花赤竹君之碑》，《满洲金石志》卷四，国家图书馆善本金石组编《辽金元石刻文献全编》第三册，北京：北京图书馆出版社，2003年，第817页。Tumurtogoo，D. ed.，*Mongolian Monuments in Uighur-Mongolian Script*（*XIII-XVI Centuries*），p.21.

④ 胡钟达：《明与北元——蒙古关系之探讨》，《内蒙古社会科学》1984年第5期，第45—46页。

⑤ 珠荣嘎译注：《阿勒坦汗传》，内蒙古大学出版社，2014年，第75页。

⑥ 乌兰：《Dayan 与"大元"——关于达延汗的汗号》，《内蒙古大学 （转下页）

的 buyan Dayun sečen qaγan（即"布延大元彻辰汗"），[①] 以及林丹汗的
汗号"大元林丹库图克图彻辰汗"、"林丹呼图克图·大元薛禅汗"、
"呼图克图成吉思大元汗"等。[②] 明朝方面的史书也有记载，如《明
实录》载瓦剌部首领也先自称"大元田盛（天圣）大可汗"。[③] 明英
宗被也先俘虏后，"也先聚众大小头目说道：'我每问天上，求讨大元
皇帝一统天下来……'数中有一达子名唤乃公言说：'大明皇帝是我
每大元皇帝仇人，今上天可怜见那颜上，恩赐与了到手里。'"。[④]

　　基于这些材料笔者认为，"大元"国号在元代就已经在包括统治
集团在内的蒙古人群中拥有了法理上的权威性，因此才得以作为一
种极其荣耀的称号，长期留存于后来的蒙古社会中。[⑤] 对此，还有
两个同时代的间接证据，一是元代发行的八思巴字"大元通宝"钱
币[⑥]，八思巴字是元代用于"译写一切文字"的"国字"，使用这种

（接上页）学报（哲学社会科学版）》1990 年第 1 期，第 10 ～ 14 页。《明
　　孝宗实录》卷一四"弘治元年五月乙酉"条，"中研院"史语所校印，1962
　　年，第 349 页。

① 希都日古：《鞑靼和大元国号》，《元史及民族与边疆研究集刊》第 28 辑，
　　上海古籍出版社，2014 年，第 126 页。

② 李盖提：《蒙古甘珠尔刻本》第 5 目录，转引自乌兰《Dayan 与"大元"——
　　关于达延汗的汗号》，第 11 ～ 12 页。沙·比拉：《蒙古史学史（十三世纪至
　　十七世纪）》，陈弘法译，内蒙古教育出版社，1988 年，第 193、195 页。

③ 《明英宗实录》卷二三四"景泰四年十月戊戌"条，"中研院"史语所校印，
　　1962 年，第 5510 页。

④ 杨铭：《正统临戎录》，薄音湖、王雄点校：《明代蒙古汉籍史料汇编》第一
　　辑，呼和浩特：内蒙古大学出版社，1993 年，第 99 页。

⑤ 随着时间的发展，这个称号已经不限于国号或汗号，贵族也会使用它，如
　　罗桑丹津《蒙古黄金史》说，阿勒坦汗的曾孙是四世达赖喇嘛转世，他
　　的母亲是合撒儿的后代、"大元·于征那颜（Dayon Oiching Noyan）"的
　　女儿。罗桑丹津：《蒙古黄金史》，色道尔吉译，呼和浩特：蒙古学出版
　　社，1993 年，第 366 页。札奇斯钦《蒙古黄金史译注》，台北：联经出版
　　事业股份有限公司，1979 年，第 302 页。此外还有许多例子，参见乌兰
　　《Dayan 与"大元"——关于达延汗的汗号》，第 14 页。

⑥ 上海博物馆青铜器研究部编《元明清钱币》（上海：上海书店出版社，1994
　　年，第 16 ～ 21 页）刊布馆藏元代钱币中，第 59 ～ 74 号都是八（转下页）

文字的钱币显然是面向全体臣民的。二是元代中后期蒙文圣旨碑已
经频繁使用汉文年号①，如果圣旨的拟写者已经认可年号的效力，似
乎没有理由不认可国号的效力。

概言之，蒙、藏、西夏等民族文字史料的记载充分说明，"大
元"国号在元代就已经通过朝廷的诏书、印章、公文、钱币、"敕
赐"碑刻、"敕印"藏经等渠道被传达到了非汉文化的社会，其在
法理上的权威性也得到了非汉文化人群的认可。换言之，作为成
吉思汗所建立的国家的名称，"大元"二字绝不是"只在东亚汉字
文化圈被使用"②，而是面向整个大元国家的一件具有普适性的政治
符号。

余　论

重新回到忽必烈即位之初，"至元"、"大元"等以仁为首要内
涵的年号、国号与当时华北儒臣圈的政治氛围是紧密联系的。中
统元年（1260），忽必烈的潜邸谋士郝经受命出使南宋。他认为这
是实现南北和平的良机，但南宋方面迁延不愿接待，郝经为此深
感忧虑，并给南宋君臣连写数封信件，里面有这样一段堪称肺腑
之言：

> 呜呼！中州遗士，锋镝之余，收其惊魂，引其余息，营缉
> 鸠赞，缔和图安，回生意于寒原，泮冰天于雪国，发为阳春，
> 再立元气。而有主上断然行此，虽云天意，亦人力也。治乱之

（接上页）思巴字"大元通宝"钱。此外西北、东南多地均有出土。杭州
　市文物考古研究所《杭州蒋村古钱币窖藏》，北京：文物出版社，2013 年，
　第 106 页。苏正喜《西吉古钱币志》，银川：宁夏人民教育出版社，2013
　年，第 97～98 页。
① 呼格吉勒图、萨如拉：《八思巴字蒙古语文献汇编》（呼和浩特：内蒙古教
　育出版社，2003 年）所刊布的圣旨中，第 18～20、22～29 号全部使用
　音译的汉文年号，涉及至治、泰定、元统、至元和至正。
② 金浩东：《蒙古帝国与"大元"》，第 30 页。

机，于是乎在！①

　　包括郝经在内的这一批潜邸儒士都是历经数十年杀伐屠戮，而幸得以不死的遗士残民，对他们来说，仁政绝不是一个空洞的口号，它意味着一种截然不同的生存环境和人生道路，与个人命运息息相关。而儒士们想要"发为阳春，再立元气"，唯有"得君行道"这一条路，即找到愿意行用汉法仁政的"主上"，辅之登基，借以开太平之世。

　　因此对忽必烈这位蒙古君王，儒士们既要接受、承认他，同时也要教导、改造他。正所谓"断然为之以行夙心者，主上也"，而"经营比次、计安遗黎者，六七儒生也"。②忽必烈成功登基并主动遣使议和，就是儒士们的阶段性成果，"十余年间遵养时晦，将以大赉于民者，今始得行。"③这一政治气候的转变，当时出使华北的高丽世子、日后的高丽元宗王倎也感受到了，他回国之后给忽必烈幕下儒臣写了一封信，里面将收信人比为汉之叔孙通，并谓当时乃"千载一时、偃武修文之际也"。④

　　作为得君行道的重要一环，颁布年号、国号等一系列政治文化建构的措施，同样有着承认与改造的两重性：一方面为征服中原的蒙古政权建立起了汉文化语境下的合法性叙事，另一方面也把儒家以天道规训统治者的理想导入了新政权的意识形态中。元初诸诏书

---

① 郝经：《再与宋国两淮制置使书》，《郝文忠公陵川文集》卷三七，第820～821页。
② 郝经：《上宋主请区处书》，《郝文忠公陵川文集》卷三七，第823页。
③ 同上，第822页。
④ 杜宏刚、邱瑞中、崔昌源辑：《韩国文集中的蒙元史料（上）》，桂林：广西师范大学出版社，第82～83页。事实上，在忽必烈即位之后，儒臣们除了争取与南宋议和，还积极推动了元与高丽之间由战争转向外交谈判。见李春圆《1260年前后蒙丽关系的转折补论——以高丽〈与张学士书〉为线索》，《元史及民族与边疆研究集刊》第33辑，上海：上海古籍出版社，2018年，第164～181页。

一再宣称这个新政权以仁政为使命、以仁爱为君长之德。这样大规模、系统化地使用以"仁"为价值核心的话语，在中原王朝史上算不上新鲜事物，①但是对一个迄今为止主要建基于草原游牧社会传统的政权来说，不能不说是政治文化的极大转变。

这一转变进一步影响到了元代无论是统治者还是民众的思想世界。在民众方面，传统观点一直认为元代佛教相比儒学更受统治集团青睐，因而社会地位更高。②但是，因为王朝政治话语的儒家化，元代也存在佛教徒以附会儒学自抬身价的情况，例如下面这段引文就把慈悲解释为"恻隐之心"，并宣称佛教才是更好的达至"仁覆天下"的道路：

> 皇元启祚北天，混一四海，世祖皇帝丕宏佛教，以赞化育，法乾以易而易知、坤以简而易从之道，为政尚仁厚而务宽大。……世俗徒知道莫大于仁义、教莫正于礼乐政刑，焉知九州之□□□之表，又有大而至者乎？所谓慈悲之道，盖亦恻隐之心而已。夫乐以天下，慈也；忧以天下，悲也。苟能推慈悲之道以及于人，仁覆天下矣。③

而对元代的蒙古统治集团来说，元初以来的这一套政治话语及

---

① 正大元年（1224）金朝已是苟延残喘时，元好问还要在官样文字里写"中国之有至仁，无思不服"。元好问《拟贺登宝位表》，姚奠中编校：《元好问全集》卷一五，太原：山西古籍出版社，2004年，第458页。自注"正大元年奉都堂钧旨作"。

② 陈高华：《元代佛教与元代社会》，载《元史研究论稿》，北京：中华书局，1991年，第362～384页。

③ 释法洪：《皇元真定府龙兴寺重修大悲阁碑》，《常山贞石志》卷二二，《石刻史料新编》第一辑第18册，台北：新文丰出版公司，1977年，第13547～13548页。释法洪，俗姓刘，巩昌成州人，仁宗时赐号释源宗主，召入大都，历主龙泉寺、大永福寺、寿安山大昭孝寺等，至正四年卒。参许有壬《敕赐故光禄大夫大司徒释源宗主洪公碑铭》，《至正集》卷四七，《景印文渊阁四库全书》，第1211册，第337～240页。

其内含的价值观也绝不是毫无意义的。武宗时期，就有臣僚在与皇帝交流时使用了"天道"这样的说法：

> 至大二年九月初四日奏过事内一件："……今年省里的勾当繁冗，……大勾当法度废了，百姓每生受，天道不顺有。……（今后删减冗务）那般呵，勾当也成就，百姓也不生受，天道也顺也者。……"奏呵，"那般者。"么道，圣旨了也。①

虽然蒙古草原社会原本就有长生天信仰，但萨满教里的长生天有强烈的人格神的性质，不像汉文化中抽象的"天"那样具有一以贯之的"道"，更不会在百姓"生受"与否和"顺"与"不顺"天道之间存在感应关系，后者很显然是来自汉文化的观念。这说明，无论蒙古君主们的实际行动会在多大程度上受到"天道"的约束，他们应当至少在形式上也认可这一套从"乾元"之义引申而来的政治语言。总之，包括国号在内的元代官方意识形态的建构及其与社会、政治与文化等诸方面的互动关系，是值得进一步深入探讨的问题。

---

① 陈高华等点校：《元典章》卷四《朝纲一·政纪·省部纪纲》，北京：中华书局，天津：天津古籍出版社，2012年，第一册，第131页。

蒙汉文化交会之下的元朝郊祀

马晓林

在元史研究中，草原、中原二元制度与政治文化的交会与互动是引人注目的课题。国家礼制是一个王朝政治文化观念的实践，是意识形态的核心。郊祀作为中原祭祀礼仪之首，传承着中原传统文化中对天的崇拜，是天授君权的合法性象征。元朝郊祀制度的建立与演变，与二元文化的交会与互动相始终。中原文化所尊崇的天，在郊祀仪式中称为昊天上帝。蒙古人信仰的最高神称为蒙客·腾格理（Möngke tengri），意译长生天。以往学界对于元朝郊祀关注不多，仅一些通论性著作中有简略涉及。[①] 最近，刘晓先生撰文全面梳理了元朝郊祀制度的建置沿革，文中已经注意到，随着元朝郊祀的施行，长生天与昊天上帝祭祀有合二为一的趋势。[②] 这一观察非常重要。郊祀中蕴含着的最高信仰，构成了元朝意识形态的根基之一。

蒙古、汉文化确实皆以天为最高神，且皆有君权天授概念，这是长生天与昊天上帝的共通之处。然而二者也颇有迥异之处，概括起来有三点。第一，名称不同。蒙客·腾格理，意译长生天，与昊

---

① 那木吉拉：《中国元代习俗史》，北京：人民出版社，1994年，第190页。陈戍国《中国礼制史·元明清卷》第一章第一节《元代祭祀》，长沙：湖南教育出版社，2002年，第44页。

② 刘晓：《元代郊祀初探》，黄正建主编《隋唐辽宋金元史论丛》第5辑，上海：上海古籍出版社，2015年，第197～215页，收入吴丽娱主编《礼与中国古代社会（隋唐五代宋元卷）》，北京：中国社会科学出版社，2016年，第328～352页。

天上帝名称虽然接近，但不能直接对译。第二，祭天朝向不同。蒙古人祭天，或向南，或向日。① 而在郊祀坛上，昊天上帝神主坐北朝南，祭者向北祭之。② 第三，使用神位与否不同。汉族祭天，设昊天上帝神主。蒙古祭天，对越在上，望而祭之，不设神位。③ 正是这些观念的差异，导致蒙古人难以将昊天上帝完全等同于长生天。在蒙古人多神崇拜的信仰体系中，汉文化传统的一些神祇，如岳镇海渎作为山川神，社稷作为农业神，风雨雷师作为天气神，太庙作为祖先，都能进入蒙古万神殿而不产生冲突。而作为最高神的昊天上帝与长生天难以等同，导致蒙古统治者很难从根本上完全接受郊祀。直到元末，元朝皇室仍然每年秋季在元上都郊野举行蒙古传统的洒马奶祭天仪式④，说明长生天与昊天上帝两种祭祀形式最终并未完全合一，而是并存。而上都六月二十四日举行的洒马奶祭天仪式中，主祭者中有"汉人秀才达官"，⑤ 体现出中原文化对蒙古祭祀的影响。蒙古文化对于中原祭礼的影响，则体现在郊祀中。本文拟考察元朝郊祀制度建立和沿革过程中二元文化的交会与互动。

一、郊祀的曲折建立

长生天与昊天上帝观念的差异，导致元朝郊祀建立的过程较为

---

① 耿昇译：《柏朗嘉宾蒙古行纪》，北京：中华书局，2002 年，第 101 页。余大钧译：《普兰·迦儿宾行记》，呼和浩特：内蒙古大学出版社，2009 年，第 94 页。阿尔达扎布：《新译集注〈蒙古秘史〉》，呼和浩特：内蒙古大学出版社，2005 年，第 174 页。今井秀周「北方民族の祭天儀式における拜礼方向」，『東海學院大學紀要』1，2007 年，第 3、9 ～ 10 页。

② 《元史》卷七二《祭祀志一·郊祀上》，北京：中华书局，1976 年，第 1794 页。《永乐大典》卷五四五三引《太常集礼》，北京：中华书局，1986 年影印本，第 2503 页。

③ 《元史》卷七二《祭祀志一·郊祀上》，第 1783 页。

④ 周伯琦：《近光集》卷二《立秋日书事五首》，台北：（台湾）商务印书馆，《景印文渊阁四库全书》，第 1214 册，第 523 页。

⑤ 《元史》卷七七《祭祀志六·国俗旧礼》，第 1924 页。

漫长曲折。蒙古统治者第一次接触郊祀，是在元宪宗蒙哥汗二年（1252，壬子年）。此年夏秋之际，蒙哥汗与诸王聚会于怯绿连河，八月八日祭天于日月山。这是漠北草原上的蒙古式祭天。八月十二日，东平世侯严氏受命组织的中原太常礼乐人员在日月山行郊祀之礼，① 相当于蒙古式祭天之余的一种表演，其后再未被蒙哥汗召用。

元世祖忽必烈即位以后，对郊祀礼乐的接受也很缓慢。中统二年（1261）四月，忽必烈"躬祀天于旧桓州（即元上都——引者）之西北。洒马潼以为礼，皇族之外，无得而与，皆如其初"②，是一次典型的蒙古式祭天。

十余年后，忽必烈采行汉法，建国号大元，兴建大都（今北京），仿中原制度制定朝仪与礼乐，接受汉语尊号。按照汉地礼制，受尊号须遣使预告天地。因此至元十二年（1275）检讨唐、宋、金旧仪，于元大都丽正门东南七里建祭台，设昊天上帝、皇地祇位二，③ 十二月十日，遣官行一献礼。④ 在当时，受尊号告郊的主要作用是宣示忽必烈统治中原的合法性，是一种收服人心的表面文章。告郊礼仪完成两天后，中书左丞相忽都带儿与内外文武百寮及缁黄耆庶请上皇帝尊号，忽必烈不许。⑤ 直到至元二十一年（1284）忽必烈才接受这一尊号⑥，反映出他对告郊一事并不重视。

至元十三年（1276），元朝大军进逼杭州，南宋君臣出降。统一南北成为忽必烈一生的最大武功，遂于五月一日在元上都（今内蒙古正蓝旗）西郊祭告天地祖先⑦，"以国礼行事"⑧。据亲眼目睹其

---

① 《元史》卷六八《礼乐志二·制乐始末》，第 1691～1692 页；卷七二《祭祀志一·郊祀上》，第 1781 页。

②⑧ 《元史》卷七二《祭祀志一·郊祀上》，第 1781 页。

③ 《元史》卷七三《祭祀志二·郊祀下》，第 1827 页。

④ 《永乐大典》卷五四五三引《太常集礼》，第 2504 页下。

⑤ 《元史》卷八《世祖纪五》，第 171 页。

⑥ 《元史》卷一三《世祖纪十》，第 263 页。

⑦ 《元史》卷九《世祖纪六》，第 182 页。

事的南宋降人记载 ①，其祭仪应该是蒙古传统的斡耳朵祭祀 ②，而非郊祀。

到元世祖朝后期，岳镇海渎、太庙、先农、风雨雷师祭祀皆已建立。王恽上《郊祀圆丘配享祖宗事状》，其用意是在太庙祭祀渐已走上正轨的前提之下，欲借尊崇祖宗之由促成郊祀的举行。③ 但这一建议未被采纳。

至元三十一年（1294）正月，元世祖驾崩。四月，成宗铁穆耳即位。中书右丞相完泽及文武百官议为忽必烈上尊谥。上谥号是汉地礼制，当请于南郊。因此，成宗始为坛于都城南七里，遣司徒兀都带、平章政事不忽木、左丞张九思请谥南郊。④ 这也可视为成宗甫一登基拉拢汉人士大夫的一种举措。

元成宗大德六年（1302）三月，合祭昊天上帝、皇地祇、五方帝于南郊，遣左丞相哈剌哈孙摄事，此为元朝摄祀天地之始。⑤ 史书未明言其具体原因。可以看到的是当时成宗患病，大都等地遭遇严重水旱灾害。此可谓天人示警。为此，在这年二、三、四月，成宗施行了大赦天下、蠲免赋税、水陆大会、多次释囚等举措。⑥ 遣官摄祀南郊应该也是其中一项祷神消灾之举。大德九年（1305），左

---

① 严光大：《祈请使行程记》，收入刘一清《钱塘遗事》卷九，上海：上海古籍出版社，1985 年，第 218 页。

② 参陈高华、史卫民《元大都上都研究》，北京：中国人民大学出版社，2010年，第 229 ~ 230 页。马晓林：《元朝火室斡耳朵与烧饭祭祀新探》，《文史》2016 年第 2 辑。

③ 王恽：《郊祀圆丘配享祖宗事状》，《秋涧集》卷九二，元人文集珍本丛刊本，第 477 页。文中有云"今陛下即位二十余年"，知其上言时间约在1280 ~ 1290 年间。

④ 《元史》卷七二《祭祀志一·郊祀上》，第 1781 页；卷一七《世祖纪十四》，第 376 页；卷一八《成宗纪一》，第 382 页。案，《世祖纪》丙申原作丙午，丙午为二十六日，与前后文不合，校勘记已揭其误。

⑤ 《元史》卷七二《祭祀志一·郊祀上》，第 1781 页；卷一八《成宗纪一》，第 440 页；卷七八《舆服志一》，第 1935 ~ 1936 页。

⑥ 《元史》卷二〇《成宗纪三》，第 440 ~ 441 页。

丞相哈剌哈孙以"地震星变，雨泽愆期，岁比不登"之由，兼以太庙、社稷皆已有祀，终于促成了郊祀制度的全面讨论和制定。[①] 这与成宗日益病重可能也有关系。

元宪宗、世祖、成宗三帝六十余年，郊祀施行的进展非常缓慢。蒙古皇室祭天自有其草原传统的"国礼"，因而对郊祀兴趣寥寥。世祖附会汉法，逐渐采行中原传统的各项祭祀，然而作为汉地传统祭祀之首的郊祀却仅草草举行过一次，制度建设付之阙如。到成宗朝，在统治中原的政治象征性需求和祷神祈福功能的促进下，郊祀制度才初具规模。

二、天地分合与南北郊问题的变异

天地分合之争，是唐宋以降郊祀制度中的核心问题。[②] 论者分为两派，一派主张合祭昊天上帝、皇地祇于南郊；另一派主张分祭，即冬至日祭昊天上帝于南郊，夏至日祭皇地祇于北郊。因此，天地分合与南北郊实际上是一个问题，在元朝，却逐渐演化成了两个问题。这是在蒙古神灵观念的影响下出现的独特现象。

元宪宗二年（1252）八月，日月山祭天之余，东平礼乐人员试行郊祀礼乐。《祭祀志》笼统地记载"合祭昊天后土"[③]。而《太常集礼》明载："壬子岁，日月山祀昊天上帝，神位一。"[④] 神位只有昊天上帝而无后土皇地祇。八月祀天，本就已不是严格意义上的郊祀礼。在蒙古与中原礼乐文化初步接触的背景下，神位的选择应是东平礼乐人员的权宜之策。一方面，这可能是照顾了蒙古人的神灵观

---

① 《元史》卷七二《祭祀志一·郊祀上》，第 1782 页。

② 小岛毅「郊祀制度の变迁」，『東洋文化研究所紀要』108，1989 年，第 123 ~ 219 页。朱溢：《从郊丘之争到天地分合之争——唐至北宋时期郊祀主神位的变化》，《汉学研究》第 27 卷第 2 期，2009 年 6 月，第 267 ~ 302 页。

③ 《元史》卷七二《祭祀志一·郊祀上》，第 1781 页。

④ 《永乐大典》卷五四五三，第 2504 页下。

念，因为蒙古人以天为最高神，地神是难以望其项背的。[①] 另一方面，这与中原礼制也不完全矛盾，因为中原礼制对天地分祭合祭本来就有不同说法。

元成宗大德九年（1305），元朝首次全面讨论制定郊祀制度。蒙古观念在其中产生了重要影响，表现在三个方面。第一，朝臣讨论之后决议"惟祀昊天上帝，其方丘祭地，续议举行"。[②] 表面上是搁置天地分合之争，实际上是只祭天不祭地，照应了蒙古文化观念中天、地神格地位的云壤之别。第二，不用神主。虽然元廷命大都留守司制作了昊天上帝神主，然而议者复谓："神主，庙则有之，今祀于坛，望而祭之，非若他神无所见也。"所制神主遂不用。[③] 郊祀不用神主是不符合中原制度的，这只能是受蒙古祭天礼俗影响的结果。第三，省去祖宗配侑。当时中书省臣奏："自古汉人有天下，其祖宗皆配天享祭，臣等与平章何荣祖议，宗庙已依时祭享，今郊祀止祭天。"配位遂省。[④] 从蒙古文祭祀文献和民俗调查报告来看，蒙古人祭祀天神与祭祀祖先的仪式往往是分开的，一般没有尊祖配天的概念。[⑤] 总之，大德九年讨论半年多最终建立的郊祀制度是只祭昊天上帝，无皇地祇，无祖宗配享，而且不用神主，群神从祀亦未见记载。这已将郊祀制度压缩到了极简的程度，目的是与蒙古人的神祇观念和祭祀礼俗相调和。

大德十一年（1307），元成宗驾崩，经过残酷的皇位争夺，爱育黎拔力八达迎立其兄海山即位，为元武宗。作为回报，元武宗立爱育黎拔力八达为皇太子。武宗即位前常年在漠北征战，在朝中的

---

① 参图齐、海西希《西藏和蒙古的宗教》，耿昇译，王尧校订，天津：天津古籍出版社，1989年，第411～508页。

② 《永乐大典》卷五四五三引《太常集礼》，第2504页下。

③ 《元史》卷七二《祭祀志一·郊祀上》，第1783页。

④ 《元史》卷七二《祭祀志一·郊祀上》，第1782～1784页。

⑤ 参赛因吉日嘎拉著，赵文工译《蒙古族祭祀》，呼和浩特：内蒙古大学出版社，2008年，第100～176页。

影响力不如其弟。为了赢得最广泛的支持，武宗设立尚书省，推行"溥从宽大"的新政，①同时极为重视神道设教，大封群神。郊祀是武宗新政中的重要一项。②江西布衣曾巽申（字巽初）因上《郊祀卤簿图》、《郊祀礼乐图》而得以起用，进入太常礼仪院，参与了武宗朝新定郊祀制度的讨论。③至大二年到三年（1309～1310），武宗先后同意了尚书省与太常礼官奏请的太祖配天、北郊方丘、群神从祀等制度。④武宗出于笼络中原士大夫的目的，大幅接受汉地礼制，制定郊祀制度的思路遵循了中原传统，这是元朝建国以来第一次制定出一套合乎中原礼制的郊祀制度。武宗计划在至大三年冬至亲祀南郊，以太祖配，次年夏至祀北郊，以世祖配。采用中原传统的天地分祭方案，也能满足蒙古惟天独尊的概念，这样就调和二元文化的矛盾。然而，当年武宗病重，冬至亲祀南郊未能如愿，次年（1311）四月驾崩，夏至祀北郊也成为泡影。元仁宗爱育黎拔力八达甫一登基，全面否定乃兄政治，取缔尚书省，废罢武宗朝政策。曾巽申也解职还乡。⑤延祐元年（1314），太常寺臣请立北郊，仁宗不允，⑥标志着武宗启动的北郊计划彻底搁浅。通过建立北郊分祭天地的方案来调和二元观念冲突的努力也宣告失败。

---

① 姚大力：《元仁宗与中元政治》，《内陆亚洲历史文化研究：韩儒林先生纪念文集》，南京：南京大学出版社，1996 年，第 125～147 页，收入氏著《蒙元制度与政治文化》，北京：北京大学出版社，2011 年，第 366～389 页。

② 李鸣飞：《试论元武宗朝尚书省改革的措施及其影响》，达力扎布主编《中国边疆民族研究》第一辑，北京：中央民族大学出版社，2008 年，第 17～30 页。

③ 虞集：《曾巽初墓志铭》，《道园学古录》卷一九，四部丛刊本，第 2 叶 a-b；刘岳申：《送曾巽初进郊祀卤簿图序》，《申斋集》卷一，元代珍本文集汇刊本，台北"中央"图书馆，1970 年，第 74～76 页。

④ 《元史》卷七二《祭祀志一·郊祀上》，第 1784 页。《永乐大典》卷五四五三，第 2504～2505 页。

⑤ 虞集：《曾巽初墓志铭》，《道园学古录》卷一九，第 2 叶 b。

⑥ 《元史》卷二五《仁宗纪二》，第 564 页。

元武宗制定郊祀制度，是激进性和跨越式的，主要目的在于博得中原士大夫支持。然而礼制是很复杂的问题，北郊与元朝上层统治理念并不相合，甚至与很多中原士大夫的观点相悖。[①] 还应该考虑的一个问题是，元朝实行两都巡幸制度，皇帝冬季居大都，夏季居上都。如果夏至日祭祀北郊，而北郊方丘建在大都，皇帝必然不能亲祀。北郊之议的搁浅，主因虽然是武仁授受的政治变局，但北郊制度本身也不能令所有人满意。因此终元一代北郊也没有施行。

元朝北郊之议搁浅之后，天地分合、南北郊变成了两个问题。在没有北郊的情况下，元朝的郊祀并不总是合祭天地。郊祀按规格由低到高分为因事告祭、大臣摄祀、皇帝亲祀三种。元朝告祭、摄祀合祭天地于南郊，是符合中原礼制的。而亲祀却是惟祀昊天上帝而无后土皇地祇。[②] 亲祀规格最高，更能代表最高统治者的意识形态。后土皇地祇的缺席，意味着元朝统治者仍然秉持着蒙古人天地分祭的观念。告祭、摄祀与亲祀中天地分合之不同，则是二元文化相互调和的结果。

三、亲郊背后的三重因素

将元朝与其他入主中原的北方民族王朝做比较，有助于理解元朝施行亲郊的进程。北魏于386年由拓跋珪建立，定都盛乐（今内蒙古和林格尔），398年，迁都平城（今山西大同），次年亲祀南郊。[③] 金朝1145年已在上京（今黑龙江阿城）建造郊坛。1150年，金海陵王以上尊号受册遣使奏告南北郊。1153年，迁都燕京（今北京），1171年，金世宗亲祀南郊。[④] 清朝1644年定鼎北京，清世祖立刻举行登基典礼，亲往南郊祭告天地，当年冬至亲祀南郊。可以

① 《元史》卷一七二《袁桷传》，第4025页。

② 《元史》卷七三《祭祀志二·郊祀下》，第1808页。

③ 《魏书》卷二《太祖纪》，北京：中华书局，1974年，第34页。

④ 《金史》卷四三《舆服志上》，北京：中华书局，1975年，第970页。

说，北魏、金、清的郊祀与其定鼎中原几乎是同步的，随后最多十余年便亲郊，标志着统治者对中原礼乐体系的全面接受。元世祖忽必烈正式定都大都，便于 1275 年遣官告祭南郊，但亲郊至 1330 年才姗姗来迟，上距定都已经五十五年。元朝亲郊的施行较北魏、金、清迟滞得多。

明朝官修礼书、史书认为元朝统治者亲郊共四次 ①，这是不准确的。元朝第一次亲郊在文宗至顺元年（1330）。② 其后又有顺帝至正三年（1343）、至正十五年（1355）亲郊二次。③ 明朝礼书、史书之误很可能源于《庚申外史》。后者载元顺帝至正三年二月"卤簿、冕服新成，亲祀南郊"，又载十月亲祀南郊。④ 十月亲祀有《元史》可为印证。而二月亲郊既无旁证，也不合礼制。很可能是二月卤簿、冕服新成，《庚申外史》将亲郊事误植于此。总之，有元一代亲郊不是四次，而是三次。

明清学者倾向于从文化角度来解释元朝亲郊施行之晚，次数之少。⑤ 因为亲郊是最能昭示统治者"帝中国当行中国事"的重大事件。元朝确实始终面临着二元文化传统的冲突与调和问题。如萧启庆先生考察元中期政治时所论，元中期以降诸帝虽然较忽必烈实行更多汉法，但未能根本上转化元朝政权的性质，源自草原的制度与

---

① 徐一夔等：《大明集礼》卷一《祀天·总叙》，日本早稻田大学图书馆藏明嘉靖内府刻本，第 2 叶 b；《明太祖实录》卷三〇，台湾"中央研究院"历史语言研究所，1962 年，第 509 页。

② 《元史》卷七二《祭祀志一·郊祀上》，第 1792 页；卷七三《祭祀志二·郊祀下》，第 1805 页。

③ 《元史》卷七七《祭祀志六·至正亲祀南郊》，第 1909 页；卷四一《顺帝纪四》，第 869、928 页。

④ 权衡：《庚申外史笺注》，任崇岳笺注，郑州：中州古籍出版社，1991 年，第 40～42 页。

⑤ 陈邦瞻：《元史纪事本末》卷九《郊议》，北京：中华书局，1979 年，第 74 页。赵翼著，王树民校证：《廿二史札记校证》卷三〇《元初郊庙不亲祀》，北京：中华书局，1984 年，第 688～689 页。阎镇珩：《六典通考》卷九九《礼制考·天神》，《续修四库全书》第 759 册，第 26～27 叶。

观念与汉地的各种制度相互抵牾，冲突不断。① 这种思路对理解元
朝亲郊也有裨益。在元朝诸帝中，文宗、顺帝的汉文化修养最佳，②
较易接受亲郊。而且此前数十年的渐进积累，为亲郊奠定了基础。
从较长时段来看，文化接触和认知的加深，促进了亲郊的实现。

　　然而，仅仅用文化角度理解亲郊还不够全面，还应考虑两重
因素。

　　一方面，应考虑自然条件的阻碍。举行郊祀的冬至日，是一年
中最寒冷的时节。宋代建立明堂，郊祀场所由露天移入室内，③ 一定
程度上为保障"三年一郊"创造了条件。而元朝如同唐代一样，采
取的是露天郊祀。据气候史学者研究，从 14 世纪开始，全球气候由
暖期转入小冰期，中国这一时期平均气温也明显低于隋唐和宋代。④
元大都（今北京）较唐长安、北宋开封、南宋杭州纬度高得多。在
寒冷的冬至日参加冗长繁缛的露天郊祀仪式，想必是一项艰苦的差
事。史载，元武宗至大三年（1310）冬至，遣大臣代祀南郊，风忽

---

① Herbert Franke and Denis Twitchett eds., *Cambridge History of China*，*Volume
6: Alien Regimes and Border States*，*907-1368*，Cambridge University Press，
1994，pp.490-560. 汉译本：傅海波、崔瑞德主编，史卫民等译：《剑桥中国
辽西夏金元史》第六章《元中期政治》（萧启庆撰），北京：中国社会科学
出版社，1998 年，第 563 ～ 641 页。

② 吉川幸次郎「元の諸帝の文學（二）：元史叢說の一」,『東洋史研究』8-4，
1943 年，第 229 ～ 241 頁；「元の諸帝の文學（三）：元史叢說の一」,『東
洋史研究』8-5、6，1944 年，第 305 ～ 317 頁。

③ 参杨倩描《宋代郊祀制度初探》,《世界宗教研究》1988 年第 4 期。

④ 竺可桢：《中国近五千年来气候变迁的初步研究》,《考古学报》1972 年第 1
期，收入《竺可桢文集》，北京：科学出版社，1979 年，第 475 ～ 498 页。
刘昭民《中国历史上气候之变迁》，台北：（台湾）商务印书馆，1994 年
修订版，第 20 页。Bret Hinsch, "Climatic change and history in China," in
Journal of Asian History 22-2, Wiesbaden, 1988. 韩献博著，蓝勇等译：《气
候变迁和中国历史》,《中国历史地理论丛》2003 年第 2 期。葛全胜、郑景
云、郝志新、刘浩龙：《过去 2000 年中国气候变化的若干重要特征》,《中
国科学：地球科学》2012 年第 6 期。葛全胜、刘健、方修琦等：《过去
2000 年冷暖变化的基本特征和主要暖期》,《地理学报》2013 年第 5 期。

大起，人多冻死。① 这个悲剧事件提示我们，元朝皇帝走向亲郊之前必须克服自然条件的障碍。

另一方面，从具体史事来看，促使亲郊实现的最直接原因，是现实政治的考量。金子修一研究指出，自汉晋以来，亲郊就带有特殊性，只有在特别的场合才举行。② 即使在唐代，亲郊的频度也比"三年一郊"之制低得多。③ 亲郊的出现，往往都作为传达权力合法性的仪式象征。元文宗并非元朝第一位有意亲郊的皇帝。武宗、英宗皆有亲郊计划。武宗大刀阔斧地推进郊祀制度，并决定亲郊，主要是神道设教，赢得广泛的政治支持。同时，武宗股肱之臣三宝奴汉文化水平颇高④，起到了推动作用。但是由于武宗病重，亲郊未能实现。英宗是仁宗之子，武宗之侄。按照兄终弟及、叔侄相承的协定，仁宗应当传位于武宗之子。刘晓先生已经指出，违背兄终弟及、叔侄相承协定而即位的英宗，非常重视彰显皇帝尊严的皇家礼仪，希望借以宣扬自己的正统地位。⑤ 而且英宗即位后，颇受祖母太皇太后答己掣肘，郊祀礼仪大概也成为英宗权力欲的一个排遣口。至治二年（1322）九月，英宗有旨议南郊祀事，大臣做了细致讨论，制定了亲祀仪注，然而当月太皇太后驾崩，南郊祀事权止。⑥ 次年

---

① 《元史》卷一七五《张养浩传》，第 4091 页。

② 金子修一：《皇帝祭祀的展开》，蔡春娟译，收入沟口雄三、小岛毅主编《中国的思维世界》，南京：江苏人民出版社，2006 年，第 410～440 页。

③ 参金子修一「唐後半期の郊廟親祭について——唐代における皇帝の郊廟親祭その（3）——」,『東洋史研究』55-2, 1996 年。金子修一：《唐代皇帝祭祀的特质——透过皇帝的郊庙亲祭来检讨》，《中国社会历史评论》第 3 卷，北京：中华书局，2001 年，第 462～473 页。金子修一『中國古代皇帝祭祀の研究』，岩波書店，2006 年，第 309～430 页。

④ 参李鸣飞《元武宗尚书省省官小考》，《中国史研究》2011 年第 3 期。

⑤ 刘晓：《元代郊祀初探》，黄正建主编《隋唐辽宋金元史论丛》第 5 辑，第 209 页。

⑥ 《元史》卷二八《英宗纪二》，第 624 页；卷七二《祭祀志一·郊祀上》，第 1785—1791 页；卷一七三《曹元用传》，第 4027 页。《曹元用墓志铭》，拓片见山东省济宁地区文物局《山东嘉祥县元代曹元用墓清理（转下页

八月英宗遇刺身亡。武宗在位四年，英宗在位三年，他们未能达成亲郊，与在位时间短暂有关系。武宗、英宗亲郊意图的出发点，主要是笼络人心、宣扬皇权，而不太能代表其文化倾向。英宗遇刺之后，武宗、仁宗堂兄也孙铁木儿由漠北入继大统，即泰定帝。朝臣请求亲郊，泰定帝曰："朕遵世祖旧制，其命大臣摄之。"[①] 世祖旧制，是泰定帝施政的核心口号之一，是他宣示自身合法性的重要武器。从这个意义上说，武宗、英宗有意亲郊，泰定帝不愿亲郊，实际上都是政治策略。

即使元文宗的亲郊，也有很浓重的现实政治因素。文宗通过两都之战消灭泰定帝一系，又毒死兄长明宗，才得以即位。因此文宗上台后大力推动国家级文化事业，编纂政书《经世大典》，亲祀南郊，大赦天下，皆是皇权合法性的宣扬。亲郊在元朝并未常规化和制度化。文宗亲郊之后不足二年去世。宁宗在位月余，不及亲郊。顺帝在位三十七年，亲郊只有二次。顺帝年少登基，朝政把持在权臣手中。改元至正（1341），是顺帝铲除权臣、亲政的标志，任用脱脱为相。至正三年，顺帝首次亲郊，恰合乎三年一郊之制。郊祀礼成，大赦天下，文官减资，武官升等，蠲民间田租，赐高年帛，[②] 带有强烈的昭告意味。至正六年，到了三年一郊之期，尚书李絅请求亲郊，顺帝不听。[③] 至正十五年，在册立太子、废立宰相、政局变动的形势之下，顺帝才再度亲郊，且明确要求"典礼从其简者行之"。[④] 可见，顺帝对于繁复的郊祀仪式没有太大热情，只有在必要的现实政治背景下才施行亲郊。

总之，左右亲郊与否的三重因素是自然条件、统治者的文化修

（接上页）简报》，《考古》1983 年第 9 期，录文见李恒法、解华英编著《济宁历代墓志铭》，济南：齐鲁书社，2011 年，第 48～51 页。

① 《元史》卷三〇《泰定帝纪二》，第 676 页。

② 《元史》卷四一《顺帝纪四》，第 869 页。

③ 同上，第 876 页。

④ 《元史》卷四四《顺帝纪七》，第 927 页。

养和政治策略。寒冷的气候是一种客观的自然条件，对亲郊有一定
阻碍作用。元朝统治者汉文化修养的日益提高，是实现亲郊的基础。
在恶劣的自然条件下，元朝有四位皇帝有亲郊之意，但很难说是出
于对汉文化的热衷，而更是一种政治策略。现实政治因素是元朝皇
帝亲祀的直接动力。

四、郊祀仪式中的"国礼"

在元朝，"国礼"、"国俗"指蒙古传统礼俗。蒙古统治者将草原
游牧民族传统礼俗带到了元朝国家仪式制度之中。元朝郊祀仪制中
的蒙古因素，主要体现在牲品和酒品方面。《元史·祭祀志》云："其
牺牲品物香酒，皆参用国礼。"①

按照中原传统，郊祀牲品用犊，而且按五行用五色。具体而言，
昊天上帝苍犊，皇地祇黄犊，配位苍犊，大明青犊，夜明白犊，天
皇大帝苍犊，北极玄犊。而游牧民族祭祀，最贵重的祭品是马。元
朝郊祀祭品，除了按中原传统用犊之外，还按草原传统用纯色马
一匹。在省牲器、奠玉币仪式中，汉、唐、宋皆用牛首，元朝用
马首。② 此外，元朝郊祀牲品中还有羊、鹿、野豕、兔。大德九年
开始用羊、鹿、野豕各九，到至大三年，数量增加到十八，又增兔
十二，从此成为定例。③ 这也是具有草原特色的祭品。总之，元朝
郊祀制度是在不改变中原传统牲品的基础上，增加了具有草原特色
的牲品。

与草原特色牲品相应的是，"宰割体段，并用国礼"。④ 蒙古人
宰杀牲畜之法很有特点，是在牲畜胸腹之间割破一个口子，伸手入
内，将心脏处的大动脉掐断，牲畜即死，血流入腹腔。这是因为蒙
古本俗禁忌见血，更不许割喉放血。据载，这种屠宰方式列入了蒙

① 《元史》卷七二《祭祀志一·郊祀上》，第 1799 页。
② 《元史》卷七三《祭祀志二·郊祀下》，第 1810 页。
③ 《元史》卷七二《祭祀志一·郊祀上》，第 1792 页。
④ 《元史》卷七三《祭祀志二·郊祀下》，第 1823 页。

古习惯法"札撒"中，窝阔台、察合台、忽必烈皆遵此习俗，明令禁止穆斯林割喉杀羊。① 在元朝郊祀宰牲过程中，很有可能完全采用了蒙古式的宰杀方式。宰杀之后割解时，所用之犊按中原礼制规定，生牲割解为七体，熟牲解为二十一体。而马、羊、鹿、野豕、兔，则按蒙古习惯宰割。

　　元代郊祀的三种形式祭告、摄祀、亲祀，规格由低到高，但所用牲品是相同的。明初史官评曰："告谢非大祀，而用物无异，岂所谓未能一举而大备者乎。"② 也就是说，元朝郊祀制度是循序渐进制定的，牲品没有形成由低到高的三种规格，表明元朝郊祀制度最终也没有达到完备的程度。

　　至于郊祀所用的酒品，元朝一方面按中原礼制行用"酒齐"，即清浊程度不同的五种酒；另一方面又增加了具有草原特色的马湩（马奶酒）以及当时宫廷中流行的葡萄酒。酒齐的容器为中原传统的尊罍，而马湩的容器是草原风格的革囊。③ 郊祀最核心的仪式之一是进馔（或曰进熟），即三献官向昊天上帝进献食物，三上香，三祭酒。至元十二年、大德十一年制定的祭告仪式中，三祭酒是按中原礼制施行的。④ 在后来制定的摄祀、亲祀仪式中，三献官按中原传统祭酒三爵后又祭马湩三爵。⑤ 三祭酒的程序实际上做了两遍，是蒙古礼俗与汉制的并存杂糅。大概到元文宗亲祀时，三祭酒仪式改为酒（中原酒）、蒲萄酒（葡萄酒）、马湩（马奶酒）各祭一爵，合

① 志费尼：《世界征服者史》，何高济译，南京：江苏教育出版社，2005年，第166、221页。拉施特主编：《史集》第二卷，余大钧、周建奇译，北京：商务印书馆，1985年，第86、346～347页。《元典章》卷五七《刑部十九·禁宰杀·禁回回抹杀羊做速纳》，天津：天津古籍出版社，北京：中华书局，2011年，第1893～1894页。
② 《元史》卷七二《祭祀志一·郊祀上》，第1792页。
③ 《元史》卷七三《祭祀志二·郊祀下》，第1820页。
④ 同上，第1827～1828页。
⑤ 同上，第1824～1825页。

为三爵。① 这样既符合中原三祭酒之礼，也融合了蒙古贵族的饮酒习俗。分别源于中原、西域、蒙古草原的三种酒，出现在国家最高祭礼的核心仪式中，彰显了元朝政治文化的多元性。元朝郊祀三祭酒仪式的演变，也体现出二元文化互动与调和的过程。

结　论

在忽必烈之前，大蒙古国统治的地区以蒙古草原为中心，横跨华北、中亚、钦察草原、高加索地区。其统治体制是以蒙古为核心，兼容并蓄，因俗而治。洒马奶祭祀长生天，是大蒙古国最高规格的国家礼仪。而昊天上帝与长生天的观念同中有异，颇有扞格之处，因此郊祀不可能进入国家仪式的核心。忽必烈即位以后，元朝定都燕京，郊祀开始施行。随着统治者对于中原礼乐文化的了解逐渐加深，慢慢丰富了郊祀制度。在郊祀制度建立和完善的过程中，祷神祈福因素发挥了一定的促进作用，更重要的是现实政治因素。在现实政治中宣扬郊祀礼乐的皇权合法性象征作用，是元朝诸帝推进郊祀的直接动力。

蒙古文化观念对于元朝郊祀产生了重要影响。一方面，导致元朝郊祀制度的推进较为缓慢。另一方面，影响了郊祀制度的内容。元成宗所建立的郊祀制度不用神主，元朝郊祀长期惟祀昊天上帝而无后土皇地祇，都是对蒙古神灵观念的迁就。郊祀仪式中加入具有草原特色的牲品和酒品，采用蒙古传统宰牲方式，都是在中原制度基础上锦上添花的杂糅。

元朝郊祀也体现出二元文化的互补与调和。大体上，元朝的郊祀、洒马奶两种祭天仪式各自独立，并行不悖。洒马奶祭天是皇族独享的神秘仪式，而郊祀则面向广大臣民，更具公共性。但二者的观念和仪式也产生了相互影响。武宗试图建立北郊分祭天地，是有意调和二元文化的矛盾，隐含着融合的趋势。而郊祀核心的三祭酒

① 《元史》卷七三《祭祀志二·郊祀下》，第 1811 页。

仪式，从中原传统的三祭酒，到生硬地杂糅三祭酒与三祭马湩，再改为中原酒、西域葡萄酒、蒙古马奶酒各祭一爵，较为成功地调和了二元文化。总之，元朝郊祀作为意识形态的象征，呈现出二元文化在交会时的矛盾、互补、互动、调和种种现象，凸显了元朝政治文化的历时性和复杂性。

　　附记：本文原载《中国史研究》2019年第4期。初稿曾在第三届中日青年学者辽宋夏金元史研讨会上宣读，承蒙与会师友评议指正，谨致谢忱。

作者所在研究机构

平田茂树：大阪市立大学大学院文学研究科

久保田和男：长野工业高等学校一般科

苗润博：北京大学历史学系、中国古代史研究中心

山根直生：福冈大学人文学部

伊藤一马：大阪大学大学院文学研究科

盐卓悟：京都产业大学附属高等学校

藤本猛：京都女子大学文学部史学科

刘江：上海师范大学历史学系

郭畑：重庆大学人文社会科学高等研究院

吉野正史：早稻田大学文学学术院

小林晃：熊本大学文学部历史学科

小林隆道：神户女学院大学文学部

梅村尚树：北海道大学文学部

邱轶皓：复旦大学历史学系

渡边健哉：大阪市立大学大学院文学研究科

洪丽珠：四川大学历史文化学院

于磊：南京大学历史学院

邱靖嘉：中国人民大学历史系

李春圆：厦门大学历史系

马晓林：南开大学历史学院

图书在版编目(CIP)数据

史料与场域:辽宋金元史的文献拓展与空间体验/
(日)平田茂树,余蔚主编. —上海:上海人民出版社,
2020
ISBN 978-7-208-16830-5

Ⅰ.①史… Ⅱ.①平…②余… Ⅲ.①中国历史-研
究-辽宋金元时代 Ⅳ.①K240.7

中国版本图书馆 CIP 数据核字(2020)第 223279 号

责任编辑 倪文君
封面设计 赤 徉

史料与场域
——辽宋金元史的文献拓展与空间体验
[日]平田茂树 余 蔚 主编

出 版 上海人民出版社
 (200001 上海福建中路 193 号)
发 行 上海人民出版社发行中心
印 刷 上海商务联西印刷有限公司
开 本 635×965 1/16
印 张 28.5
插 页 2
字 数 374,000
版 次 2021 年 2 月第 1 版
印 次 2021 年 2 月第 1 次印刷
ISBN 978-7-208-16830-5/K·3025
定 价 108.00 元